Le langage et la pensée

Noam Chomsky

Le langage et la pensée

Traduit de l'anglais (États-Unis)
par Louis-Jean Calvet et Claude Bourgeois

Nouvelle édition augmentée

Petite Bibliothèque Payot

Retrouvez l'ensemble des parutions
des Éditions Payot & Rivages sur

www.payot-rivages.fr

TITRE ORIGINAL :
Language and Mind, Third Edition
(Cambridge University Press)

Note de la traductrice
(Claude Bourgeois)

La première édition française de cet ouvrage, publiée aux éditions Payot en 1969, avait été traduite par Louis-Jean Calvet à partir de l'édition originale de *Language and Mind* de 1968. Il s'agissait de trois conférences faites par Noam Chomsky à l'Université de Berkeley en 1967. En 1972, Chomsky publiait une nouvelle édition augmentée de trois autres conférences et d'une préface, inédites en français à ce jour. En 2006, enfin, ajoutant une dernière conférence datant de 2004 et une nouvelle préface, elles aussi inédites en français, il compose cette dernière édition de son livre. Depuis la première édition, Noam Chomsky a considérablement élargi son angle de réflexion et balayé de nombreux champs disciplinaires comme l'illustrent notamment les conférences 5 (psycholinguistique), 6 (philosophie) et 7 (biolinguistique). En près de quarante ans, les approches et la terminologie de l'auteur ont également changé. Il nous a paru important de conserver l'aspect « historique » des textes de la toute première édition en français en ne modifiant rien à la première traduction (les trois premiers chapitres). Pour les quatre chapitres nouveaux, nous avons choisi d'une part de garder à l'identique les termes adoptés par Louis-Jean Calvet en 1969, et d'autre part de suivre la terminologie linguistique récente le glossaire du SIL (Summer Institute of Linguistics) http ://www.sil.org/LINGUISTICS.

Claude BOURGEOIS
(2009)

Note du traducteur
(Louis-Jean Calvet)

Une bonne partie de cet ouvrage (principalement le chapitre 2) traite dans le détail de problèmes de grammaire anglaise et en propose un type d'analyse. Il nous était difficile sans réécrire totalement ce chapitre de remplacer ces problèmes de grammaire anglaise par d'autres tirés de la grammaire française. Nous avons donc pris le parti de conserver systématiquement les exemples originaux, en langue anglaise.

Noam Chomsky utilise une terminologie spécifique qui a été connue en France sous sa forme anglaise avant le premières traductions. Nous pensons qu'il est utile de fournir dès l'abord nos traductions de ces principaux termes :

Structure profonde (deep structure),
Structure superficielle (surface structure),
Compétence linguistique (linguistic competence),
Performance (performance),
Modèle (pattern).

La première apparition de ces termes et d'autres que nous ne signalons pas ici est généralement suivie du terme anglais entre parenthèses. Voici en outre les principaux symboles utilisés par Chomsky dans la traduction que nous en avons donnée :

P (phrase) pour S (sentence),

SN (syntagme nominal) pour NP (noun phrase),
SV (syntagme verbal) pour VP (verb phrase).

Gardant les exemples anglais, nous avons conservé *wh* comme marque de l'interrogation. L'astérisque (*) indique en outre que la phrase qui suit n'est pas grammaticale.

Nous traduisons le verbe *to generate* par *générer*. Certains (N. Ruwet) préfèrent *engendrer*.

Louis-Jean CALVET
(1969)

Préface de la troisième édition (2006)

Les six premiers chapitres de cet ouvrage (2006), principalement basés sur des conférences destinées à des publics universitaires ordinaires, et donc relativement informelles, datent de la fin des années 1960. Le dernier chapitre, pour sa part, reprend une conférence de 2004 adressée à un public large. Cet essai récent passe en revue l'« approche biolinguistique », qui a guidé cette recherche depuis l'origine, il y a un demi-siècle, quelques-uns des développements des dernières décennies, et fait le point sur l'état de l'approche générale aujourd'hui, à mes yeux en tout cas.

Dans les années 1950, les sciences du comportement ont dominé les questions du langage et de la pensée. Comme son nom l'indique, cette approche se devait de prendre le comportement comme sujet d'étude, et pour ce qui est de la linguistique, les produits du comportement, avec, éventuellement, un corpus constitué d'informateurs à l'aide de techniques d'enquêtes enseignées dans des cours de méthodologie de terrain. La théorie linguistique se résumait à des techniques d'analyse, essentiellement la segmentation et la classification, conçues pour organiser un corpus de matériau linguistique, l'analyse étant guidée par des hypothèses qui se limitaient aux propriétés structurelles et à leur organisation. Martin Joos, éminent linguiste, exagérait à peine, dans son exposé de 1955, lorsqu'il identifiait l'« axe décisif » de la linguistique structurale contemporaine comme la décision selon laquelle « la langue peut être décrite sans aucun schéma préétabli de ce que peut être la langue [1] ». L'approche dominante dans les sciences du comportement n'était généralement pas très différente. La notion d'« ardoise blanche » était bien entendu récusée de tous comme incohérente. Mais on présupposait le plus souvent qu'au-delà d'une quelconque délimitation préalable de telle ou telle propriété initiale détectée dans l'environnement (l'« espace qualitatif », cadre structurel du philosophe très influent W.V.O. Quine), les mécanismes généraux d'apprentissage suffiraient à expliquer ce que les organismes, y compris humains, savaient et faisaient. On considérait que, dans ce domaine, les interventions de la dotation génétique n'allaient pas au-delà.

L'approche biolinguistique émergente a, pour sa part, adopté une posture bien différente. Elle ne considère plus le comportement et ses produits comme objet d'étude, mais les systèmes cognitifs qui interviennent dans l'action et dans l'interprétation, et, au-delà, ce qui, dans notre patrimoine biologique, constitue la base de la croissance et du développement de ces mêmes systèmes internes. De ce point de vue, la focale est alors ce que Juan Huarte considérait au XVIe siècle comme la propriété essentielle de l'intelligence humaine : la capacité qu'a l'esprit humain d'« engendrer en son sein, de par sa propre puissance intrinsèque, les principes sur lesquels repose la connaissance [2] », théorie qui se répandit de façon prédominante dans les traditions philosophiques et scientifiques des années qui suivirent. En ce qui concerne le langage, « les principes sur lesquels repose la connaissance » sont ceux du langage internalisé (*I-language*) que la personne a acquis. Ayant acquis ces principes, Jones dispose de toute une batterie de savoirs, par exemple, que *glink* et non *glnik* est un item lexical de l'anglais. Que *John is too angry to talk to (Mary)* signifie « John is to be talked to » (si *Mary* n'est pas là) mais « John is to do the talking » (si *Mary* est là) ; que *him* peut avoir pour référent *John* dans la phrase *I wonder who John expects to see him*, mais que ce n'est pas le cas si on omet *I wonder who* ; que si John a peint la maison en marron, c'est l'extérieur de la maison qu'il a peint, quand bien même il puisse peindre l'intérieur ; que quand John a gravi la montagne (*When John climbed the mountain*), il montait (*he went up*), bien qu'il puisse la descendre (*he can climb down the mountain*). Que les livres sont en quelque sorte simultanément abstraits et concrets, comme dans *John memorized and then burned the book* ; etc., à l'infini. « La puissance de générer » les principes mêmes du langage internalisé (LI), fondement de tel ou tel cas particulier de la connaissance, est alors comprise comme une composante de la dotation génétique qui en explique la croissance et le développement.

Ainsi conçue, la linguistique cherchait à découvrir les vraies théories particulières de langage internalisé (*grammaires*), et à un niveau plus profond, la théorie du fondement génétique de l'acquisition du langage (*grammaire universelle*, adaptation d'un terme traditionnel à de nouveaux usages). On considérait alors que d'autres systèmes cognitifs, tout en ayant leurs propres principes et puissances de production, devaient être conçus de façon similaire.

Dans ce cadre structurel-là, les systèmes cognitifs sont en effet compris comme des organes du corps, essentiellement du cerveau, à étudier au même titre que d'autres composantes, dont les propriétés distinctives interfèrent aussi dans la vie de l'organisme : les systèmes de vision, les systèmes sensoriels, la circulation sanguine, etc. À côté de leur rôle dans le comportement, les organes cognitifs ont des activités traditionnellement considérées comme mentales : la pensée, la planification, l'interprétation, l'évaluation, etc. Le terme

« mental » est ici informel et descriptif, sensiblement semblable à des termes descriptifs vagues tels que « chimique », « électrique », « optique », et d'autres, utilisés pour centrer l'attention sur tel ou tel aspect particulier du monde, d'ordre en apparence intégré, et qu'il vaut la peine d'abstraire le temps d'une investigation donnée, sans pour autant nourrir l'illusion qu'il soit possible de disséquer la nature jusque dans ses moindres articulations. Le comportement et ses produits – les textes notamment – apportent des données, preuves utiles peut-être dans la détermination de la nature et de l'origine des systèmes cognitifs, mais qui n'ont aucun statut privilégié dans ces enquêtes, comme est le cas d'ailleurs pour d'autres organes du corps.

On appelle parfois ce changement général de perspective « la révolution cognitive » des années 1950. Cependant, pour des raisons dont j'ai débattu dans les premiers essais de cet ouvrage, je pense qu'il serait plus adéquat de le considérer comme un renouveau, assorti de nouveaux développements, de la révolution cognitive du XVIIe siècle. Depuis les années 1950, on assiste au renouveau de plusieurs questions traditionnelles, malheureusement assorti d'une méconnaissance de la tradition, largement occultée ou représentée de façon erronée. Tout au long du XVIIIe siècle, on a également largement repris l'opinion qui a pris corps, selon laquelle les propriétés dites « mentales » seraient le résultat d'« une structure organique comme le cerveau » (propos du philosophe et chimiste Joseph Priestley). Cela n'est autre que le développement de la « suggestion de Locke », ainsi qu'on l'appelle en littérature savante, développement naturel concomitant et quasiment inévitable de la révolution Newton, qui a démantelé de fait la notion de « corps » ou de « physique », qui, seule, faisait sens. Cette conclusion sommaire, très répandue au XIXe, fut bien comprise. Quand Darwin se demandait pourquoi « la pensée », alors considérée comme « une sécrétion du cerveau », devait être tenue pour

« plus extraordinaire que la gravité, propriété de la matière », sa question était purement rhétorique. Dans son histoire classique du matérialisme au XIXe siècle, Frederik Lange observe que les scientifiques « nous ont habitué à la notion abstraite de forces, ou plutôt accoutumé à une notion flottant en apesanteur entre l'abstraction et la compréhension du concret, ce qui relève de l'obscurité mystique », « un tournant » dans l'histoire du matérialisme qui élimine les survivances d'une doctrine éloignée des idées et des préoccupations des « purs matérialistes » du XVIIe siècle et les prive de sens. Elles n'ont pas de raison d'être particulière dans l'étude des aspects du monde dit « mental ».

Il peut valoir la peine de remarquer que cette interprétation traditionnelle est encore aujourd'hui très controversée, régulièrement reprise et reproposée, en pratiquement exactement les mêmes termes, comme « une hypothèse osée » ou une « idée radicalement nouvelle » dans l'étude du monde dit « mental »[3].

Un autre trait significatif de la première révolution cognitive fut de reconnaître que les propriétés du monde dit « mental » pouvaient recouvrir les capacités infinies d'un organe aux limites finies, « usage infini de moyens finis », selon les termes de Wilhelm von Humbolt. Cette doctrine était au cœur du concept cartésien de pensée. Elle fournissait un critère de base de décryptage « des autres esprits », utilisé pour déterminer si une autre créature était dotée d'un esprit comparable au nôtre ou non. La façon dont Descartes et les cartésiens se focalisaient sur l'utilisation du langage en est une illustration très claire. Dans une veine assez similaire, Hume reconnut plus tard que nos jugements moraux étaient illimités en perspective et reposaient sur des principes généraux innés, on dirait aujourd'hui génétiquement déterminés. Observation qui, dans un autre domaine, rejoint la question de Huarte et qui est aujourd'hui le sujet d'une recherche et d'une analyse conceptuelle étonnamment empiriques.

Au milieu du XXe siècle, il devint possible de faire face à de telles questions plus substantiellement que dans les périodes antérieures. On avait alors une compréhension claire et généralisée de systèmes génératifs finis aux perspectives infinies, faciles à adapter pour recadrer et réinvestir des questions traditionnelles nécessairement laissées dans l'ombre. Un autre facteur d'influence dans le renouveau de la révolution cognitive fut l'œuvre d'éthologues et de spécialistes de psychologie comparée, dont les travaux qui venaient tout juste de paraître, étaient plus immédiatement accessibles de par leur souci d'« hypothèses de travail innées présentes dans les organismes "para-humains" », et leur « *a priori* humain » du même ordre [4]. Cadre qui pouvait également être adapté à l'étude d'organes cognitifs humains et leur patrimoine génétique qui instruit l'expérience – l'*Umwelt* de l'organisme en termes éthologiques – et ouvre la voie générale du développement, exactement comme dans n'importe quelle phase de croissance des organismes.

Les tentatives faites dans l'intervalle pour affûter et affiner les approches procédurales se heurtèrent à de graves difficultés qui mirent au grand jour ce qui s'avéra être des inadéquations intrinsèques. L'un des problèmes de fond étant que même les éléments de discours les plus simples ne sont pas détectables par les seules procédures de segmentation et de classification. D'une part, ils n'ont pas la propriété séquentielle comparable à celle de « perles dans une rangée de perles », indispensable pour que de telles procédures opèrent ; d'autre part, la plupart du temps, ils ne sont pas situés dans une partie identifiable d'une manifestation physique qui corresponde à une expression interne de la pensée où ces éléments fonctionnent.

Il apparut de plus en plus clairement que, même les plus petites unités – morphèmes, items lexicaux les plus élémentaires, voire, en l'occurrence, les segments phonologiques – ne pouvaient être identifiées simplement par leur rôle dans les procédures génératives de formes linguistiques. Formes linguistiques qui, à leur tour, peuvent être considérées comme des « instructions » destinées à d'autres systèmes de la pensée/du corps utilisés pour des opérations mentales autant que pour produire des énoncés et interpréter des signaux externes.

Plus généralement, l'étude des postulats des mécanismes du savoir et du contrôle du comportement dans les sciences du comportement mit au jour des inadéquations fondamentales et des doutes sérieux naquirent, y compris au cœur même des disciplines, quant à la viabilité même de l'ensemble de l'entreprise, sans parler de son utilité pour concevoir des expériences qui auraient pu s'avérer utiles pour d'autres raisons.

Quant à l'étude du langage, on arriva naturellement à la conclusion que le langage internalisé acquis présentait à peu près les caractères d'une théorie scientifique : un système intégré de règles et de principes d'où on peut dériver les expressions de la langue, fonctionnant chacune comme une batterie d'instructions pour la pensée et l'action. L'enfant doit en quelque sorte sélectionner un langage internalisé à partir de son expérience. Problème qui se rapproche de ce que Charles Sanders Peirce qui s'intéressait à la question de la découverte scientifique nommait *abduction*[5]. Comme pour les sciences, selon Peirce, la tâche est impossible, sans ce qu'il nommait « une limite aux hypothèses admises », qui permette d'admettre certaines théories seulement et non toutes celles qui sont compatibles à l'infini avec les données pertinentes. Dans le cas du langage, il apparut indispensable que la dotation génétique de la faculté de langage impose aux systèmes de règles un format suffisamment restreint pour que les langages internalisés concernés soient « dispersés » et qu'un petit nombre d'entre eux seulement puissent être pris en compte au cours de l'acquisition du langage. Dans les travaux ultérieurs en sciences cognitives, on désigne communément ces approches sous le nom de conceptions « théorie théorie » *(theory theory)*[6]. Comme dans le cas de l'abduction, et sur ce point, de tous les aspects de la croissance et du développement, l'acquisition du langage se heurte au problème de *la pauvreté du stimulus*. Fait transparent pour l'observation générale, tellement transparent que, en dehors des sciences cognitives, ce phénomène omniprésent n'a même pas été gratifié d'un nom : personne ne parle de la pauvreté du *stimulus* pour désigner un embryon, qui dans un environnement nutritionnel donné, ou à n'importe quelle phase de son développement postnatal – jusqu'à la puberté, disons – est appelé à devenir ver de terre ou chat.

La nature et l'acquisition du langage présentées et discutées dans les essais des années 1960 réédités ici se calent sur le cadre structurel général que je viens d'esquisser. À partir de là, il fut admis que « les problèmes théoriques qui constituent le plus grand défi en linguistique » étaient « la mise au jour des principes de la grammaire universelle » qui « déterminent le choix des hypothèses », c'est-à-dire restreint le champ des langages internalisés accessibles. Pourtant, on a également admis qu'un défi plus complexe encore dans le cas du langage comme des autres organismes biologiques était « la mise au jour des lois qui déterminent la réussite d'une mutation possible et la nature des organismes complexes », sans lien avec des organes cognitifs spécifiques ou avec des systèmes organiques alors objets d'investigation[7]. Comme on l'avait souligné quelques années plus tôt, « il n'y a sûrement aucune raison aujourd'hui d'accorder du crédit à un point de vue qui attribue entièrement une réussite humaine complexe à des mois, tout au plus des années d'expérience [comme dans le cas des sciences du comportement], plutôt qu'à une évolution sur des millions d'années [comme dans l'étude de la dotation biologique spécifique, grammaire universelle dans le cas du langage], ou à des principes d'organisation neurologique peut-être fondés en structure profonde sur des lois physiques[8] », soit « un troisième facteur » de croissance et de développement, indépendant de l'organe, voire de l'organisme. L'investigation de ce troisième facteur apparut trop éloignée de la recherche en cours pour mériter une telle attention et, donc, fut à peine citée. Pourtant, dans les tout premiers travaux, certains n'étaient guidés de fait que par ces préoccupations, par exemple, l'élimination de la redondance dans les systèmes de règles.

Dans les années qui suivirent, les explorations s'étendirent de manière significative non seulement aux zones liées au langage, mais aux sciences cognitives en général. Dès le début des années 1980, un changement significatif de perspective en linguistique a recadré considérablement les questions de base : le format conceptuel de la théorie linguistique fut abandonné en faveur d'une approche qui cherchait à délimiter les langages internalisés accessibles en un ensemble fini, choix lexicaux à part (car trop restreints). Il est possible que cette approche « Principes et paramètres » s'avère justifiée un jour, on ne sait jamais. Toujours est-il que ce fut un programme de recherche empirique très fructueux, avec en retour une explosion de recherches dans une gamme très large de langues typologiquement éloignées, source de nouveaux questionnements théoriques qu'on aurait à peine pu formuler auparavant, et qui ont également fourni à plusieurs reprises des réponses, ne serait-ce que partielles, tout en revitalisant certaines matières connexes de l'acquisition et du traitement du langage. Autre conséquence, elle fit sauter certaines barrières conceptuelles de base qui faisaient obstacle à des recherches plus sérieuses sur des problèmes afférents au « troisième facteur ». Dans la conférence clôturant cet ouvrage, je m'intéresse à ces problèmes qui ouvrent des perspectives qui, à mes yeux en tout cas, laissent entrevoir de nouvelles problématiques et des défis excitants pour l'étude du langage en particulier et de la pensée plus généralement.

Notes

1. Chapitre III, note 12. Joos faisait explicitement référence à la tradition « boasienne » du structuralisme américain et ne faisait que peu de remarques sur le structuralisme européen, ce qui est plutôt désobligeant. Mais les observations continuent sans grand changement.
2. Chapitre I, p. 39-40.
3. Pour une illustration et une discussion, voir N. Chomsky, *Nouveaux horizons dans l'étude du langage et de l'esprit*, Paris, Stock, 2005.
4. Konrad Lorenz, chapitre III, p. 83-84 et suiv.
5. Voir chapitre III, p. 79-81 et suiv.
6. Les tenants de ces approches ne sont pas d'accord, mais à tort, me semble-t-il. Voir L. M. Antony, N. Hornstein, *Chomsky and his critics,* New York, Blackwell, 2003, chapitre X et ma réponse.
7. Voir p. 96-154 et suiv.
8. N. Chomsky, *Aspects de la théorie syntaxique*, Paris, Seuil, 1971.

Préface de la deuxième édition (1972)

Les six chapitres qui suivent se répartissent en deux groupes. Les trois premiers composent la monographie *Le Langage et la Pensée* publiée en 1968. Et comme la préface de *Le Langage et la Pensée* reproduite ici l'explique, les trois essais sur les contributions de la linguistique à l'étude de la pensée (« Le passé », « Le présent », « L'avenir ») reprennent les conférences de Beckman, données devant un public universitaire large, à l'université de Californie, à Berkeley, en janvier 1967. Ces essais constituent une entité distincte des trois chapitres qui les suivent.

Le quatrième chapitre, « La forme et le sens dans les langues naturelles », est le texte remanié d'une conférence plutôt informelle donnée en janvier 1969 au Collège universitaire Gustavus Alphonsus, dans le Minnesota, devant un public essentiellement constitué d'élèves de lycée, d'étudiants de premier cycle et de professeurs. Il passe en revue quelques-unes des notions de base explorées dans *Le Langage et la Pensée* et d'autres publications, et présente de surcroît quelques-uns des travaux ultérieurs sur l'interprétation sémantique des structures syntaxiques. Matériau qui, je crois, révèle les limites et les inadéquations des théories précédentes, telles que développées dans les premières phases, et donne des directions quant à leur révision possible. On peut trouver des études plus techniques de cet aspect et des matières connexes dans mes deux monographies ultérieures : *Semantics in Generative Grammar* [1] et *Conditions on Rules* [2].

Le cinquième chapitre, « La nature formelle du langage », est une étude beaucoup plus technique, qui explore de manière exhaustive le matériau simplement présupposé ou traité de façon informelle dans *Le Langage et la Pensée.* Cette conférence s'adressait, pour sa part, essentiellement à des psychologues et des psycholinguistes. Ce chapitre, qui a d'abord été publié en appendice de *Biological Foundations of Language* d'Eric Lenneberg, s'efforce de donner une présentation concise et systématique de la théorie de la grammaire générative et transformationnelle, et d'explorer ses retombées potentielles pour la psychologie humaine. Les monographies que je viens de citer poussent plus avant les techniques d'investigation, notamment dans l'exploration des directions que j'indique brièvement dans ce chapitre écrit en 1965, dès lors le tout premier des essais publiés ici.

Le sixième chapitre, « Linguistique et philosophie », s'adressait à un public assez différent, principalement constitué de philosophes professionnels. Il s'agit d'une communication à un congrès sur la linguistique et la philosophie qui s'est tenu à l'Université de New York en avril 1968. L'objectif de cette conférence était d'explorer les points de contact entre la linguistique contemporaine et la philosophie, notamment l'épistémologie et la philosophie de la pensée. On a suggéré que les travaux récents en linguistique offraient un aperçu intéressant sur la nature de la connaissance humaine, la base de son acquisition et l'utilisation caractéristique qui en est faite. Cet essai s'intéresse en partie au débat qui entoure ces questions, et en partie aux questions elles-mêmes.

Ces essais sont dans une certaine mesure redondants.

Les chapitres IV, V et VI sont plus ou moins autonomes. Dans chacun de ces chapitres, les présupposés sont très limités, et, en conséquence, certains préambules se recoupent et recoupent davantage encore les chapitres constitutifs de *Le Langage et la Pensée.* J'espère que la formulation et la reformulation des points les plus simples et les plus élémentaires s'avérera utile, car, en fait, même les points les plus simples et les plus élémentaires discutés dans ces essais ont été mal compris. Par exemple, dans la vulgarisation et les débats grand public, on a tendance à confondre « structure profonde » avec « grammaire générative » ou avec « grammaire universelle ». Et nombre de linguistes professionnels ont confondu à maintes reprises ce que j'appelle ici « l'aspect créatif de l'utilisation du langage » avec la propriété récursive des grammaires génératives, ce qui est un problème tout à fait différent. Je n'ai donc pas cherché à éliminer les aspects redondants de cette collection d'essais, espérant que ces questions seraient ainsi clarifiées.

Dans les chapitres IV à VI, je reviens de manière exhaustive sur les idées et les points dont j'avais débattu dans les conférences de Beckman. L'ensemble de ces essais s'intéresse principalement aux zones d'intersection entre la linguistique, la philosophie et la psychologie. Ils ont pour objectif premier de montrer comment l'étude passablement technique de la structure du langage peut contribuer à la compréhension de l'intelligence humaine. Je crois, et, dans ces essais, j'essaye de le montrer, que l'étude du langage révèle des propriétés de l'esprit sous-jacentes à l'exercice des capacités humaines mentales dans des activités normales, telles que l'utilisation ordinaire du langage comme style d'expression libre et créatif.

Quitte à me répéter encore, je voudrais souligner ici les observations que j'ai faites dans la préface du *Langage et la Pensée* sur les « sciences du comportement », ainsi qu'on les appelle. Il y a aujourd'hui de grands débats, voire assez fréquemment des affirmations pour le moins extravagantes, quant aux implications des sciences du comportement dans les affaires de l'humain. Il est important de garder à l'esprit l'existence d'hypothèses empiriques non triviales, concernant la façon dont les hommes se comportent et agissent comme ils le font dans des situations ordinaires. Tout lecteur qui fera l'effort utile d'explorer la littérature se rendra non seulement compte, je pense, que le savoir scientifique en la matière est mince, mais aussi que les sciences du comportement ont opté avec insistance et régularité pour des restrictions méthodologiques arbitraires qui, en pratique, freinent l'accès à des connaissances scientifiques pourtant non triviales.

Dans certains domaines, en effet, on commence d'entrevoir comment s'acquièrent la connaissance humaine et les systèmes de croyance. Le cas du langage est particulièrement intéressant, car le langage joue un rôle essentiel dans la pensée et l'interaction humaines, et aussi parce que, dans ce cas, on commence de pouvoir décrire le système d'acquisition de ces connaissances, et de pouvoir formuler des hypothèses plausibles quant aux capacités humaines qui rendent cet exploit possible. Bribes de compréhension qui sont intéressantes en tant que telles et incitent également à d'autres études. Nous pouvons raisonnablement affirmer que l'investigation de liens directs entre l'expérience et l'action, entre les stimuli et les réponses, sera, elle, en général une quête stérile. Dans presque tous les cas les plus élémentaires, ce que fait une personne dépend dans une grande mesure de ce qu'elle croit et anticipe. Toute étude du comportement humain qui ne se fonderait pas sur une tentative de formulation préalable de la connaissance humaine et des systèmes de croyance pertinents est vouée à rester mineure et sans intérêt. Sans tentative préalable de formulation de la connaissance humaine et des systèmes de croyance pertinents, on ne peut prétendre entreprendre d'étude sérieuse de l'apprentissage humain. Ce n'est qu'après avoir posé les données de l'expérience que l'on peut se demander comment ces systèmes sont acquis. De la même façon, il est impossible d'entreprendre une étude sérieuse du comportement humain, si nous ne sommes pas en mesure de nous demander comment ce que fait une personne est lié à ce qu'elle sait, croit ou maîtrise. Ce n'est qu'après avoir tenté de formuler des hypothèses sur ce qui est appris que nous pouvons entreprendre une étude sérieuse de l'apprentissage humain. Ce n'est qu'après avoir tenté de formuler des hypothèses sur ce qui a été appris – ce qui est su et cru – que nous pouvons entreprendre une étude sérieuse du comportement. Dans le cas du langage, nous pouvons présenter des tentatives de formulations de ce qui est connu et de ce qui a été appris par le locuteur auditeur normal, qui sont expérimentales, certes, mais néanmoins très détaillées et complexes. Pour cette raison, l'étude du langage me semble présenter un intérêt particulier pour l'étude de l'apprentissage et du comportement humains.

Mais il faut souligner que le langage est peut-être un cas à part. La connaissance du langage est normalement acquise après une période d'exposition assez brève, et le caractère des connaissances acquises est peut-être prédéterminé en grande partie. On s'attendrait à ce que le langage humain soit le reflet direct des caractéristiques des capacités intellectuelles humaines, à ce que le langage, « miroir de l'esprit », réfléchisse à l'identique la pensée par des chemins non possibles pour d'autres systèmes de connaissance et de croyances. De plus, même si nous étions capables d'expliquer l'acquisition du langage selon les directions débattues dans ces essais, il nous resterait de toute façon à expliquer l'utilisation normale des connaissances acquises. Mais ce problème est pratiquement insoluble à l'heure actuelle. Il dépasse le cadre de la recherche scientifique. Il serait bien entendu entièrement irrationnel de prétendre que certains phénomènes et certains problèmes n'existent pas, simplement parce qu'ils dépassent aujourd'hui le cadre de la recherche scientifique. Et ce, intrinsèquement peut-être, en raison du cadre lui-même, celui de l'intelligence humaine, dont, après tout, les structures et les limites elles-mêmes ne sont pas connues dans le détail. Compte tenu du caractère primitif de l'étude de l'homme et de la société, et de son manque général de substance intellectuelle, nous ne pouvons que faire des suppositions sur les facteurs essentiels qui entrent en jeu dans le comportement humain ; prétendre le contraire serait pour le moins irresponsable. Il est légitime, essentiel même, de s'interroger sur ces problèmes, interrogations qui devraient, là où c'est possible, être guidées par les connaissances disponibles, si limitées et fragmentées soient-elles. Mais ces spéculations devraient de toute façon être clairement étiquetées comme telles et clairement distinguées des résultats de la recherche scientifique. Il s'agit là d'une question primordiale dans une société qui a tendance à faire confiance à l'expertise professionnelle, et à se fier aux jugements des professionnels. À cet égard, le scientifique a une responsabilité toute particulière envers le grand public.

Noam CHOMSKY,
Massachusetts Institute of Technology

NOTES

1. N. Chomsky, *Questions de sémantique*, Paris, Seuil, 1995.
2. N. Chomsky, *Conditions on Rules*, La Haye, Mouton, 1972.

Préface de la première édition (1968)

Les trois chapitres de ce livre sont des versions remaniées de trois conférences que j'ai faites à l'Université de Californie, à Berkeley, en janvier 1967. La première tente d'évaluer les contributions passées à l'étude de la pensée provenant de la recherche et de la spéculation sur la nature du langage. La seconde est consacrée aux développements contemporains de la linguistique qui ont un impact sur l'étude de la pensée. La troisième est une discussion éminemment théorique des directions que pourrait prendre dans les années à venir l'étude du langage et de la pensée. Ces trois conférences concernent donc le passé, le présent et l'avenir.

Étant donné l'état des recherches en histoire de la linguistique, la tentative même d'évaluer les contributions passées doit être considérée comme expérimentale. La linguistique moderne partage l'illusion (c'est, je crois, le mot juste) que les modernes « sciences du comportement » ont à bien des égards importants élaboré une transition entre la « spéculation » et la « science », et que les œuvres précédentes peuvent être envoyées sans danger au musée. Toute personne rationnelle préférera évidemment l'analyse rigoureuse et l'expérience attentive ; mais je crois que les « sciences du comportement » ne font dans une large mesure que mimer les aspects extérieurs des sciences naturelles ; la plus grande partie de leur caractère scientifique a été acquis au prix d'une réduction de leur sujet d'étude et d'une concentration sur des problèmes relativement périphériques. Ce rétrécissement pourrait se justifier s'il menait à des réalisations d'une réelle importance intellectuelle, mais je crois qu'il serait très difficile dans ce cas de montrer que le rétrécissement, dit champ d'action, a mené à des résultats profonds et significatifs. Il y a eu en outre une tendance naturelle mais malheureuse à « extrapoler » à partir du doigt de connaissance atteinte par un travail expérimental soigné et un traitement rigoureux des faits, vers des conclusions de signification beaucoup plus large et d'une grande importance sociale. C'est là un problème sérieux. Les spécialistes ont le devoir de marquer clairement les limites actuelles de leur connaissance et des résultats qu'ils ont atteints jusqu'ici, et une analyse rigoureuse de ces limites démontrera je crois que dans presque tous les domaines des sciences sociales et des sciences du comportement, les résultats actuels ne supporteraient pas une telle « extrapolation ». Une telle analyse montrera aussi à mon sens que les contributions de la réflexion et de la spéculation passée ne peuvent pas être négligées, qu'elles fournissent dans une large mesure une base indispensable pour un travail sérieux aujourd'hui. Je ne cherche pas ici à justifier ce point de vue de façon générale, je déclare simplement que c'est le point de vue qui sous-tend les conférences qui suivent.

Je n'ai pas cherché dans la seconde conférence à donner une présentation systématique de ce qui a été réalisé dans la recherche linguistique, je me suis plutôt concentré sur les problèmes qui se trouvent à la frontière de la recherche et qui n'ont pas encore de solution. La majeure partie de cette conférence est publiée dans un chapitre intitulé « Problems of Explanation in Linguistics », dans *Explanations in Psychology*, édité par R. Borger et F. Cioffi (New York, Cambridge University Press, 1967) avec d'intéressants commentaires critiques de Max Black. Les conférences un et trois utilisent en partie la matière d'une conférence que j'ai faite à l'Université de Chicago en avril 1966 et qui est publiée dans *Changing Perspectives on Man*, édité par B. Rothblatt (Chicago, University of Chicago Press, 1968), Une partie de la première conférence a été publiée dans le *Columbia University Forum*, printemps 1968 (vol. XI, n° 1), et une partie de la troisième conférence dans le numéro d'automne 1968 (vol XI, n° 3).

Je voudrais exprimer mes remerciements aux membres de la faculté et aux étudiants de Berkeley pour leurs utiles commentaires et réactions et, plus généralement, pour le climat intellectuel riche et stimulant dans lequel j'ai eu la chance de passer plusieurs mois avant ces conférences. Il me faut aussi remercier John Ross et Morris Halle pour leurs précieux commentaires et suggestions.

CHAPITRE PREMIER

Contributions linguistiques à l'étude de la pensée : Le passé

Je voudrais dans ces conférences attirer l'attention sur la question suivante : quelle peut être la contribution de l'étude du langage à notre compréhension de la nature humaine ? Sous une forme ou sous une autre, cette question se faufile à travers la pensée occidentale moderne. À une époque qui était moins consciente d'elle-même et moins compartimentée que la nôtre, les spécialistes et les amateurs doués, avec une large variété d'intérêts, de points de vue et d'arrière-plans intellectuels, prenaient pour sujet d'étude et de spéculation le problème de savoir si la langue reflète les processus mentaux humains ou si elle forme le cours et le caractère de la pensée. Et aux XVIIIe et XIXe siècles, alors que la linguistique, la philosophie et la psychologie tentaient avec difficulté de suivre leurs voies séparées, les problèmes classiques du langage et de l'esprit réapparurent inévitablement et servirent à relier ces domaines divergents et à donner une direction et une signification à leurs efforts. Il y a eu, dans la dernière décennie, certains signes montrant que la séparation relativement artificielle des disciplines allait peut-être prendre fin. Ce n'est plus un point d'honneur pour chacun de démontrer son indépendance absolue vis-à-vis des autres, et de nouveaux intérêts ont vu le jour qui permettent aux problèmes classiques d'être formulés de façon nouvelle et parfois suggestive – par exemple en termes de nouvelles perspectives ouvertes par la cybernétique et par les sciences de la communication, et sur l'arrière-plan des développements de la psychologie comparée et physiologique qui contestent de vieilles convictions et libèrent l'imagination scientifique de certaines chaînes qui étaient devenues partie si familière de notre environnement intellectuel que nous n'en étions presque plus conscients. Tout cela est très encourageant. Je pense qu'il y a plus d'effervescence salutaire en psychologie de la connaissance – et dans la branche particulière de la psychologie de la connaissance connue sous le nom de linguistique – qu'il y en a eu durant plusieurs années. Et l'un des signes les plus encourageants est que le scepticisme face aux orthodoxies du passé récent s'associe à une conscience des tentations et des dangers d'une orthodoxie prématurée, conscience qui, si elle persiste, peut prévenir l'apparition d'un nouveau dogme ridicule.

Il est facile de se fourvoyer dans l'appréciation de ce qui se passe. Il me semble cependant que le déclin du dogmatisme et la recherche parallèle de nouvelles approches de vieux problèmes souvent encore difficiles à traiter sont extrêmement clairs, non seulement en linguistique mais dans toutes les disciplines concernées par l'étude de la pensée. Je me souviens très bien de mon propre sentiment de gêne, lorsque j'étais étudiant, devant le fait que, semblait-il, les problèmes fondamentaux du domaine étaient résolus et qu'il ne restait qu'à affiner et à améliorer les techniques de l'analyse linguistique qui étaient assez bien comprises et à les appliquer à un ensemble plus vaste de matériaux linguistiques. C'était là, dans les années d'après-guerre, une attitude qui dominait dans la plupart des centres actifs de recherche. Je me souviens d'un linguiste et anthropologue distingué me disant, en 1953, qu'il n'avait aucune intention de travailler sur une vaste collection de matériaux qu'il avait rassemblée, car il serait sûrement possible d'ici à quelques années de programmer une calculatrice pour construire une grammaire à partir d'un large corpus de faits en utilisant des techniques qui étaient déjà relativement bien formalisées. À cette époque, cela n'apparaissait pas comme une attitude déraisonnable, quoique cette perspective fût affligeante pour quiconque sentait, ou du moins espérait, que les ressources de l'intelligence humaine étaient un peu plus profondes que ce que pouvaient révéler ces procédés et ces techniques. Corrélativement, il y eut un déclin frappant des études de méthode linguistique au début des années 1950, alors que les esprits théoriques les plus actifs se tournaient vers le problème de savoir comment un ensemble essentiellement clos de techniques pouvait être appliqué à un domaine nouveau – par exemple à l'analyse du discours suivi, ou à tout autre phénomène culturel se situant au-delà du langage. J'arrivai à Harvard, étudiant diplômé, peu après que B. F. Skinner eut fait ses conférences qui furent ensuite publiées dans son livre *Verbal Behavior*. Parmi les chercheurs actifs en philosophie et en psychologie du langage, il y avait alors peu de doute que, quoique des détails manquent et quoique les problèmes ne puissent pas être vraiment aussi simples, un cadre behaviouriste du type de celui que Skinner avait esquissé s'adapterait de façon parfaitement adéquate à tout le domaine de l'utilisation du langage. Il y avait alors peu de raisons de mettre en doute la conviction de Leonard Bloomfield, de Bertrand Russell, des linguistes et des psychologues positivistes et des philosophes en général, conviction selon laquelle le cadre de la psychologie stimulus-réponse serait bientôt élargi à un point où il fournirait une explication satisfaisante aux plus mystérieuses des capacités humaines. Les personnes les plus novatrices sentaient que, pour rendre pleine justice à ces capacités, on devrait peut-être postuler des petits *s* et des petits *r* dans le cerveau le long des grands *S* et des grands *R* qui étaient ouverts à l'inspection immédiate, mais cette extension n'était pas incompatible avec le tableau général.

Les voix critiques, même celles qui jouissaient d'un prestige considérable, ne furent pas entendues. Karl Lashley par exemple donna une brillante critique du cadre d'idées à la mode en 1948, arguant qu'il devait y avoir, sous-tendant l'utilisation du langage et tout comportement organisé, un type quelconque de mécanismes abstraits qui ne sont pas analysables en termes d'associations et qui ne pourraient pas être révélés par des moyens aussi simples. Mais ses arguments et ses propositions, quoique judicieux et compréhensibles, n'eurent absolument aucun effet sur le développement du domaine et passèrent inaperçus dans son université même (Harvard) qui était alors le centre à la pointe de la recherche psycholinguistique. La contribution de Lashley commença d'être appréciée dix ans plus tard, mais après seulement que ses intuitions eurent été vérifiées dans un autre contexte.

Les progrès technologiques des années 1940 renforcèrent simplement l'euphorie générale. Les calculatrices apparaissaient à l'horizon et leur disponibilité imminente renforçait la croyance qu'il suffisait d'obtenir une compréhension théorique des phénomènes les plus simples et les plus évidents – tout le reste apparaissant ensuite certainement comme « plutôt semblable », complexité apparente qui serait débrouillée par les merveilles électroniques. Le spectrographe sonore, perfectionné pendant la guerre, offrait des promesses semblables pour l'analyse physique des sons du discours. Les colloques interdisciplinaires sur l'analyse du discours au début des années 1950 sont aujourd'hui d'intéressantes lectures. Bien peu étaient assez aveugles pour mettre en doute la possibilité, en fait l'immédiateté, d'une solution finale au problème de la conversion du discours en écriture par une solution technique disponible. Et on avait découvert avec joie, quelques années auparavant, que la traduction automatique et que l'abstraction mécanique étaient à deux pas. Pour ceux qui cherchaient une formulation mathématique des processus de base, il y avait la théorie mathématique de la communication, récemment développée, qui, comme on le croyait largement au début des années 1950, avait fourni un concept fondamental – le concept d'« information » – qui unifierait les sciences sociales et les sciences du comportement et permettrait le développement d'une théorie mathématique solide et satisfaisante du comportement humain sur la base de la probabilité. À peu près à la même époque, la théorie des automates se développa comme science autonome, utilisant des notions mathématiques étroitement apparentées. Et elle fut tout de suite liée, à juste titre, aux premières explorations de la théorie de réseaux nerveux (*neutral nets*). Il y avait ceux – John von Neumann par exemple – qui sentaient que l'ensemble du développement était incertain, au mieux peu solide, et probablement mal conçu. Mais de tels scrupules ne pouvaient guère dissiper le sentiment que les mathématiques, la technologie, la linguistique et la psychologie behaviouristes convergeaient vers un point de vue qui était très simple, très clair et parfaitement adéquat pour fournir une compréhension fondamentale de ce que la tradition avait laissé enveloppé de mystère.

Il reste peu de traces aujourd'hui, aux États-Unis du moins, des illusions des années d'après-guerre. Si nous considérons la condition actuelle de la méthodologie en linguistique structurale, de la psycholinguistique stimulus-réponse (étendue ou non à la « théorie de la médiation »), ou des modèles (probabilistes ou tirés de la théorie des automates) d'utilisation linguistique, nous voyons qu'un développement parallèle a eu lieu dans chaque cas : une analyse minutieuse a montré que dans la mesure où le système de concepts et de principes qui était avancé pouvait être rendu précis, on pouvait démontrer qu'il était inadéquat de façon fondamentale.

Les types de structures qui sont réalisables en termes de ces théories ne sont pas ceux que l'on peut postuler comme sous-tendant l'utilisation du langage, si des conditions empiriques suffisantes doivent être satisfaites. Mieux encore, le caractère de l'échec et de l'inadéquation est tel qu'il donne peu de raison de croire que ces approches sont sur la bonne voie. C'est-à-dire qu'on a dans chaque cas montré – de façon à mon avis très convaincante – que l'approche n'est pas seulement inadéquate mais qu'elle est trompeuse dans des domaines fondamentaux et importants. Il est devenu, je crois, très clair que si nous devons un jour comprendre comment la langue est acquise et utilisée, il nous faut alors abstraire pour une étude séparée et indépendante un système cognitif, un système de connaissance et de croyance, qui se développe dans la prime enfance et qui s'associe à de nombreux autres facteurs pour déterminer les types de comportements que nous observons. Il nous faut, pour introduire un terme technique, isoler et étudier le système de *compétence linguistique* qui sous-tend le comportement mais qu'on ne peut cerner de façon simple ou directe dans le comportement. Et ce système de compétence linguistique est qualitativement différent de tout ce qui peut être décrit en termes de la méthode taxonomique en linguistique structurale, des concepts de la psychologie S-R ou des notions développées dans la théorie mathématique de la communication ou dans la théorie des automates simples. Les théories et les modèles qui furent développés pour décrire les phénomènes simples et immédiatement donnés ne peuvent pas incorporer le système réel de la compétence linguistique : « l'extrapolation » de simples descriptions ne permet pas d'approcher la réalité de la compétence linguistique ; les structures mentales ne sont pas simplement « plutôt semblables » mais sont qualitativement différentes des structures et des réseaux complexes qui peuvent être développés par l'élaboration des concepts qui semblaient si prometteurs, il y a quelques années, à beaucoup de scientifiques. Ce n'est pas un problème de degré de complexité qui est ici en jeu, mais plutôt de qualité de complexité. Corrélativement, il n'y a aucune raison d'attendre que la technologie disponible nous fournisse un aperçu, une compréhension ou des réalisations significatives : elle y a manifestement échoué et en fait, un investissement appréciable de temps, d'énergie et d'argent dans l'utilisation des calculatrices pour la recherche linguistique – investissement appréciable pour un domaine aussi restreint que celui de la linguistique – n'a entraîné aucun progrès significatif dans notre compréhension de l'utilisation ou de la nature du langage.

Ces jugements sont assez sévères, mais je les crois justifiés. Ils sont, du reste, à peine discutés par les chercheurs en linguistique ou en psycholinguistique.

Il y a eu en même temps des progrès que je crois significatifs dans notre compréhension de la compétence linguistique et de quelques-unes des façons dont elle est mise en œuvre, mais ces progrès, tels qu'ils sont, ont procédé d'hypothèses très différentes de celles qui furent avancées de façon si enthousiaste au cours de la période dont j'ai parlé. De plus, ces progrès n'ont pas réduit le fossé séparant ce qui est connu de ce qui, comme on peut voir, est hors d'atteinte de notre compréhension et de notre technique actuelles. Chaque progrès a plutôt montré clairement que ces horizons intellectuels sont bien plus éloignés qu'on ne l'avait pensé jusque-là. Enfin, il est devenu, ce me semble, clair que les hypothèses et les approches paraissant aujourd'hui productives ont un parfum à elles, manifestement traditionnel. En général, une tradition bien dédaignée a été largement revivifiée ces dernières années et ses contributions ont reçu une attention sérieuse et, je crois, méritée. C'est de la reconnaissance de ces faits que découle l'attitude générale et extrêmement saine de scepticisme dont j'ai parlé plus haut.

En bref, il me semble extrêmement à propos, à ce

point du développement de la linguistique et de la psychologie en général, de se retourner vers les questions classiques et de se demander quels nouveaux aperçus les concernant ont été atteints, et comment les conclusions classiques peuvent fournir des directions à la recherche et à l'étude contemporaines.

Lorsque nous nous tournons vers l'histoire de l'étude et de la spéculation sur la nature de la pensée, et plus particulièrement la nature du langage humain, notre attention est tout naturellement attirée par le XVIIe siècle – le « siècle de génie » – où furent solidement établies les bases de la science moderne et formulés avec une clarté et une perspicacité remarquables des problèmes qui nous confondent encore aujourd'hui. Sous beaucoup de rapports, bien loin d'être superficiels, le climat intellectuel ressemble à celui de l'Europe occidentale au XVIIe siècle. Un point particulièrement crucial dans le contexte actuel est le très grand intérêt pour les potentialités et les capacités des automates, problème qui a intrigué l'esprit du XVIIe siècle autant qu'il intrigue le nôtre. J'ai mentionné ci-dessus qu'on commence lentement à percevoir qu'une faille significative, plus précisément un gouffre béant, sépare le système de concepts dont nous saisissons assez bien le sens, d'une part, et la nature de l'intelligence humaine, d'autre part. Une telle perception est à la base de la philosophie cartésienne. Descartes arriva aussi, dès le début de ses recherches, à la conclusion que l'étude de l'esprit nous confronte à un problème de qualité de complexité et non pas seulement de degré de complexité. Il pensait avoir montré que l'entendement et la volonté, les deux propriétés fondamentales de l'esprit humain, impliquent des capacités et comportent des principes que même le plus complexe des automates ne peut pas réaliser.

Il est particulièrement intéressant de suivre le développement de cette argumentation dans l'œuvre de philosophes cartésiens mineurs et maintenant oubliés comme Cordemoy qui écrivit un traité fascinant, développant quelques remarques de Descartes sur le langage, et comme La Forge qui produisit un long et détaillé *Traité de l'esprit de l'homme*, exprimant, comme il le soutenait avec raison, ce que Descartes aurait sans doute dit à ce sujet s'il avait vécu assez longtemps pour étendre sa théorie de l'homme plus loin que la physiologie. On peut discuter les détails de cette argumentation et l'on peut montrer comment elle était entravée et gauchie par certains restes de doctrine scolastique – les concepts de substance et de mode par exemple. Mais sa structure générale n'est pas déraisonnable, elle est en fait assez analogue à celle de l'argumentation contre le cadre des idées à la mode au début de l'après-guerre, à laquelle j'ai fait une rapide allusion au début de cette conférence. Les cartésiens essayaient de montrer que même si on affine, on clarifie et on pousse à la limite la théorie des corps, elle reste encore incapable de rendre compte de faits évidents à l'introspection et qui nous apparaissent également lorsque nous observons les actions des autres. En particulier, elle ne peut rendre compte de l'emploi normal du langage humain, de même qu'elle ne peut expliquer les propriétés fondamentales de la pensée. Il devient par conséquent nécessaire d'invoquer un principe entièrement nouveau, en termes cartésiens, de postuler une seconde substance dont l'essence est la pensée, accolée au corps, avec ses propriétés essentielles d'étendue et de mouvement. Ce principe nouveau a un « aspect créateur » qui est clairement mis en évidence dans ce que nous pouvons désigner comme « l'aspect créateur de l'utilisation du langage », la faculté spécifiquement humaine d'exprimer des pensées nouvelles et de comprendre des expressions de pensée nouvelles dans le cadre d'un « langage institué », produit culturel soumis à des lois et à des principes qui lui sont en partie propres et qui reflètent en partie des propriétés générales de la pensée. Ces lois et ces principes, affirme-t-on, ne sont pas formulables en termes des concepts, même les plus généraux et les mieux élaborés, propres à l'analyse du comportement et de l'interaction des systèmes physiques, et ils ne sont pas réalisables par un automate, fût-il le plus complexe. En fait, Descartes affirmait que la seule indication certaine qu'un autre corps possède un esprit humain au lieu d'être un simple automate, c'est son aptitude à utiliser le langage de façon normale. Et il arguait que cette aptitude ne peut être décelée chez l'animal ni chez l'automate qui, sous d'autres aspects, montrent des signes apparents d'intelligence supérieurs à ceux de l'homme, même si un tel organisme ou une telle machine pouvait être aussi pleinement doté que l'homme des organes physiologiques nécessaires pour produire le discours.

Je reviendrai à cette argumentation et aux façons dont elle fut développée. Mais je pense qu'il est important de mettre l'accent sur le fait que, avec ses trous et ses faiblesses, c'est une argumentation qui doit être prise au sérieux. Il n'y a rien d'absurde dans la conclusion. Il me semble tout à fait possible qu'à ce moment particulier du développement de la pensée occidentale ait été possible la naissance d'une science psychologique d'un genre qui n'existe pas encore aujourd'hui, une psychologie qui commence par le problème de la définition de plusieurs systèmes de connaissance et de croyance humaines, les concepts en termes desquels ils s'organisent et les principes qui les sous-tendent, et qui se tournent alors seulement vers l'étude de la façon dont ces problèmes ont pu se développer par quelque combinaison de l'interaction de la structure innée, de l'organisme et de l'environnement. Une telle psychologie contrasterait fort avec l'approche de l'intelligence humaine qui commence par postuler *a priori* certains mécanismes spécifiques qui, prétend-on, *doivent* être ceux qui sous-tendent l'acquisition de toute connaissance et de toute croyance. Je reviendrai à cette distinction dans une des prochaines conférences. Je veux simplement pour l'instant mettre l'accent sur l'aspect raisonnable de l'alternative rejetée et, qui mieux est, sur sa cohérence avec l'approche qui s'est montrée si fructueuse lors de la révolution de la physique au XVIIe siècle.

On a peut-être apprécié de façon inadéquate les parallèles méthodologiques entre le postulat cartésien d'une substance dont l'essence était la pensée, et l'acceptation post-newtonienne d'un principe d'attraction comme propriété innée des ultimes corpuscules de matière, principe actif gouvernant les mouvements des corps. La contribution à la pensée moderne revêtant la plus grande portée dans la philosophie cartésienne fut peut-être le rejet de la notion scolastique de formes substantielles et de qualités réelles, de toutes ces « petites images voletant dans l'air » auxquelles se réfère avec dérision Descartes. Par l'exorcisme de ces qualités occultes, on préparait le terrain à une physique de la matière en mouvement et à une psychologie qui explorât les propriétés de la pensée. Mais Newton affirma que la physique mécaniste de Descartes ne convenait pas – le second livre des *Principia* est largement consacré à cette démonstration – et qu'il était nécessaire de postuler une nouvelle force pour rendre compte du mouvement des corps. Le postulat d'une force d'attraction agissant à distance ne convenait pas aux idées claires et précises du sens commun et ne pouvait pas être accepté par un cartésien orthodoxe : une telle force était tout simplement une qualité occulte de plus. Newton était tout à fait d'accord avec cela et il tenta à maintes reprises de trouver une explication mécaniste à l'origine de la pesanteur. Il rejeta l'idée selon laquelle la gravité « est essentielle et inhérente à la matière » et maintint que « dire que chaque espèce de choses est dotée d'une qualité occulte spécifique (comme la pesanteur) grâce à laquelle elle agit et produit des effets manifestes, ce n'est rien dire du tout ». Certains historiens de la science ont suggéré que Newton espérait pouvoir écrire, comme Descartes, des *Principes de philosophie*, mais que son échec à expliquer la cause de la pesanteur sur des bases mécanistes le limita à des *Principes mathématiques de philosophie naturelle*. Ainsi, selon le sens commun de Newton comme celui des cartésiens, la physique n'était pas encore suffisamment assise, puisqu'elle postulait une force mystique capable d'agir à distance. De la même façon, le postulat par Descartes de la pensée comme principe explicatif était inacceptable au gré des empiristes. Mais le succès étonnant de la physique mathématique montra l'inutilité de ces objections du sens commun, et le prestige de la nouvelle physique fut si grand que la psychologie spéculative des Lumières considéra comme normal de travailler dans le cadre newtonien plutôt que sur l'analogie newtonienne – ce qui est très différent. La force occulte de la pesanteur fut acceptée comme élément évident du monde physique, n'appelant aucune explication, et il devint inconcevable qu'on puisse avoir à postuler des principes de fonctionnement et d'organisation entièrement nouveaux hors du cadre de ce qui devint bientôt le nouveau « sens commun ». En partie pour cette raison, la recherche d'une psychologie scientifique analogue qui explorerait les principes de la pensée, quels qu'ils puissent être, ne fut pas entreprise avec le sérieux qui était alors, comme aujourd'hui, tout à fait possible.

Je ne veux pas oublier une distinction fondamentale entre le postulat de la pesanteur et le postulat d'une *res cogitans*, c'est-à-dire l'énorme disparité de pouvoir des théories explicatives qui furent développées. Je pense qu'il est cependant instructif de noter que les raisons de l'insatisfaction de Newton, de Leibniz et des cartésiens orthodoxes quant à la physique nouvelle sont semblables de façon frappante aux raisons pour lesquelles on rejeta bientôt la psychologie rationaliste dualiste. Je pense qu'il est juste de dire que l'étude des propriétés et de l'organisation de la pensée fut prématurément abandonnée, en partie pour des raisons fausses.

Je pense aussi qu'il est juste d'indiquer qu'il y a une certaine ironie dans l'idée courante selon laquelle cet abandon fut provoqué par le développement graduel d'une attitude « scientifique » plus générale.

J'ai essayé d'attirer l'attention sur quelques ressemblances entre le climat intellectuel du XVIIe siècle et celui d'aujourd'hui. Il est, je crois, éclairant de tracer plus en détail le cours spécifique du développement de la théorie linguistique pendant la période moderne, dans le contexte de l'étude de la pensée et du comportement en général[1]*.

Il n'est pas mauvais de commencer par les œuvres du médecin espagnol Juan Huarte, qui à la fin du XVIe siècle publia une étude, largement traduite, sur la nature de l'intelligence humaine. Au cours de ses recherches, Huarte en vint à s'étonner du fait que le mot désignant « l'intelligence », *ingenio*, semble avoir la même racine latine que différents mots signifiant « engendrer » ou « générer ». Cela, arguait-il, donne une indication sur la nature de la pensée. Ainsi, « on peut distinguer deux pouvoirs générateurs chez l'homme, l'un qu'il a en commun avec les bêtes et les plantes, et l'autre participant d'une substance spirituelle. L'intelligence (*ingenio*) est un pouvoir générateur. L'entendement est une faculté génératrice ». L'étymologie de Huarte n'est en fait pas très bonne mais l'intuition est cependant très importante.

Huarte distingue ensuite trois degrés d'intelligence. Le plus bas de ceux-ci est « l'intelligence docile », satisfaisant à la maxime qu'il attribue par erreur, comme Leibniz et beaucoup d'autres, à Aristote, selon laquelle il n'y a rien dans l'esprit qui ne lui est simplement transmis par les sens. Le degré suivant, l'intelligence humaine normale, va bien au-delà de la limitation empirique : elle peut « engendrer elle-même, par sa propre puissance, les principes sur lesquels repose la

---

* Les notes sont groupées en fin de chapitre.

connaissance ». Les esprits humains normaux sont tels que, « assistés par le sujet seul, sans le secours d'aucun corps, ils produiront mille traits dont ils n'ont jamais entendu parler, [...] inventant et disant des choses comme ils n'en ont jamais entendu de la bouche de leurs maîtres ni de personne d'autre ». Ainsi l'intelligence humaine normale est-elle capable d'acquérir la connaissance par ses propres moyens, en utilisant peut-être les données des sens, mais en continuant à construire un système cognitif grâce à des concepts et des principes développés sur des bases indépendantes ; et elle est capable d'engendrer de nouvelles pensées et de trouver des moyens nouveaux et appropriés pour les exprimer, par des voies qui transcendent entièrement tout entraînement et toute expérience.

Huarte postule un troisième type d'intelligence, « par laquelle certains, sans art ni étude, disent des choses subtiles et surprenantes, cependant vraies, qui ne furent jamais vues, entendues ou écrites, ni même pensées ». On fait ici référence à la vraie créativité, exercice de l'imagination créatrice par des moyens qui vont plus loin que l'intelligence normale et qui peuvent, pense-t-il, impliquer un « mélange de folie ».

Huarte soutient que la distinction entre l'intelligence docile, qui rencontre la maxime empiriste, et l'intelligence normale, avec toutes ses capacités génératrices, est la distinction qu'il y a entre la bête et l'homme. En tant que médecin, Huarte était très intéressé par la pathologie. Il note en particulier que la plus sévère infirmité de l'intelligence qui puisse affliger un homme est d'être ramenée au plus bas des trois degrés, celui de l'intelligence docile qui se conforme aux principes empiristes. Cette infirmité, dit Huarte, « ressemble à celle des Eunuques, incapables d'engendrer ». Dans ces tristes circonstances où l'intelligence peut seulement recevoir des stimuli transmis par les sens et les associer avec un autre, la véritable éducation est évidemment impossible, puisque les idées et les principes qui permettent la croissance de la connaissance et de l'entendement sont absents. Dans ce cas, « ni la cravache, ni les cris, ni la méthode, ni les exemples, ni le temps, ni l'expérience ni rien dans la nature ne peut suffisamment l'exciter à engendrer quoi que ce soit ».

Le cadre de Huarte est utile pour discuter de la « théorie psychologique » dans la période suivante. Sa référence à l'utilisation du langage comme critère de l'intelligence humaine, distinguant l'homme des animaux, et spécifiquement l'accent mis sur la capacité créatrice de l'intelligence normale, est caractéristique de la pensée ultérieure. Ces préoccupations dominaient la linguistique et la psychologie rationalistes. Avec la naissance du romantisme, l'attention se porta sur le troisième type d'intelligence, la véritable créativité, quoique l'hypothèse rationaliste selon laquelle l'intelligence humaine est uniquement libre et créatrice, par-delà les limites de l'explication mécaniste, ne fût pas abandonnée et jouât un rôle important dans la psychologie du romantisme et même dans sa philosophie sociale.

Comme je l'ai déjà mentionné, la théorie rationaliste du langage, qui devait se montrer extrêmement riche en intuitions et en réalisations, trouva en partie son origine dans son intérêt pour les autres esprits. On consacra bon nombre d'efforts à examiner l'aptitude des animaux à obéir à des ordres parlés, à exprimer leurs états émotionnels, à communiquer entre eux et même à coopérer apparemment dans un but commun. Tout cela, arguait-on, pouvait s'expliquer sur des « bases mécanistes », au sens où l'on prenait alors cette notion – c'est-à-dire par le fonctionnement de mécanismes physiologiques en termes desquels on pouvait formuler les propriétés des réflexes : conditionnement, renforcement, association, et ainsi de suite. Les animaux ne manquent pas d'organes appropriés pour la communication, ils ne sont pas non plus placés au plus bas d'une quelconque échelle d'« intelligence générale ».

En fait, comme Descartes lui-même l'a correctement remarqué, le langage est une propriété spécifiquement humaine, et même à des degrés inférieurs d'intelligence, à des niveaux pathologiques, nous trouvons une maîtrise du langage qui est totalement hors de portée d'un singe, qui peut, sous d'autres rapports, surpasser un homme idiot en ce qui concerne la capacité de résoudre des problèmes ou tout autre comportement d'adaptation. Je reviendrai plus tard sur cette observation, à la lumière de ce que nous connaissons maintenant de la communication animale. Il manque aux animaux un élément de base, affirmait Descartes, comme à l'automate le plus complexe qui développe ses « structures intellectuelles » entièrement en termes de conditionnement et d'association : c'est le second type d'intelligence de Huarte, la capacité générale qui apparaît dans l'utilisation humaine normale du langage comme libre instrument de pensée. Si l'expérience nous convainc que d'autres organismes font preuve d'une utilisation normale, créatrice du langage, nous devons supposer qu'il a comme nous un esprit et que ce qu'il fait est au-delà des limites de l'explication mécaniste, hors du cadre de la psychologie stimulus-réponse de l'époque – qui, sous des aspects essentiels, n'est pas fondamentalement différente de celle d'aujourd'hui, bien qu'elle soit inférieure en technique, en étendue et en sûreté dans l'information.

Il ne faudrait pas, à ce propos, s'imaginer que seuls les arguments cartésiens en faveur de l'hypothèse de l'animal-machine aient été tirés de l'apparente incapacité des animaux à manifester l'aspect créateur de l'utilisation du langage. Il y en eut aussi beaucoup d'autres, par exemple la peur naturelle de l'explosion démographique dans le domaine de l'esprit si chaque moucheron avait une âme. Ou encore l'argumentation du cardinal Melchior de Polignac qui soutenait que l'hypothèse de l'animal-machine provenait du postulat de la bonté de Dieu puisque, comme il le soulignait, on peut voir « combien plus humaine est la doctrine selon laquelle les animaux ne souffrent pas[2] ». Il y a encore l'argumentation de Louis Racine, fils du dramaturge, frappé par l'idée que voici : « Si les bêtes avaient une âme et étaient capables de sentiments, resteraient-elles insensibles à l'affront et à l'injustice que leur a faits Descartes ? Ne se seraient-elles pas plutôt dressées de colère face au chef et à la secte qui les avilissaient ainsi ? » Il faudrait ajouter, je suppose, que Louis Racine était considéré par ses contemporains comme la preuve vivante de ce qu'un père brillant ne peut pas avoir de fils brillant. Mais le fait est que la discussion de l'existence d'autres esprits et, à l'opposé, de la nature mécanique des animaux, revenait sans cesse à l'aspect créateur de l'utilisation du langage, à l'affirmation que – comme le disait un autre personnage mineur du XVIIe siècle – « si les bêtes raisonnaient, elles seraient capables d'utiliser véritablement le discours et son infinie variété ».

Il est important de comprendre quelles propriétés du langage frappaient le plus Descartes et ses disciples. La discussion de ce que j'ai appelé « l'aspect créateur de l'utilisation du langage » tourne autour de trois observations importantes. La première est que l'utilisation normale du langage est novatrice, en ce sens qu'une grande part de ce que nous disons en utilisant normalement le langage est entièrement nouveau, que ce n'est pas la répétition de ce que nous avons entendu auparavant, pas même un calque de la structure – quel que soit le sens donné aux mots « calque » et « structure » – de phrases ou de discours que nous avons entendus dans le passé. C'est un truisme, mais un truisme important, souvent oublié et bien des fois nié au cours de la période behaviouriste de la linguistique à laquelle j'ai fait précédemment référence – période durant laquelle on proclamait presque universellement qu'on peut représenter la connaissance qu'a une personne du langage comme une réserve de modèles (*patterns*) appris par une constante répétition et un minutieux entraînement, l'innovation n'y étant tout au plus qu'un problème d'« analogie ». On peut sûrement tenir pour acquis, cependant, que le nombre de phrases de la langue maternelle qu'on comprendra immédiatement sans aucune impression de difficulté ou d'étrangeté est astronomique. Le nombre de modèles sous-tendant notre utilisation normale du langage et correspondant à des phrases douées de sens et facilement compréhensibles atteint également un ordre de grandeur supérieur au nombre de secondes dans une vie humaine. C'est en ce sens que l'utilisation du langage est novatrice.

Cependant, dans la perspective cartésienne, le comportement de l'animal est également potentiellement infini dans sa variété, au sens spécial où l'on peut dire que les indications lues sur un compteur de vitesse sont potentiellement infinies en variété. C'est-à-dire que si le comportement de l'animal est contrôlé par des stimuli externes ou par des états internes (y compris, pour ces derniers, ceux qui sont dus au conditionnement), les stimuli variant à l'infini, on peut dire qu'il en est de même du comportement de l'animal. Mais l'utilisation normale du langage n'est pas seulement novatrice et d'une étendue potentiellement infinie, elle est aussi libre de tout contrôle par des stimuli décelables, qu'ils soient externes ou internes. C'est grâce à cette liberté face au contrôle du stimulus que le langage peut servir d'instrument de pensée et d'expression individuelle, comme il sert non seulement chez les gens exceptionnellement doués et talentueux, mais aussi, en fait, chez tout être humain normal.

Ce fait d'être illimité et libre de tout contrôle du stimulus ne dépasse pas, en lui-même, les limites de l'explication mécaniste. Et la discussion cartésienne des limites de l'explication mécaniste révéla une troisième propriété de l'utilisation normale du langage, c'est-à-dire sa cohérence et son « adéquation à la situation » –

ce qui est bien sûr entièrement différent du contrôle par des stimuli externes. Nous ne pouvons pas dire de façon claire et définitive en quoi cette « adéquation » et cette « cohérence » consistent exactement, mais ces concepts sont sans aucun doute significatifs. Nous pouvons faire le départ entre l'utilisation normale du langage et les divagations d'un maniaque ou les données d'une calculatrice dont un élément est déréglé.

L'honnêteté nous oblige à admettre que nous sommes aujourd'hui tout aussi loin que l'était Descartes il y a trois siècles de comprendre ce qui permet à un homme de parler de façon novatrice, libre du contrôle de stimuli, ainsi qu'adéquate et cohérente. C'est un sérieux problème que le psychologue et le biologiste doivent finalement aborder, et dont on ne peut nier l'existence en invoquant l'« habitude », le « conditionnement » ou la « sélection naturelle ».

L'analyse cartésienne du problème des autres esprits, en termes d'aspect créateur de l'utilisation du langage et des indications semblables sur les limites de l'explication mécaniste, n'était pas entièrement satisfaisante au gré de l'opinion contemporaine. Le *Dictionnaire* de Bayle par exemple cite l'incapacité de donner une preuve suffisante de l'existence d'autres esprits comme l'élément le plus faible de la philosophie cartésienne, et il y eut une longue et curieuse série de discussions et de polémiques sur les problèmes soulevés par Descartes. Avec notre recul de plusieurs siècles, nous pouvons voir que le débat resta sans conclusion. Les propriétés de la pensée humaine et du langage humain mises en évidence par les cartésiens sont réelles, elles étaient donc, comme aujourd'hui, hors d'atteinte de toute espèce d'explication physique bien comprise. Ni la physique, ni la biologie, ni la psychologie ne nous donnent d'indication sur la manière de traiter ces problèmes.

Comme dans le cas d'autres problèmes insolubles, il est tentant d'essayer une autre approche qui pourrait montrer que le problème était mal posé, à cause d'une confusion conceptuelle quelconque. C'est une direction qui a été suivie par la philosophie contemporaine mais, ce me semble, sans succès. Il est clair que les cartésiens comprenaient, tout comme le comprennent Gilbert Ryle et d'autres critiques contemporains, la différence entre fournir des critères de comportement intelligent d'une part, et fournir une explication à la possibilité d'un tel comportement d'autre part ; mais, contrairement à Ryle, ils s'intéressaient aussi bien au deuxième problème qu'au premier. Ils n'étaient pas satisfaits, en tant que savants, par la formulation de tests expérimentaux prouvant que le comportement d'un autre organisme était créateur, au sens particulier que nous venons de cerner ; ils étaient également inquiets, à juste titre, du fait que les capacités révélées par de tels tests et par de tels critères d'observation transcendaient les capacités des corps physiques comme ils les comprenaient, tout comme elles échappent au champ de l'explication physique comme nous la comprenons aujourd'hui. Il n'y a certainement rien d'illégitime dans la tentative d'aller plus loin que l'élaboration de tests d'observation et que la collection de preuves pour construire une explication théorique de ce que l'on observe, et c'est précisément ce qui était au centre de l'approche cartésienne du problème de l'esprit. Il est nécessaire, comme le réclamaient La Forge et d'autres, d'aller plus loin que ce que l'on peut percevoir ou « imaginer » (au sens technique classique de ce terme) si l'on espère comprendre la nature de « l'Esprit de l'homme * » comme le fit avec succès Newton en tentant de comprendre la nature du mouvement planétaire. D'autre part, les propositions des cartésiens étaient elles-mêmes dénuées de substance réelle ; les phénomènes en question ne sont pas expliqués de façon satisfaisante en les attribuant à un « principe actif »

* En français dans le texte.

appelé « esprit », dont on n'a pas développé de façon cohérente et étendue les propriétés.

Il me semble que l'approche la plus encourageante consiste aujourd'hui à décrire les phénomènes du langage et de l'activité mentale aussi précisément que possible, à tenter de développer un apparat théorique abstrait qui rendra compte dans la mesure du possible de ces phénomènes et révélera les principes de leur organisation et de leur fonctionnement sans essayer, pour l'instant, de mettre en rapport les structures et les processus mentaux postulés avec des mécanismes physiologiques ou d'interpréter la fonction mentale en termes de « causes physiques ». Nous ne pouvons que laisser ouverte pour l'avenir la question de savoir comment ces structures et ces processus abstraits sont réalisés ou expliqués en termes concrets, sans doute en termes qui ne soient pas du domaine des processus physiques comme nous les comprenons actuellement. Cette conclusion, si elle est exacte, ne devrait surprendre personne.

La philosophie rationaliste du langage fusionna avec différents autres développements indépendants au XVIIe siècle, menant à la première théorie générale vraiment significative de la structure linguistique, c'est-à-dire le point de vue général qui reçut le nom de grammaire « philosophique » ou « universelle ». Malheureusement, la grammaire philosophique est très peu connue aujourd'hui. Il y a peu d'études techniques ou savantes à ce sujet, et elles sont plutôt apologétiques. Les références à la grammaire philosophique dans les traités modernes sur le langage sont trop déformées pour avoir de la valeur. Même un savant d'un aussi haut niveau que Leonard Bloomfield donne dans son œuvre principale, *Le Langage*, un compte rendu de la grammaire philosophique qui n'a presque aucun rapport avec l'original et attribue à cette tradition des vues diamétralement opposées à celles qui la caractérisent le plus. Par exemple, Bloomfield et bien d'autres décrivent la grammaire philosophique comme basée sur un modèle latin, comme prescriptive, comme ne montrant aucun intérêt pour les sons de la langue, comme tendant à confondre la langue parlée et la langue écrite. Toutes ces accusations sont fausses, et il est important de dissiper ces mythes pour rendre possible une appréciation objective de ce qui fut réellement accompli.

Il est en particulier ironique que la grammaire philosophique ait pu être accusée de partialité en faveur du latin. En fait, il est significatif que les œuvres originales – la *Grammaire* et la *Logique* de Port-Royal en particulier – furent écrites en français : elles faisaient en effet partie du mouvement tendant à remplacer le latin par la langue vernaculaire. Le fait est que ce latin était considéré comme une langue artificielle et dénaturée, réellement nuisible à l'exercice de la pensée claire et du discours de bon sens auxquels les cartésiens attachaient tant de prix. Les praticiens de la grammaire philosophique utilisaient les matériaux linguistiques qui leur étaient disponibles, et il convient de noter que certains des sujets qui furent étudiés avec le plus grand soin et la plus grande constance durant plus d'un siècle comportaient des points de grammaire qui n'ont même pas d'équivalent en latin. Un exemple frappant est la règle dite « de Vaugelas » qui concerne la relation entre articles indéfinis et propositions relatives en français. Durant cent cinquante ans la règle de Vaugelas fut au centre d'une controverse sur la possibilité de développer une « grammaire rationnelle », grammaire qui dépasserait la description pour atteindre une explication rationnelle des phénomènes.

C'est sans aucun doute l'incompréhension complète du but de cette explication rationnelle qui conduit à accuser la grammaire philosophique, de façon tout à fait erronée, d'être « prescriptive ». En fait, il n'en est rien. Il était bien compris et fréquemment répété que les faits d'usage sont ce qu'ils sont, et qu'il n'y a pas lieu pour le grammairien de légiférer. Un problème tout à fait différent était en jeu, celui de rendre compte des faits d'usage en se fondant sur des hypothèses explicatives concernant la nature du langage et, au bout du compte, la nature de la pensée humaine. Les tenants de la grammaire philosophique s'intéressaient peu à l'accumulation des faits, sauf dans la mesure où ces faits pouvaient être utilisés comme preuves portant sur des processus plus profonds et plus généraux. L'opposition n'est donc pas entre grammaires descriptive et prescriptive, mais entre description et explication, entre grammaire considérée comme « histoire naturelle » et grammaire considérée comme sorte de « philosophie naturelle » ou, en termes modernes, comme « science naturelle ». Une opposition en grande partie irrationnelle aux théories explicatives en tant que telles a rendu difficile à la linguistique moderne l'appréciation de ce qui était au centre de ces développements, et a mené à confondre la grammaire philosophique avec le souci d'enseigner de meilleures manières à une bourgeoisie montante.

L'ensemble de ces problèmes n'est pas sans intérêt. J'ai signalé plus haut qu'il y a des ressemblances frappantes entre le climat de l'opinion au XVIIe siècle et celui de la psychologie et de la connaissance et de la linguistique contemporaines. Un des points de ressemblance a précisément trait à ce problème de théorie explicative. La grammaire philosophique, tout comme la grammaire générative, se développa en opposition consciente à la tradition descriptive qui interprétait la tâche du grammairien comme un simple enregistrement, une organisation des données de l'usage – une sorte d'histoire naturelle. Elle affirmait – à juste titre à mon avis – qu'une telle restriction était appauvrissante et inutile et que, quelle qu'en soit la justification, elle n'avait rien à voir avec la méthode scientifique qui s'intéresse aux données non en elles-mêmes mais comme témoignage de principes d'organisation plus profonds, dissimulés, principes qu'on ne peut pas déceler « dans les phénomènes » ni dériver de ces phénomènes par un traitement taxonomique des faits, pas plus que les principes de la mécanique céleste n'auraient pu se développer en conformité avec de telles observations.

Le savoir contemporain n'est pas en état de donner un bilan définitif des réalisations de la grammaire philosophique. Il n'y a pas de bases pour un tel bilan, l'œuvre originale elle-même est presque inconnue et une grande partie en est impossible à trouver. J'ai par exemple été incapable de trouver aux États-Unis un exemplaire de la seule édition critique de la *Grammaire* de Port-Royal publiée il y a plus d'un siècle, et bien que l'original français soit maintenant à nouveau disponible[3], la seule traduction anglaise de cette œuvre importante ne se trouve apparemment qu'au British Museum. Il est regrettable que cet ouvrage ait été si totalement méconnu, car le peu qu'on en sait est extrêmement intrigant et éclairant.

Ce n'est pas ici le lieu de tenter un bilan préliminaire de cette œuvre, ni même d'en tracer les grandes lignes, nos connaissances actuelles paraissant tout à fait insuffisantes. Je tiens cependant à mentionner au moins certains des thèmes persistants. Il semble que l'une des innovations de la *Grammaire* de Port-Royal de 1660 – l'ouvrage qui inaugura la tradition de la grammaire philosophique – ait été de reconnaître l'importance de la notion de syntagme comme unité grammaticale. La grammaire précédente avait été essentiellement une grammaire de classes de mot et de flexions. Dans la théorie cartésienne de Port-Royal, un syntagme correspond à une idée complexe et une phrase est subdivisée en syntagmes consécutifs, à leur tour subdivisés en syntagmes, et ainsi de suite, jusqu'à ce qu'on atteigne le niveau du mot. Nous dérivons ainsi ce que nous pourrions appeler la « structure superficielle » de la phrase en question. Pour prendre ce qui est devenu un exemple type, la phrase « Invisible God created the visible world » (Dieu invisible a créé le monde visible) contient le sujet « invisible God » et le prédicat « created the visible world », celui-ci contenant l'idée complexe « the visible world » et le verbe « created », et ainsi de suite. Mais il est intéressant de remarquer que, bien que la *Grammaire* de Port-Royal soit apparemment la première à s'appuyer d'une façon relativement systématique sur l'analyse en structure superficielle, elle reconnaît aussi l'inadéquation de cette analyse. Selon la théorie de Port-Royal, la structure superficielle ne correspond qu'au son – à l'aspect corporel du langage ; mais lorsque le signal est émis, avec sa structure superficielle, une analyse mentale correspondante intervient, dans ce que nous pourrions appeler la structure profonde, structure profonde directement reliée non pas au son mais au sens. Dans l'exemple que nous venons de prendre « invisible God created the visible world », la structure profonde consiste en un système de trois propositions, « that God is invisible », « that He created the world », « that the world is visible » (que Dieu est invisible, qu'Il a créé le monde, que le monde est visible). Les propositions qui sont reliées pour former la structure profonde ne sont pas, bien sûr, explicites lorsque la phrase est utilisée. Si je dis qu'un homme sage est honnête, je n'affirme pas que les hommes sont sages ou honnêtes, même si dans la théorie de Port-Royal les propositions « un homme est sage » et « un homme est honnête » entrent dans la structure profonde. Ces propositions entrent plutôt dans les idées complexes qui sont présentes à l'esprit bien que rarement articulées dans le signal lorsque la phrase est prononcée.

La structure profonde est liée à la structure superficielle par certaines opérations mentales – selon la terminologie moderne, par des transformations grammaticales. Chaque langue peut être considérée comme une relation particulière entre le son et le sens. En poussant la théorie de Port-Royal jusqu'à ses conclusions logiques, il faut considérer la grammaire d'une langue comme un système de règles qui caractérise les structures profonde et superficielle et leurs relations transformationnelles, et qui – pour rendre compte de l'aspect créateur de l'utilisation du langage – les caractérise dans un domaine infini de structures superficielles et profondes couplées. Pour emprunter la terminologie qu'utilisait Wilhelm von Humboldt dans les années 1830, le locuteur fait un usage infini de moyens finis. Sa grammaire doit donc contenir un système fini de règles qui engendre une infinité de structures profondes et superficielles liées de façon appropriée. Elle doit aussi contenir des règles qui relient ces structures abstraites à certaines représentations du son et du sens – représentations qui sont sans doute constituées d'éléments appartenant respectivement à la phonétique universelle et à la sémantique universelle. C'est là l'essence du concept de structure grammaticale qu'on développe et qu'on élabore aujourd'hui. Il est clair qu'il faut chercher les racines de cette conception dans la tradition classique que je discute actuellement, et que les concepts de base ont été explorés avec succès à cette époque.

La théorie des structures profonde et superficielle semble couler de source, du moins dans ses grandes lignes. Elle était pourtant relativement différente de tout ce qui la précédait et, ce qui est plus surprenant, elle disparut sans presque laisser de traces lors du développement de la linguistique moderne à la fin du XIXe siècle. Je voudrais dire un mot des relations entre la théorie des structures superficielle et profonde avec les idées sur le langage qui la précèdent et qui la suivent.

Il y a une ressemblance, qui je crois peut être très trompeuse, entre la théorie des structures profonde et superficielle et une tradition beaucoup plus ancienne. Les praticiens de la grammaire philosophique prenaient bien soin de mettre l'accent sur cette ressemblance dans l'exposé détaillé de leur théorie et n'hésitaient nullement à reconnaître leurs dettes envers la grammaire classique comme envers les principales personnalités de la grammaire de la Renaissance, l'érudit espagnol

Sanctius par exemple. Sanctius, en particulier, avait développé une théorie de l'ellipse qui a eu une grande influence sur la grammaire philosophique. Comme je l'ai déjà fait remarquer, la grammaire philosophique est très mal comprise aujourd'hui. Mais des prédécesseurs comme Sanctius sont, eux, tombés dans un oubli total. En outre, comme c'est le cas pour toute œuvre de ce type, le problème n'est pas seulement de savoir ce qu'il a dit mais aussi, ce qui est plus important, ce qu'il a voulu dire.

Il est certain qu'en prenant son concept d'ellipse comme propriété fondamentale du langage, Sanctius donnait de nombreux exemples linguistiques qui sont superficiellement très semblables à ceux utilisés pour développer la théorie des structures profonde et superficielle, dans la grammaire philosophique classique comme dans ses variantes modernes beaucoup plus explicites. Il semble cependant que Sanctius ait simplement pris le concept d'ellipse comme un moyen d'interpréter les textes. Ainsi, pour déterminer le véritable sens d'un passage de texte littéraire, il faut souvent, selon Sanctius, le considérer comme une variante elliptique d'une paraphrase plus élaborée. Mais la théorie de Port-Royal et ses développements ultérieurs, en particulier chez l'encyclopédiste Du Marsais, donnaient une interprétation relativement différente de l'ellipse. Le but de la grammaire philosophique était clairement de développer une théorie psychologique et non une technique d'interprétation textuelle. La théorie prétend que la structure profonde sous-jacente, avec son organisation abstraite de formes linguistiques, est « présente à l'esprit » lorsque le signal, avec sa structure superficielle, est émis ou perçu par les organes humains. Et les opérations transformationnelles liant les structures profonde et superficielle sont en fait des opérations mentales, accomplies par l'esprit lorsqu'une phrase est produite ou comprise. Cette distinction est fondamentale. Selon la dernière interprétation, il doit y avoir, représenté dans l'esprit, un système fixé de principes génératifs qui caractérisent et associent les structures profonde et superficielle – en d'autres mots une grammaire qui est utilisée d'une certaine façon lorsque des énoncés sont produits ou interprétés. Cette grammaire représente la compétence linguistique sous-jacente à laquelle je faisais plus haut allusion. Le problème de la détermination du caractère de telles grammaires et des principes qui les gouvernent est caractéristique de la science. Il est peut-être très difficile, mais il admet en principe des réponses définies, justes ou fausses selon qu'elles correspondent ou non à la réalité mentale. Mais la théorie de l'ellipse comme technique d'interprétation textuelle ne nécessite pas un ensemble de principes représentés d'une façon ou d'une autre dans l'esprit comme un aspect de la compétence et de l'intelligence humaines normales. Elle peut plutôt être en partie *ad hoc* et peut impliquer de nombreux facteurs culturels et personnels de l'œuvre qu'on analyse.

La théorie de Port-Royal des structures profonde et superficielle relève de la psychologie, en tant que tentative d'élaborer le deuxième type d'intelligence selon Huarte et en tant qu'explication des propriétés de l'intelligence humaine normale. Le concept d'ellipse chez Sanctius, si je le comprends bien, est l'une des nombreuses techniques que l'on doit appliquer quand les conditions le permettent et qui ne nécessitent nullement une représentation mentale comme aspect d'une intelligence normale. Bien que les exemples linguistiques utilisés soient souvent semblables, le contexte dans lequel ils sont introduits et le cadre dans lequel ils fonctionnent sont fondamentalement différents ; ils sont en particulier séparés par la révolution cartésienne. J'avance ceci avec une certaine hésitation, à cause de l'obscurité des textes en cause et de leur arrière-plan intellectuel, mais cette interprétation me semble correcte.

La relation entre la théorie de Port-Royal et la linguistique structurale et descriptive moderne est relativement claire. Cette dernière se limite à l'analyse de ce que j'ai appelé la structure superficielle, aux propriétés formelles explicites dans le signal et aux syntagmes et unités qui peuvent être mis en évidence dans le signal par les techniques de segmentation et de classification. Cette limitation est parfaitement consciente et elle a été considérée – de façon tout à fait erronée à mon avis – comme un grand progrès. Le grand linguiste suisse Ferdinand de Saussure qui, au début de ce siècle, a jeté les bases de la linguistique structurale moderne, a avancé l'idée que les seules méthodes correctes d'analyse linguistique sont la segmentation et la classification. En appliquant ces méthodes, le linguiste détermine les modèles dans lesquels apparaissent les unités ainsi analysées, ces modèles étant soit syntagmatiques – c'est-à-dire modèle de succession dans le discours – soit paradigmatiques – c'est-à-dire relations entre les unités qui occupent la même place dans le discours. Il soutenait que lorsqu'une telle analyse est achevée, la structure de la langue est nécessairement révélée dans sa totalité et la science linguistique a réalisé entièrement sa tâche. Une telle analyse taxonomique ne laisse évidemment aucune place à la structure profonde dans le sens de la grammaire philosophique. Par exemple, le système de trois propositions sous-tendant la phrase « Invisible God created the visible world » ne peut pas être dérivé de cette phrase par segmentation et classification des unités segmentées, pas plus que les opérations transformationnelles liant les structures profonde et superficielle ne peuvent dans ce cas être exprimées en termes de structure paradigmatique et syntagmatique. La linguistique structurale moderne a été fidèle à ces limitations qu'elle a considérées comme nécessaires.

En fait, à bien des égards, Saussure se sépare encore plus de la tradition de la grammaire philosophique. Il exprime parfois l'idée que les procédés de formation des phrases n'appartiennent pas du tout à la langue, que le système de la langue se limite à des unités linguistiques comme les sons et les mots et peut-être à quelques phrases fixées et à un petit nombre de modèles très généraux. Les mécanismes de formation des mots sont par ailleurs, selon lui, libres de toute contrainte imposée par la structure linguistique en tant que telle. Ainsi la formation de la phrase n'est-elle pas strictement un problème de *langue* mais plutôt un problème de ce qu'il appelle la *parole*, elle se trouve donc hors du champ de la linguistique proprement dite. C'est un processus de création libre, sans contrainte de la part de règles linguistiques sauf celles qui gouvernent la forme des mots et l'agencement des sons. La syntaxe est de ce point de vue un problème secondaire. Et il y a effectivement peu d'ouvrages de syntaxe pendant la période de la linguistique structurale.

Saussure, en prenant cette position, se faisait l'écho d'une critique importante de la théorie linguistique humboldtienne par le distingué linguiste américain William Dwight Whitney qui, à l'évidence, influença grandement Saussure. Selon Whitney, la théorie linguistique humboldtienne, qui prolongeait de différentes façons les idées cartésiennes que j'ai exposées, était fondamentalement erronée. Une langue est plutôt « composée d'un grand nombre d'éléments, chacun ayant son moment, son occasion et son effet ». Il soutenait que « le langage au sens concret [...] est [...] la somme des mots et des phrases grâce auxquels un homme exprime sa pensée ». La tâche du linguiste est donc de dresser la liste de ces formes linguistiques et d'étudier leur histoire individuelle. Contrairement à la grammaire philosophique, Whitney soutient qu'il n'y a rien d'universel dans la forme du langage et qu'on ne peut rien apprendre sur les propriétés générales de l'intelligence humaine par l'étude de l'agglomérat arbitraire de formes qui constitue une langue humaine. Comme il l'affirme : « La diversité infinie du discours humain devrait à elle seule être un barrage à l'assertion selon laquelle la compréhension des pouvoirs de l'âme implique l'explication du discours. » De la même façon, Delbrück, dans son ouvrage classique sur la syntaxe comparée indo-européenne, reproche à la grammaire traditionnelle d'avoir posé des types idéaux de phrases sous-tendant les signaux observés, et il fait référence à Sanctius comme au « plus grand dogmatique en ce domaine ».

Ce sont les sentiments qui dominent lorsque nous entrons dans l'âge moderne de l'étude du langage. Le glas de la grammaire philosophique était sonné par les remarquables succès des études comparatives indo-européennes, qui étaient certainement parmi les réalisations majeures de la science au XIXe siècle. Cette conception appauvrie et totalement inadéquate du langage exprimée par Whitney, Saussure et de nombreux autres se révéla être tout à fait appropriée à la phase contemporaine des recherches linguistiques. Le résultat fut qu'on la considéra comme justifiée, conviction assez naturelle mais totalement fausse. La liguistique structurale-descriptive moderne se développa dans le même cadre intellectuel et fit aussi de gros progrès sur lesquels je reviendrai bientôt. Au contraire, la grammaire philosophique ne fournissait plus les concepts appropriés à la nouvelle grammaire comparative ou à l'étude des langues exotiques inconnues des chercheurs, et elle était en un certain sens épuisée. Elle avait atteint la limite de ce qui pouvait être accompli dans le cadre des idées et des techniques alors disponibles. Il n'y avait pas, voici un siècle, d'idée très claire de la façon dont on pourrait procéder pour construire des grammaires génératives qui fassent « un usage infini de moyens finis » et qui expriment la « force organique » du langage humain, « cette invention merveilleuse » (selon les termes de la *Grammaire* de Port-Royal), « grâce à laquelle nous construisons à partir de vingt-cinq ou trente sons une infinité d'expressions qui, ne ressemblant nullement à ce qui se passe dans nos esprits, nous permettent pourtant de faire savoir aux autres le secret de ce que nous concevons et de toutes les différentes activités mentales que nous menons ».

Ainsi, l'étude du langage avait atteint un stade dans lequel il y avait d'une part un ensemble de simples concepts fournissant la base de succès surprenants et d'autre part des idées profondes mais plutôt vagues qui ne semblaient pas devoir mener à de futures recherches productives. Le résultat était inévitable et ne doit pas du tout être déploré. Il se produisit une professionnalisation du domaine, un déplacement d'intérêt des problèmes classiques d'intérêt général pour des intellectuels comme Arnauld et Humboldt par exemple, vers un nouveau domaine largement défini par les techniques que la profession elle-même s'était forgées pour la solution de certains problèmes. Un tel développement est naturel et correct, mais il n'est pas sans danger. Sans vouloir exalter le culte de l'amateurisme des hommes du monde, il faut cependant reconnaître que ces problèmes classiques ont une vivacité et une importance qui peuvent manquer dans un domaine de recherche déterminé par la possibilité d'appliquer certains outils et certaines méthodes plutôt que par des problèmes présentant un intérêt intrinsèque.

La morale de cela n'est pas qu'il faille abandonner des outils utiles ; elle est plutôt d'abord qu'il faut garder suffisamment de perspective pour voir l'arrivée du jour inévitable où la recherche pouvant être menée avec ces outils n'aura plus d'importance, et en second lieu qu'il faut accorder de la valeur aux idées et aux intuitions adéquates, quoique peut-être prématurées, vagues et peu productives à un moment particulier de la technique et de la compréhension. Je pense que nous voyons maintenant clairement, grâce au recul, que le fait de déprécier et de négliger une riche tradition s'est révélé à la longue très nuisible à l'étude du langage. En outre, cette dépréciation et cette négligence n'étaient certainement pas nécessaires. Cela aurait peut-être été psychologiquement difficile, mais il n'y a en principe aucune raison pour que l'exploitation heureuse de l'approche structuraliste dans les études historiques et descriptives n'ait pas pu être associée à une claire reconnaissance de ses limites essentielles et de son inadéquation finale, en comparaison avec la tradition qu'elle avait temporairement et injustement supplantée. Il y a là, je crois, une leçon valable pour l'étude future du langage et de la pensée.

Pour conclure, je crois qu'il y a eu deux traditions de recherche réellement productives et qui intéressent sans conteste ceux qui s'occupent aujourd'hui de l'étude du langage. La première est la tradition de la grammaire philosophique qui fleurit du XVIIe siècle au romantisme, la seconde est la tradition que j'ai qualifiée de « structuraliste », ce qui peut induire en erreur, qui a dominé la recherche du siècle, du moins jusqu'au début des années 1950. J'ai traité des réalisations de la première parce qu'elles sont peu familières mais aussi parce qu'elles présentent aujourd'hui de l'intérêt. La linguistique structurale a énormément élargi le champ d'information dont nous disposons et a étendu immensément la sûreté des données. Elle a montré qu'il y a dans le langage des relations structurales qui peuvent être étudiées abstraitement. Elle a élevé à un degré entièrement nouveau la précision du discours sur le langage. Mais je crois que sa principale contribution peut être, paradoxalement, celle pour laquelle elle a été très sévèrement critiquée. Je pense à sa tentative sérieuse et minutieuse de construire des « procédures de découverte », les techniques de segmentation et de classification auxquelles Saussure faisait allusion. Cette tentative fut un échec, je crois que cela est aujourd'hui généralement admis. Ce fut un échec parce que de telles techniques se limitent au mieux aux phénomènes de la structure superficielle et ne peuvent pas, par conséquent, révéler les mécanismes qui sous-tendent l'aspect créateur de l'utilisation du langage et l'expression du contenu sémantique. Mais ce qui demeure d'une importance fondamentale, c'est que cette tentative était dirigée vers la question centrale de l'étude du langage, qui était pour la première fois formulée de façon claire et intelligible. Le problème soulevé est celui de l'explicitation des mécanismes qui opèrent sur les données des sens et produisent la connaissance de la langue, la compétence linguistique. Il est évident que de tels mécanismes existent. Les enfants apprennent une première langue ; la langue qu'ils apprennent est, au sens traditionnel du terme, un « langage institué » et non pas un système inné. La réponse proposée par la méthodologie linguistique structurale s'est révélée incorrecte, comme nous l'avons montré, mais ceci a peu d'importance en comparaison du fait que le problème lui-même est maintenant clairement formulé.

Whitehead a un jour décrit la mentalité de la science moderne de la façon suivante : elle a été forgée dans « l'union d'un intérêt passionné pour les faits détaillés et un égal attachement à la généralisation abstraite ». On peut grossièrement décrire la linguistique moderne comme passionnément intéressée par les faits détaillés et la grammaire philosophique comme également attachée à la généralisation abstraite. Il me semble que le moment est venu d'unir ces deux courants majeurs et de développer une synthèse tirée de leurs réalisations respectives. Dans les deux prochaines conférences, j'essaierai de montrer comment la tradition de la grammaire philosophique peut être reconstituée et orientée vers des problèmes nouveaux et compliqués, et comment l'on peut finalement revenir de façon fructueuse aux questions et aux préoccupations centrales qui ont donné naissance à cette tradition.

Notes

1. Pour d'autres détails et d'autres discussions, on consultera ma *Cartesian Linguistics* (trad. fr. *La Linguistique cartésienne*, Paris, du Seuil, 1969) et les références qui y sont données.

2. Ces exemples sont tirés de l'excellente étude de Leonora Cohen Rosenfield, *From Beast-Machine to Man-Machine* (New York, Oxford University Press, 1941). Je cite d'après l'original.

3. Menston, England, Scolar Press Limited, 1967.

CHAPITRE II

Contributions linguistiques à l'étude de la pensée : Le présent

Il est pour les sciences psychologiques une difficulté qui résida dans l'aspect familier des phénomènes dont elles traitent. Un certain effort intellectuel est nécessaire pour voir comment de tels phénomènes peuvent poser de sérieux problèmes ou peuvent réclamer des théories explicatives compliquées. On a tendance à les prendre pour donnés comme nécessaires ou comme plus ou moins « naturels ».

Les effets de cet aspect familier des phénomènes ont souvent été discutés. Wolfgang Köhler a par exemple suggéré que les psychologues n'ouvrent pas « des territoires entièrement nouveaux » à la manière des sciences naturelles, « tout simplement parce que l'homme était accoutumé à tous les domaines de la vie mentale bien avant la formation de la psychologie scientifique [...] car il n'y avait pas aux origines de leur travail de faits mentaux demeurés entièrement inconnus et qu'ils auraient pu découvrir [1] ». Les découvertes de la physique classique ont une certaine force d'impact (l'homme n'a pas d'intuition sur les orbites elliptiques ou sur la constante gravitationnelle). Mais les « faits mentaux », même d'un genre beaucoup plus profond, ne peuvent pas être « découverts » par le psychologue, car ils sont du ressort de la connaissance intuitive et, une fois signalés, ils sont évidents.

Il est également un effet plus subtil. Les phénomènes peuvent être si familiers que nous ne les voyons pas du tout, sujet qui a été maintes fois débattu par les philosophes et les théoriciens de la littérature. Victor Chklovsky par exemple développa au début des années 1920 l'idée que la fonction de l'art poétique est de « rendre étrange » l'objet décrit. « Les gens qui vivent au bord de la mer s'habituent tant au murmure des vagues qu'ils ne l'entendent jamais. À telles enseignes que nous entendons à peine les mots que nous prononçons… Nous nous regardons les uns les autres, mais nous ne nous voyons plus. Notre perception du monde s'est évanouie, il n'est resté que la simple action de reconnaître. » Le but de l'artiste est donc de transférer ce qui est décrit dans une « sphère de nouvelle perception ». Chklovsky cite comme exemple une histoire de Tolstoï dans laquelle les institutions et les habitudes sociales sont « rendues étranges » par le biais d'une présentation du point de vue du narrateur qui se trouve être un cheval[2].

L'observation que « nous nous regardons les uns les autres mais que nous ne nous voyons plus » a peut-être elle-même atteint les « mots que nous prononçons mais que nous entendons à peine ». Mais l'aspect familier, ici aussi, ne devrait pas voiler l'importance de la pénétration.

Wittgenstein fait une observation similaire, soulignant que « les aspects des choses qui sont les plus importantes pour nous sont cachés à cause de leur simplicité (on est incapable de remarquer quelque chose – parce que ce quelque chose est toujours devant nos yeux[3]) ». Il s'attache à « fournir […] des remarques sur l'histoire naturelle des êtres humains : nous ne fournissons en aucune façon des choses curieuses, mais des observations dont personne n'a jamais douté mais qui sont passées inaperçues parce qu'elles sont toujours devant nos yeux[4] ».

Moins connu est le fait que nous perdons aussi de

vue le besoin d'explication lorsque les phénomènes sont trop familiers et trop « évidents ». Nous avons trop facilement tendance à croire que les explications doivent être transparentes et au ras des apparences. La plus grande lacune de la philosophie classique de l'esprit, rationaliste ou empiriste, me semble être sa supposition incontestée que les propriétés et le contenu de l'esprit sont accessibles à l'introspection. Il est surprenant de voir combien rarement cette supposition a été contestée, en ce qui concerne l'organisation et la fonction des facultés intellectuelles, même avec la révolution freudienne. De la même façon, les études poussées sur le langage qui furent accomplies sous l'influence du rationalisme cartésien ne purent pas apprécier l'aspect abstrait de ces structures qui sont « présentes à l'esprit » quand une séquence est produite ou comprise, elles ne purent pas non plus apprécier la longueur et la complexité de la chaîne d'opérations qui rattachent les structures mentales exprimant le contenu sémantique de la séquence à la réalisation physique.

Une lacune semblable fausse l'étude du langage et de la pensée dans la période moderne. Il me semble que la faiblesse essentielle des approches structuralistes et behaviouristes de ces sujets est la foi dans le manque de profondeur des explications, la croyance que l'esprit doit être plus simple dans ses structures que tout organe physique connu, et que la plus primitive des suppositions doit permettre d'expliquer quelques phénomènes que l'on puisse observer. Ainsi, on prend pour admis sans discussion ni preuve (ou on présente comme vrai par définition) qu'une langue est une « structure d'habitudes » ou un filet de connexions associatives, ou que la connaissance du langage est simplement une affaire de « savoir comment », une habileté exprimable comme un système de dispositions à répondre. En conséquence, la connaissance du langage doit se développer lentement, à travers la répétition et l'entraînement, son apparente complexité résultant de la prolifération d'éléments très simples plutôt que de principes plus profonds d'organisation mentale qui pourraient être aussi inaccessibles à l'introspection que les mécanismes de la digestion ou la coordination du mouvement. Quoiqu'il n'y ait rien de déraisonnable par essence dans une tentative de rendre compte de la connaissance et de l'utilisation du langage en ces termes, il n'y a pas non plus d'apparence particulièrement raisonnable ou de justification *a priori*. Il n'y a pas de raison pour réagir avec inquiétude ou incrédulité si l'étude de la connaissance du langage et de l'utilisation de cette connaissance allait dans une direction entièrement différente.

Je pense que pour accomplir des progrès dans l'étude du langage et des facultés cognitives humaines en général il est d'abord nécessaire d'établir une « distance psychique » par rapport aux « faits mentaux » auxquels se référait Köhler, puis d'explorer les possibilités de développement de théories exploratrices, quoi qu'elles puissent suggérer pour ce qui est de la complexité et de l'abstraction des mécanismes sous-jacents. Il nous faut reconnaître que même les phénomènes les plus familiers requièrent une explication et que nous n'avons pas d'accès privilégié aux mécanismes sous-jacents, pas plus qu'en physiologie ou en physique. Seules les hypothèses les plus préliminaires et les plus expérimentales peuvent être offertes en ce qui concerne la nature du langage, son utilisation et son acquisition. En tant que locuteurs d'origine, nous avons à notre disposition un vaste ensemble de faits. Il est pour cette raison facile de tomber dans le piège consistant à croire qu'il n'y a rien à expliquer, que les principes organisationnels et les mécanismes sous-jacents, quels qu'ils soient, doivent être « donnés » avec les faits. Rien ne pourrait être plus éloigné de la vérité, et la tentative de caractériser précisément le système de règles que nous avons maîtrisé et qui nous permet de comprendre de nouvelles phrases et de produire une nouvelle phrase au bon moment, dissipera très vite tout dogmatisme en la matière. La recherche de théories explicatives doit commencer par une tentative de déterminer ces systèmes de règles et de mettre au clair les principes qui les gouvernent.

La personne qui a acquis la connaissance d'une langue a assimilé (*internalized*) un système de règles reliant d'une certaine façon le son et le sens. Le linguiste qui élabore une grammaire d'une langue propose en réalité une hypothèse concernant ce système assimilé. L'hypothèse du linguiste, si elle est présentée de façon suffisamment explicite et précise, aura certaines conséquences empiriques en ce qui concerne la forme des énoncés et leur interprétation par le locuteur d'origine. La connaissance de la langue – le système de règles – n'est évidemment qu'un des nombreux facteurs déterminant la façon dont un énoncé sera utilisé ou compris dans une situation particulière. Le linguiste qui essaie de déterminer en quoi consiste la connaissance d'une langue – afin de construire une grammaire correcte – étudie un facteur fondamental impliqué dans l'acte de parole, mais pas le seul. Cette idéalisation doit être conservée présente à l'esprit lorsqu'on considère le problème de la confirmation des grammaires par des preuves empiriques. Il n'y a pas de raison de ne pas étudier l'interaction de plusieurs facteurs impliqués dans les actes mentaux complexes et sous-tendant l'acte de parole effectif, mais une telle étude a peu de chances d'aller très loin à moins que les facteurs séparés soient eux-mêmes relativement bien compris.

La grammaire proposée par le linguiste doit être considérée comme une théorie explicative ; elle suggère une explication au fait que (dans l'idéalisation mentionnée) un locuteur de la langue en question percevra, interprétera, formera ou utilisera un énoncé de certaines façons et pas d'autres. On peut aussi chercher des théories explicatives d'un genre plus profond. Le locuteur d'origine a acquis une grammaire sur la base d'une expérience très limitée et incomplète. La grammaire a des conséquences empiriques qui dépassent de loin cette expérience. Les phénomènes dont traite la grammaire sont à un certain niveau expliqués par les règles de la grammaire elle-même et par l'interaction de ces règles. À un niveau plus élevé, ces mêmes phénomènes sont expliqués par les principes qui déterminent le choix de la grammaire sur la base de l'expérience limitée et incomplète dont disposait la personne qui a acquis la connaissance de la langue et qui s'est construit cette grammaire particulière. Les principes qui déterminent la forme de la grammaire et qui choisissent une grammaire de forme appropriée sur la base de certains faits constituent un sujet qui pourrait, selon l'usage traditionnel, être appelé « grammaire universelle ». L'étude de la grammaire universelle ainsi comprise est une étude de la nature des capacités intellectuelles humaines. Elle tente de formuler les conditions nécessaires et suffisantes qu'un système doit remplir pour être considéré comme une langue humaine potentielle, conditions qui ne sont pas vraies des langues humaines existantes par accident, mais qui sont plutôt enracinées dans la « capacité de langage » de l'homme et qui constituent ainsi l'organisation innée déterminant ce qui compte comme expérience linguistique et ce que la connaissance de la langue élève sur la base de cette expérience. La grammaire universelle constitue alors une théorie explicative d'un type beaucoup plus profond que celui de la grammaire particulière, quoique la grammaire particulière d'une langue puisse aussi être considérée comme une théorie explicative[5].

En pratique, le linguiste est toujours à la fois entraîné dans l'étude de la grammaire universelle et de la grammaire particulière. Lorsqu'il construit une grammaire particulière, descriptive, d'une façon plutôt que d'une autre, en se fondant sur l'expérience dont il dispose, il est guidé, consciemment ou non, par certaines suppositions sur la forme de la grammaire, et ces suppositions appartiennent à la théorie de la grammaire universelle.

Réciproquement, sa formulation des principes de grammaire universelle doit être justifiée par l'étude de leurs conséquences lorsqu'on les applique aux grammaires particulières. Le linguiste est ainsi, à plusieurs niveaux, entraîné à construire des théories explicatives, et il y a à chaque niveau une interprétation psychologique claire de son travail théorique et descriptif. Au niveau de la grammaire traditionnelle, il tente de caractériser la connaissance d'une langue, un certain système cognitif qui a été développé – inconsciemment bien sûr – par le locuteur-auditeur normal. Au niveau de la grammaire universelle, il tente d'établir certaines propriétés générales de l'intelligence humaine. La linguistique ainsi caractérisée est simplement le domaine de la psychologie qui s'occupe de ces aspects de l'esprit.

J'essaierai de donner une vue du genre de travail en cours, qui aspire, d'une part, à déterminer les systèmes de règles qui constituent la connaissance d'une langue et, d'autre part, à mettre au clair les principes qui gouvernent ces systèmes. De toute évidence, les conclusions auxquelles on peut aujourd'hui aboutir, en ce qui concerne une grammaire universelle ou particulière, doivent être expérimentales et d'application limitée. Et on ne peut en indiquer que les grandes lignes dans un exposé aussi bref que le nôtre. Afin d'essayer de donner une idée de ce que l'on fait aujourd'hui, je mettrai l'accent sur les problèmes que l'on considère comme pouvant être formulés avec une certaine clarté et comme pouvant être étudiés, bien qu'ils n'aient pas encore de solution.

Comme je le signalais dans ma première conférence, je crois que le cadre général le plus propre à l'étude du langage et de la pensée est le système d'idées développé au sein de la psychologie rationaliste des XVIIe et XVIIIe siècles, élaboré à bien des égards par les romantiques et largement oublié ensuite, l'attention se portant sur d'autres sujets. Selon cette conception traditionnelle, l'esprit produit un système de propositions exprimant le sens d'une phrase lorsque la phrase se réalise sous forme de signal physique, le système et le signal étant reliés par certaines opérations formelles que nous pouvons appeler, selon la terminologie actuelle, des *transformations grammaticales*. Pour continuer avec la terminologie, nous pouvons ainsi distinguer la *structure superficielle* (*surface structure*) de la phrase, organisation en catégories et en syntagmes qui est directement associée au signal physique, de la *structure profonde* (*deep structure*) sous-jacente, également organisation de catégories et de syntagmes, mais d'un caractère plus abstrait. Ainsi la structure superficielle de la phrase « a wise man is honest » (l'homme sage est honnête) peut s'analyser en sujet (a wise man) et prédicat (is honest). La structure profonde sera cependant relativement différente.

1 $$_{P}\Big[\,_{SN}\Big[\text{a man}\;_{P}\Big[\,_{SN}[\text{man}]_{SN}\;_{SV}[\text{is wise}]_{SV}\Big]_{P}\Big]_{SN}\;_{SV}[\text{is honest}]_{SV}\Big]_{P}$$

2 $$_{P}\Big[\,_{SN}[\text{a wise man}]_{SN}\;_{SV}[\text{is honest}]_{SV}\Big]_{P}$$

Elle extraira en particulier de l'idée complexe constituant le sujet de la structure superficielle une proposition sous-jacente dont le sujet est « man » et le prédicat « be wise ». La structure profonde est en fait, selon la conception traditionnelle, un système de deux propositions dont aucune n'est sujet de l'affirmation mais qui s'associent de façon à exprimer le sens de la phrase « a wise man is honest ». Nous pourrions représenter la structure profonde de cet exemple par la formule **1**, et la structure superficielle par la formule **2**, où les parenthèses portent en indice la catégorie de la phrase qu'elles enserrent (plusieurs détails sont omis).

Une autre notation équivalente, largement utilisée, exprime les parenthèses et leurs indices de **1** et **2** sous forme d'arbres, comme dans **1′** et **2′** :

1′

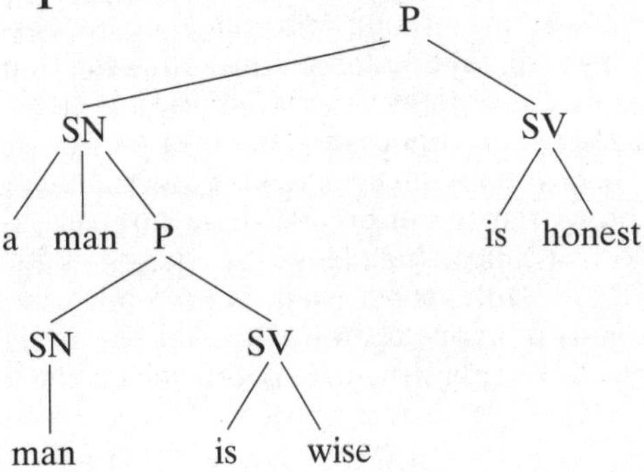

2′

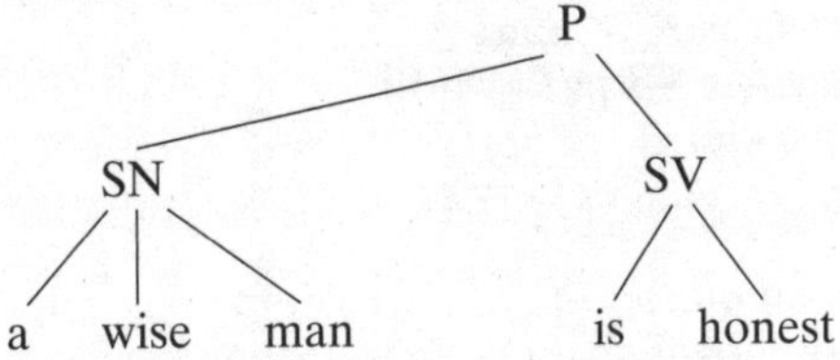

Si nous entendons la relation « sujet de » comme une relation entre une locution de la catégorie syntagme nominal (SN) et la phrase (P) immédiatement supérieure, et la relation « prédicat de » comme une relation entre une locution de la catégorie syntagme verbal (SV) et la phrase immédiatement supérieure, les structures **1** et **2** (ou **1′** et **2′**) montrent alors les fonctions grammaticales de sujet et de prédicat selon la définition choisie. Les fonctions grammaticales de la structure profonde **1** jouent un rôle central dans la détermination du sens de la phrase. La structure de phrase indiquée en **2**, d'autre part, est étroitement liée à sa forme phonétique : plus précisément elle détermine le contour de l'intonation de l'énoncé représenté.

La connaissance d'une langue implique la capacité d'attribuer à un ensemble infini de phrases une structure superficielle et une structure profonde, de lier correctement ces structures et de donner une interprétation sémantique et une interprétation phonétique aux structures superficielle et profonde associées. Cette esquisse de la nature de la grammaire semble être une première approximation extrêmement précise de la caractérisation de la « connaissance d'une langue ».

Comment les structures superficielle et profonde sont-elles liées ? Nous pouvons clairement, dans le simple exemple donné, former la structure superficielle à partir de la structure profonde en accomplissant les opérations suivantes :

3 a. Attribuer l'indicateur *wh-* au SN le plus profondément encastré, « man » ;
b. Remplacer ce SN par « who » ;
c. Enlever « who » ;
d. Intervertir « man » et « wise ».

En n'appliquant que les opérations **a** et **b**, nous obtenons la structure sous-tendant la phrase, « a man who is wise is honest » (un homme qui est sage est honnête), qui est une réalisation possible de la structure sous-jacente **1**. Si nous appliquons en outre l'opération **c**, nous obtenons la structure superficielle **2** qui peut alors être interprétée phonétiquement.

Si cette approche est correcte de façon générale, une personne qui connaît une langue spécifique possède alors une grammaire qui *génère* (c'est-à-dire caractérise) l'ensemble infini des structures profondes potentielles, en dresse la carte sur le fond des structures superficielles associées et détermine les interprétations sémantique et phonétique de ces objets abstraits[6]. Il semble, d'après les informations dont nous disposons maintenant, que nous pouvons sans erreur affirmer que la structure superficielle détermine entièrement l'interprétation phonétique et que la structure profonde exprime les fonctions grammaticales qui jouent un rôle dans la détermination de l'interprétation sémantique, quoique certains aspects de la structure superficielle puissent aussi contribuer à la détermination du sens de la phrase d'une façon dont je ne parlerai pas ici. Une grammaire de ce type définira donc une corrélation illimitée entre le son et le sens. Elle constitue un premier pas vers l'explication de la façon dont une personne peut comprendre une phrase quelconque de sa langue.

Cet exemple artificiellement simplifié illustre quand même certaines propriétés des grammaires qui se révèlent générales. Une classe illimitée de structures profondes du type **1** peut être générée par des règles très simples qui expriment quelques fonctions grammaticales rudimentaires, si nous donnons à ces règles une propriété récursive – en particulier celle qui leur permet d'insérer des structures de la forme [P…] P dans d'autres structures. Les transformations grammaticales en viendront donc à former finalement une structure superficielle qui pourra être très éloignée de la structure profonde sous-jacente. La structure profonde peut être extrêmement abstraite, elle peut ne pas avoir de corrélation étroite, point à point, avec la réalisation phonétique. La connaissance d'une langue – « la compétence linguistique », au sens technique de ce terme comme nous l'avons rapidement discuté dans notre première conférence – implique que l'on domine ces processus grammaticaux.

Ce cadre nous suffit pour commencer à formuler certains des problèmes qui réclament une analyse et une explication. Un problème majeur est posé par le fait que la structure superficielle en elle-même donne généralement très peu d'indications sur le sens de la phrase. Il y a par exemple de nombreuses phrases ambiguës d'une façon que n'indique pas la structure superficielle.

Considérons la phrase **4** :

4 I disapprove of John's drinking.

Cette phrase peut faire référence soit au fait que John boit dans l'instant, soit à son caractère. L'ambiguïté est résolue, de façons différentes, dans les phrases **5** et **6** :

5 I disapprove of John's drinking the beer.

6 I disapprove of John's excessive drinking.

Il est clair que les processus grammaticaux sont implicites. Notons que nous ne pouvons pas étendre simultanément **4** des deux manières illustrées par **5** et **6**, ce qui nous donnerait **7** :

7 *[7] I disapprove of John's excessive drinking the beer.

Notre grammaire interne donne deux structures abstraites différentes à la phrase **4**, dont l'une est liée à la structure qui sous-tend **5** et l'autre à la structure qui sous-tend **6**. Mais c'est au niveau de la structure profonde qu'apparaît la distinction. Elle est effacée par les transformations qui esquissent les structures profondes sur la forme superficielle associée à **4**.

Les processus impliqués dans les exemples **4**, **5** et **6** sont très courants en anglais. Ainsi la phrase « I disapprove of John's cooking » peut laisser entendre soit que sa femme devrait faire la cuisine, soit que je trouve qu'il utilise trop d'ail par exemple. De nouveau, l'ambiguïté sera résolue si nous prolongeons la phrase de la façon indiquée en **5** et **6**.

Le fait que **7** soit inacceptable réclame explication. L'explication dans ce cas serait fournie, au niveau d'une grammaire traditionnelle, par la formulation des règles grammaticales qui fixeraient des structures profondes alternatives et qui permettraient dans chaque cas l'un des prolongements **5** ou **6**, mais pas l'autre. Nous expliquerions alors l'inacceptabilité de **7** et l'ambiguïté de **4** en attribuant ce système de règles à la personne qui connaît la langue, comme un aspect de son savoir. Nous pourrions bien sûr tenter d'en venir à un degré plus profond d'explication et nous demander comment il se fait que la personne ait assimilé ces règles plutôt que d'autres qui détermineraient une corrélation son-sens différente et une classe différente de structures superficielles générées (y compris, peut-être, **7**). C'est un problème de grammaire universelle, au sens défini plus haut. En utilisant la terminologie de la note **5**, la discussion à ce niveau de grammaire traditionnelle porterait sur l'adéquation descriptive, et au niveau de la grammaire universelle elle porterait sur l'adéquation explicative.

Notons que les règles internes de la grammaire anglaise ont encore d'autres conséquences dans un cas comme celui que nous venons de discuter. Il y a des transformations d'une grande généralité qui permettent de ou obligent à supprimer des éléments se répétant, en entier ou en partie, dans des conditions bien définies. Appliquées à la structure **8**, ces règles donnent **9**[8].

8 I don't like John's cooking any more than Bill's cooking.

9 I don't like John's cooking any more than Bill's.

La phrase **9** est ambiguë. Elle peut signifier soit que je n'aime pas le fait que John fasse la cuisine, non plus que le fait que Bill fasse la cuisine, soit que je n'aime pas les qualités de cuisinier de John non plus que celles de Bill[9]. Quoi qu'il en soit, elle ne peut pas signifier que je n'aime pas les qualités de cuisinier de John non plus que le fait que Bill fasse la cuisine, ou inversement, «qualités» et «fait» étant interchangés. C'est-à-dire que dans la structure sous-jacente **8** nous devons comprendre les passages ambigus «John's cooking» et «Bill's cooking» de la même façon si nous voulons avoir la possibilité de supprimer un «cooking». Il semble raisonnable de postuler qu'il y a là une condition générale d'application des opérations de suppression comme celle qui donne **9** à partir de **8**, condition relativement abstraite qui tient compte non seulement de la structure à laquelle est appliquée l'opération, mais encore de l'histoire de la dérivation de cette structure.

On peut trouver d'autres exemples où un principe identique semble œuvrer. Ainsi, considérons la phrase **10** qui dérive sans doute de **11** ou de **12** et se trouve donc ambiguë[10] :

10 I know a taller man than Bill.

11 I know a taller man than Bill does.

12 I know a taller man than Bill is.

Il semble clair que l'ambiguïté de **10** ne réside pas dans la structure superficielle ; la suppression de « does » en **11** donne exactement la même structure que la suppression de «is» en **12**. Mais considérons maintenant la phrase **13** :

13 I know a taller man than Bill, and so does John.

Cette phrase, comme la phrase **9**, est ambiguë à deux sens plutôt qu'à quatre. Elle peut avoir le sens de **14** ou de **15**, mais pas celui de **16** ou de **17**[11] :

14 I know a taller man than Bill does and John knows a taller man than Bill does.

15 I know a taller man than Bill is and John knows a taller man than Bill is.

16 I know a taller man than Bill is and John knows a taller man than Bill does.

17 I know a taller man than Bill does and John knows a taller man than Bill is.

Mais un problème apparaît alors lorsque nous considérons avec plus d'attention la dérivation de **13**. Appelons l'opération qui donne **10** à partir de **11** $\mathbf{T_1}$ et celle qui donne **10** à partir de **12** $\mathbf{T_2}$. Si nous appliquons $\mathbf{T_1}$ à chacun des éléments associés dans **14**, nous obtenons **18** :

18 I know a taller man than Bill and John knows a taller man than Bill.

L'application de $\mathbf{T_2}$ à chacun des éléments associés dans **15** donne aussi la phrase **18**. Mais l'application de $\mathbf{T_1}$ à l'un des éléments et de $\mathbf{T_2}$ à l'autre dans **16** donnera aussi **18**, ainsi que la même procédure (dans l'ordre inverse) appliquée aux éléments associés dans **17**. La phrase **18** peut donc être dérivée par l'application de $\mathbf{T_1}$ et de $\mathbf{T_2}$ à l'une des quatre formes sous-jacentes **14**, **15**, **16** ou **17**. La structure même de **18** n'indique pas quelle d'entre elles est sa forme sous-jacente ; la distinction a été éliminée par les opérations $\mathbf{T_1}$ et $\mathbf{T_2}$. Mais considérons maintenant l'opération $\mathbf{T_3}$ qui donne « I saw Bill and so did John » à partir de « I saw Bill and John saw Bill ». En appliquant $\mathbf{T_3}$ à **18**, nous obtenons **13**. Nous avons cependant noté que **13** peut être interprétée comme **14** ou **15**, mais pas comme **16** ou **17**. Nous voyons donc que $\mathbf{T}_3$ ne peut s'appliquer à **18** que si **14** ou **15**, mais pas **16** ou **17**, sont les structures sous-tendant **18** dans les dérivations données. Cette information n'est cependant pas donnée par **18** elle-même, comme nous venons de le voir. Il nous faut donc, pour appliquer $\mathbf{T}_3$ à **18**, savoir quelque chose de l'histoire de la dérivation de **18**, avoir une information qui ne serait pas donnée par la présentation de **18** sous forme de parenthèses indexées (*labeled bracketing*). Il nous faut en fait savoir que les deux éléments associés dans **18** viennent de structures sous-jacentes dans lesquelles le même élément a été supprimé [12]. Il apparaît une fois de plus qu'il nous faut postuler une condition générale d'application des transformations de suppression (*deletion transformations*), principe qui nous mène plus ou moins à considérer l'histoire de la dérivation des suites affectées de suppression. Il s'agit peut-être de certaines propriétés de la structure profonde dont elles viennent en dernier ressort.

Considérons, pour cerner la complexité du problème, des phrases comme « John's intelligence, which is his most remarkable quality, exceeds his prudence » ou « The book, which weighs five pounds, was written by John ». Le pronom relatif de la proposition incise remplace sans doute une phrase nominale supprimée, et la condition de suppression que nous venons de discuter implique que cette phrase nominale soit identique à celle qui précède, « John's intelligence » ou « the book », dans la structure sous-jacente de la proposition incise. On peut cependant démontrer que dans chaque cas il y a une différence entre l'antécédent et la phrase nominale de la proposition incise. Ainsi, dans le premier cas, on se réfère au degré d'intelligence de John dans la proposition principale mais à la qualité de cette intelligence dans la subordonnée incise. Dans le second cas, on se réfère au livre en tant qu'objet abstrait dans la proposition principale, mais en tant qu'objet physique concret dans la subordonnée. On peut penser que ces différences seront représentées dans la structure profonde, contredisant ainsi le principe auquel semblaient nous mener les premiers exemples. Je ne poursuivrai pas ici cette discussion, mais le lecteur découvrira, s'il continue à y réfléchir, que le problème n'est réglé qu'en considérant un ensemble plus étendu de cas.

En fait, le principe correct n'apparaît pas dans de tels cas, bien que certaines des conditions nécessaires soient claires. Le problème posé par ces exemples est très typique. L'étude du fait linguistique révèle certaines propriétés des phrases, en ce qui concerne le son, le sens, etc. Bien évidemment, aucune explication de ces faits n'apparaîtra tant que nous nous limiterons à un vague discours sur les « habitudes », les « facilités », les « dispositions à », ou sur la formation des phrases « par analogie ». Nous n'avons pas « l'habitude » de comprendre les phrases **4**, **9** et **13** d'une certaine façon : il est peu probable que le lecteur ait jamais rencontré des phrases leur ressemblant étroitement, mais il les comprend cependant d'une façon très spécifique. Faire référence à un processus qualifié d'« analogie » consiste simplement à donner un nom à ce qui demeure un mystère. Pour expliquer ces phénomènes il faut découvrir les règles qui lient le son au sens dans la langue en question (la grammaire assimilée par la personne qui connaît la langue) et les principes généraux déterminant l'organisation et la fonction de ces règles.

Le caractère trompeur et insuffisant de la structure superficielle devient évident dès que l'on étudie les modèles (*patterns*) les plus simples. Considérons par exemple la phrase **19**, exemple à nouveau artificiellement simplifié :

19 John was persuaded to leave.

La structure profonde sous-tendant cette phrase doit indiquer que la relation sujet-prédicat tient en une proposition sous-jacente de la forme de **20** (en supposant que les fonctions grammaticales doivent être représentées comme nous l'avons suggéré plus haut), et que la relation verbe-objet tient en une proposition sous-jacente de la forme de **21** :

20 $\left[\text{P} \left[\text{SN}^{\text{John}}\right] \text{SN} \left[\text{SV}^{\text{leave}}\right] \text{SV}\right] \text{P}$

21 $\left[\text{P} \left[\text{SN}^{\ldots\ldots}\right] \text{SN} \left[\text{SV}^{\text{persuade}} \left[\text{SN}^{\text{John}}\right] \text{SN}\right] \text{SV}\right] \text{P}$

« John » est ainsi compris comme sujet de « leave » et objet de « persuade » en **19**, et ces faits sont exprimés par la structure profonde sous-tendant **19** si cette structure réalise les propositions schématiquement représentées par **20** et **21**. Quoique la structure profonde doive être constituée de ces propositions, si l'approche esquissée ci-dessus est correcte, on n'en trouve pas trace dans la structure superficielle de l'énoncé. Les différentes transformations qui produisent **19** ont entièrement effacé le système de relations et de fonctions qui détermine le sens de la phrase.

Cela devient encore plus évident si nous notons la variété des phrases qui superficiellement apparaissent comme semblables à **19**, mais qui diffèrent largement par les façons dont on les comprend et par les opérations formelles qu'on leur applique. Supposons que « persuaded » soit remplacé en **19** par un des mots suivants [13] :

22 expected, hired, tired, pleased, happy, lucky, eager, certain, easy.

Avec « expected » à la place de « persuaded », la phrase peut signifier en gros que le départ de John était attendu, mais il est impossible de dire que le départ de John était convaincu. Avec « hired » la phrase a un sens entièrement différent, en gros qu'on a embauché John pour qu'il parte (interprétation qui devient beaucoup plus naturelle si nous remplaçons « leave » par « fix the roof »). En mettant « tired » nous obtenons une non-phrase (*nonsentence*) qui devient phrase si nous remplaçons « persuaded » par « too tired », la phrase impliquant alors que John n'est pas parti. Le mot « pleased » est encore différent. Nous pouvons dans ce cas avoir « too pleased », impliquant que John n'est pas parti, mais nous pouvons aussi allonger la phrase : « John was too pleased to leave to suit me », ce qui est impossible dans les cas précédents. « Happy » est un peu comme « pleased », quoique nous puissions faire valoir que la relation verbe-objet a lieu entre « pleased » et « John ». La phrase « John was lucky to leave » est encore interprétée d'une autre façon. Elle signifie, en gros, que John a eu de la chance en partant, et cette interprétation est impossible dans les cas précédents. Nous pouvons en outre construire des phrases comme « John was a lucky fellow to leave (so early) », mais aucun des exemples précédents ne peut remplacer « lucky » dans ces phrases. « John was eager to leave » diffère des autres exemples en ce qu'il est formellement associé à des expressions comme « John was eager for Bill to leave » et « John's eagerness (for Bill) to leave ». « John was certain to leave » peut être paraphrasé par « it is certain that John would leave », et parmi les autres exemples seul « expected » peut se prêter à cette interprétation, mais « expected » diffère évidemment de « certain » à bien des égards : il apparaît par exemple dans une phrase comme « they expected John to leave ». Le mot « easy » est bien sûr entièrement différent : dans ce cas et dans ce cas seul, la relation verbe-objet a lieu entre « John » et « leave ».

En bref, il est clair que la structure superficielle est souvent trompeuse, qu'elle apporte peu d'information, et que notre connaissance de la langue implique des propriétés d'un caractère beaucoup plus abstrait qui ne sont pas directement indiquées dans la structure superficielle. En outre, des exemples aussi simplifiés que les nôtres montrent combien il serait vain d'essayer de rendre compte de la compétence linguistique en termes d'« habitudes », de « dispositions », de « savoir-faire » ou d'autres concepts associés à l'étude du comportement : c'est pourtant ainsi que cette étude a été limitée, sans aucune justification, au cours de ces dernières années.

Au niveau de la structure sonore, il est également évident que les représentations abstraites sont formées et manipulées au cours des opérations mentales impliquées par l'utilisation de la langue. Nous avons en ce domaine plus que dans tout autre une connaissance détaillée de la nature de la représentation linguistique et des difficiles conditions d'applications des règles. Le travail des dernières années sur la structure sonore me paraît apporter bien des arguments au point de vue selon lequel la forme des grammaires particulières est déterminée, de façon très importante, par un schématisme restrictif qui spécifie le choix des propriétés phonétiques, et les conditions d'organisation et d'application de ces règles. Ce travail concerne donc de très près les sujets généraux discutés dans ma première conférence, sujet que j'aborderai à nouveau ci-dessous en considérant la question de savoir comment ce schématisme restrictif et universel est utilisé dans l'acquisition linguistique. En outre, ces recherches sur la structure sonore, dans la mesure où elles mènent à la conclusion que les structures phonologiques abstraites sont manipulées par des systèmes de règles compliqués et étroitement organisés, sont en rapport avec le très intéressant problème du développement empirique de modèles adéquats de l'acte de parole. Elles suggèrent que les approches habituelles des problèmes de la perception et de l'organisation du comportement souffrent toutes de n'avoir pas donné une profondeur et une complexité suffisantes aux processus mentaux qui doivent être représentés dans tout modèle tentant de serrer de près le phénomène empirique. La place ne nous permet pas de développer dans le détail ces sujets, par rapport au problème de la structure phonologique ou par rapport à son importance potentielle dans la psychologie de la connaissance[14]. Un simple exemple, très caractéristique, peut cependant donner une idée de la nature de l'expérience disponible et des conclusions auxquelles elle mène.

Rappelons que les règles syntaxiques de la langue génèrent un ensemble infini de structures superficielles, chacune apparaissant sous la forme de mise entre parenthèses indexées d'une chaîne d'éléments minima, comme en **2**, où nous pouvons prendre pour éléments minima les items *a*, *wise*, *man*, *is*, *honest*. Chacun de ces éléments peut lui-même être représenté comme une suite de segments, *man* par exemple comme la suite des segments /m/, /ae/ et /n/. Chacun de ces segments peut à son tour être considéré comme un ensemble de traits précis. Ainsi /m/ représente le complexe [+ consonantique], [– vocalique], [+ nasal], etc. La constitution segmentale d'un élément sera donnée par une entrée lexicale, une caractérisation des propriétés phonétiques, sémantiques et syntaxiques inhérentes à l'élément en question. Le lexique de la langue est l'ensemble de ces entrées lexicales, avec peut-être d'autres structures que nous n'avons pas à aborder ici. Seules nous préoccupent actuellement les propriétés phonétiques de l'entrée lexicale.

L'entrée lexicale d'un item doit spécifier ses propriétés idiosyncratiques, n'étant pas déterminées par une règle linguistique. L'entrée lexicale de *man* par exemple doit indiquer que son second segment est une voyelle basse d'avant, mais le degré de tension, de diphtongaison, de nasalisation, etc., n'a pas à être indiqué dans l'entrée lexicale puisqu'il s'agit d'une loi générale, parfois limitée à quelques parlers anglais, parfois commune à tous les parlers anglais et parfois étendue à la phonologie universelle. De la même façon l'entrée *man* doit indiquer qu'il y a un pluriel irrégulier, la voyelle basse se transformant en voyelle moyenne.

Les segments de l'entrée lexicale sont abstraits en ce sens que les lois phonologiques de la langue les modifieront et les façonneront fréquemment et de différentes manières. C'est pourquoi il n'est en général pas nécessaire d'avoir une correspondance point à point entre l'entrée lexicale et la représentation phonétique effective. J'utiliserai, pour discuter de mes exemples, les symboles phonétiques de la façon habituelle, chacun étant considéré comme un ensemble de traits. J'utiliserai le symbole / / pour entourer les représentations lexicales et le symbole [ ] pour entourer toutes les représentations dérivées des représentations lexicales par l'application de lois phonologiques, y compris en particulier la représentation phonétique finale dérivée par application de l'ensemble des règles phonologiques.

Considérons d'abord des mots comme *sign-signify*, *paradigm-paradigmatic*, etc. Pour des raisons qui apparaîtront plus clairement par la suite, c'est dans ce cas la forme dérivée qui est la plus proche de la représentation lexicale abstraite sous-jacente. Supposons donc que nous attribuions expérimentalement à la racine de ces formes les représentations lexicales /sign/ et /paeraedigm/ où les symboles ont leur valeur phonétique conventionnelle. Ainsi l'élément sous-jacent /sign/ est réalisé phonétiquement comme [sign] devant *-ify*. Il est cependant réalisé comme [sayn] en position isolée. On peut faire la même observation au sujet de *paradigm*.

Les formes de *sign* et *paradigm* en position isolée sont déterminées par certaines lois phonétiques qui, opérant de concert, ont pour effet de transformer la représentation /ig/ en [ay] lorsqu'elle est suivie par une nasale finale. Une analyse rigoureuse de la phonologie anglaise montre que ce processus peut être découpé en une suite d'étapes parmi lesquelles se trouvent les suivantes (dont la deuxième et la troisième réclament en fait une analyse plus poussée) :

23 a. une vélaire devient continue devant une nasale finale ;
b. voyelle + vélaire continue donnent une voyelle tendue ;
c. /ī/ devient [ay] (/ī/ est le segment tendu correspondant à [ɪ]).

En appliquant ces règles à la forme isolée sous-jacente /sign/ nous obtenons d'abord [siγn] (où γ est une vélaire continue) par **23a**, puis [sīn] par **23b** et enfin [sayn] par **23c.**

Les règles **23a** et **23b** présentent peu d'intérêt, mais **23c** fait partie d'un système général de règles d'« alternance vocalique » qui est très important dans la phonologie anglaise. Il y a par exemple de fortes raisons de supposer que la racine sous-tendant les formes *divine-divinity* est /divīn/, où le segment ī/ s'affaiblit en [ɪ] devant *-ity* et, en forme isolée, devient [ay] selon la loi **23c.** De la même façon, *reptile* vient de la forme sous-jacente reptīl/ qui devient [reptayl] selon **23c** et [reptil] devant *-ian*, avec le même abrègement de la voyelle que dans *divinity*. Il en est de même dans de nombreux autres cas.

Considérons maintenant des mots comme *ignite-ignition*, *expedite-expeditious*, *contrite-contrition*. De la même façon que *reptile* et *divine* proviennent, par alternance vocalique, de reptīl/ et /divɪ¯n nous pouvons dériver les premiers membres de chacune des paires respectivement de /ignīt/, /expedīt/, contrīt/. C'est la règle **23c**, cas spécial du processus général de changement vocalique qui nous donne la réalisation phonétique. Le second membre de chaque paire est bien sûr dérivé par les processus **24** et **25** :

24 Les voyelles se relâchent devant *-ion*, *-ious*, *-ian*, *-ity*, etc.

25 Le segment /t/ suivi d'une voyelle haute d'avant se réalise [ ].

La première de ces règles est celle qui donne [divin] à partir de /divïn/ dans *divinity* et [reptil] à partir de /reptïl/ dans *reptilian*. De la même façon, elle donne [ignit] à partir de /ignīt/ dans *ignition*, [expedit] à partir de /expedīt/ dans *expeditious* et [contrit] à partir de /contrīt/ dans *contrition*. Il y a une généralisation sous-jacente évidente, à savoir qu'une voyelle devient relâchée devant une voyelle non accentuée qui n'est pas en syllabe finale. Convenablement formulée, cette règle constitue, avec l'alternance vocalique et quelques autres, le centre du système phonologique anglais.

La seconde loi, **25**, s'applique à l'élément /ti/ de /ignition/, /expeditious/, /contrition/, le remplaçant par [š] pour finalement donner les réalisations phonétiques [ignišn], [ekspədišəs], [kəntrišən], après l'application de la règle qui réduit les voyelles inaccentuées à [ə]. En bref, le segment réalisé [ayt] dans *ignite*, *expedite* et *contrite* se réalise [iš] dans *ignition*, *expeditious* et *contrition*.

Mais considérons maintenant les mots *right-righteous*, phonétiquement [rayt]-[rayčəs]. La dernière forme semble s'éloigner du schéma régulier de deux points de vue : du point de vue de la qualité vocalique (nous attendrions plutôt [i] que [ay], en vertu de la règle **24**) et du point de vue de la consonne terminant la racine (nous attendrions plutôt [š] que [č], en vertu de la loi **25**). Si *right* était soumis aux mêmes processus que *expedite*, nous aurions [rišəs] plutôt que [rayčəs] comme réalisation phonétique, analogue en cela à [ekspədišəs]. Quelle est l'explication de cette double déviation ?

Notons d'abord que la règle **25** n'est pas tout à fait exacte : il y a, en effet, d'autres cas où /ti/ se réalise [č] plutôt que [š], par exemple *question* [kwesčən] s'opposant à *direction* [dərekšən]. Une formulation plus précise de **25** serait **26** :

26 /t/ suivi d'une voyelle haute d'avant se réalise [č] après une continue et [š] ailleurs.

Si nous revenons à la forme *right*, nous voyons que la consonne finale serait déterminée de façon correcte comme [č] plutôt que [š] si elle était précédée d'une continue dans la représentation sous-jacente – c'est-à-dire si cette représentation était /riφt/ où φ est continue. La continue φ doit être distinguée des autres continues qui, phonétiquement, apparaissent effectivement dans cette position, à savoir les continues dentale, labiale et palatale mises en italiques dans les mots wri*s*t, ri*f*t et wi*sh*ed. Nous pouvons donc supposer que φ est la vélaire continue /*x*/, qui bien sûr n'apparaît pas phonétiquement en anglais. La forme sous-jacente serait alors /rixt/.

Considérons maintenant la dérivation de *right*. Selon la règle **23b**, la représentation /rixt/ devient [rīt]. Selon la règle **23c**, la représentation/rīt/devient [rayt], qui est la réalisation phonétique de *right*.

Considérons ensuite la dérivation de *right-eous*. Étant donné qu'il a le même affixe que *expeditious* et *repetitious*, nous pouvons le représenter lexicalement comme /rixtious/ (je ne me préoccupe pas ici de la bonne transcription de *-ous*). Supposons que l'ordre des règles jusqu'ici discutées soit : **23a**, **24**, **26**, **23b**, **23c**, ordre compatible avec d'autres faits importants de l'anglais, étant donné certaines simplifications nécessaires à l'exposé. La règle **23a** est inapplicable et la règle **24** inutile pour la forme sous-jacente /rixtious/. La règle **23b** intervient maintenant, donnant [ričous] et la règle **23c** donne [rayčous] qui devient [rayčəs] par réduction des voyelles non accentuées. Ainsi, selon les règles **26** et **23**, la représentation sous-jacente /rixt/ sera phonétiquement réalisée [rayt] en forme isolée et [rayč] dans *righteous*.

Ces faits nous poussent fortement à prendre /rixt/ comme représentation phonologique sous-jacente (en accord avec l'orthographe et, bien sûr, avec l'histoire). Une suite de règles qui pour d'autres raisons se trouvent dans la grammaire nous donne l'alternance *right-righteous*. Cette alternance n'est cependant pas du tout exceptionnelle, mais plutôt parfaitement régulière. Bien sûr, la représentation sous-jacente est extrêmement abstraite ; elle n'est reliée à la forme phonétique superficielle du signal que par une suite de lois explicatives.

Supposons, pour aborder le problème différemment, qu'une personne connaisse l'anglais mais ne possède pas dans son vocabulaire le mot *righteous*. En l'entendant pour la première fois, elle doit l'assimiler au système qu'elle a appris. Si on lui présentait la forme dérivée [rišəs], elle penserait bien sûr que la représentation sous-jacente est exactement comme celle de *expedite*, *contrite*, etc. Mais en entendant [rayčəs], elle sait que cette représentation est impossible : bien que la distinction consonantique [š]-[č] puisse aisément être marquée dans les conditions ordinaires de l'usage linguistique, la distinction vocalique [i]-[ay] serait sûrement évidente. Connaissant les règles de l'anglais et entendant l'élément vocalique [ay] au lieu de [i], la personne sait que la forme est une exception ou alors qu'elle contient une séquence /i/ suivie d'une vélaire et qu'elle est donc sujette à la règle **26**. La vélaire doit être une continue[15], c'est-à-dire x/. Mais étant donné que la vélaire est continue, il s'ensuit si la forme est régulière que la consonne devrait être selon la règle **26** [č] et non pas [š]. L'auditeur percevrait donc [rayčəs] plutôt que [rayšəs], même si le signal reçu manque d'information sur la consonne médiane. En outre, la tendance à préserver la régularité des alternances aurait pour effet de bloquer l'analogie superficielle à *expedite-expeditious* et *ignite-ignition* et de préserver [č] comme réalisation phonétique du /t/ sous-jacent, tant que [ay] apparaît à la place du [i] attendu, exactement ce que nous avons observé.

Je ne conçois pas cela comme un compte rendu minutieux de la façon dont la forme est apprise, mais plutôt comme une explication possible de la raison pour laquelle la forme résiste à une analogie superficielle (et en fait incorrecte) et préserve son statut. Nous pouvons expliquer la perception et la préservation en grammaire de l'opposition [č]-[š] *righteous-expeditious* sur la base de la distinction perçue entre [ay] et [i] et de la connaissance d'un certain système de règles. L'explication repose sur l'hypothèse que les représentations sous-jacentes sont extrêmement abstraites et l'exemple cité laisse penser que cette hypothèse est effectivement correcte.

Un simple exemple peut difficilement convaincre entièrement. Une étude approfondie de la structure sonore montre cependant qu'il y a un grand nombre d'exemples de ce type et qu'en général des structures sous-jacentes très abstraites sont liées à des représentations phonétiques par une longue suite de règles, de la même façon qu'au niveau syntaxique les structures profondes abstraites sont en général liées aux structures superficielles par une longue suite de transformations grammaticales. En supposant l'existence de représentations mentales abstraites et d'opérations explicatives de ce type, nous pouvons trouver un degré surprenant d'organisation sous-jacente qui apparaît à première vue comme un arrangement chaotique de faits, et nous pouvons aussi expliquer dans certains cas pourquoi des expressions linguistiques sont perçues, utilisées et comprises de certaines façons. On ne peut pas espérer déterminer les formes abstraites sous-jacentes ou les processus les reliant aux signaux par introspection ; il n'y a en outre aucune raison pour que cette conséquence puisse paraître surprenante en quoi que ce soit.

L'explication esquissée ci-dessus se place au niveau de la grammaire particulière plutôt qu'à celui de la grammaire universelle, au sens où cette distinction a été formulée plus haut. C'est-à-dire que nous avons rendu compte de certains phénomènes par l'hypothèse que certaines lois apparaissent dans la grammaire interne, notant que ces lois sont pour la plupart indépendamment motivées. Bien sûr, des considérations de grammaire universelle entrent dans cette explication, dans la mesure où elles affectent le choix d'une grammaire sur la base des faits. L'interprétation est inévitable, comme nous l'avons noté plus haut. Il y a pourtant des cas où des principes explicites de grammaire universelle entrent plus directement et plus clairement dans un schéma d'explication. Ainsi, l'étude des systèmes sonores révèle certains principes très généraux d'organisation, parfois extrêmement remarquables, qui gouvernent les règles phonologiques (voir les références de la note 14). On a par exemple observé que certaines règles phonologiques fonctionnent dans un cycle, de façon déterminée par la structure superficielle. Rappelons que la structure superficielle peut être représentée sous forme de parenthèses indexées, comme en **2**. En anglais, les règles phonologiques très compliquées, qui déterminent les contours accentuels et la réduction vocalique, s'appliquent aux segments délimités par une paire de parenthèses dans la structure superficielle en commençant par les plus petits segments de ce type, puis en passant aux segments immédiatement supérieurs, et ainsi de suite, jusqu'à ce que le domaine maximum des processus phonologiques soit atteint (dans les cas simples, la phrase elle-même). Ainsi, dans le cas **2**, les règles s'appliquent aux mots (qui, dans une description complète, devraient être classés en catégories et donc mis entre parenthèses), puis aux segments *a wise man* et *is honest*, et finalement à la phrase complète. Quelques règles simples donneront des résultats très différents si les structures superficielles qui déterminent leur application cyclique varient.

Des formes comme celles de **27** illustrent certains effets simples du principe d'application cyclique :

27 a. rel*a*xation, em*e*ndation, el*a*sticity, conn*e*ctivity ;
b. ill*u*stration, dem*o*nstration, dev*a*station, an*e*cdotal.

Les voyelles en italiques se réduisent à [ə] dans **27b**, mais elles gardent leur qualité originelle dans **27a.** Nous pouvons dans certains cas déterminer la qualité originelle des voyelles réduites de **27b** à partir d'autres formes dérivées (par exemple *illustrative, demonstrative*). Les exemples de **27a** diffèrent morphologiquement de ceux de **27b** en ce que les premiers dérivent de formes sous-jacentes (rel*a*x, em*e*nd, el*a*stic, conn*e*ctive) contenant un accent primaire sur la voyelle en italique lorsque ces formes sont isolées, alors que les seconds n'ont pas cette propriété. Il n'est pas difficile de montrer que la réduction vocalique en anglais, le remplacement d'une voyelle par [ə], dépend de la non-accentuation. Nous pouvons donc rendre compte de la distinction entre **27a** et **27b** en adoptant le principe cyclique que nous venons de formuler. Dans le cas de **27a** tout d'abord, lors du premier cycle, l'accent est fixé sur les voyelles en italiques par des règles générales. Dans le cycle suivant, l'accent se déplace [16], mais l'accent abstrait fixé par le premier cycle suffit à protéger la voyelle contre la réduction. Dans les exemples de **27b**, les premiers cycles ne fixent jamais d'accent abstrait sur la voyelle en italique qui est donc réduite. Remarquons que c'est un accent *abstrait* qui protège la voyelle contre la réduction. L'accent phonétique effectif sur la voyelle non réduite est très faible ; ce serait, selon la convention habituelle, un accent **4**. Les voyelles affectées de ce faible accent phonétique réduisent en général, mais dans ce cas c'est l'accent abstrait fixé dans le premier cycle qui empêche la réduction. C'est donc la représentation sous-jacente qui détermine la forme phonétique, un rôle important étant joué par l'accent abstrait qui est virtuellement éliminé de la forme phonétique.

Nous pouvons dans ce cas fournir une explication à un certain aspect de la perception et de l'articulation dans les termes d'un principe abstrait et très général, à savoir le principe d'application cyclique des règles établi précédemment. Il est difficile d'imaginer comment celui qui apprend une langue pourrait par « induction » dériver ce principe des faits qui lui sont présentés. En fait, plusieurs effets de ce principe se rattachent à la perception et n'ont que peu ou pas de correspondant dans le signal physique lui-même, dans les conditions normales d'utilisation du langage, si bien que le phénomène sur lequel aurait pu se fonder l'induction ne peut pas faire partie de l'expérience de celui qui n'utilise pas déjà le principe. Il n'y a en fait aucune procédure d'induction ou d'association qui offre un quelconque espoir de mener d'une telle expérience à un principe de cette sorte (à moins que, supposant le problème résolu, nous n'introduisions d'une quelconque façon le principe d'application cyclique dans la « procédure inductive »). Il semble donc acquis que le principe d'application cyclique des règles phonologiques est un principe inné d'organisation en grammaire universelle, principe utilisé pour déterminer le caractère de l'expérience linguistique et pour construire une grammaire qui institue la connaissance de la langue. Ce principe de grammaire universelle offre en même temps une explication des phénomènes du type de ceux que nous avons notés en **27**.

Un principe semblable d'application cyclique existe sans doute aussi au niveau syntaxique. John Ross a présenté une analyse ingénieuse de certains aspects de la pronominalisation en anglais qui illustre cela[17]. Prenons comme hypothèse que la pronominalisation met en œuvre un processus de « suppression » analogue aux processus discutés plus haut en relation avec les exemples **8-18**. Ce processus remplace, en première approximation, l'un de deux syntagmes nominaux identiques par un pronom approprié. Ainsi la structure sous-jacente **28** sera transformée en **29** par la pronominalisation :

28 John learned that John had won.

29 John learned that he had won.

Si nous faisons abstraction des propriétés de **28** qui ne sont pas essentielles dans cette discussion, nous pouvons la présenter sous la forme **30**, où *x* et *y* sont les syntagmes nominaux identiques, *y* étant le syntagme pronominalisé et les parenthèses délimitant les phrases.

30 [...*x*...[...*y*...]]

Remarquons que nous ne pouvons pas former **31** à partir de **28** par pronominalisation [18] :

31 He learned that John had won.

C'est-à-dire que nous ne pouvons pas avoir pronominalisation dans le cas que représenterait **32** en utilisant les mêmes conventions que pour **30** :

32 [...*y*...[...*x*...]]

Considérons maintenant les phrases de **33** :
33

a. That John won the race surprised him.
[[...*x*]...*y*...]

b. John's winning the race surprised him.
[[...*x*...]...*y*...]

c. That he won the race surprised John.
[[...*y*...]...*x*...]

d. His winning the race surprised John.
[[...*y*...]...*x*...]

Les formes sont représentées dans chaque cas à droite selon les mêmes conventions. Nous voyons que dans les types possibles **30**, **32**, **33a**, **b** et **33c**, **d**, tous sauf **32** permettent la pronominalisation. Ces remarques sont propres à la grammaire particulière de l'anglais.

Notons qu'à côté de **33d** nous avons aussi la phrase **34** :

34 Winning the race surprised John.

Étant donné le cadre que nous avons postulé jusqu'ici, **34** doit dériver de la structure « John's winning the race surprised John ». La pronominalisation peut donc être dans ce cas une suppression complète.

Considérons maintenant les phrases **35** et **36** :

35 Our learning that John won the race surprised him.

36 Learning that John had won the race surprised him.

La phrase **35** peut être comprise avec « him » faisant référence à John, mais pas la phrase **36**. Ainsi **35** peut être dérivée par pronominalisation de **37**, mais **36** n'est pas dérivée de **38** :

37
[[Our learning [that John had won the race]] surprised John.]

38
[[John's learning [that John had won the race]] surprised John.]

Quelle pourrait être l'explication de ce phénomène ? Comme l'observe Ross il peut être expliqué en termes de la grammaire particulière de l'anglais si nous admettons en outre que certaines transformations s'appliquent dans un cycle, à des phrases limitées d'abord, puis à des phrases de plus en plus grandes, et ainsi de suite, c'est-à-dire si nous admettons que ces transformations s'appliquent à la structure profonde par un processus analogue à celui par lequel les règles phonologiques s'appliquent à la structure superficielle [19]. En faisant cette supposition, considérons la structure sous-jacente de **38**. Dans le cycle limité, la pronominalisation ne s'applique pas du tout, puisqu'il n'y a pas de second syntagme nominal identique à « John » dans la proposition la plus entourée de parenthèses. Dans le second cycle, nous considérons la phrase « [John's learning [that John had won the race]] ». Elle peut être prise comme une structure de la forme **30**, donnant **39** par pronominalisation ; elle ne peut pas être prise comme une structure de la forme **32**, donnant **40** par pronominalisation, parce que la grammaire particulière de l'anglais ne permet pas la pronominalisation dans le cas de **32**, comme nous l'avons noté :

39 John's learning [that he had won the race]

40 his learning [that John had won the race]

Mais **40** devrait être la forme sous-tendant **36**. Donc, **36** ne peut pas être dérivée par pronominalisation de **38**, quoique **35** puisse être dérivée de **37**.

Dans ce cas, un principe de grammaire universelle se combine avec une règle indépendamment établie de la grammaire anglaise pour aboutir à une conséquence empirique plutôt surprenante, à savoir que **35** et **36** doivent différer par l'interprétation du pronom « him » et de son référé. Une fois de plus, comme dans le cas plus ou moins analogue de la réduction vocalique discuté plus haut en relation avec les exemples **27a** et **27b**, il est tout à fait impossible de fournir une explication en termes d'« habitudes », de « dispositions », d'« analogies ». Il semble plutôt qu'il faille postuler certains principes abstraits et en partie universels gouvernant les facultés mentales humaines pour expliquer les phénomènes en question. Si le principe d'application cyclique est vraiment un principe régulateur déterminant la forme de connaissance du langage pour les êtres humains, une personne qui a appris les lois particulières gouvernant la pronominalisation en anglais devrait savoir, intuitivement et sans instruction ou indication supplémentaire, que **35** et **36** diffèrent comme nous venons de le noter.

Le problème théorique le plus discuté en linguistique est celui de la recherche des principes de grammaire universelle qui se mêlent aux règles des grammaires particulières pour fournir des explications aux phénomènes paraissant arbitraires ou chaotiques. Les exemples les plus probants (et aussi les plus importants, les principes impliqués étant très abstraits et les opérations très compliquées) sont sans doute à l'heure actuelle dans le domaine de la phonologie, mais ils sont trop complexes pour entrer dans les limites de cette conférence [20]. Un autre exemple syntaxique qui illustre de façon relativement simple le problème général nous est fourni par les règles de formation en anglais des questions en *wh-* [21]. Considérons des phrases comme celles-ci :

41 **a.** Who expected Bill to meet Tom ?
b. Who(m) did John expect to meet Tom ?
c. Who(m) did John expect Bill to meet ?

d. What (books) did you order John to ask Bill to persuade his friends to stop reading ?

Comme le montrent les exemples **a, b** et **c**, l'interrogation peut porter sur un syntagme nominal situé dans une des trois positions en italiques dans cette phrase : « *John* expected *Bill* to meet *Tom*. » Ce processus est en gros celui-ci :

42 a. *placement du wh-* : Attribuer cet indicateur à un syntagme nominal.
b. *inversion du wh-* : Placer le syntagme ainsi marqué en début de phrase.
c. *attraction de líauxiliaire* : Mettre une partie de l'auxiliaire verbal ou de la copule en seconde position dans la phrase.
d. *interprétation phonologique* : Remplacer le syntagme nominal par la forme interrogative appropriée[22].

Ces quatre processus s'appliquent tous dans le cas de **41b** et de **41c.** La phrase **41b** par exemple est formée en appliquant le *placement du wh-* au syntagme nominal « someone » dans « John expected someone to meet Tom ». L'application du processus d'*inversion du wh-* (**42b**) donne « *wh*-someone John expected to meet Tom ». Le processus d'*attraction de l'auxiliaire* (**42c**) donne « *wh*-someone did John expect to meet Tom ». Enfin, le processus d'*interprétation phonologique* (**42d**) donne **41b.** La phrase **41d** illustre le fait que ces processus peuvent extraire un syntagme nominal profondément enraciné dans une phrase, et ceci pratiquement sans limites.

Tous les processus de **42** sauf l'attraction de l'auxiliaire s'appliquent également à la formation des propositions relatives, donnant des phrases comme « the man who(m) John expected to meet John ».

Notons cependant qu'il y a certaines restrictions à la

formation d'interrogatives et de relatives par ces processus. Considérons par exemple les phrases de **43** :

43 **a.** For him to understand *this lecture* is difficult.
b. It is difficult for him to understand *this lecture*.
c. He read the book that interested *the boy*.
d. He believed the claim that John tricked *the boy*.
e. He believed the claim that John made about *the boy*.
f. They intercepted John's message to *the boy*.

Supposons que nous tentions d'appliquer aux passages en italiques les processus de formation d'interrogatives et de relatives. Nous devrions dériver des phrases **43a-43f** respectivement les interrogatives et relatives suivantes :

44 **aI**. *What is for him to understand difficult ?
aR. *a lecture that for him to understand is difficult
bI. What is it difficult for him to understand ?
bR. a lecture that is difficult for him to understand
cI. *Who did he read the book that interested ?
cR. *the boy who he read the book that interested
dI. *Who did he believe the claim that John tricked ?
dR. *the boy who he believed the claim that John tricked
eI. *Who did he believe the claim that John made about ?
eR. *the boy who he believed the claim that John made about
fI. *Who did they intercept John's message to ?
fR. *the boy who they intercepted John's message to

Seuls **bI** et **bR** sont entièrement acceptables ; les cas **a, c, d** et **e** sont impossibles, encore que ces phrases seraient très claires si elles étaient grammaticalement acceptables. La façon dont le locuteur anglais sait qu'il en est ainsi n'est pas du tout évidente. Ainsi, les phrases **43a** et **43b** sont synonymes, cependant seule **43b** est sujette aux processus en question. Et bien que ces processus ne s'appliquent pas à **43d** et à **43f**, ils peuvent s'appliquer, avec des résultats beaucoup plus acceptables, aux phrases très semblables **45a** et **45b** :

45 a. He believed that John tricked *the boy* (Who did he believe that John tricked ? The boy who he believed that John tricked)
b. They intercepted a message to *the boy* (Who did they intercept a message to ? The boy who they intercepted a message to)

Le locuteur anglais imagine, d'une façon mal connue, les principes de **42** sur la base des faits dont il dispose. Plus mystérieux encore, cependant, est le fait qu'il sache sous quelles conditions formelles ces principes sont applicables. On peut difficilement soutenir sérieusement que chaque locuteur anglais normal a vu son comportement « formé » de la façon indiquée par un renforcement approprié. Les phrases de **43**, **44** et **45** sont aussi peu « familières » que la grande majorité de celles que nous rencontrons dans la vie quotidienne. Nous savons pourtant intuitivement, sans instruction ni avertissement, comment elles seront traitées par le système de règles grammaticales que nous avons dominé.

Il semble une fois de plus qu'il y ait un principe général rendant compte de beaucoup de ces faits. Notons que dans **43a**, le syntagme nominal en italiques est contenu dans un autre syntagme nominal, à savoir « for him to understand this lecture », qui est le sujet de la phrase. Dans **43b** cependant, une règle d'*extraposition* a placé le syntagme « for him to understand, this lecture » hors du syntagme nominal sujet, et il en résulte une structure dans laquelle ce syntagme n'est pas nominal, si bien que le syntagme en italiques dans **43b** n'est plus contenu dans un autre syntagme nominal. Supposons que nous imposions aux transformations grammaticales la condition qu'aucun syntagme nominal ne puisse être tiré d'un autre syntagme nominal – plus généralement, que si une transformation s'applique à une structure de la forme :

$$[_P \ldots [_A \ldots]_A \ldots]_P$$

quel que soit A, elle doit alors être comprise comme s'appliquant au syntagme *maximal* du type A[23]. Les processus de **42** seraient alors, comme nous le désirons, exclus pour les cas **43a, c, d, e** et **f**, mais pas pour **43b.** Nous reviendrons à **45**.

Il y a d'autres exemples à l'appui d'un principe de ce genre, que nous appellerons désormais le principe *A sur A*. Considérons les phrases de **46** :

46 a. John kept the car in *the garage*.
b. Mary saw the man walking towards *the railroad station*.

Chacune de ces phrases est ambiguë. Ainsi **46a** peut signifier que la voiture qui se trouve dans le garage était gardée par John ou que John laissait la voiture au garage. Dans le premier cas le syntagme en italiques fait partie du syntagme « the car in the garage », dans le second cas non. De la même façon, **46b** peut signifier que l'homme qui marchait vers la gare a été vu par Mary, ou que l'homme a été vu par Mary alors qu'il marchait vers la gare (ou encore, mais ceci est hors de notre propos, que Mary a vu l'homme alors qu'elle marchait vers la gare). Dans le premier cas de nouveau, le syntagme en italiques fait partie du syntagme nominal

« the man walking towards the railroad station », dans le deuxième cas non. Mais considérons maintenant les deux phrases interrogatives de **47** :

47 a. What (garage) did John keep the car in ?
b. What did Mary see the man walking towards ?

Ces phrases ne sont pas ambiguës et ne peuvent être comprises que comme la structure sous-jacente dans laquelle le syntagme en italiques ne fait pas partie d'un autre syntagme nominal. Il en est de même des relatives formées à partir de **46**, et ces faits seraient également expliqués par le principe *A sur A*. Il y a beaucoup d'exemples semblables.

Les phrases **48** et **49** nous fournissent un cas un peu plus subtil qui pourrait être expliqué de la même façon :

48 John has the best proof of that theorem.

49 What theorem does John has the best proof of ?

Dans son interprétation la plus naturelle, la phrase **48** décrit une situation dans laquelle plusieurs personnes ont des preuves de ce théorème, celle de John étant la meilleure. Le sens suggère ainsi que « best » modifie le syntagme nominalisé * « proof of that theorem » qui contient un autre syntagme nominalisé, « that theorem [24] ». Le principe *A sur A* impliquerait donc que le syntagme « that theorem » ne soit pas sujet aux processus de **42**. Par conséquent, **49** ne devrait pas être dérivée de **48** par ces procédés. Et la phrase **49** a en fait une interprétation plutôt différente de celle de **48**. Elle s'applique à une situation dans laquelle John a les preuves d'un grand nombre de théorèmes, celui qui pose la question demandant qu'elle est la meilleure de

---

* *Nominal phrase.* On a ailleurs dans le texte *noun phrase (N.d.T.).*

ces preuves. La structure sous-jacente, quoi qu'il en soit, associerait « best » à « proof » et non à « proof of that theorem », si bien que « that theorem » n'est pas encastré dans une phrase du même type et peut donc être soumis au processus de la question (ainsi qu'à celui de la relativisation).

Le principe général que nous venons de proposer a une certaine valeur explicative, comme le montrent ces exemples. Si on le pose comme principe de grammaire universelle, il peut expliquer pourquoi les lois particulières de l'anglais génèrent certaines phrases et en rejettent d'autres, et attribuent des relations son-sens de façons qui semblent, superficiellement, violer les analogies régulières. Présentons le problème en termes différents : si nous posons que le principe *A sur A* fait partie du schématisme inné qui détermine les formes de connaissance du langage, nous pouvons rendre compte de certains aspects de la connaissance de l'anglais que possèdent des locuteurs qui n'ont évidemment pas été habitués aux faits relevant de façon pertinente des phénomènes en question, à qui on n'a même pas présenté ces faits, du moins à ce que nous pouvons en savoir.

Une analyse plus poussée des faits de l'anglais révèle, sans nous étonner, que ce compte rendu est très simplifié et qu'il rencontre beaucoup de difficultés. Considérons par exemple les phrases **50** et **51** :

50 John thought (that) Bill had read *the book.*

51 John wondered why Bill had read *the book.*

Dans le cas de **50**, le syntagme en italiques est sujet à l'interrogation et à la relativisation, mais pas dans le cas de **51**. On ne voit pas clairement si « that Bill had read the book » et « why Bill had read the book » sont des syntagmes nominaux. Supposons qu'ils n'en soient pas. La phrase **50** est alors traitée selon le principe *A sur A*, mais pas la phrase **51**. Pour expliquer la non-application des processus de **42** dans le cas de **51**, il nous faudrait classer « why Bill had read the book » dans la même catégorie que « the book ». Il y a en fait tout au long de ces lignes une suggestion naturelle. La phrase **51** est typique en ce que le syntagme dont est extrait le syntagme nominal est lui-même un syntagme *wh-* plutôt qu'un syntagme *that**. Supposons que le processus de placement du *wh-* (**42a**) attribue cet élément dans **51** non seulement à « the book » mais à toute la proposition le contenant. Ainsi, « *wh-* the book » et « why Bill had read the book » appartiennent tous deux à la catégorie *wh-* qui devrait maintenant être considérée comme un trait syntaxique du type discuté dans les *Aspects of the Theory of Syntax*, chapitre 2 (voir note 6). Le principe *A sur A* servira dans ces conditions à expliquer la différence entre **50** et **51**.

Supposons que les syntagmes en question soient des syntagmes nominaux. C'est maintenant **50** et non **51** qui pose le problème. En postulant que notre analyse est jusqu'ici correcte, il doit y avoir une règle attribuant à la proposition « that Bill has read the book » une propriété d'« ouverture » (*transparency*) permettant aux syntagmes nominaux d'en être extraits même si la proposition est un syntagme nominal. D'autres exemples montrent la nécessité d'une telle règle qui serait sans doute particulière à la grammaire de l'anglais. Ainsi, considérons **52**, **53** et **54**.

52 Who would you approve of my seeing ?

53 What would you approve of John's drinking ?

54 *What would you approve of John's excessive drinking of ?

---

* C'est-à-dire : un syntagme interrogatif plutôt qu'un syntagme relatif *(N.d.T.)*

Les phrases **52** et **53** sont formées en appliquant le processus d'interrogation à un syntagme nominal contenu dans les syntagmes nominaux plus étendus « my seeing — » et « John's drinking — ». Ces syntagmes nominaux plus étendus sont donc ouverts à l'opération d'extraction. Cependant, comme le montre **54**, le syntagme nominal en italiques dans **55** n'est pas ouvert à cette opération :

55 You would approve of *John's excessive drinking of the beer.*

Ces exemples sont typiques d'un ensemble de faits qui suggèrent ce que pourrait être la loi qui attribue cette ouverture. Nous avons déjà discuté de la phrase **56** (phrase **4**), en montrant qu'elle est ambiguë :

56 I disapprove of John's drinking.

Selon une interprétation, le syntagme « John's drinking » a la structure interne d'un syntagme nominal. Ainsi, la règle d'insertion des adjectifs (**3d**) entre un déterminant et un nom peut s'appliquer, donnant « John's excessive drinking », et, en fait, d'autres déterminants peuvent remplacer « John's » : « the », « that », « much of that », et ainsi de suite. Selon cette interprétation, le syntagme « John's drinking » se comporte exactement comme « John's refusal to leave », « John's rejection of the offer », et ainsi de suite. Selon l'autre interprétation, « John's drinking (the beer) » n'a pas la structure interne d'un syntagme nominal, étant formé de façon analogue à « John's having read the book », « John's refusing to leave », « John's rejecting's the offer » et ainsi de suite, aucun de ces syntagmes ne permettant l'insertion d'un adjectif ou le remplacement de « John's » par d'autres déterminants. Supposons que nous postulions une règle de la grammaire anglaise attribuant la possibilité d'ouverture, dans le sens que nous venons de définir, aux syntagmes nominaux qui sont aussi des propositions n'ayant pas la structure interne des syntagmes nominaux. Ainsi le syntagme « That Bill had read the book » dans **50**, « my seeing — » dans la structure sous-tendant **52**, et « John's drinking — » dans la structure sous-tendant **53** se verraient attribuer la possibilité d'ouverture. Plus exactement, le syntagme nominal principal dans ces exemples ne servirait pas à empêcher l'extraction par le principe *A sur A*. Dans la phrase **51**, l'extraction serait encore rendue impossible par la catégorie *wh-*, selon les principes indiqués plus haut. Et la phrase **54** est supprimée parce que le syntagme nominal important de la structure sous-jacente, « John's excessive drinking of — », a la structure interne d'un syntagme nominal, comme nous l'avons noté, et n'est donc pas sujet à la règle spéciale de grammaire anglaise qui attribue « l'ouverture » à la catégorie SN quand cette catégorie commande une proposition qui n'a pas la structure interne d'un SN.

Quelques autres cas montrent encore la nécessité de règles, dans une grammaire particulière, attribuant l'ouverture en ce sens. Considérons les phrases de **57** et de **58**.

57 **a.** They intercepted John's message to *the boy* (phrase **43f**).
b. He saw John's picture of *Bill.*
c. He saw the picture of *Bill.*

58 **a.** They intercepted a message to *the boy* (phrase **45b**).
b. He saw a picture of *Bill.*
c. He has a belief in *justice.*
d. He has faith in *Bill's integrity.*

Les syntagmes nominaux en italiques dans **57** ne sont pas sujets aux processus d'interrogation et de relativisation d'après le principe *A sur A* comme nous l'avons noté. Dans le cas de **58**, l'interrogation et la relativisation semblent beaucoup plus naturelles, du moins en anglais parlé relâché. Ainsi nous devons attribuer l'ouverture aux syntagmes nominaux contenant les passages en italiques. Il semble que soit ici impliqué l'aspect indéfini du syntagme nominal principal. S'il en est ainsi, il y a alors pour certains dialectes une loi attribuant l'ouverture à un syntagme nominal de la forme

59 $[_{SN}$ indéfini...SN$]_{SN}$

Il reste un grand nombre de problèmes très sérieux qui semblent résister à toute solution par extension et modification du principe *A sur A*. Remarquons que ce principe est formulé d'une façon qui n'est pas vraiment bien illustrée par les exemples donnés jusqu'ici. Si le principe *A sur A* avait une valeur générale, nous pourrions nous attendre à trouver des cas dans lesquels un syntagme de la catégorie A ne peut pas être extrait d'un syntagme plus étendu de la même catégorie, quel que soit A. En fait, les exemples donnés jusqu'ici ne concernent que A comme syntagme nominal (ou peut-être comme [+ *wh*-], comme dans la discussion de **51**). Une autre formulation du principe, compatible avec les faits que nous venons de noter, attribuerait donc la non-ouverture comme propriété *ad hoc* de certains types de syntagmes nominaux (et peut-être d'autres constructions), plutôt que comme propriété d'une catégorie A dominant une autre catégorie du type A. Étant donné uniquement les faits jusqu'ici présentés, il conviendrait de postuler le principe *A sur A* plutôt que cet autre principe, précisément parce que le principe *A sur A* possède un certain aspect naturel, tandis que l'autre principe est entièrement *ad hoc*, une liste de structures non ouvertes. Mais il est une preuve cruciale, révélée par John Ross (voir référence de la note 21) qui suggère que le principe *A sur A* n'est pas correct. Ross souligne que dans les constructions dont on ne peut pas extraire de syntagmes nominaux, on ne peut pas extraire non plus les adjectifs. Ainsi, considérons les contextes « I believe that John saw — », « I believe the claim that John saw — », « I wonder whether John saw — ». Nous pouvons extraire un syntagme nominal interrogatif ou relatif du premier de ces exemples mais pas des deux autres, fait dont nous avons tenté de rendre compte par des modifications du principe *A sur A*. Mais il en est de même pour l'extraction des adjectifs. Ainsi nous pouvons former « handsome though I believe that John is », mais pas *« handsome though I believe the claim that John is », ni *« handsome though I wonder whether John is », et ainsi de suite. Je ne sais pas s'il est possible d'étendre l'approche que nous venons de discuter pour rendre compte de ce problème d'une façon naturelle ; je ne vois pour l'instant aucune approche qui n'implique pas une étape parfaitement *ad hoc*. Peut-être ceci indique-t-il que l'approche par l'intermédiaire du principe *A sur A* est incorrecte, ce qui nous laisserait pour l'instant avec seulement une collection de structures dont, pour une raison inconnue, l'extraction est impossible.

Quelle que soit la réponse, la complexité des problèmes que nous venons de discuter est une illustration typique et importante du type de sujet qui se trouve aujourd'hui à la frontière de la recherche, dans le sens mentionné au début de cette conférence : c'est-à-dire que certains problèmes peuvent être formulés clairement dans un cadre d'idées raisonnablement clair et bien compris, que certaines solutions partielles peuvent être avancées, et qu'on peut découvrir une série d'exemples dans lesquels ces solutions ne marchent pas, ceci laissant pour l'instant ouverte la question de savoir s'il faut une élaboration et un affinement plus grands ou au contraire une approche radicalement différente.

J'ai jusqu'ici discuté de plusieurs sortes de conditions que doivent remplir les transformations : conditions de suppression du type tiré des exemples **8-18**; principe d'application cyclique, illustré par la discussion des exemples **28-40** (avec son analogue phonologique discuté en rapport avec **27**); principe *A sur A* enfin, proposé comme base d'explication à des phénomènes comme ceux qu'illustrent les exemples **44-58**. Dans chaque cas, il y a une bonne raison de croire que le principe est approprié, quoique ne manquent pas les preuves que le principe est mal formulé ou, peut-être, mal conçu. Pour prendre une dernière illustration de l'état du problème, typique de la limite de la recherche existant en linguistique comme dans tout autre domaine, considérons un problème déjà discuté par Peter Rosenbaum (voir référence dans la note 6). Considérons les phrases de **60** :

60 **a.** John agreed to go.
b. John persuaded Bill to leave.
c. Finding Tom there caused Bill to wonder about John.

En interprétant ces phrases, nous donnons un « sujet manquant » aux verbes « go », « leave » et « find ». Dans **60a**, nous comprenons que le sujet de « go » est « John » ; dans **60b**, nous comprenons que le sujet de « leave » est « Bill » ; dans **60c**, nous comprenons que le sujet de « find » et le sujet de « wonder » est « Bill ». Dans les termes du cadre présupposé jusqu'ici, il serait naturel (quoique peut-être pas nécessaire, comme nous le verrons ci-dessous) de considérer ce sujet manquant comme le sujet effectif dans la structure profonde, éliminé par une opération de suppression. Ainsi, les structures profondes sous-jacentes pourraient être quelque chose comme **61** :

61 **a.** John agreed [John go]
b. John persuaded Bill [Bill leave]

c. [Bill find Tom there] caused Bill to wonder about John

D'autre part, les faits montrent clairement que les phrases de **60** ne peuvent pas dériver, disons, de **62** :

62 a. John agreed [someone go]
b. John persuaded Bill [John leave]
c. [John find Tom there] caused Bill to wonder about John

Il serait difficile de soutenir que dans de tels cas il y a une considération sémantique intrinsèque s'opposant à l'existence de structures comme celles de **62**. On pourrait par exemple interpréter **62a** comme signifiant que John a accepté que quelqu'un parte ; **62b** comme signifiant que John a persuadé Bill qu'il (John) devait partir ; **62c** comme signifiant que le fait que John ait trouvé Tom là ait poussé Bill à se poser des questions sur John. Il doit y avoir des principes syntaxiques généraux qui s'opposent au fait que les phrases de **62** soient des sources possibles de celles de **60**, et qui nous mènent à interpréter les phrases de **60** comme plutôt fondées sur celles de **61**. Rosenbaum suggère qu'il y a là une certaine condition portant sur les opérations de suppression, un « principe de suppression » qui prescrirait en gros que le sujet d'une proposition encastrée est supprimé par le plus proche syntagme nominal hors de cette proposition, la « proximité » étant mesurée d'après le nombre de branches dans une représentation comme celle de **1′** ou **2′**[25]. Il montre qu'un grand nombre d'exemples de différentes sortes peuvent être expliqués par ce postulat général qui, tout comme ceux que j'ai passés en revue, implique une condition portant sur les transformations qui ferait partie de la grammaire universelle.

Pourtant, certains problèmes apparaissent ici aussi. Considérons par exemple les cas suivants[26] :

63 John promised Bill to leave.

64 a. John gave me the impression of working on that problem.
b. John gave me the suggestion of working on that problem.

65 a. John asked me what to wear.
b. John told me what to wear.

66 John asked Bill for permission to leave.

67 a. John begged Bill to permit him to stay.
b. John begged Bill to be permitted to stay.
c. John begged Bill to be shown the new book.

68 John made an offer to Bill (received advice from Bill, received an invitation from Bill) to stay.

69 John helped Bill write the book.

La phrase **63** viole le principe, puisque c'est John et non Bill qui doit partir. Dans **64a**, « John » est compris comme étant le sujet de « work » tandis que dans la phrase apparemment semblable **64b**, on comprend que le sujet est « I ». Dans le cas de **65a**, c'est « John » qui est compris comme étant le sujet de « wear », dans **65b** c'est « I ». Dans le cas de **66**, « John » est compris comme étant le sujet de « leave » et « Bill » comme sujet de « permit » sans doute sous-jacent à « permission » ; dans le cas de **67a**, « Bill » est compris comme sujet superficiel de la proposition encastrée, mais dans **67b** et **67c** c'est « John », bien que « Bill » soit le syntagme nominal le « plus proche », au sens de Rosenbaum, dans les trois cas. Dans **68**, c'est « John » qui est compris comme étant le sujet de « stay », ceci contredisant apparemment le principe, encore que cela dépende fort de questions non résolues quant à la façon dont ces phrases doivent être analysées. Le cas de **69** est obscur à d'autres égards. Le principe de suppression laisserait penser que « Bill » est sujet de « write », quoique bien sûr la phrase n'implique pas que Bill a écrit le livre mais plutôt que John et Bill l'ont écrit ensemble. Mais il y a une difficulté à poursuivre cette interprétation. Ainsi nous pouvons conclure de **69** que « John helped write the book », mais si nous prenons la phrase apparemment semblable « John helped the cat have kittens », nous ne pouvons pas en déduire que « John helped have kittens », ce qui changerait le sens, et ceci nous suggère qu'il doit bien y avoir une quelconque relation grammaticale entre « John » et « write » dans **69**. Pour aborder les choses différemment, le problème est de savoir comment rendre compte de l'analogie entre « John helped write the book » et **60a**, puisqu'il est évident que l'analogie de **61a** ne pourrait pas fonctionner comme source.

Sans aller plus avant dans ce domaine, nous pouvons voir que quoique le principe de suppression se recommande à bien des titres et quoiqu'il ait probablement à entrer d'une façon ou d'une autre dans la solution correcte de cet ensemble de problèmes, il reste encore à rendre compte de bien des faits. Comme dans les autres cas mentionnés, il y a toute une variété de problèmes afférents aux conditions qui déterminent l'applicabilité des transformations, problèmes qui résistent encore à une solution définitive ou presque, bien que certaines propositions intéressantes et éclairantes puissent être avancées, propositions qui semblent aller dans le sens d'une solution générale.

Dans ma discussion de la nature des opérations grammaticales, je me suis limité aux exemples syntaxiques et phonologiques, évitant les problèmes d'interprétation sémantique. Si une grammaire doit caractériser toute la compétence linguistique du locuteur-auditeur, elle doit aussi comprendre des lois d'interprétation sémantique, mais on sait bien peu de chose de profond en ce qui concerne cet aspect de la grammaire. On postule dans les références ci-dessus (voir note 6) qu'une grammaire consiste en une composante syntaxique qui spécifie un ensemble infini de structures profonde et superficielle associées et qui exprime la relation transformationnelle entre ces éléments associés, en une composante phonologique qui donne une représentation phonétique à la structure superficielle et en une composante sémantique qui donne une interprétation sémantique à la structure profonde. Comme nous l'avons noté plus haut (pages 74-78), je crois qu'il y a de fortes chances pour que des aspects de la structure superficielle interviennent aussi dans l'interprétation sémantique[27]. Quoi qu'il en puisse être, une grammaire complète doit sans aucun doute contenir des règles d'interprétation sémantique relativement compliquées, accordées, du moins en partie, à des propriétés relativement spécifiques des items lexicaux et des structures formelles de la langue en question. Pour ne prendre qu'un exemple, considérons la phrase **70** :

70 John has lived in Princeton.

En tablant sur le fait que cette phrase a été correctement utilisée, nous pouvons conclure que John est une personne (on ne dirait pas que son chien « has lived in Princeton ») ; que Princeton est un endroit remplissant certaines conditions sociologiques et physiques (étant donné que « Princeton » est un nom propre) ; que John est encore en vie (je peux dire « I have lived in Princeton » mais je ne peux pas dire aujourd'hui « Einstein has lived in Princeton », je dirais plutôt « Einstein lived in Princeton ») ; et ainsi de suite. L'interprétation sémantique de **70** doit être telle qu'elle rende compte de ces faits.

De tels problèmes pourraient être pris en charge par

une sémantique générale qui reste à faire, dans laquelle les concepts et leurs relations seraient analysés de façon très générale. On pourrait, pour prendre un exemple classique, soutenir que la relation de sens entre « John is proud of what did Bill » et « John has some responsability for Bill's actions » devrait être expliquée selon les concepts généraux de fierté et de responsabilité, de la même façon qu'au niveau de la structure sonore on pourrait faire appel à un principe de phonétique universelle pour rendre compte du fait que lorsqu'une consonne vélaire devient palatale elle devient en générale stridente (voir pour discussion les références de la note 14). La proposition paraît moins attirante lorsqu'elle s'applique au cas de **70**, par exemple, du fait que l'usage correct de **70** implique que John est encore en vie. Lorsque nous essayons de fouiller de tels problèmes, nous nous perdons très vite dans un enchevêtrement de résultats confus et de problèmes obscurs, et il est difficile de proposer des solutions qui emportent la conviction. Je suis pour cette raison incapable de discuter des conditions portant sur les règles d'interprétation sémantique qui pourraient être analogues aux conditions portant sur les lois syntaxiques et phonologiques mentionnées plus haut.

Remarquons que je pourrais très bien m'être trompé, dans les remarques précédentes, en supposant que les sujets discutés appartiennent à la composante syntaxique de la grammaire plutôt qu'à sa composante sémantique ou qu'à un domaine où lois sémantiques et syntaxiques s'interpénétreraient. Les problèmes sont trop confus pour que nous puissions dire, au point où nous en sommes, qu'il s'agit là d'une question empirique ; mais lorsqu'ils seront plus clairs il se peut que nous trouvions alors qu'une question empirique peut être posée. Considérons par exemple la discussion sur le principe de suppression en grammaire. Joseph Emonds a suggéré (dans une œuvre inédite) qu'il est incorrect de postuler, comme je l'ai fait, que les phrases de **60** sont interprétées par référence aux structures sous-jacentes de **61**. Il soutient plutôt que ce que j'ai considéré comme proposition encastrée n'a pas du tout de sujet dans la forme sous-jacente générée par la composante syntaxique, et qu'une loi générale d'interprétation sémantique doit prendre la place du principe de suppression de Rosenbaum. Je ne sais pas si cela est correct, mais c'est certainement une possibilité. Nous pouvons nous attendre, au fur et à mesure que se poursuit la recherche dans le domaine de la grammaire, à ce que les frontières qui semblent claires aujourd'hui se déplacent de façon imprévisible, ou encore qu'une nouvelle base d'organisation de la grammaire remplace le cadre qui nous semble aujourd'hui approprié.

Les conditions portant sur les lois grammaticales que j'ai discutées sont complexes et ne sont que partiellement comprises. Il faut cependant souligner que même les conditions les plus simples et les plus claires de la forme grammaticale ne sont pas des propriétés nécessaires à un système qui remplit les fonctions de langage humain. Corrélativement, le fait qu'elles s'appliquent aux langues humaines en général et qu'elles jouent un rôle dans la compétence linguistique acquise par l'auditeur-locuteur ne peut pas être expédié à la légère. Considérons par exemple le simple fait que les transformations grammaticales sont invariablement *dépendantes de la structure* en ce sens qu'elles s'appliquent à des suites de mots[28] en vertu de l'organisation de ces mots en phrases. Il est facile d'imaginer des opérations *indépendantes de la structure* qui s'appliquent à une chaîne d'éléments indépendamment de sa structure abstraite de système de phrase. Par exemple la loi qui transforme les affirmatives de **72** pour aboutir aux interrogatives de **71** (voir note 10) est une loi dépendante de la structure qui interchange le syntagme nominal et le premier élément de l'auxiliaire.

71 a. Will the members of the audience who enjoyed the play stand ?
b. Has Mary lived in Princeton ?
c. Will the subjects who will act as controls be paid ?

72 a. The members of the audience who enjoyed the play will stand.
b. Mary has lived in Princeton.
c. The subjects who will act as controls will be paid.

Considérons au contraire l'opération qui inverse le premier et le dernier mot d'une phrase, ou qui classe les mots d'une phrase par ordre de longueur croissante en termes de segments phonétiques ou qui déplace l'occurrence la plus à gauche du mot « will » vers l'extrême gauche – appelons-les respectivement $\mathbf{O_1}$, $\mathbf{O_2}$, $\mathbf{O_3}$. En appliquant $\mathbf{O_1}$ à **72a**, nous obtenons **73a**, en appliquant $\mathbf{O_2}$ à **72b**, nous obtenons **73b** et en appliquant $\mathbf{O_3}$ à **72c** nous obtenons **73c** :

73 a. Stand the members of the audience who enjoyed the play will
b. in has lived Mary Princeton
c. will the subject who act as controls will be paid.

Les opérations $\mathbf{O_1}$, $\mathbf{O_2}$, et $\mathbf{O_3}$ sont indépendantes de la structure. On peut donner d'innombrables autres opérations du même genre.

Il n'y a *a priori* aucune raison pour que le langage humain fasse exclusivement usage d'opérations dépendantes de la structure, comme l'interrogation en anglais, au lieu d'opérations indépendantes de la structure, comme $\mathbf{O_1}$, $\mathbf{O_2}$, $\mathbf{O_3}$. On peut difficilement soutenir que ces dernières sont plus « complexes » au sens absolu, pas plus qu'on ne peut montrer qu'elles produisent plus d'ambiguïté ou qu'elles sont plus nuisibles à l'efficacité de la communication. Pourtant aucune langue humaine ne contient d'opérations indépendantes de la structure parmi (ou à la place de) les transformations grammaticales dépendantes de la structure. Celui qui apprend la langue sait que l'opération qui donne **71** est une candidate possible à la grammaire, tandis que $\mathbf{O_1}$, $\mathbf{O_2}$ et $\mathbf{O_3}$, ainsi que toute autre opération semblable, n'ont pas à être considérées comme hypothèses de travail.

Si nous prenons le « recul psychique » nécessaire devant des phénomènes aussi élémentaires et aussi communs que ceux-là, nous verrons qu'ils posent réellement des problèmes importants pour la psychologie humaine. Nous pouvons spéculer sur les raisons de la confiance en ces opérations dépendantes de la structure[29], mais nous devons reconnaître qu'une telle spéculation implique des suppositions concernant les capacités cognitives humaines qui ne sont nullement évidentes ou nécessaires. Et il est difficile d'éviter la conclusion que quelle que puisse être sa fonction, la confiance en ces opérations dépendantes de la structure doit être prédéterminée pour celui qui apprend la langue par un schématisme restrictif initial d'un type quelconque, qui dirige ses efforts pour acquérir la compétence linguistique. De telles conclusions me semblent *a fortiori* assurées dans le cas des principes plus profonds et plus compliqués discutés ci-dessus, quelle que soit la forme exacte qu'ils se révèlent avoir.

Pour nous résumer, nous pouvons à partir de ce qui a été esquissé ici développer d'une part un système de principes généraux de grammaire universelle[30] et d'autre part des grammaires particulières formées et interprétées selon ces principes. La combinaison des principes universels et des règles particulières mène à des conséquences empiriques comme celles que nous avons illustrées. Ces règles et ces principes, à différents degrés de profondeur, fournissent des explications aux faits concernant la compétence linguistique – la connaissance de la langue que possède chaque locuteur normal – et certaines des façons dont cette connaissance est utilisée dans la performance du locuteur.

Les principes de grammaire universelle fournissent un schéma très restrictif auquel toute langue humaine doit se conformer, ainsi que des conditions spécifiques déterminant la façon dont la grammaire de chacune de ces langues peut être utilisée. Il est facile d'imaginer d'autres conditions que celles qui ont été formulées (ou que celles qui sont souvent admises tacitement). Ces conditions n'ont généralement pas été remarquées dans le passé, et nous connaissons aujourd'hui bien peu de choses à leur sujet. Si nous prenons le « recul psychique » nécessaire en face de ces phénomènes et si nous réussissons à nous les « rendre étranges », nous voyons dès l'abord qu'ils posent de très sérieux problèmes que nous ne pouvons pas décrire ou définir hors contexte. Une étude approfondie de problèmes comme ceux que nous avons ébauchés ici montre que pour rendre compte de l'utilisation normale de la langue il nous faut attribuer au locuteur-auditeur un système compliqué de lois qui implique des opérations mentales d'une nature très abstraite, s'appliquant à des représentations qui sont fort éloignées du signal physique. Nous observons en outre que la connaissance de la langue s'acquiert sur la base de données limitées, et qu'elle est dans une grande mesure indépendante de l'intelligence et des larges variations de l'expérience individuelle.

Si un savant était confronté au problème de la détermination de la nature d'un ensemble de propriétés inconnues qui opèrent sur des faits d'un type accessible à un enfant et qui donnent comme « production » (c'est-à-dire, dans ce cas, comme « état final de l'ensemble de propriétés ») une grammaire particulière du type qu'il semble nécessaire d'attribuer aux personnes qui connaissent la langue, il chercherait naturellement des principes inhérents d'organisation qui déterminent la forme de cette « production » sur la base des données disponibles limitées. Il n'y a aucune raison d'adopter une vue plus dogmatique alors que l'ensemble de propriétés inconnues est la pensée humaine ; plus particulièrement, il n'y a aucune raison de supposer sans argument, que les suppositions empiriques générales qui ont dominé la spéculation sur ces problèmes aient un quelconque droit de privilège. Personne n'a réussi à montrer pourquoi les suppositions empiriques très spécifiques sur la façon dont on acquiert la connaissance devraient être prises au sérieux. Elles semblent n'offrir aucun moyen de décrire les constructions les plus caractéristiques et les plus normales de l'intelligence humaine, comme la compétence linguistique, ou d'en rendre compte. Par ailleurs, certaines suppositions très spécifiques concernant les grammaires universelle et particulière laissent un certain espoir de rendre compte des phénomènes que nous rencontrons lorsque nous considérons la connaissance et l'utilisation du langage. Pour spéculer sur l'avenir, il ne paraît pas improbable que des recherches poursuivies selon les directions indiquées ici mènent à la découverte d'une organisation très limitée, qui détermine à la fois le contenu de l'expérience et la nature de la connaissance qui en résulte, justifiant et élaborant ainsi une idée traditionnelle sur les problèmes du langage et de la pensée. C'est de ce problème, parmi d'autres, que je vais traiter dans ma dernière conférence.

Notes

1. W. Köhler, *Dynamics in Psychology* (New York, Liveright, 1940).
2. Voir V. Ehrlich, *Russian Formalism*, deuxième édition revue (New York, Humanities, 1965), p. 150-151.

3. Ludwig Wittgenstein, *Philosophical Investigations* (New York, Oxford University Press, 1953), Section 129 (trad. fr. : *Recherches philosophiques*).

4. *Ibid.*, section 415.

5. Pour mettre en évidence cette différence de profondeur d'explication, j'ai suggéré dans mes *Current Issues in Linguistics Theory* (New York, Humanities, 1964) que le terme « niveau d'adéquation descriptive » pourrait être utilisé pour l'étude de la relation entre les grammaires et les faits, et que le terme « niveau d'adéquation explicative » pourrait être utilisé pour la relation entre une théorie de grammaire universelle et ces faits.

6. Pour un développement détaillé de ce point de vue, voir J. Katz et P. Postal, *An Integrated Theory of Linguistic Descriptions* (Cambridge, Mass., M. I. T. Press, 1964), ainsi que mes *Aspects of the Theory of Syntax* (Cambridge, Mass., M. I. T. Press, 1965). Voir aussi Peter S. Rosenbaum, *The Grammar of English Predicate Complement Constructions* (Cambridge, Mass., M. I. T. Press, 1967). Ces œuvres contiennent des références aux ouvrages précédents qu'elles poursuivent et modifient. On a beaucoup travaillé durant ces dernières années à poursuivre et à modifier encore cette approche générale et à explorer d'autres approches possibles. Le domaine est à présent considérablement en effervescence, et il s'écoulera sans doute un certain temps avant que la mêlée ne se calme et qu'un certain nombre de résultats importants soient, même timidement, avancés. Le travail actuel est trop vaste pour que dans une esquisse comme celle-ci on y fasse des références détaillées. On pourra trouver une idée de son étendue et de ses directions générales dans des recueils comme celui de R. Jacobs et P. S. Rosenbaum, *Readings in English Transformational Grammar* (Waltham, Mass., Blaisdell).

7. J'utilise l'astérisque de la façon conventionnelle, pour marquer une phrase qui dévie d'une façon ou d'une autre par rapport aux règles grammaticales.

8. Dorénavant, je supprimerai généralement les parenthèses en donnant les structures profonde, superficielle ou intermédiaire, lorsque ceci n'entraînera pas de confusion. Il faudrait imaginer **8** et **9** associées chacune à un ensemble complet de parenthèses indexées. Remarquons que **8** n'est

pas, bien sûr, une structure profonde, mais plutôt le résultat de l'application de transformations à un objet abstrait plus primitif.

9. Il peut aussi y avoir d'autres interprétations, fondées sur d'autres ambiguïtés dans la structure « John's cooking » : l'interprétation cannibale et l'interprétation de « cooking » comme « that which is cooked ».

10. Je voudrais souligner le fait que lorsque je dis qu'une phrase est dérivée d'une autre phrase par transformation, je parle de façon peu précise et inexacte. Je devrais dire que la structure associée à la première phrase est dérivée de la structure sous-tendant la seconde. Ainsi, dans le cas que nous discutons actuellement c'est la structure superficielle de **10** qui est dérivée, selon une analyse, de la structure abstraite qui, fût-ce au prix d'un développement transformationnel différent, devrait devenir la structure superficielle de **11**. Le fait que les phrases ne dérivent pas d'autres phrases mais plutôt des structures les sous-tendant a été explicitement exprimé dès les premiers travaux de grammaire générative transformationnelle, il y a environ quinze ans, mais des déclarations aussi floues que celles de ce texte ont fourvoyé bien des lecteurs et ont mené à bon nombre de confusions dans la littérature. Le fait qu'une théorie des relations transformationnelles très différente développée par Zellig Harris, Henry Hiz et d'autres considère effectivement que les opérations transformationnelles s'appliquent aux phrases ajoute sans doute à la confusion. Voir par exemple Z. S. Harris, « Co-occurrence and Transformation in Linguistic Structure », dans *Language*, vol. 33, n° 3. 1957, p. 283-340, et d'autres publications ultérieures.

Pour moi, et pour bien d'autres locuteurs, la phrase **12** n'est pas correcte. La structure associée qui sous-tend **10** doit cependant être postulée, dérivant peut-être de la structure associée à « I know a man who is taller than Bill is ».

11. Elle ne peut pas non plus avoir le sens de « I know a taller man than Bill and John likes ice cream ». Donc, si la structure profonde détermine le sens (dans la mesure où les relations grammaticales entrent en jeu), quelque chose comme **14** ou **15** doit être la structure sous-tendant immédiatement **13**. C'est une propriété générale des opérations de suppression qu'y soit impliquée une sorte de capacité de

recouvrement, problème important aux conséquences empiriques intéressantes. Voir, pour discussion, mes *Current Issues*, section 2.2. et *Aspects*, section 4.2.2. Le problème posé par des exemples comme **9** et **13** me fut révélé par John Ross. La première référence à la possibilité que l'histoire de la dérivation puisse jouer un rôle dans la détermination de l'applicabilité des transformations apparaît chez R. B. Lees, *The Grammar of English Nominalizations* (New York, Humanities, 1960), p. 76, en relation avec la discussion – apparaissant aussi pour la première fois – du problème de la structure constituante comme facteur de détermination de l'applicabilité des transformations.

12. Si **18** n'est ambiguë que de deux points de vue, un problème se pose en fait à un autre niveau, premier. L'apparence peu naturelle de **18** rend difficile sa détermination certaine.

13. Voir R. B. Lees, « A Multiply Ambiguous Adjectival Construction in English », dans *Language*, vol. 36, n° 2, 1960, p. 207-221 pour une discussion de structures de ce type.

14. Pour une discussion de ces problèmes, voir mon article « Some General Properties of Phonological Rules », dans *Language*, vol. 47, n° 1, 1967. Pour une discussion plus complète et plus détaillée de la théorie phonologique et de son application à l'anglais, avec des exemples tirés de plusieurs langues et des discussions de l'histoire du système sonore anglais, voir N. Chomsky et M. Halle, *The Sound Pattern of English* (New York, Harper and Row, 1968). L'exemple du texte est discuté plus en détail, dans un cadre plus général de règles et de principes, au chapitre IV, section 4, de *The Sound Pattern of English*. Voir P. Postal, *Aspects of Phonological Theory* (New York, Harper and Row, 1968), pour un développement général de plusieurs problèmes connexes ainsi qu'une analyse d'autres approches de l'étude de la structure sonore.

15. Si elle n'était pas continue, elle devrait être non voisée, c'est-à-dire /k/, puisque par loi générale il n'y a pas de groupes de consonnes voisée-non voisée en position finale. Mais elle ne peut pas être /k/ puisque /k/ demeure en cette position (par exemple « direct », « evict », etc.).

16. Dans « connectivity », c'est lors du troisième cycle que l'accent change de place. Le second cycle redonne simplement l'accent à la syllabe qui était déjà accentuée lors du premier cycle.

17. J. Ross, « On the Cyclic Nature of English Pronominalization dans *To Honor Roman Jakobson* (New York, Humanities, 1967).

18. Bien entendu **31** est une phrase, mais « he » ne fait pas référence à John, comme c'est le cas dans la phrase **29**. Ainsi, **31** n'est pas formée par pronominalisation si les deux occurrences de « John » sont différentes dans leur référence. Nous excluons ce cas de notre discussion. Voir, pour certaines remarques concernant ce problème, mes *Aspects*, p. 144-147.

19. Je suggère dans *Aspects*, chapitre 3, que les lois transformationnelles peuvent fonctionner de cette façon, ce qui, s'il s'avérait vrai, serait un fait important. L'observation de Ross suggère que ce principe d'application est non seulement possible mais encore nécessaire. D'autres arguments intéressants sont présentés par R. Jacobs et P. S. Rosenbaum dans le recueil *Readings in English Transformational Grammar* (Waltham, Mass., Blaisdell), chapitre 28. Le problème est loin d'être réglé. En général, la compréhension de la structure syntaxique est beaucoup plus limitée que celle de la structure phonologique, les descriptions sont beaucoup plus rudimentaires et, corrélativement, les principes de syntaxe universelle sont beaucoup moins fermement établis que les principes de phonologie universelle, bien que cette dernière, il est inutile de le dire, doive aussi être considérée comme une hypothèse. Ceci peut être en partie dû à la complexité inhérente au sujet. Mais ceci résulte aussi du fait que la phonétique universelle, qui fournit une sorte de « contrôle empirique » de la théorie phonologique, est beaucoup plus fermement établie que la sémantique universelle, qui devrait en principe fournir un contrôle analogue pour la théorie syntaxique. La phonétique (et en partie la phonologie) a été étudiée par la linguistique moderne avec une remarquable profondeur et avec beaucoup de succès. Mais on ne peut pas encore en dire de même de la sémantique, malgré bien des ouvrages intéressants.

20. Voir les références de la note 14. Le problème est discuté de façon générale dans mon article « Explanatory Models in Linguistics », dans le recueil de E. Nagel, P. Suppes et A. Tarski, *Logics*, *Methodology and Philosophy of Science* (Stanford, Calif., Stanford University Press, 1962), dans mes

Current Issues in Linguistic Theory (New York, Humanities, 1964), section 4 ; dans mes *Aspects of the Theory of Syntax* (Cambridge, Mass., M. I. T. Press, 1965), chapitre 1 et dans d'autres publications auxquelles ces livres cités font référence.

21. Ce problème est discuté dans mes *Current Issues*. Il y a plusieurs versions de cette monographie. La première, présentée au congrès international de linguistique en 1962, se trouve dans les *Proceedings of the Congress* sous le titre de la session au cours de laquelle elle fut présentée, « Logical Basis of Linguistic Theory », recueilli par H. Lunt (New York, Humanities, 1964) ; une seconde version parut dans le recueil de J. Fodor et J. J. Katz, *Structure of Language : Readings in the Philosophy of Language* (Englewood Cliffs, N. J., Prentice-Hall, 1964) ; la troisième version a été publiée sous forme de monographie séparée (New York, Humanities, 1965). Ces versions diffèrent par le traitement des exemples discutés ici ; aucun de ces traitements n'est cependant satisfaisant et le problème général reste posé. Des idées nouvelles et intéressantes sur ce sujet sont présentées chez J. Ross, *Constraints on Variables in Syntax*, M. I. T., thèse de doctorat (non publiée). Je suis ici l'approche générale de la première des trois versions qui me paraît rétrospectivement offrir le plus de promesses.

22. Il semble en fait que seules les phrases nominales indéterminées puissent être soumises à la question (c'est-à-dire « someone », « something », etc.), ce qui nous ramène au problème de la capacité de recouvrement de la suppression mentionné dans la note 11. Voir pour discussion mes *Current Issues*.

23. Nous pourrions étendre ce principe afin que cette transformation s'applique aussi au syntagme *minimal* du type P (Phrase). Ainsi la phrase

[$_P$ John was convinced that [$_P$ Bill would leave before dark]$_P$]$_P$

peut être transformée en « John was convinced that Bill would leave », mais pas en « before dark John was convinced that Bill would leave » qui doit avoir une source différente. Tout comme le principe originel, cette extension ne va pas sans problèmes, mais elle a cependant un certain nombre de défenseurs.

24. Nous n'avons pas de place pour discuter ici de la distinction impliquée par la terminologie imprécise « syntagme nominal-syntagme nominalisé », mais ceci n'est pas important pour ce problème. Voir mes « Remarks on Nominalization » dans le recueil de R. Jacobs et P. S. Rosenbaum, *Readings in English Transformational Grammar* (Waltham, Mass., Blaisdell). Il y a d'autres interprétations de **49** (par exemple avec un accent contrastif sur « John »), et il y a de nombreux problèmes posés en rapport avec des structures comme celles-ci.

25. David Perlmutter a présenté dans une œuvre inédite un argument solide selon lequel ce qui est impliqué n'est pas une condition portant sur les transformations, mais plutôt une condition portant sur la formation correcte des structures profondes. La distinction n'est pas très importante pour ce qui suit, mais elle deviendrait très importante à un niveau moins superficiel de discussion.

26. Les exemples **63** et **67** sont discutés par Rosenbaum ; l'exemple **64** est signalé par Maurice Gross ; l'exemple **65** a été signalé, d'un point de vue différent, par Zeno Vendler, « Nominalizations », dans *Transformations and Discourses Analysis Papers*, n° 55 (Philadelphia, University of Pennsylvania, 1964), p. 67.

27. Voir, pour certaines remarques concernant ce problème, mon article « Surface Structure and Semantic Interpretation » dans le recueil de R. Jakobson, *Studies in General and Oriental Linguistics* (Tôkyô, TEC Corporation for Language and Educational Research). La littérature sur l'interprétation sémantique des structures syntaxiques s'accroît rapidement. Voir, pour une discussion récente, J. J. Katz, *The Philosophy of Language* (New York, Harper and Row, 1966 ; traduction française, Paris, Payot, 1971) ; U. Weinreich, « Explorations in Semantic Theory », dans le recueil de T. A. Sebeok, *Current Trends in Linguistics*, vol. 3 (New York, Humanities, 1966) ; J. J. Katz, « Recent Issues in Semantic Theory », *Foundations of Language*, vol. 3, n° 2, mai 1967, p. 124-194.

28. Plus précisément, à une chaîne d'unités linguistiques minima qui peuvent être ou ne pas être des mots.

29. Voir G. A. Miller et N. Chomsky, « Finitary Models of Language Users, Part II », dans le recueil de R. D. Luce,

R. Bush et E. Galanter, *Handbook of Mathematical Psychology*, vol. 2 (New York, Wiley, 1963), pour quelques propositions concernant ce problème.

30. Remarquons que nous prenons le terme « grammaire universelle » au sens d'un système de conditions portant sur les grammaires. Elle peut aussi contenir l'ossature d'une structure de règles que toute langue humaine doit contenir, mais elle comprend aussi les conditions qui doivent être remplies par ces grammaires et les principes qui déterminent comment elles sont interprétées. Cette formulation est en quelque sorte une distance prise par rapport à une vue traditionnelle qui considérait la grammaire universelle comme une simple infrastructure de chaque grammaire particulière, comme un système de règles se trouvant au cœur de chaque grammaire. Cette vue traditionnelle a été reprise dans des ouvrages récents. Elle me paraît présenter peu d'intérêt. Pour autant que nous en sachions, de lourdes contraintes pèsent sur la forme et sur l'interprétation de la grammaire à tous les niveaux, depuis la structure profonde en syntaxe, par la composante transformationnelle, jusqu'aux règles qui interprètent phonétiquement et sémantiquement les structures syntaxiques.

CHAPITRE III

Contributions linguistiques à l'étude de la pensée : Le futur

Dans ma discussion du passé, j'ai fait référence aux deux principales traditions qui ont enrichi l'étude du langage de façon autonome et très différente ; et dans ma dernière conférence j'ai essayé de donner quelques indications sur les sujets qui semblent près d'être abordés aujourd'hui, alors que commence à prendre forme une sorte de synthèse de la grammaire philosophique et de la linguistique structurale. Chacune des deux traditions d'étude et de spéculation que j'ai prises comme référence était associée à une approche spécifique des problèmes de la pensée. Nous pourrions dire sans déformer la réalité que chacune évoluait comme branche spécifique de la psychologie de son temps, à laquelle elle apportait une contribution appréciable.

Il peut paraître un peu paradoxal de parler en ces termes de la linguistique structurale, quand on connaît son anti-psychologisme militant. Mais le paradoxe s'affaiblit lorsque nous remarquons que cet anti-psychologisme militant n'est pas moins réel d'une grande partie de la psychologie contemporaine elle-même, particulièrement des branches qui ont monopolisé jusqu'à il y a quelques années l'étude de l'utilisation et de l'acquisition du langage. Nous vivons, après tout, au siècle de la « science du comportement » (*behavioral science*) et non au siècle de la « science de l'esprit » (*science of mind*). Je ne voudrais pas faire dire trop de choses à une innovation terminologique, mais je crois que la facilité et le bon vouloir avec lesquels la pensée moderne concernant l'homme et la société accepte la désignation de « science du comportement » présente quelque importance. Aucune personne sensée n'a jamais douté du fait que le comportement fournit la plupart des bases de cette étude – toutes ses bases si nous prenons « comportement » en un sens suffisamment imprécis. Mais le terme « science du comportement » laisse à entendre que, de façon moins subtile, on met l'accent sur ces bases mêmes plutôt que sur les principes et les structures mentales abstraites sous-jacents et beaucoup plus profonds qui pourraient être éclairés par le comportement. C'est comme si l'on appelait les sciences naturelles « sciences de lecture des cadrans ». Qu'attendrions-nous en fait des sciences naturelles dans une culture qui, satisfaite, accepterait ce terme pour désigner ses activités ?

La science du comportement s'est beaucoup préoccupée des faits et de l'organisation des faits, et elle s'est même considérée comme une sorte de technologie du contrôle du comportement. L'anti-mentalisme en linguistique et en philosophie se conforme à ce déplacement d'orientation. Comme je l'ai mentionné dans ma première conférence, je pense qu'une contribution indirecte importante de la linguistique structurale moderne vient du fait qu'elle a réussi à rendre explicites les présupposés d'une approche anti-mentaliste des phénomènes du langage, approche qui est complètement opérationnelle et comportamentiste. En poussant cette approche jusqu'à ses limites naturelles, elle pose les bases d'une démonstration relativement concluante de l'inadéquation de toute approche de ce type aux problèmes de la pensée.

Plus généralement, je pense que la grande importance de l'étude du langage repose dans le fait qu'il y est possible de donner une formulation relativement claire et précise de certaines des questions centrales de la psychologie et de fournir une masse de faits en rapport avec ces questions. Qui plus est, l'étude du langage est, pour l'instant, unique par la combinaison qu'elle offre d'une richesse de données et d'une possibilité de formuler précisément des résultats de base.

Il serait bien sûr idiot de vouloir prévoir l'avenir de la recherche, et l'on comprendra que je n'entends pas que le sous-titre de cette conférence soit vraiment pris au sérieux. Il n'est cependant pas mauvais de supposer que la principale contribution de l'étude du langage viendra de la compréhension qu'elle peut nous donner du caractère des processus mentaux et des structures qu'ils forment et manipulent. Par conséquent, au lieu de spéculer sur le cours vraisemblable de la recherche dans les domaines que l'on aborde aujourd'hui [1], je m'attacherai ici aux problèmes qui apparaissent lorsqu'on tente de développer l'étude de la structure linguistique comme un chapitre de la psychologie humaine.

Il est tout à fait naturel de s'attendre à ce qu'il demeure, au centre de l'étude de la nature humaine, un intérêt pour le langage, comme cela a été dans le passé. Toute personne s'intéressant à l'étude de la nature humaine et des capacités humaines doit d'une manière ou d'une autre prendre en considération le fait que les êtres humains normaux acquièrent une langue, alors que l'acquisition des rudiments les plus simples de cette langue est tout à fait en dehors des capacités d'un singe au demeurant intelligent – fait que l'on a très correctement mis en valeur dans la philosophie cartésienne [2]. On pense généralement aujourd'hui que les considérables études modernes sur la communication animale mettent en doute cette idée traditionnelle ; et l'on considère presque universellement comme acquis qu'il existe un problème en ce qui concerne l'explication de « l'évolution » du langage humain depuis les systèmes de communication animale. Un examen sérieux des récentes études sur la communication animale me semble pourtant apporter bien peu d'arguments à l'appui de cette position. Ces études montrent plutôt, de façon simple et même plus claire, dans quelle mesure le langage humain apparaît comme un phénomène unique, sans analogue important dans le monde animal. S'il en est ainsi, il est insensé de soulever le problème de l'explication de l'évolution du langage humain depuis des systèmes de communication plus primitifs qui apparaissent à des niveaux beaucoup plus bas de capacité intellectuelle. Ceci est important, et j'aimerais m'y arrêter un instant.

L'idée que le langage humain provient de systèmes plus primitifs est développée de façon intéressante par Karl Popper dans sa conférence récemment publiée, « Clouds and Clocks ». Il tente de montrer comment les problèmes du libre arbitre et du dualisme cartésien peuvent être résolus par l'analyse de cette « évolution ». Je ne m'intéresse pas pour l'instant aux conclusions philosophiques qu'il tire ce cette analyse, mais à l'idée de base selon laquelle le langage se développe par évolution depuis des systèmes plus simples du type de ceux que l'on trouve dans d'autres organismes, Popper soutient que l'évolution du langage est passée par plusieurs stades, en particulier un « stade primitif » dans lequel les bruits sont utilisés pour exprimer un état émotionnel par exemple, et un « stade développé » dans lequel le son articulé est utilisé pour exprimer la pensée (dans les termes de Popper, pour la définition et pour le raisonnement critique). Sa discussion des stades d'évolution du langage suggère une sorte de continuité, mais il n'établit en fait aucune relation entre le stade primitif et le stade développé et ne suggère aucun mécanisme par lequel pourrait s'amorcer la transition d'un stade à l'autre. En bref, il ne fournit aucun argument prouvant que les stades appartiennent à un processus d'évolution. Il est en fait difficile de voir ce qui relie ces stades (si ce n'est l'utilisation métaphorique du terme « langage »). Il n'y a aucune raison de supposer que l'on puisse jeter un pont sur ces « gouffres ». Il n'y a pas plus de raison de supposer un développement évolutif d'un stade primitif vers un stade développé, dans ce cas, qu'il n'y en a de supposer un développement évolutif de la respiration vers la marche. Il apparaît que les stades en question n'ont pas d'analogie significative et qu'ils semblent impliquer des processus et des principes entièrement différents.

On trouve une discussion plus explicite de la relation entre langage humain et systèmes de communication animale dans un récent article de W. H. Thorpe [3]. Il souligne que les mammifères autres que l'homme semblent ne pas avoir la capacité humaine d'imiter les sons et que par conséquent on pourrait avoir pensé que les oiseaux (dont plusieurs ont cette capacité de façon remarquable) représentent « le groupe qui aurait pu donner naissance au langage au vrai sens du terme, et pas les mammifères ». Thorpe ne soutient pas que le langage humain « provienne » au sens strict de systèmes plus simples, mais il soutient que les propriétés caractéristiques du langage humain peuvent se retrouver dans les systèmes de communication animale, bien que « nous ne puissions pas dire pour le moment qu'elles se retrouvent toutes chez un animal particulier ». Les propriétés qu'ont en commun les langages humain et animal sont d'être « intentionnels » (*purposive*), « syntaxiques » et « énonciatifs » (*propositional*). Le langage est intentionnel car « il y a presque toujours dans le discours humain une intention définie de passer quelque chose à quelqu'un d'autre, de modifier sa conduite, ses pensées ou son attitude générale face à une situation ». Le langage humain est « syntaxique » car tout discours est un acte de parole pourvu d'une organisation interne, d'une structure et d'une cohérence. Il est « énonciatif » parce qu'il transmet de l'information. En ce sens, langage humain et communication animale sont « intentionnels », « syntaxiques » et « énonciatifs ».

Tout cela peut être vrai mais n'établit que bien peu de chose, puisque lorsque nous nous plaçons au niveau d'abstraction où se rejoignent langage humain et communication animale, presque tous les autres comportements peuvent aussi s'y retrouver. Considérons la marche : la marche est clairement un comportement intentionnel, au sens le plus général d'« intentionnel ». La marche est également « syntaxique » au sens défini ci-dessus, comme l'a en fait souligné Karl Lashley il y a longtemps, dans son importante discussion de l'ordre sériel dans le comportement, discussion à laquelle j'ai fait allusion dans ma première conférence[4]. En outre, elle peut très certainement apporter de l'information, je peux par exemple signaler mon intérêt à atteindre un certain point par la vitesse à laquelle je marche.

C'est précisément de cette façon que les exemples de communication animale présentés par Thorpe sont « énonciatifs ». Il prend comme exemple le chant d'un rouge-gorge européen dans lequel le taux d'alternance de hauteur sonore signale l'intention qu'a l'oiseau de défendre son territoire ; plus ce taux est élevé et plus l'oiseau a l'intention de défendre son territoire. L'exemple est intéressant, mais il me semble montrer clairement l'inutilité de vouloir rapprocher le langage humain de la communication animale. Chaque système de communication animal connu (en laissant de côté la science-fiction concernant les dauphins) utilise l'un des deux principes de base suivants : il consiste en un nombre fixé et limité de signaux, chacun étant associé à un comportement ou à un état émotionnel spécifiques, comme le montrent les études exhaustives accomplies durant ces dernières années par les savants japonais ; ou bien il utilise un nombre fixé et limité de dimensions linguistiques, chacune étant associée à une dimension non linguistique particulière, afin que la sélection d'un point le long de la dimension linguistique détermine et signale du même coup un certain point le long de la dimension non linguistique qui lui est associée. C'est ce dernier principe qui se trouve réalisé dans l'exemple de chant d'oiseau que prend Thorpe. Le taux d'alternance de hauteur sonore est une dimension linguistique liée à la dimension non linguistique qu'est l'intention de défendre un territoire. L'oiseau signale son intention de défendre un territoire en sélectionnant un point approprié le long de la dimension linguistique d'alternance de hauteur – j'utilise bien sûr de façon imprécise le verbe « sélectionner ». La dimension linguistique est abstraite, mais le principe est clair. Un système de communication du second type possède un éventail infiniment large de signaux potentiels, tout comme le langage humain. Mais les mécanismes et les principes sont entièrement différents de ceux utilisés par le langage humain pour exprimer indéfiniment un grand nombre d'idées nouvelles, d'intentions, de sentiments, etc. Il n'est pas exact de parler d'« imperfections » du système animal, en termes d'éventail de signaux potentiels ; c'est plutôt le contraire puisque le système animal admet un principe de variation continue le long de la dimension linguistique (pour autant qu'il y ait un sens à parler ici de « continuité » alors que le langage humain est discret). On ne peut donc pas conclure en termes de « plus » ou de « moins » mais on doit plutôt conclure qu'il y a là un principe d'organisation entièrement différent. Lorsque j'affirme arbitrairement quelque chose dans une langue humaine, par exemple que « la poussée des organismes supranationaux représente de nouveaux dangers pour la liberté humaine », je ne sélectionne pas un point le long d'une quelconque dimension linguistique qui signale un point correspondant le long d'une dimension non-linguistique associée, pas plus que je ne sélectionne un signal dans un répertoire limité de comportements, que ce répertoire soit inné ou acquis.

En outre, il est faux de penser que l'usage du langage humain se caractérise par la volonté ou le fait d'apporter de l'information. Le langage humain peut être utilisé pour informer ou pour tromper, pour clarifier ses propres pensées, pour prouver son habileté ou tout simplement pour jouer. Si je parle sans vouloir modifier votre comportement ou vos pensées, je n'en utilise pas moins la langue que si je dis exactement les mêmes choses *avec* une telle intention. Si nous voulons comprendre le langage humain et les capacités psychologiques sur lesquelles il repose, nous devons d'abord nous demander ce qu'il est, non pas comment et dans quel but il est utilisé. Lorsque nous nous demandons ce qu'est le langage humain, nous ne lui trouvons pas de similitudes frappantes avec les systèmes de communication animale. Il n'y a rien d'utile à dire sur le comportement et sur la pensée au niveau d'abstraction auquel la communication animale et la communication humaine se rejoignent. Les exemples de communication animale qui ont été jusqu'ici examinés partagent effectivement bien des propriétés avec les systèmes gestuels humains, et il serait raisonnable d'explorer la possibilité de relation directe dans ce cas. Mais il apparaît que le langage humain est fondé sur des principes entièrement différents. Ceci est je crois un point important, trop souvent dédaigné par ceux qui approchent le langage humain comme un phénomène biologique, naturel ; il semble en particulier relativement sans objet de spéculer sur l'évolution du langage humain à partir de systèmes plus simples – aussi absurde peut-être que de spéculer sur l'« évolution » des atomes à partir de nuages de particules élémentaires.

Pour ce que nous en savons, la possession du langage humain s'accompagne d'un type spécifique d'organisation mentale et pas simplement d'un degré élevé d'intelligence. L'idée selon laquelle le langage humain serait simplement un exemple plus complexe de quelque chose que l'on trouverait partout dans le monde animal semble n'avoir aucune solidité. Ceci pose un problème au biologiste car, si c'est vrai, c'est un bel exemple d'« émergence » – apparition d'un phénomène qualitativement différent à un stade particulier de complexité d'organisation. C'est la reconnaissance de ce fait qui, quoique formulée différemment, a en grande partie motivé l'étude du langage à l'époque classique chez ceux qui étaient en premier lieu intéressés par la nature de la pensée. Et il me semble qu'il n'y a pas aujourd'hui de meilleure façon ni de plus prometteuse pour explorer les propriétés essentielles et caractéristiques de l'intelligence humaine que celle qui passe par l'étude détaillée de la structure de cette propriété propre à l'homme. On peut alors raisonnablement supposer que si des grammaires génératives empiriquement adéquates peuvent être construites et si les principes universels qui gouvernent leur structure et leur organisation peuvent être déterminés, ce sera une contribution importante à la psychologie humaine, par des voies auxquelles je vais venir en détail.

J'ai mentionné, au cours de ces conférences, certaines des idées classiques sur la structure du langage et les efforts contemporains pour approfondir et étendre ces idées. Il paraît clair que nous devons considérer la compétence linguistique – la connaissance d'une langue – comme un système abstrait sous-tendant la performance, système constitué par des lois qui concourent à déterminer la forme et le sens intrinsèque d'un nombre potentiellement infini de phrases. Un tel système – une grammaire générative – donne une explication de l'idée humboldtienne de « forme de langue », que Humboldt, dans une remarque obscure mais suggestive de sa grande œuvre posthume *Über die Verschiedenheit des menschlichen Sprachbaues*, définit comme « ce système invariable et constant de processus sous-tendant l'acte mental qui élève des signaux articulés structuralement organisés à une expression de la pensée ». Une telle grammaire définit une langue au sens humboldtien, c'est-à-dire « un système récursivement généré, où les lois de génération sont fixées et invariables, mais où le domaine de leur application et la façon précise dont on les applique ne sont nullement spécifiés ».

Dans chaque grammaire de ce type il y a des éléments particuliers, idiosyncratiques, qui déterminent une langue humaine spécifique, et des éléments universels généraux, conditions portant sur la forme et sur l'organisation de toute langue humaine, qui forment le sujet d'étude de la « grammaire universelle ». Parmi les principes de grammaire universelle se trouvent ceux que j'ai discutés dans ma conférence précédente – par exemple, les principes qui distinguent la structure profonde de la structure superficielle et qui établissent la classe des opérations transformationnelles reliant ces deux structures. Remarquons au passage que l'existence de principes définis de grammaire universelle rend possible l'élaboration d'une linguistique mathématique, discipline qui soumet à l'étude abstraite la classe des systèmes génératifs remplissant les conditions établies par la grammaire universelle. Cette étude vise à élaborer les propriétés formelles de toute langue humaine possible. La discipline en est à ses débuts ; ce n'est que dans la dernière décade que la possibilité d'une telle entreprise a été entrevue. Elle a déjà obtenu certains résultats prometteurs, et elle suggère une direction possible pour les recherches à venir, qui pourrait se révéler de grande importance. Ainsi, la linguistique mathématique semble se trouver aujourd'hui dans une position entièrement favorable, parmi les approches mathématiques en sciences sociales et psychologiques, pour se développer non seulement comme simple théorie des faits, mais aussi comme l'étude des principes et des structures hautement abstraits qui déterminent le caractère des processus mentaux humains. En ce cas, les processus mentaux en question sont ceux impliqués dans l'organisation d'un domaine spécifique de la connaissance humaine, à savoir : la connaissance de la langue.

La théorie de la grammaire générative, à la fois particulière et universelle, attire l'attention sur une lacune de la théorie psychologique qui, je crois, mérite d'être mentionnée. La psychologie conçue comme « science du comportement » s'est préoccupée du comportement et de l'acquisition ou du contrôle du comportement. Elle n'a pas de concept correspondant à celui de « compétence », au sens où la compétence est définie par la grammaire générative. La théorie de l'apprentissage s'est limitée à un concept étroit et sûrement inadéquat de ce qui est appris – c'est-à-dire un système de relations stimulus-réponse, un ensemble d'associations, un répertoire d'items de comportement, une hiérarchie habituelle ou un système de dispositions à répondre de certaine façon dans des conditions spécifiables de stimulus[5]. Dans la mesure où la psychologie du comportement s'est appliquée à l'éducation et à la thérapie, elle s'est corrélativement limitée au concept de « ce qui est appris ». Mais une grammaire générative ne peut pas être définie en ces termes. Ce qui est nécessaire, outre le concept de comportement et d'apprentissage, c'est un concept de ce qui est appris – une notion de compétence – qui est hors des limites conceptuelles de la théorie psychologique comportamentiste. Tout comme une grande partie de la linguistique moderne et de la philosophie moderne du langage, la psychologie comportamentiste a consciemment accepté des restrictions méthodologiques qui ne permettent pas l'étude de systèmes présentant la complexité et l'abstraction nécessaires[6]. Une contribution future importante de l'étude du langage à la psychologie générale pourrait être de mettre l'accent sur ce gouffre conceptuel et de montrer comment il peut être comblé par l'élaboration d'un système de compétence sous-jacente dans un domaine de l'intelligence humaine.

Il est en un certain sens évident que tout aspect de la psychologie est en fin de compte fondé sur l'observation du comportement. Mais il n'est pas du tout évident que l'étude de l'apprentissage doive procéder directement à la recherche des facteurs qui contrôlent le comportement ou des conditions dans lesquelles un « répertoire du comportement » peut être établi. Il est d'abord nécessaire de déterminer les caractéristiques importantes de ce répertoire du comportement, les principes selon lesquels il est organisé. Une étude significative de l'apprentissage ne pourra se développer qu'après que cette tâche préliminaire aura été menée à bien et qu'elle aura mené à une théorie relativement bien établie de la compétence sous-jacente – dans le cas de la langue, à la formulation de la grammaire générative qui sous-tend l'utilisation de la langue que l'on peut observer. Une telle étude se préoccupera de la relation entre les données dont dispose l'organisme et la compétence qu'il acquiert ; ce n'est que dans la mesure où l'on réussira l'abstraction de la compétence (dans le cas de la langue, dans la mesure où la grammaire postulée est « adéquate du point de vue descriptif » au sens précisé dans la deuxième conférence) que la recherche sur l'apprentissage pourra espérer obtenir des résultats significatifs. Si, dans un quelconque domaine, l'organisation du répertoire de comportement est élémentaire et sans intérêt, on pourra sans beaucoup de mal éviter le stade intermédiaire de construction théorique, au cours duquel nous tentons de caractériser précisément la compétence acquise. Mais il ne faut pas croire que c'est là le cas général, et ce n'est sûrement pas le cas dans l'étude de la langue. Il sera possible, avec une caractérisation plus riche et plus adéquate de « ce qui est appris » – de la compétence sous-jacente qui constitue « l'état final » de l'organisme décrit – de commencer à construire une théorie de l'apprentissage beaucoup moins limitée dans son champ que la psychologie comportamentiste moderne s'est avérée l'être. Il est sûrement sans effet d'accepter des critiques méthodologiques qui écartent une telle approche des problèmes de l'apprentissage.

Y a-t-il d'autres domaines de la compétence humaine où l'on pourrait espérer développer une théorie fructueuse, analogue à la grammaire générative ? Quoique ce soit là une question très importante, on ne peut pas dire grand-chose aujourd'hui à ce sujet. On pourrait par exemple considérer en termes semblables le problème de savoir comment une personne en vient à acquérir un certain concept de l'espace tridimensionnel, ou une « théorie implicite de l'action humaine ». Une telle étude commencerait par tenter de caractériser la théorie implicite qui sous-tend la performance effective et se tournerait ensuite vers la question de savoir comment cette théorie se développe dans les conditions données de temps et d'accès aux faits – c'est-à-dire, de quelle façon le système de croyances auquel on aboutit est déterminé par la combinaison des faits disponibles, de « procédures heuristiques » et du schématisme inné qui limite et conditionne la forme du système acquis. Il n'y a alors rien de plus qu'une esquisse de programme de recherche.

Il y a eu des tentatives d'étudier d'autres systèmes semblables à la langue – on pense par exemple à l'étude des systèmes de parenté et de la taxonomie des peuples. Mais, jusqu'ici du moins, on n'a rien découvert dans ces domaines qui soit, même grossièrement, comparable à la langue. Personne, à ma connaissance, ne s'est plus consacré à ce problème que Lévi-Strauss. Son récent livre sur les catégories de la mentalité primitive[7] par exemple est une tentative sérieuse et profonde de s'attaquer au problème. Je ne vois cependant pas quelles conclusions une étude de ses matériaux peut atteindre, à part le fait que la pensée sauvage tente d'imposer une organisation au monde physique – que les humains classent, s'ils accomplissent jamais un acte mental. En particulier, la critique bien connue du totémisme que fait Lévi-Strauss ne semble pas se réduire à beaucoup plus qu'à cette conclusion.

Lévi-Strauss modèle sciemment ses recherches sur la linguistique structurale, en particulier sur l'œuvre de Troubetzkoy et Jakobson. Il souligne maintes fois et à juste raison qu'on ne peut pas appliquer simplement des procédures analogues à celles de l'analyse phonémique aux sous-systèmes de société et de culture. Il s'occupe plutôt des structures « là où on peut les trouver [...] dans le système de parenté, l'idéologie politique, la mythologie, le rituel, l'art », etc.[8], et il veut examiner les propriétés formelles de ces structures dans leurs propres termes. Mais il faut faire plusieurs réserves lorsque la linguistique structurale est utilisée comme modèle de cette façon. La structure d'un système phonologique offre en effet bien peu d'intérêt en tant qu'objet formel ; il n'y a rien d'important à dire, d'un point de vue formel, sur un ensemble de quarante éléments différents, classés selon huit ou dix traits. L'importance de la phonologie structurale développée par Troubetzkoy, Jakobson et d'autres encore, n'est pas dans les propriétés formelles des systèmes phonémiques mais dans le fait qu'un nombre relativement limité de traits qui peuvent être spécifiés en termes absolus, indépendamment de la langue, semble fournir la base d'organisation de tous les systèmes phonologiques. Le grand mérite de la phonologie structurale fut de montrer que les lois phonologiques d'une grande quantité de langues s'appliquent à des classes d'éléments qui peuvent être simplement caractérisées par ces traits, que les changements historiques affectent ces classes de façon uniforme et que l'organisation des traits joue un rôle fondamental dans l'usage et l'acquisition du langage. Ce fut une découverte de la plus grande importance, qui sert de base de travail à une grande partie de la linguistique contemporaine. Mais si nous faisons abstraction de l'ensemble spécifique et universel de traits et des systèmes de lois selon lesquelles ces traits fonctionnent, il ne reste pas grand-chose d'important.

En outre, les travaux actuels en phonologie tendent de plus en plus à montrer que la véritable richesse des systèmes phonologiques ne réside pas dans les schémas structuraux des phonèmes mais plutôt dans les systèmes compliqués de lois par lesquelles ces schémas sont formés, modifiés et élaborés[9]. Les schémas structuraux qui apparaissent à différents stades de dérivation sont une sorte d'épiphénomène. Le système de lois phonologiques utilise les traits universels de façon fondamentale[10], mais ce sont à mon avis les propriétés des systèmes de lois qui éclairent vraiment la nature spécifique de l'organisation de la langue. Par exemple, il semble qu'il y ait des conditions très générales, comme le principe d'application cyclique (discuté dans ma précédente conférence) et d'autres encore plus abstraits, qui gouvernent l'application de ces lois, et il y a beaucoup d'intéressantes questions non résolues en ce qui concerne la façon dont le choix des lois est déterminé par des relations intrinsèques, universelles, entre les traits. En outre, l'idée de recherche mathématique des structures du langage, à laquelle Lévi-Strauss fait parfois allusion, n'a de sens que si l'on considère les systèmes de lois comme ayant une capacité générative infinie. Il n'y a rien à dire sur la structure abstraite des différents schémas qui apparaissent aux différents stades de la dérivation. Si cela est vrai, on ne peut pas attendre de la phonologie structurale qu'elle fournisse en elle-même un modèle utile à la recherche dans d'autres systèmes culturels et sociaux.

De façon générale, le problème de l'extension de concepts de structure linguistique à d'autres systèmes cognitifs me semble, pour l'instant, dans un état peu prometteur, quoiqu'il soit bien sûr un peu tôt pour être pessimiste.

Avant d'en venir aux implications générales de l'étude de la compétence linguistique et, plus spécialement, aux conclusions de la grammaire universelle, il est bon de vérifier ces conclusions à la lumière de ce que nous savons actuellement de la diversité des langues. J'ai cité dans ma première conférence les remarques de William Dwight Whitney sur ce qu'il appelait « l'infinie diversité du discours humain», la variété sans limite qui, soutenait-il, sape les prétentions de la grammaire philosophique à une pertinence psychologique.

Les grammairiens philosophiques ont soutenu que les langues varient peu dans leurs structures profondes, alors qu'il peut y avoir une large variabilité dans les manifestations de surface. Il y a donc, selon ce point de vue, une structure sous-tendant les relations et les catégories grammaticales, et certains aspects de la pensée et de la mentalité humaines sont essentiellement invariants à travers les langues, quoique les langues puissent différer selon, par exemple, qu'elles expriment formellement les relations grammaticales par l'inflexion ou par l'ordre des mots. On découvre en outre en étudiant leur œuvre que les principes récursifs sous-jacents qui génèrent la structure profonde étaient considérés comme limités de certains points de vue – par exemple, par la condition imposant que les nouvelles structures ne soient formées que par insertion d'un nouveau «contenu énonciatif», nouvelles structures correspondant elles-mêmes aux phrases réelles, dans des positions fixées dans les structures déjà formées. De la même façon, les transformations grammaticales qui forment les structures superficielles par le réagencement, l'ellipse et d'autres opérations formelles, doivent elles-mêmes remplir certaines conditions précises, telles que celles discutées dans la conférence précédente. En bref, les théories de la grammaire philosophique et les plus récentes élaborations de ces théories postulent que les langues différeront peu, malgré une considérable diversité de réalisation superficielle, lorsque nous découvrirons leurs structures les plus profondes et que nous déterrerons leurs mécanismes et leurs principes fondamentaux.

Il est intéressant de remarquer que cette notion persiste même durant la période du romantisme allemand, qui était bien sûr beaucoup plus préoccupé de la diversité des cultures et des très riches possibilités du développement intellectuel de l'homme. Ainsi Wilhelm von Humboldt, que l'on connaît plus aujourd'hui pour ses idées concernant la variété des langues et l'association de différentes structures de langue avec des « visions du monde » divergentes, soutenait néanmoins fermement que nous trouverions, sous-tendant toute langue humaine, un système universel qui exprime simplement les uniques attributs intellectuels de l'homme. Il lui était pour cette raison possible de défendre l'idée rationaliste selon laquelle la langue n'est pas vraiment apprise – certainement pas enseignée – mais qu'elle se développe plutôt « de l'intérieur », d'une façon essentiellement prédéterminée, lorsque les conditions appropriées d'environnement sont remplies. On ne peut pas réellement enseigner une première langue, soutenait-il, mais on peut seulement « fournir le fil au long duquel elle se développera de son plein gré », par des processus plus proches de la maturation que de l'apprentissage. Cet élément platonicien dans la pensée de Humboldt est prosélyte ; il était aussi naturel pour Humboldt de proposer une théorie essentiellement platonicienne de « l'apprentissage » que pour Rousseau de fonder sa critique des institutions sociales répressives sur une conception de la liberté humaine qui dérivait de postulats strictement cartésiens sur les limites de l'explication mécaniste. Et il semble de façon générale que l'on puisse convenablement analyser à la fois la psychologie et la linguistique de la période romantique comme étant en grande partie un prolongement naturel des conceptions rationalistes[11].

Le raisonnement développé par Whitney contre Humboldt et la grammaire philosophique revêt une grande importance en ce qui concerne les implications de la linguistique dans la psychologie générale humaine. Évidemment, ces implications n'auront vraiment une portée étendue que si l'idée rationaliste est, dans l'essentiel, correcte, auquel cas la structure de la langue pourrait vraiment servir de « miroir de l'esprit », dans ses aspects à la fois particuliers et universels. On croit en général que l'anthropologie moderne a établi la fausseté des postulats des rationalistes tenants de la grammaire universelle, en démontrant par l'étude empirique que les langues peuvent en fait présenter la plus grande diversité. Les affirmations de Whitney concernant la diversité des langues sont réitérées tout au long de la période moderne ; Martin Joos par exemple ne fait qu'exprimer la prudence conventionnelle lorsqu'il prend comme conclusion principale de la linguistique anthropologique moderne le fait que « les langues peuvent différer sans limite en étendue et en direction [12] ».

La croyance que la linguistique anthropologique a démoli les postulats de la grammaire universelle me semble tout à fait fausse, de deux points de vue importants. Tout d'abord elle interprète de façon erronée les vues de la grammaire rationaliste classique, qui soutenait que les langues ne sont semblables qu'au niveau le plus profond, le niveau où sont exprimées les relations grammaticales et où se trouvent les processus qui assurent l'aspect créateur de l'utilisation de la langue. En second lieu, cette croyance interprète de façon sérieusement erronée les découvertes de la linguistique anthropologique qui s'est, en fait, presque entièrement limitée aux aspects très superficiels de la structure de la langue.

Ceci n'est pas une critique de la linguistique anthropologique, domaine qui a ses propres problèmes contraignants – en particulier, le problème d'obtenir au moins quelques enregistrements des langues du monde primitif qui disparaissent rapidement. Il est néanmoins important d'avoir à l'esprit les limites fondamentales de ses réalisations, pour la lumière qu'elles peuvent jeter sur les réalisations de la grammaire universelle. Les études anthropologiques (comme les études linguistiques structurales en général) ne cherchent pas à révéler la partie centrale sous-tendant les processus génératifs d'une langue – c'est-à-dire les processus qui déterminent les niveaux de structure les plus profonds et qui constituent les moyens systématiques de toujours créer de nouveaux types de phrase. Par conséquent, elles ne peuvent évidemment avoir aucun rapport réel avec le postulat classique que ces processus génératifs sous-jacents ne varient que peu d'une langue à l'autre. En fait, ce que nous savons actuellement nous suggère que si la grammaire universelle a de sérieux défauts, et elle en a certes d'un point de vue moderne, ces défauts viennent de la non-reconnaissance de la nature abstraite de la structure linguistique et de l'insuffisance des conditions fermes et restrictives portant sur la forme de toute langue humaine. Et un trait caractéristique de la linguistique actuelle est son intérêt pour des universaux du langage d'un type qui ne puisse être détecté qu'à travers une étude détaillée des langues particulières, universaux régissant des propriétés du langage qui sont simplement inaccessibles à la recherche dans le cadre limité adopté, souvent pour de très bonnes raisons, en linguistique anthropologique.

Je crois que si nous examinons le problème classique de la psychologie, celui de rendre compte de la connaissance humaine, nous ne pouvons pas éviter d'être frappés par l'énorme disparité entre connaissance et expérience – dans le cas du langage, entre la grammaire générative qui exprime la compétence d'origine du locuteur et les données maigres et dégénérées sur lesquelles il s'est construit cette grammaire. La théorie de l'apprentissage devrait en principe traiter de ces problèmes ; mais elle l'évite en fait à cause du gouffre conceptuel que j'ai mentionné plus haut. Le problème ne pourra pas même être formulé d'une façon sensée tant que nous n'aurons pas développé le concept de compétence, à côté des concepts d'apprentissage et de comportement, et que nous n'aurons pas appliqué ce concept dans un domaine quelconque. Le fait est que ce concept n'a jusqu'ici été développé et appliqué de façon extensive que dans l'étude du langage humain.

Ce n'est que dans ce domaine que nous disposons au moins des premières étapes d'un compte rendu de la compétence, à savoir les grammaires génératives fragmentaires qui ont été construites pour des langues particulières. Nous pouvons espérer avec une certaine confiance qu'avec les progrès de l'étude du langage, ces grammaires vont gagner en étendue et en profondeur, bien que nous ne serions guère surpris si l'on s'apercevait que les premières propositions étaient fondamentalement erronées.

Dans la mesure où nous aurons une première approximation d'une grammaire générative d'une langue quelconque, nous pourrons pour la première fois formuler de façon utile le problème de l'origine de la connaissance. En d'autres termes, nous pourrons poser la question suivante : quelle structure initiale doit posséder l'esprit pour pouvoir construire une telle grammaire à partir des données des sens ? Certaines des conditions empiriques devant être remplies par une telle hypothèse sur la structure innée, quelle qu'elle soit, sont relativement claires. Ainsi, elle semble être une capacité spécifique à l'espèce, essentiellement indépendante de l'intelligence, et nous pouvons établir une assez bonne estimation de la quantité de données nécessaires pour que la tâche soit menée à bien. Nous savons que les grammaires qui sont effectivement construites ne varient que peu chez les locuteurs d'une même langue, malgré les grandes variations non seulement d'intelligence mais aussi de conditions dans lesquelles la langue est acquise. Participants d'une certaine culture, nous sommes naturellement conscients des grandes différences de capacité à utiliser la langue, de connaissance du vocabulaire, etc., qui résultent de différences de capacité congénitale et de différences de conditions d'acquisition ; nous faisons bien sûr beaucoup moins attention aux similitudes et à la connaissance commune, que nous considérons comme évidentes. Mais si nous prenons la distance psychique nécessaire, si nous comparons effectivement les grammaires génératives qui peuvent être postulées pour différents locuteurs de la même langue, nous verrons que les similitudes que nous considérons comme évidentes sont extrêmement prononcées et que les divergences sont peu nombreuses et marginales. Qui plus est, il semble que des dialectes superficiellement très différents, tout juste intelligibles même au premier contact, partagent un vaste ensemble de lois et de processus communs, et diffèrent très peu dans leurs structures sous-jacentes qui semblent demeurer invariantes tout au long de l'évolution historique. En outre, nous découvrons un système substantiel de principes qui ne varient même pas dans des langues qui, à notre connaissance, ne sont nullement apparentées.

Les principaux problèmes en ce domaine sont des problèmes empiriques, du moins en principe, sont nets, vu la difficulté à leur donner une solution satisfaisante. Nous pouvons postuler une structure innée qui soit suffisamment riche pour rendre compte de la disparité entre expérience et connaissance, qui puisse rendre compte de la construction des grammaires génératives empiriquement justifiées dans les limites données de temps et d'accès aux faits. En même temps, cette structure mentale innée que nous postulons ne doit pas être suffisamment riche et restrictive pour exclure certaines langues connues. Il y a, en d'autres termes, une limite supérieure et une limite inférieure au degré et au caractère exact de complexité de la structure mentale innée que l'on peut postuler. La situation est suffisamment obscure pour laisser le champ libre à toutes les opinions sur la vraie nature de cette structure mentale innée qui rend possible l'acquisition de la langue. Il me semble cependant que c'est sans aucun doute là un résultat empirique qui peut être déterminé en procédant selon le schéma que je viens de tracer à gros traits.

Ma propre estimation de la situation est que le problème réel de demain sera de découvrir une hypothèse concernant la structure innée qui soit suffisamment riche, et non pas de trouver une hypothèse suffisamment simple et élémentaire pour être « plausible ». Il n'y a, pour autant que je puisse voir, aucune notion raisonnable de « plausibilité », aucune compréhension *a priori* de ce qu'on peut admettre comme structures innées, qui puisse guider la recherche d'une « hypothèse suffisamment élémentaire ». Ce serait pur dogmatisme de soutenir sans arguments et sans preuves que l'esprit est plus simple dans sa structure innée que d'autres systèmes biologiques, de la même façon que ce serait pur dogmatisme d'affirmer que l'organisation de l'esprit doit nécessairement suivre certains principes, déterminés avant même la recherche et soutenus au mépris de tous les résultats empiriques. Je crois que l'étude des problèmes de l'esprit s'est définitivement empêtrée dans une sorte d'apriorisme avec lequel ces problèmes sont généralement approchés. En particulier, les hypothèses empiristes qui ont dominé l'étude de l'acquisition de la connaissance durant plusieurs années me semblent avoir été adoptées sans justification et n'avoir aucun rang spécial parmi les nombreuses possibilités que l'on pourrait imaginer sur la façon dont fonctionne l'esprit.

À ce propos, il est éclairant de suivre le débat qui s'est élevé depuis que les vues que je viens d'ébaucher ont été avancées voici quelques années comme programme de recherche – je devrais dire depuis que cette position a été ressuscitée, car elle correspond dans une large mesure à l'approche rationaliste traditionnelle, aujourd'hui amplifiée, affinée et rendue beaucoup plus explicite par les conclusions timides qui ont été atteintes dans l'étude récente de la compétence linguistique. Deux éminents philosophes américains, Nelson Goodman et Hilary Putnam, ont récemment contribué à cette discussion – tous deux de façon erronée à mon avis, mais instructive quant à l'erreur qu'elle révèle[13].

L'analyse que Goodman fait de la question souffre

d'abord d'une incompréhension historique et ensuite d'une incapacité à formuler correctement la nature exacte du problème de l'acquisition de la connaissance. Son incompréhension historique affère à la polémique entre Locke et ceux que Locke pensait critiquer dans sa discussion des idées innées. Selon Goodman, « Locke montra [...] très clairement » que la doctrine des idées innées est « fausse ou dénuée de sens ». En fait, la critique de Locke n'a de rapport avec aucune doctrine connue du XVIIe siècle. Les arguments que donne Locke étaient considérés et traités de façon tout à fait satisfaisante dans les discussions des idées innées au début du XVIIe siècle, dans celles de Lord Herbert et de Descartes par exemple, qui tous deux considéraient comme évident que le système des idées et des principes innés ne pourrait pas fonctionner sans qu'une stimulation appropriée intervienne. Les arguments de Locke, qui méconnaissent tous cette condition, sont pour cette raison sans force [14]. Il se tint à l'écart des problèmes discutés au cours du demi-siècle qui précédait. En outre, comme le faisait observer Leibniz, la volonté qu'avait Locke d'utiliser un principe de « réflexion » rend impossible la distinction entre son approche et celle des rationalistes, mis à part son échec à suivre les traces de ses prédécesseurs vers une spécification du caractère de ce principe.

Mais, considérations historiques mises à part, je crois que Goodman interprète mal le problème lui-même. Il soutient que l'apprentissage de la première langue ne pose pas de réel problème parce que l'enfant, avant cet apprentissage, a déjà acquis les rudiments d'un système symbolique dans ses rapports ordinaires avec l'environnement. L'apprentissage de la première langue est donc analogue à celui de la deuxième langue en ce que le pas fondamental a déjà été franchi et que les détails peuvent être élaborés dans un cadre déjà existant. Cet argument aurait une certaine force s'il était possible de montrer que les propriétés spécifiques de la grammaire

– disons la distinction entre structure profonde et structure superficielle, les propriétés spécifiques des transformations grammaticales, les principes d'application des lois, etc. – sont présentes sous une forme quelconque dans ces « systèmes symboliques » pré-linguistiques déjà acquis. Mais il n'y a pas la moindre raison de croire qu'il en est ainsi, et l'argument s'écroule donc. Il est fondé sur une équivoque semblable à celle que nous avons discutée plus haut, à propos de l'idée que la langue provenait de la communication animale. Dans ce cas, comme nous le faisions remarquer, les arguments reposaient sur une utilisation métaphorique du terme « langage ». Dans le cas de Goodman, l'argument est entièrement fondé sur l'utilisation vague du terme « système symbolique », et il s'écroule dès que nous tentons de donner à ce terme une signification précise. S'il était possible de montrer que ces systèmes symboliques pré-linguistiques partagent certaines propriétés importantes des langues naturelles, nous pourrions alors soutenir que ces propriétés de la langue naturelle sont acquises par analogie. Il nous faudrait alors bien sûr aborder le problème de la façon dont les systèmes symboliques pré-linguistiques développent ces propriétés. Mais puisque personne n'a réussi à montrer que les propriétés fondamentales des langues naturelles – celles que nous avons discutées dans la deuxième conférence par exemple – apparaissent dans les systèmes symboliques pré-linguistiques ou ailleurs, le problème ne se pose pas.

Selon Goodman, la raison pour laquelle le problème de l'apprentissage d'une seconde langue est différent de celui de l'apprentissage d'une première langue est que, « une fois que l'on dispose d'une langue », elle « peut servir à expliquer et à instruire ». Il continue alors à soutenir que « l'acquisition d'une langue initiale est l'acquisition d'un système symbolique secondaire » et se trouve extrêmement semblable à l'acquisition d'une seconde langue normale. Les systèmes symboliques primaires auxquels il se réfère sont « des systèmes symboliques pré-linguistiques rudimentaires dans lesquels gestes et occurrences sensorielles et perceptuelles de toutes sortes fonctionnent comme signes ». Mais ces systèmes symboliques pré-linguistiques ne peuvent évidemment pas être « utilisés pour l'explication ou l'enseignement » à la façon dont une première langue peut être utilisée pour l'enseignement d'une seconde langue. L'argumentation de Goodman est donc, même sur son propre terrain, incohérente.

Goodman maintient que « la chose que nous discutons ne peut pas être expérimentalement testée même lorsque nous avons un exemple reconnu de "mauvais" langage » et « que l'on n'a même pas formulé ne serait-ce qu'une propriété générale des "mauvais" langages ». La première de ces conclusions est correcte, en son sens de « test expérimental », c'est-à-dire un test dans lequel « nous prenons un enfant à la naissance, nous l'isolons de toute influence de notre culture linguistique et nous tentons de lui inculquer une des "mauvaises" langues artificielles ». Ceci n'est évidemment pas réalisable. Mais il n'y a aucune raison pour que nous soyons consternés par l'impossibilité de mener à bien un tel test. Il y a de nombreuses autres façons – par exemple celles discutées dans la deuxième conférence et les références qu'on y trouve – d'obtenir des éléments concernant les propriétés des grammaires et de soumettre au test empirique les conclusions concernant les propriétés générales de ces grammaires. Toute conclusion de ce type précise immédiatement, correctement ou non, certaines propriétés des « mauvais » langages. En outre, étant donné qu'il existe des douzaines d'articles et de livres qui tentent de formuler ces propriétés, sa seconde affirmation selon laquelle « on n'a même pas formulé ne serait-ce qu'une propriété générale des "mauvais" langages » est plutôt surprenante. On pourrait essayer de montrer que ces tentatives sont fausses ou discutables, mais on peut difficilement maintenir sérieusement qu'elles n'existent pas. Toute formulation d'un principe de grammaire universelle constitue une forte affirmation empirique qui peut être démentie si l'on trouve des contre-exemples dans une quelconque langue humaine, selon le schéma de la discussion de notre deuxième conférence. En linguistique comme dans tout autre domaine, ce n'est que par ces chemins indirects que l'on peut espérer trouver des indications portant sur des hypothèses importantes. Les tests expérimentaux directs du type mentionné par Goodman sont rarement possibles, ceci pouvant être regrettable mais étant pourtant caractéristique de la plus grande partie de la recherche.

Goodman fait, à un certain moment, correctement remarquer que même si « je n'ai pas d'autre explication à certains faits remarquables [...] cela seul ne m'impose pas d'accepter n'importe quelle théorie offerte, car la théorie peut être pire que son absence. L'incapacité à expliquer un fait ne me condamne pas à accepter une théorie intrinsèquement répugnante et incompréhensible » (*repugnant and incomprehensible*). Mais considérons maintenant la théorie des idées innées que Goodman regarde comme « intrinsèquement répugnante et incompréhensible ». Notons tout d'abord que la théorie n'est évidemment pas incompréhensible, selon ses termes. Il semble ainsi, dans son article, vouloir accepter la vue selon laquelle l'esprit mûr renferme des idées ; il n'est alors évidemment pas « incompréhensible » que certaines de ces idées sont « implantées dans l'esprit comme équipement originel », pour utiliser sa phraséologie. Et si nous considérons la doctrine effectivement développée par la philosophie rationaliste, plutôt que la caricature de Locke, la théorie devient encore plus évidemment compréhensible. Il n'y a rien d'incompréhensible dans l'idée que la stimulation fournit à l'esprit l'occasion d'appliquer certains principes innés d'interprétation, certains concepts provenant du « pouvoir de compréhension » lui-même, de la faculté de penser plutôt que directement des objets externes. Pour prendre un exemple chez Descartes : « Lorsque dans notre enfance nous voyons pour la première fois une figure triangulaire tracée sur du papier, cette figure ne peut pas nous montrer comment devrait être conçu un triangle réel, à la façon dont le conçoivent les géomètres, parce que le véritable triangle est contenu dans la figure de la même façon que la statue de Mercure est contenue dans un bloc de bois brut. Mais parce que nous possédons déjà en nous l'idée d'un vrai triangle, et qu'elle peut être plus facilement conçue par notre esprit que la figure plus complexe dessinée sur le papier, lorsque nous voyons la figure composite, nous ne l'appréhendons pas elle-même mais plutôt le triangle authentique [15]. »

En ce sens, l'idée de triangle est innée. La notion est sûrement compréhensible ; il n'y aurait par exemple aucune difficulté à programmer une calculatrice électronique pour qu'elle réagisse à des stimuli de ce type (quoique ceci n'aurait pas, pour d'autres raisons, satisfait Descartes). De la même façon, il n'y a en principe aucune difficulté à programmer une calculatrice avec un schéma qui limite fortement la forme d'une grammaire générative, avec une procédure d'évaluation des grammaires de la forme donnée, avec une technique pour déterminer si un fait donné est compatible avec une grammaire de la forme donnée, avec un apparat fixé d'entités (comme les traits distinctifs), de lois, de principes, etc. – en bref, avec une grammaire universelle du type qui a été proposé ces dernières années. Je crois, pour des raisons que j'ai déjà mentionnées, que ces propositions peuvent être à juste titre considérées comme un développement ultérieur de la doctrine rationaliste classique, comme une élaboration de certaines de ses principales idées concernant le langage et la pensée. Une telle théorie serait bien sûr « répugnante » pour quelqu'un qui accepte la doctrine empirique et la considère comme à l'abri de toute question ou contestation. Il me semble que c'est là le cœur du problème.

L'article de Putnam (voir note 13) traite plus directement du point contesté, mais il me semble que ses arguments sont aussi peu convaincants, à cause de certaines hypothèses incorrectes qu'il fait sur la nature des grammaires acquises. Putnam soutient qu'au niveau de la phonétique la seule propriété proposée dans la grammaire universelle est qu'une langue a « une courte liste de phonèmes ». Ce n'est pas là, estime-t-il, une similitude entre les langues qui réclament des hypothèses explicatives élaborées. La conclusion est correcte, mais la base est tout à fait fausse. En réalité, comme je l'ai souligné plusieurs fois, on a avancé des hypothèses empiriques très fortes à propos du choix spécifique des traits universels, des conditions portant sur la forme et l'organisation des lois phonologiques, des conditions portant sur la loi d'application, et ainsi de suite. Si ces propositions sont correctes ou presque correctes, les « similitudes entre les langues » au niveau de la structure sonore sont alors réellement remarquables et on ne peut pas en rendre simplement compte par des hypothèses sur les capacités mémorielles, comme le suggère Putnam.

Au-delà du niveau de la structure sonore, Putnam soutient que les seules propriétés importantes des langues sont qu'elles ont des noms propres, que la grammaire contient une composante relative à la structure de la phrase et qu'il y a des lois « d'abréviation » des phrases générées par la composante relative à la structure de la phrase. Il estime que la nature de cette composante est déterminée par l'existence des noms propres ; que l'existence de cette composante est expliquée par le fait que « toutes les mesures naturelles de la complexité d'un algorithme – taille de la machine, longueur des estimations, temps et espace nécessaires pour les estimations – mènent au [...] résultat » ; que les systèmes de structure de phrase fournissent « les algorithmes les plus “simples” pour pratiquement n’importe quel système d’évaluation », et par suite également pour « les “systèmes d’évaluation” provenant d’une évolution naturelle », et qu’il n’y a rien de surprenant dans le fait que les langues contiennent des règles d’abréviation.

Chacune de ces trois conclusions implique une hypothèse fausse. On ne peut presque rien conclure sur les autres catégories d’un système de structure de phrase du fait qu’il contient des noms propres. Il y a en fait de nombreuses discussions actuellement sur les propriétés générales des systèmes de structure de phrase sous-tendant les langues naturelles, mais la discussion n’est pas le moins du monde résolue par l’existence de noms propres.

En ce qui concerne le second point, il est tout simplement faux que toutes les mesures de la complexité et de la vitesse de l’estimation mènent aux règles de structure de phrase comme « les algorithmes les plus simples ». Les seuls résultats existants qui ne sont qu’indirectement pertinents montrent que les grammaires à structure de phrase hors-contexte (*context-free phrase structure grammars*) (modèle raisonnable pour les lois générant les structures profondes, lorsque nous excluons les items lexicaux et les conditions distributionnelles remplies) sont interprétées de façon automato-théorique comme des accumulateurs automatiques non déterministes de résultats, mais cette dernière notion est difficilement « naturelle » du point de vue de la « simplicité des algorithmes ». On peut en fait soutenir que le concept quelque peu semblable mais pas formellement lié d’automation déterministe, est beaucoup plus « naturel » en termes de conditions de temps et d’espace portant sur l’estimation[16].

Il est de toute façon inutile de poursuivre sur ce sujet car ce n’est pas la simplicité des grammaires à structure de phrase qui est en jeu, mais plutôt celle des grammaires transformationnelles avec composante à structure de phrase jouant un rôle dans la génération des structures profondes. Et il n'y a absolument pas de concept mathématique de « facilité d'estimation » ou « de simplicité d'algorithme » qui suggère même vaguement que de tels systèmes puissent avoir un quelconque avantage sur les types d'automates qui ont été sérieusement étudiés de ce point de vue. Le concept fondamental d'« opération dépendant de la structure » n'a même jamais été considéré dans un contexte strictement mathématique. La source de cette confusion est un malentendu de la part de Putnam sur la nature des transformations grammaticales. Il n'y a pas de règles qui « abrègent » les phrases, il y a plutôt des opérations qui forment les structures superficielles à partir des structures profondes sous-jacentes, selon les modes illustrés dans la conférence précédente et les références qu'on y cite[17]. Pour montrer que les transformations grammaticales sont « les plus simples », il faudrait donc démontrer que le système « optima » d'évaluation devrait avoir ingurgité une chaîne de symboles et déterminer sa surface superficielle, sa structure profonde sous-jacente et la séquence d'opérations transformationnelles qui les relient. Rien de semblable n'a été démontré ; en fait, la question n'a même jamais été soulevée.

Putnam soutient que même si l'on devait découvrir des uniformités importantes parmi les langues, il y aurait à ces uniformités une explication plus simple que l'hypothèse d'une grammaire universelle innée, à savoir leur origine commune. Mais cette proposition implique une sérieuse incompréhension du problème en discussion. La grammaire d'une langue doit être découverte par l'enfant à partir des données dont il dispose. Comme nous l'avons déjà noté, le problème empirique est de trouver une hypothèse sur la structure initiale suffisamment riche pour rendre compte du fait qu'une grammaire spécifique est construite par l'enfant, mais pas trop riche afin de ne pas être contredite par la diversité de langue connue. Les questions d'origine commune n'ont d'importance potentielle pour ce problème empirique que d'un seul point de vue : si les langues existantes ne sont pas un « bon échantillon » des « langues possibles », nous pouvons être menés par erreur à proposer un schéma trop étroit de grammaire universelle. Cependant, comme je l'ai mentionné plus haut, le problème empirique auquel nous sommes aujourd'hui confrontés est que personne n'a été capable d'imaginer une hypothèse initiale assez riche pour rendre compte de l'acquisition par l'enfant de la grammaire que nous sommes apparemment amenés à lui attribuer lorsque nous essayons d'expliquer sa capacité d'utiliser la langue de façon normale. L'idée d'une origine commune ne contribue en rien à expliquer comme cela est possible. En bref, la langue est « réinventée » chaque fois qu'elle est apprise, et le problème empirique auquel doit faire face la théorie de l'apprentissage est celui de savoir comment a lieu cette invention.

Putnam n'aborde pas ce problème et suggère qu'il pourrait y avoir des « stratégies d'apprentissage générales et polyvalentes » qui en rendent compte. La question de savoir si les propriétés de la « faculté de langage » sont spécifiques au langage, ou sont simplement un cas particulier de facultés mentales (ou de stratégies d'apprentissage) beaucoup plus générales, est bien sûr une question empirique. C'est là un problème qui a déjà été discuté ici, dans un contexte légèrement différent et de façon peu concluante. Putnam considère comme acquis qu'il y a des « stratégies d'apprentissage » générales innées, mais ne fournit aucune explication à cette hypothèse empirique. Comme je le disais plus haut, on peut développer une approche non dogmatique de ce problème, sans référence à des hypothèses non fondées de ce genre – c'est-à-dire par la recherche de domaines spécifiques de la compétence humaine, comme le langage, suivie d'une tentative de proposer une hypothèse rendant compte du développement de cette compétence. Si nous découvrons au cours de cette recherche que les mêmes « stratégies d'apprentissage » suffisent à rendre compte du développement de la compétence dans différents domaines, nous aurons des raisons de croire correcte l'hypothèse de Putnam. Si nous découvrons que les structures innées postulées diffèrent d'un cas à l'autre, la seule conclusion rationnelle sera qu'un modèle de l'esprit devra comporter des « facultés » séparées, avec des propriétés uniques ou en partie uniques. Je ne vois pas comment quelqu'un pourrait résolument choisir l'une ou l'autre conclusion à la seule lumière des faits dont nous disposons aujourd'hui. Mais une chose est claire : Putnam n'a aucune justification pour conclure finalement que « invoquer l'innéisme ne fait que repousser le problème, sans le résoudre ». Invoquer une représentation innée de la grammaire universelle résout le problème de l'apprentissage, s'il est vrai que c'est la base de l'acquisition linguistique, comme c'est probable. Si, d'autre part, il y a des stratégies générales d'apprentissage qui rendent compte de l'acquisition de la connaissance grammaticale, le postulat d'une grammaire universelle innée ne « repoussera » alors pas le problème de l'apprentissage, mais offrira plutôt une solution incorrecte de ce problème. La discussion porte de façon empirique sur la vérité ou la fausseté, et non pas de façon méthodologique sur l'état des recherches[18].

Pour résumer, il me semble que ni Goodman ni Putnam n'offrent de contre-argumentation sérieuse aux propositions concernant la structure mentale innée qui ont été avancées (de façon expérimentale, bien sûr, comme il convient aux hypothèses empiriques) ou suggérées comme approche alternative plausible du problème de l'acquisition de la connaissance.

En admettant l'exactitude approximative des conclusions qui semblent aujourd'hui défendables, il est raisonnable de supposer qu'une grammaire générative est un système de plusieurs centaines de lois de types différents, organisées selon certains principes fixes d'ordre et d'applicabilité et contenant une sous-structure fixe qui, de la même façon que les principes généraux d'organisation, est commune à toutes les langues. Un tel système n'est pas *a priori* « naturel », pas plus que la structure détaillée du cortex visuel. Personne, ayant pensé sérieusement au problème de la formalisation des procédures inductives ou des « méthodes heuristiques », ne peut attacher un grand prix à l'espoir qu'un système comme une grammaire générative puisse être construit à l'aide de méthodes d'une quelconque généralité.

À ma connaissance, la seule proposition existant en soi pour traiter les problèmes d'acquisition de la connaissance du langage est la conception rationaliste que j'ai esquissée. Je le répète : supposons que nous attribuions à l'esprit, comme propriété innée, la théorie générale du langage que nous avons appelée « grammaire universelle ». Cette théorie englobe les principes dont j'ai discuté dans la conférence précédente et bien d'autres du même genre, et elle spécifie un certain sous-système de lois qui fournit l'ossature structurale de toute langue et une variété de conditions que doit remplir toute élaboration plus approfondie de la grammaire. La théorie de la grammaire universelle fournit alors un schéma auquel doit se conformer toute grammaire particulière. Supposons en outre que nous puissions rendre ce schéma suffisamment restrictif pour que très peu de grammaires se conformant au schéma soient compatibles avec les maigres faits dont dispose effectivement celui qui apprend la langue. Sa tâche est alors de chercher parmi les grammaires possibles celle qui n'est pas rejetée par les faits dont il dispose. Il est, dans cette hypothèse, confronté non pas à l'impossible tâche d'inventer une théorie hautement abstraite et étroitement structurée sur la base des faits, mais plutôt à celle beaucoup plus réalisable de déterminer si ces faits appartiennent à l'une ou l'autre d'un ensemble relativement limité de langues potentielles.

Les tâches du psychologue se divisent alors en plusieurs sous-tâches. La première est de découvrir le schéma inné qui caractérise la classe de langues potentielles (qui définit l'« essence » du langage humain). Cette sous-tâche est du ressort de la branche de la psychologie humaine connue sous le nom de linguistique ; c'est le problème de la grammaire universelle traditionnelle, de la théorie linguistique contemporaine. La seconde sous-tâche est d'étudier dans le détail le caractère réel de la stimulation et de l'interaction organisme-environnement qui fait fonctionner les mécanismes cognitifs innés. C'est une étude qui est maintenant menée par quelques psychologues, et elle est particulièrement active ici même, à Berkeley. Elle a déjà donné des conclusions intéressantes et suggestives. On pourrait espérer qu'une telle étude révélera une succession de stades de maturation menant finalement à une grammaire générative complète [19].

Une troisième tâche est de déterminer ce que signifie exactement pour une hypothèse sur la grammaire générative d'une langue d'être « compatible » avec les données des sens. Notons que nous simplifions grandement en supposant qu'un enfant doive découvrir une grammaire générative qui rende compte de tous les faits linguistiques qu'on lui a présentés et qui « projette » ces faits en une série infinie de relations potentielles son-sens. Il doit de surcroît, pour que la tâche soit complètement achevée, faire le départ dans les données des sens entre les énoncés qui donnent un témoignage direct sur le caractère de la grammaire sous-jacente et ceux qui doivent être rejetés par l'hypothèse qu'il a choisie, étant mal formés, déviants, fragmentaires, etc. Il est clair que nous réussissons tous à mener à bien cette tâche de différenciation – nous savons tous, dans des limites acceptables, quelles phrases sont bien formées et interprétables à la lettre, et quelles phrases doivent être interprétées comme métaphoriques, fragmentaires et déviantes par rapport à de nombreuses dimensions possibles. Je ne suis pas sûr qu'on ait bien vu à quel point ceci complique le problème de rendre compte de l'acquisition linguistique. À dire vrai, l'« apprenti » doit sélectionner une hypothèse concernant la langue à laquelle il a affaire, hypothèse qui rejette une bonne partie des faits sur lesquels elle repose. Il est à nouveau raisonnable de supposer que ceci n'est possible que si le nombre des hypothèses soutenables est très limité – si le schéma inné de grammaire universelle est très restrictif. La troisième sous-tâche est donc d'étudier ce que nous pourrions appeler le problème de la « confirmation » – dans ce contexte, le problème de la relation qui doit exister entre une grammaire potentielle et un ensemble de faits pour que cette grammaire soit confirmée comme la théorie effective de la langue en question.

J'ai décrit les problèmes de l'acquisition de la connaissance du langage en termes qui sont plus familiers dans un contexte épistémologique que dans un contexte psychologique, mais je crois que ceci est tout à fait approprié. À dire vrai, l'acquisition de la « connaissance commune » – connaissance d'une langue par exemple – n'est pas différente de la construction théorique la plus abstraite. Quant à spéculer sur le futur développement de ce sujet, il ne me paraît pas invraisemblable, pour les raisons que j'ai mentionnées, que la théorie de l'apprentissage progressera en établissant l'ensemble déterminé de façon innée des hypothèses possibles, en déterminant les conditions d'interaction qui mènent l'esprit à développer des hypothèses de cet ensemble et en fixant les conditions dans lesquelles une telle hypothèse est confirmée – et peut-être les conditions dans lesquelles une bonne partie des faits est rejetée comme non pertinente pour une raison ou pour une autre.

Une telle façon de décrire la situation ne devrait pas surprendre ceux qui sont familiarisés à l'histoire de la psychologie à Berkeley où, après tout, le département de psychologie porte le nom d'Edward Tolman ; mais je voudrais insister sur le fait que les hypothèses dont je discute sont qualitativement différentes en complexité de tout ce qui a été considéré au cours de la discussion classique de l'apprentissage. Comme je l'ai maintenant souligné plusieurs fois, il semble qu'il y ait peu d'analogie utile entre la théorie de la grammaire qu'une personne a assimilée et qui lui fournit la base de son utilisation normale et créatrice de la langue d'une part, et tout autre système cognitif isolé et décrit aujourd'hui d'autre part. De la même façon, il y a peu d'analogie utile entre le schéma de grammaire universelle que nous devons, à mon avis, attribuer à l'esprit comme caractère inné, et tout autre système connu d'organisation mentale. Il est tout à fait possible que cette absence d'analogie témoigne plus de notre ignorance d'autres aspects de la fonction mentale que de l'unicité absolue de la structure linguistique ; mais le fait est que nous n'avons pour l'instant aucune raison objective de croire que cela est vrai.

La façon dont j'ai décrit l'acquisition de la connaissance du langage rappelle une conférence très intéressante et quelque peu négligée de Charles Sanders Peirce prononcée il y a plus de quinze ans, dans laquelle il développait quelques notions relativement proches sur l'acquisition de la connaissance en général[20]. Peirce soutenait que les limites générales de l'intelligence humaine sont beaucoup plus étroites que ne pourraient le laisser croire les hypothèses romantiques sur la perfectibilité sans limites de l'homme (ou, dans ce domaine, que ne pourraient le laisser penser ses propres conceptions pragmatiques du progrès scientifique dans ses études philosophiques les mieux connues). Il soutenait que des limitations innées des hypothèses admissibles sont une pré-condition à la construction d'une théorie, et que « l'instinct de divination » qui fournit des hypothèses n'utilise des procédures inductives que pour « l'action corrective ». Peirce soutenait dans cette conférence que l'histoire des débuts de la science montre que l'on découvrait avec une facilité et une rapidité remarquables quelque chose s'approchant de la théorie correcte, sur la base de données tout à fait inadéquates, dès que l'on abordait certains problèmes ; il faisait remarquer « le petit nombre de conjectures que devaient faire les hommes de génie avant d'avoir correctement deviné les lois de la nature ». Et il demandait « comment il se faisait que l'homme soit toujours mené à soutenir cette théorie vraie ? Vous ne pouvez pas dire que c'est par chance, car la chance s'oppose trop à la théorie juste qui a pu apparaître dans la tête d'un homme pendant les vingt ou trente mille ans durant lesquels l'homme a été un animal pensant ». La chance s'oppose *a fortiori* encore plus à la théorie juste de chaque langue qui peut apparaître dans la tête d'un enfant de quatre ans. Et Peirce poursuit : « L'homme a un penchant naturel à imaginer des théories correctes de toutes espèces [...] Si l'homme n'était pas doué d'un esprit adapté à ses besoins, il n'aurait jamais pu acquérir aucune connaissance. » Corrélativement, dans notre cas, il semble que la connaissance d'une langue – une grammaire – ne puisse être acquise que par un organisme « pré-doté » d'une restriction sévère sur la forme de la grammaire. Cette restriction innée est une pré-condition, au sens kantien du terme, à l'expérience linguistique, et elle semble être le facteur critique dans la détermination du cours et du résultat de l'apprentissage de la langue. L'enfant ne peut pas savoir à la naissance quelle langue il va apprendre, mais il doit savoir que sa grammaire doit être d'une forme prédéterminée qui exclut beaucoup de langues imaginables. Ayant sélectionné une hypothèse acceptable, il peut utiliser les preuves inductives pour l'action corrective, confirmant ou infirmant son choix. Une fois que l'hypothèse est suffisamment bien confirmée, l'enfant connaît la langue définie par cette hypothèse ; sa connaissance s'étend par conséquent beaucoup plus loin que son expérience et le mène en fait à caractériser une partie des données de l'expérience comme incomplète et déviante.

Peirce considérait les processus inductifs comme relativement marginaux dans l'acquisition de la connaissance ; selon lui, « l'induction n'a aucune originalité en soi, elle ne fait que vérifier des suggestions déjà faites ». Pour comprendre comment est acquise la connaissance, selon les vues rationalistes esquissées par Peirce, il nous faut pénétrer les mystères de ce qu'il appelait « abduction », et découvrir ce qui « donne une loi d'*abduction* et limite ainsi les hypothèses admissibles ». Peirce soutenait que la recherche des principes d'*abduction* nous menait à l'étude des idées innées, qui fournissent les structures instinctives de l'intelligence humaine. Mais Peirce n'était pas dualiste, au sens cartésien du terme, il soutenait (de façon à mon avis peu convaincante) qu'il y a une analogie importante entre l'intelligence humaine, avec ses restrictions abductives, et l'instinct animal. Il soutenait ainsi que l'homme ne découvrit certaines théories justes que parce que « ses instincts doivent avoir eu dès le début certaines tendances à penser juste » dans certains domaines spécifiques ; de la même façon, « vous ne pouvez pas penser sérieusement que chaque petit poussin éclos doit chercher parmi toutes les théories possibles jusqu'à ce qu'il ait la bonne idée de picorer quelque chose et de manger. Au contraire, vous pensez que les poussins ont l'idée de faire cela de façon innée ; c'est-à-dire qu'ils peuvent penser à cela mais n'ont pas la faculté de penser à quelque chose d'autre [...] Mais puisque vous pensez qu'un pauvre poussin est doué d'une tendance innée vers une vérité positive, pourquoi voudriez-vous que ce don ne soit refusé qu'à l'homme ? »

Personne ne releva l'idée de Peirce de développer une théorie de l'*abduction*, de développer les principes qui limitent les hypothèses admissibles ou les présentent dans un certain ordre. C'est là, même aujourd'hui, une tâche pour l'avenir. C'est une tâche qui n'aura pas à être entreprise si la doctrine psychologique empirique peut être établie ; il est donc très important de soumettre cette doctrine à l'analyse rationnelle, comme on l'a fait en partie pour l'étude du langage. Je voudrais répéter que c'est le grand mérite de la linguistique structurale, de la théorie de l'apprentissage de Hullian dans ses premiers stades et de plusieurs autres développements modernes d'avoir donné une forme précise à certaines hypothèses empiriques[21]. Là où ce pas a été franchi, l'inadéquation des mécanismes postulés a été démontrée clairement et, du moins dans le cas de la langue, nous pouvons commencer à voir pourquoi des méthodes de ce type doivent échouer – par exemple parce qu'elles ne peuvent pas en principe prévoir les propriétés des structures profondes et des opérations abstraites de la grammaire formelle. Quant à spéculer sur le futur, je crois qu'il n'est pas invraisemblable que le caractère dogmatique du cadre empirique général et son inadéquation à l'intelligence humaine et animale deviendra de plus en plus évident au fur et à mesure que des réalisations spécifiques, comme la linguistique taxonomique, la théorie comportamentiste de l'apprentissage et les modèles de perception[22], méthodes heuristiques et « résolutions des problèmes généraux » des premiers enthousiastes de « l'intelligence artificielle », sont successivement repoussées sur le terrain empirique lorsqu'elles sont précisées et sur le terrain de la vacuité lorsqu'elles sont vagues. Et il sera alors possible – en supposant que cette conception soit exacte – d'entreprendre une étude générale des limites et des capacités de l'intelligence humaine, de développer une logique peircienne de l'*abduction*.

La psychologie moderne ne manque pas de telles initiatives. L'étude contemporaine de la grammaire générative, ses sous-structures universelles et ses principes directeurs, en est une manifestation. L'étude des bases biologiques du langage humain, à laquelle Eric Lenneberg a fourni d'importantes contributions, est une étude étroitement liée à cela[23]. Il est tentant de voir un développement parallèle dans l'œuvre très importante de Piaget et de ceux qui s'intéressent à l'« épistémologie génétique », mais je ne suis pas sûr que cela soit exact. Je ne vois pas clairement, par exemple, ce que Piaget prend pour base de la transition entre un des stades dont il discute et le stade supérieur. Il est en outre possible, comme le suggère le récent travail de Mehler et Bever[24], que les résultats à juste titre renommés sur la conservation en particulier, puissent ne pas démontrer l'existence de stades successifs de développement intellectuel, au sens où l'entendent Piaget et son équipe, mais celle de quelque chose d'assez différent. Si les premiers résultats de Mehler et Bever sont corrects, il s'ensuivrait que le « stade final », dans lequel la conservation est justement comprise, est déjà réalisé à un stade très précoce du développement. L'enfant développe plus tard une technique heuristique largement adéquate mais qui fait défaut dans les conditions d'expérimentation de la conservation. Plus tard encore, il adapte avec succès cette technique et juge une fois encore correctement dans l'expérimentation de la conservation. Si cette analyse est correcte, nous n'observons pas alors une succession de stades de développement intellectuel, au sens de Piaget, mais plutôt une lente progression alignant les techniques heuristiques sur les concepts généraux qui ont toujours été présents. Ce sont là des alternatives intéressantes ; quelle qu'en soit l'issue, les résultats peuvent avoir une incidence importante sur les sujets que nous considérons.

Je crois que les développements de l'éthologie comparée durant les dernières trente années et que certains travaux actuels en psychologie expérimentale et physiologique touchent encore plus clairement au centre du problème. On peut citer plusieurs exemples : ainsi, dans la dernière catégorie, le travail de Bower suggérant l'existence d'une base innée aux constances perceptuelles, les études du « Wisconsin primate laboratory» sur les mécanismes innés complexes des singes rhésus; le travail de Hubel, Barlow et autres sur les mécanismes très spécifiques d'analyse des centres corticaux inférieurs des mammifères, et un grand nombre d'études comparables des organismes inférieurs (par exemple le beau travail de Lettvin et de ses associés sur la vision de la grenouille). Ces recherches montrent maintenant assez bien que la perception de la ligne, de l'angle, du mouvement et d'autres propriétés complexes du monde physique est basée sur une organisation innée du système nerveux.

Dans certains cas au moins, ces structures internes dégénéreront à moins qu'une stimulation appropriée n'intervienne à un stade précoce de la vie, mais bien qu'une telle expérience soit nécessaire pour permettre aux mécanismes innés de fonctionner, il n'y a pas de raison de croire qu'elle participe de façon autre que marginale pour déterminer *comment* ils fonctionnent pour organiser l'expérience. En outre, rien ne suggère que ce qui a été jusqu'ici découvert approche la limite de complexité des structures innées. Les mécanismes de base pour explorer les mécanismes nerveux ne datent que de quelques années, et il est impossible de prédire quel ordre de spécificité et de complexité sera révélé lorsqu'ils seront appliqués de façon extensive. Il semble pour l'instant que les organismes les plus complexes aient des formes très spécifiques d'organisation sensorielle et perceptive qui sont associées à l'*Umwelt* et au type de vie de l'organisme. Il y a peu de raison de douter que ce qui est vrai des organismes inférieurs ne le soit pas aussi des organismes humains. En particulier dans le cas du langage, il est naturel de s'attendre à une relation étroite entre les propriétés innées de l'esprit et les traits de la structure linguistique; car le langage n'a après tout pas d'existence hors de sa représentation mentale. Quelles que soient ses propriétés, elles doivent lui être par les processus mentaux innés de l'organisme qui l'a inventé et qui le réinvente à chaque génération, en même temps que les propriétés qui sont associées à ses conditions d'utilisation. Il semble une fois de plus que le langage serait une sonde très utile pour explorer l'organisation des processus mentaux.

Pour en venir à l'éthologie comparée il est intéressant de noter que l'une de ses premières motivations était l'espoir « qu'il serait possible d'avoir des lueurs sur les formes *a priori* de la pensée humaine, par l'étude de l'*a priori* des hypothèses innées présentes dans les organismes sub-humains ». Cette déclaration d'intention est tirée d'un article ancien et peu connu de Konrad Lorenz[25].

Lorenz poursuit en exprimant des vues très proches de celles exprimées par Peirce une génération plus tôt. Il déclare : « Celui qui est familiarisé avec les modes de réaction des organismes sub-humains peut aisément avancer l'hypothèse que l'*a priori* est dû aux différenciations héréditaires du système nerveux central qui est devenu caractéristique des espèces engendrant des dispositions héréditaires à penser de certaines façons [...] Hume avait certainement tort lorsqu'il voulait dériver tout ce qui est *a priori* de ce que les sens donnent à l'expérience, tout aussi tort que Wundt ou Helmholtz qui l'expliquent simplement comme une abstraction de l'expérience précédente. L'adaptation de l'*a priori* au monde réel ne vient pas plus de l'"expérience" que l'adaptation de la nageoire du poisson aux propriétés de l'eau. Il en est de même pour la forme de la nageoire, donnée *a priori*, avant tout contact du jeune poisson avec l'eau, pour cette forme qui rend possible le contact, que pour nos formes de perception et de catégories dans leur relation à notre contact avec le monde extérieur réel par le biais de l'expérience. Dans le cas des animaux, nous trouvons des limitations spécifiques aux formes d'expérience qui leur sont possibles. Nous pensons pouvoir démontrer l'existence de relations étroites, fonctionnelles et probablement génétiques, entre l'*a priori* de ces animaux et notre *a priori* humain.

Contrairement à Hume, nous croyons comme Kant qu'une science "pure" des formes innées de la pensée humaine, indépendante de toute expérience, est possible. »

Peirce est à ma connaissance le seul à avoir insisté sur le problème de l'étude des règles qui limitent la classe des théories possibles. Bien sûr, son concept d'*abduction*, comme l'*a priori* biologique de Lorenz, a de forts relents kantiens, et tout dérive de la psychologie rationaliste qui se préoccupait des formes, des limites et des principes qui donnent « les nerfs et les articulations » (*sinews and connections*) à la pensée humaine, qui sous-tendent cette « somme infinie de connaissance dont nous ne sommes pas toujours conscients », dont parlait Leibniz. Il est donc tout à fait naturel de lier ces développements à la renaissance de la grammaire philosophique, qui reposait sur la même base, légitime et fructueuse : explorer un aspect fondamental de l'intelligence humaine.

Dans la discussion récente, les modèles et les observations dérivés de l'éthologie ont souvent été cités comme fournissant un fondement biologique, ou du moins analogue, aux nouvelles approches de l'étude de l'intelligence humaine. J'ai surtout cité ces commentaires de Lorenz pour montrer que cette référence ne dénature pas la perspective d'au moins quelques-uns des fondateurs de ce nouveau domaine de la psychologie comparée.

Un mot d'avertissement est nécessaire lorsqu'on cite Lorenz, depuis qu'il a été découvert par Robert Ardrey et Joseph Alsop, et popularisé comme prophète. Il me semble que les vues de Lorenz sur l'agression humaine ont été poussées presque jusqu'à l'absurde par certains de ses interprètes. Il est certainement vrai qu'il y ait des tendances innées dans la constitution psychique humaine qui poussent à l'agressivité dans des conditions sociales et culturelles déterminées. Mais il y a peu de raisons de croire que ces tendances soient suffisamment fortes pour nous laisser constamment chancelants, à deux doigts de la guerre totale hobbesienne – ce dont Lorenz au moins, si je le lis bien, est parfaitement conscient. Le scepticisme est certainement d'actualité lorsqu'une doctrine de « l'agressivité inhérente » à l'homme se fait jour dans une société qui glorifie la compétition, dans une civilisation qui s'est distinguée par la brutalité de l'attaque qu'elle a perpétrée contre des peuples moins riches. Il est juste de se demander dans quelle mesure l'enthousiasme que déclenche cette curieuse conception de la nature humaine est attribuable à la réalité et à la logique, et dans quelle mesure il reflète simplement l'élévation limitée du niveau culturel général depuis que Clive et les explorateurs portugais ont enseigné ce qu'était la véritable sauvagerie aux races inférieures qu'ils rencontraient sur leur chemin.

Je ne voudrais en aucun cas que ce que je dis soit confondu avec d'autres tentatives, entièrement différentes, de ressusciter une théorie de l'instinct humain. Ce qui me paraît important dans l'éthologie, c'est sa tentative d'explorer les propriétés innées qui déterminent comment la connaissance est acquise et le caractère de cette connaissance. Il nous faut, pour en revenir à ce thème, considérer une autre question : comment la pensée humaine a-t-elle acquis la structure innée que nous sommes amenés à lui attribuer ? Lorenz soutient, sans que cela nous étonne, que c'est simplement un problème de sélection naturelle. Peirce présente une spéculation relativement différente, soutenant que « la nature féconde l'esprit de l'homme avec des idées qui, lorsqu'elles poussent, ressembleront à leur mère, la Nature ». L'homme est « pourvu de certaines croyances naturelles qui sont vraies » parce que « certaines uniformités [...] prédominent dans l'univers, l'esprit de raisonnement étant lui-même un produit de cet univers. Les mêmes lois sont ainsi, par nécessité logique, incorporées dans son propre être ». Il semble clair ici que l'argumentation de Peirce n'a aucune force et qu'elle apporte peu d'amélioration à l'harmonie pré-établie qu'elle était supposée remplacer. Le fait que l'esprit soit un produit des lois naturelles n'implique pas qu'il soit équipé pour comprendre ces lois ou pour arriver à elles par *abduction*. Il n'y aurait aucune difficulté à concevoir un dispositif (le programme d'une calculatrice par exemple) qui soit un produit des lois naturelles mais ceci, le fait donné, ne mènera à aucune théorie absurde et arbitraire pour « expliquer » ce fait.

En réalité, les processus par lesquels l'esprit humain a atteint son stade actuel de complexité et sa forme particulière d'organisation innée sont un mystère total, tout autant que les questions du même type sur l'organisation physique ou mentale de tout autre organisme complexe. Il est parfaitement gratuit d'attribuer ce développement à la « sélection naturelle » tant que nous savons que cette affirmation est vide de sens, qu'elle ne se ramène à rien de plus qu'à une croyance qu'il existe une explication naturaliste de ces phénomènes. Le problème de rendre compte du développement évolutif est, d'une certaine façon, relativement semblable à celui d'expliquer l'*abduction* couronnée de succès. Les lois qui déterminent la mutation possible et la nature des organismes complexes sont aussi inconnues que celles qui déterminent le choix des hypothèses[26]. Sans connaître les lois qui déterminent l'organisation et la structure des systèmes biologiques complexes, il est aussi insensé de se demander quelle est la « probabilité » pour l'esprit humain d'avoir atteint son état actuel, que de faire des recherches sur la « probabilité » qu'a une théorie physique particulière d'être imaginée. Et, comme nous l'avons souligné, il est vain de spéculer sur les lois de l'apprentissage tant que nous n'aurons pas d'indication sur le type de connaissance que l'on peut atteindre – dans le cas du langage, sur les contraintes portant sur l'ensemble des grammaires potentielles.

Nous ne pouvons pas deviner, en étudiant l'évolution de l'esprit, dans quelle mesure il existe des alternatives possibles à la grammaire générative transformationnelle par exemple, pour un organisme remplissant certaines conditions physiques caractéristiques des êtres humains. Il est concevable qu'il n'y en ait aucun – ou bien peu – pour lesquels il soit adéquat de parler de l'évolution de la capacité de langage. La vacuité d'une telle spéculation n'a cependant pas de rapport, d'aucune façon, avec des aspects du problème de la pensée qui peuvent être à juste titre étudiés. Il me semble que ces aspects sont, pour l'instant, les problèmes illustrés dans le cas du langage par l'étude de la nature, de l'utilisation et de l'acquisition de la compétence linguistique.

Il est un résultat final qui mérite un mot de commentaire. J'ai utilisé librement la terminologie mentaliste, mais sans aucun préjudice pour la question de savoir ce que peut être la réalisation physique des mécanismes abstraits postulés pour rendre compte du phénomène du comportement ou de l'acquisition de la connaissance. Nous ne sommes pas obligés, comme l'était Descartes, de postuler une seconde substance lorsque nous traitons de phénomènes inexprimables en termes de matière en mouvement, au sens où il l'entendait. Il n'y a pas non plus de pertinence à étudier la question du parallélisme psycho-physique. Il est intéressant de se demander si le fonctionnement et l'évolution de la mentalité humaine peuvent s'arranger du cadre de l'explication physique, comme elle est actuellement conçue, ou si de nouveaux principes encore inconnus doivent être invoqués, principes qui n'émergent peut-être qu'aux niveaux supérieurs d'organisation qui peuvent aujourd'hui être soumis à la recherche physique. Nous pouvons cependant être sûrs qu'il y aura une explication physique aux phénomènes en question, si du moins ils peuvent être expliqués, pour une raison terminologique de peu d'intérêt, à savoir que le concept d'« explication physique » sera sans aucun doute élargi à tout ce qui est découvert en ce domaine, exactement comme il fut élargi pour accueillir la force gravitationnelle et électromagnétique, les atomes, et de nombreux autres processus et entités qui auraient heurté le bon sens des générations précédentes. Mais il semble clair que ce résultat nécessite que l'on ne diffère pas l'étude des sujets actuellement ouverts à la recherche, et il semble futile de spéculer sur des problèmes aussi éloignés de la compréhension actuelle.

J'ai essayé de suggérer que l'étude du langage peut très bien, comme on le supposait traditionnellement, fournir des perspectives remarquablement favorables pour l'étude des processus mentaux chez l'homme. L'aspect créateur de l'utilisation du langage, lorsqu'on l'étudie avec soin et attention pour les faits, montre que les notions d'habitude et de généralisation, comme déterminants de la connaissance ou du comportement, sont tout à fait inadéquates. L'abstraction de la structure linguistique renforce cette conclusion, et elle suggère en outre que dans la perception comme dans l'apprentissage l'esprit joue un rôle actif pour déterminer le caractère de la connaissance acquise. L'étude empirique des universaux linguistiques a mené à la formulation d'hypothèses très restrictives et, je crois, très plausibles, en ce qui concerne la variété possible des langues humaines, hypothèses contribuant à la tentative de développer une théorie de l'acquisition de la connaissance qui donne à l'activité mentale intrinsèque la place qui lui est due. Il me semble donc que l'étude du langage devrait occuper une place centrale dans la psychologie générale.

Les questions classiques du langage et de la pensée ne trouvent sûrement pas de solution finale, ni même le début d'une solution finale, dans le travail qui est activement poursuivi aujourd'hui. Les problèmes peuvent cependant être formulés de façon différente et peuvent être vus sous un nouvel éclairage. Pour la première fois depuis plusieurs années il y a, ce me semble, une chance réelle de progrès sérieux dans l'étude de la contribution de la pensée à la perception et des fondements innés de l'acquisition du langage. Pourtant, à bien des égards, nous n'avons pas encore fait le premier pas vers une vraie réponse aux problèmes classiques. Par exemple, les problèmes centraux afférents à l'aspect créateur de l'utilisation du langage demeurent aussi inaccessibles qu'ils l'ont toujours été. Et l'étude de la sémantique universelle, certainement cruciale pour un examen complet de la structure du langage, n'a guère avancé depuis la période médiévale. On pourrait citer beaucoup d'autres domaines importants où les progrès ont été lents, voire inexistants. Les véritables progrès ont été faits dans l'étude des mécanismes du langage, des principes formels rendant possible l'aspect créateur de l'utilisation du langage et déterminant la forme phonétique et le contenu sémantique des énoncés. Notre compréhension de ces mécanismes, quoique fragmentaire, me semble vraiment avoir des implications dans l'étude de la psychologie humaine. En poursuivant le genre de recherches qui semble aujourd'hui réalisable et en attirant l'attention sur certains problèmes qui sont aujourd'hui accessibles à l'étude, il nous sera possible de déchiffrer dans le détail les évaluations élaborées et abstraites qui déterminent en partie la nature des choses perçues et le caractère de la connaissance acquise – ces façons spécifiques d'interpréter les phénomènes qui sont, dans une large mesure, hors d'atteinte de notre conscience et de notre contrôle et qui peuvent n'appartenir qu'à l'homme.

Notes

1. On peut énumérer un grand nombre de problèmes semblables – par exemple, le problème de savoir comment le contenu intrinsèque des traits phonétiques détermine le fonctionnement des lois phonologiques, le rôle des conditions formelles universelles limitant le choix des grammaires

et les interprétations empiriques de ces grammaires, les relations entre structure syntaxique et structure sémantique, la nature de la sémantique universelle, les modèles d'actes de parole compris dans les grammaires génératives, et ainsi de suite.

2. Les tentatives modernes d'enseigner aux singes des comportements considérés par les chercheurs comme plus ou moins semblables au langage confirment cette incapacité, quoique l'échec puisse être attribué à la technique de conditionnement et ne rien démontrer quant aux capacités réelles de l'animal. Voir par exemple le rapport de C.B. Ferster, « Arithmetic Behavior in Chimpanzees », dans *Scientific American*, mai 1964, p. 98-106. Ferster a essayé d'apprendre aux chimpanzés à apparier les nombres binaires 001, …, 111 à des ensembles de un à sept objets. Il rapporte qu'il a fallu des centaines de milliers d'essais pour atteindre dans cette tâche facile une précision à 95 pour 100. Bien entendu, même à ce stade, les singes n'ont pas appris les principes de l'arithmétique binaire, ils ne sauraient pas, par exemple, apparier correctement un nombre binaire de quatre unités, et sans doute auraient-ils obtenu d'aussi mauvais résultats si l'expérience avait consisté à associer arbitrairement les nombres binaires aux ensembles plutôt qu'à les associer selon les principes de la notation binaire. Ferster ferme les yeux sur ce point crucial et conclut donc, à tort, qu'il a enseigné les rudiments du comportement symbolique. La confusion est entretenue par sa définition du langage comme « ensemble de stimuli symboliques qui contrôlent le comportement » et par son étrange croyance que l'« efficacité » du langage vient du fait que les énoncés « contrôlent des réalisations presque identiques chez le locuteur et chez l'auditeur ».

3. W. H. Thorpe, « Animal Vocalization and Communication », dans le recueil de F. L. Darley, *Brain Mechanisms Underlying Speech and Language* (New York, Grune and Stratton, 1967), p. 2-10, et les discussions p. 19 et p. 84-85.

4. K. S. Lashley, « The Problem of Serial Order in Behavior » dans le recueil de L. A. Jeffress, *Cerebral Mechanisms in Behavior* (New York, Wiley, 1951), p. 112-136.

5. Cette limitation apparaît par exemple dans des déclarations comme celle de W. M. Wiest, dans « Recent Criticisms

of Behaviorism and Learning», *Psychological Bulletin*, vol. 67, nº 3, 1967, p. 214-225 : «Une démonstration empirique [...] du fait qu'un enfant a appris les règles de grammaire serait ses actes de parole appelés "mise en pratique des règles de grammaire". Beaucoup de professeurs de grammaire peuvent témoigner que ceci n'est généralement pas acquis sans entraînement spécial. On peut même parler grammaticalement sans avoir littéralement appris les règles de grammaire.» L'incapacité de Wiest à concevoir un autre sens auquel nous pouvons dire que l'enfant a appris les règles de grammaire est preuve de ce gouffre conceptuel dont nous parlons. Puisqu'il refuse de considérer la question de *ce* qui est appris et de clarifier cette notion avant de se demander *comment* ceci est appris, il ne peut concevoir la «grammaire» que comme «les régularités de comportement dans la compréhension et la production du discours» – définition parfaitement vide, car il n'y a pas de «régularités de comportement» associées à la compréhension et à la production du discours. On ne peut pas se plaindre du désir de certains chercheurs d'étudier «l'acquisition et la conservation des *occurrences effectives de comportement verbal*» (*ibid.*). Il reste à démontrer que cette étude a quelque chose à voir avec l'étude du langage. Je ne vois pour l'instant aucun indice tendant à le prouver.

6. Voir mon article «Some Empirical Assumptions in Modern Philosophy of Language», dans le recueil de S. Morgenbesser, P. Suppes et M. White, *Essays in Honor of Ernest Nagel* (New York, St Martin's) pour une discussion du travail sur Quine et Wittgenstein de ce point de vue.

7. C. Lévi-Strauss, *La Pensée sauvage* (1962, Plon).

8. C. Lévi-Strauss, *Anthropologie structurale* (Mouton).

9. Voir la discussion et les références de la conférence précédente.

10. L'étude des traits universaux est elle-même en transformation.

Voir pour une discussion récente N. Chomsky et M. Halle, *The Sound Pattern of English* (New York, Harper and Row, 1968), chapitre 7.

11. Voir pour une discussion de ces problèmes ma *Linguistique cartésienne*, Paris, Seuil, 1969.

12. M. Joos, *Readings in Linguistics*, 4e édition (Chicago,

University of Chicago Press, 1966), p. 228. Ceci est présenté comme la « tradition de Boas ». Joos soutient que la linguistique américaine « trouva sa direction définitive lorsqu'on décida qu'une langue indigène pouvait être décrite sans aucun schéma préexistant de ce que doit être une langue » (p. 1). Ceci ne peut pas bien sûr être tout à fait vrai (les procédés d'analyse eux-mêmes expriment une hypothèse sur la diversité possible du langage). Mais il y a cependant beaucoup de vérité dans la définition de Joos.

13. N. Goodman, « The Epistemological Argument » et H. Putnam, « The Innateness Hypothesis and Explanatory Models in Linguistics ». Présentés ainsi qu'un article de moi au « Innate Ideas Symposium of the American Philosophical Association and the Boston Colloquium for the Philosophy of Science » en décembre 1966. Les trois essais sont publiés dans *Synthèse*, vol. 17, n° 1, 1967, p. 2-28, et dans le recueil de R. S. Cohen et M. W. Wartofsky, *Boston Studies in the Philosophy of Science*, vol. 3 (New York, Humanities, 1968), p. 81-107. On trouvera une discussion plus large des articles de Putnam et Goodman ainsi que d'autres dans ma contribution au symposium « Linguistics and Philosophy », New York University, avril 1968, dans le recueil de S. Hook, *Philosophy and Language* (New York University Press).

14. Cette observation est un lieu commun. Voir par exemple les commentaires de A. C. Fraser dans son édition de Locke, *Essay Concerning Human Understanding*, 1894 (réimprimé par Dover, 1959), notes 1 et 2, chapitre 1 (p. 38 dans l'édition Dover). Comme le note Fraser, la position de Descartes est telle que « l'argumentation de Locke ne l'atteint jamais […] Locke attaque [l'hypothèse des idées innées] […] sans ménagement, ne trouvant pour cela l'aide d'aucun avocat éminent ». Goodman est libre d'utiliser le terme « idée innée » en conformité avec la mécompréhension de la doctrine par Locke s'il le désire, mais non pas d'accuser comme il le fait de « sophismes » l'examen et le développement par d'autres de la doctrine rationaliste comme elle se présentait réellement.

15. E. S. Haldane et G. R. T. Ross, *Descartes's Philosophical Works*, 1911 (réimprimé par Dover, 1955). La citation et les remarques précédentes apparaissent dans ma contribution au symposium sur les idées innées de décembre 1966 (voir note 13).

16. Voir pour une discussion de ces problèmes mon article « Formal Properties of Grammars » dans le recueil de R. D. Luce, R. Bush et E. Galanter, *Handbook of Mathematical Psychology*, vol. 2 (New York, Wiley, 1963). Pour une discussion plus large, voir R. J. Nelson, *Introduction to Automata* (New York, Wiley, 1968). Une présentation détaillée des propriétés des grammaires hors contexte est donnée dans le livre de S. Ginsburg, *The Mathematical Theory of Context-Free Languages* (New York, McGraw-Hill, 1966). Il y a eu un grand nombre d'études de la rapidité de l'évaluation, de la simplicité des algorithmes, etc., mais aucune d'elles ne porte vraiment sur le sujet que nous discutons.

17. Voir la note 10 de la deuxième conférence.

18. Il est surprenant que Putnam cite avec mépris « de vagues rumeurs sur des "classes d'hypothèses" et des "fonctions d'équilibre" » au cours de sa discussion des « stratégies générales d'apprentissage ». Ces « stratégies » restent pour l'instant une phrase sans contenu. Il y a par ailleurs une vaste littérature détaillant les propriétés des classes d'hypothèses et des fonctions d'équilibre auxquelles fait allusion Putnam. Il semble donc dans ce cas que les rôles doivent être inversés.

19. Il n'est pas invraisemblable que la recherche détaillée de ce genre montre que la conception de la grammaire universelle comme schématisme inné n'est valide qu'en première approximation ; qu'un schématisme inné d'un type plus général permette ensuite la formulation de « grammaires » expérimentales qui déterminent elles-mêmes comment doivent être interprétés les faits, menant ainsi au postulat de grammaires plus riches, et ainsi de suite. J'ai jusqu'ici discuté de l'acquisition du langage avec l'hypothèse évidemment fausse que c'est un processus instantané. De nombreuses questions intéressantes apparaissent lorsque nous considérons comment le processus s'étend dans le temps. Voir pour une discussion de ces problèmes phonologiques mon article « Phonology and Reading », dans le recueil de H. Levin, *Basic Studies on Reading*. Remarquons aussi qu'il n'est pas nécessaire de supposer, même en première approximation, que « très peu de grammaires possibles se conformant au schéma » seront à la disposition de celui qui apprend la langue. Il suffit de supposer que les grammaires possibles

compatibles avec les faits seront « éparpillées » par une procédure d'évaluation.

20. C. S. Peirce, « The Logic of Abduction », dans le recueil de V. Tomas, *Peirce's Essays in the Philosophy of Science* (New York, Liberal Arts Press, 1957).

21. Au contraire, le compte rendu de l'acquisition du langage présenté par B. F. Skinner dans son *Verbal Behavior* (New York, Appleton-Century-Crofts, 1957) me semble vide de sens ou tout à fait faux, selon qu'on l'interprète métaphoriquement ou à la lettre (voir mon compte rendu de ce livre dans *Language*, vol. 35, nº 1, 1959, p. 26-58). Il est tout à fait normal, lorsqu'une théorie est réfutée sous sa forme première, de la remplacer par une variante plus nuancée. Mais ceci mène cependant assez souvent à la vacuité. La popularité du concept skinnérien de « renforcement », après l'écroulement de fait de la théorie hullienne, me paraît en être un exemple (notons que les concepts skinnériens peuvent être bien définis et mener à des résultats intéressants, dans une situation expérimentale particulière – ce qui est en question ici c'est l'« extrapolation » de Skinner à des classes plus larges de cas).

Un autre exemple apparaît chez K. Salzinger, « The Problem of Response Class in Verbal Behavior », dans le recueil de K. Salzinger et S. Salzinger, *Research in Verbal Behavior and Some Neurophysiological Implications* (New York, Academic Press, 1967), p. 35-54. Salzinger soutient que George Miller n'est pas fondé à critiquer la théorie de l'apprentissage pour son incapacité à expliquer la productivité linguistique – c'est-à-dire la capacité d'un locuteur de déterminer, devant une séquence de mots qu'il n'a jamais entendue, si la phrase est correctement formée et ce qu'elle signifie. Ce défaut peut être pallié, soutient-il, en utilisant la notion de « classe de réponse » (*response class*). Certes, chaque réponse ne peut pas être renforcée, mais la classe des phrases acceptables constitue une classe de réponse. Malheureusement, c'est là un verbiage creux tant que les conditions définissant l'appartenance à cette classe ne sont pas établies. Si ces conditions impliquent la notion de « génération par une grammaire donnée », nous nous retrouverions alors à notre point de départ.

Salzinger interprète également mal les tentatives de

fournir un test expérimental qui distinguerait le grammatical de l'agrammatical. Il déclare que ces tests n'ont pas réussi à prouver l'existence d'une telle division et conclut donc, apparemment, que la distinction n'existe pas. Bien évidemment, cet échec n'indique qu'une chose, que les tests étaient inefficaces. On peut inventer d'innombrables tests qui échoueraient dans la tentative de fournir une classification donnée. Ainsi, Salzinger conviendrait, en dehors de tout test expérimental que l'on pourrait mettre sur pied, que les phrases de cette note ont en commun une propriété importante qui disparaît si l'on lit l'ensemble des chaînes de mots de chaque phrase, mot à mot, de droite à gauche.

22. Voir pour une discussion de ces systèmes et de leurs limites M. Minsky et S. Papert, *Perception and Pattern Recognition*, Artificial intelligence memo n° 140, MAC-M 358, projet MAC, Cambridge, Mass., septembre 1967.

23. Voir E. H. Lenneberg, *Biological Foundations of Language* (New York, Wiley, 1967).

24. Voir J. Mehler et T. G. Bever, « Cognitive Capacities of Young Children », *Science*, vol. 158, n° 3797, octobre 1967, p. 141-142.

25. K. Lorenz, « Kants Lehre von Apriorischen in Lichte genenwärtiger Biologie », dans *Blätter für Deutsche Philosophie*, vol. 15, 1941, p. 94-125. Je remercie Donald Walker de la MITRE Corporation, Bedford, Mass., d'avoir attiré mon attention sur cet article.

26. On a soutenu sur des bases statistiques – par la comparaison du taux connu de mutation avec le nombre astronomique des modifications imaginables des chromosomes et de leurs parties – que de telles lois doivent exister et doivent grandement restreindre les possibilités réalisables. Voir l'article de Eden, Schützenberger et Gavadan dans *Mathematical Challenges to the Neo-Darwinian Interpretation of Evolution*, Wistar Symposium Monograph, n° 5, juin 1967.

CHAPITRE IV

La forme et le sens dans les langues naturelles

Lorsqu'on étudie le langage humain, on entre dans ce que certains nommeraient peut-être « l'essence humaine », les qualités de la pensée, qualités distinctives qui, dans l'état actuel de nos connaissances, sont spécifiques à l'homme et inséparables de l'existence humaine, personnelle, sociale, à quelque phase critique que ce soit. Étude du langage qui, en conséquence, est fascinante tout autant que frustrante. La frustration découle du fait que, malgré beaucoup de progrès, nous sommes toujours incapables de dominer le problème de fond, quand il s'agit du langage humain, à savoir, selon moi, qu'ayant acquis la maîtrise d'une langue, on soit capable de comprendre un nombre indéfini d'expressions nées de son expérience propre, qui n'ont aucune ressemblance physique évidente et ne présentent aucune analogie évidente avec les expressions qui constituent sa propre expérience linguistique. On est également à même de produire des expressions appropriées à la situation, malgré la nouveauté de celle-ci, avec plus ou moins de facilité, et ce, indépendamment de toute configuration détectable de type *stimulus*, à même aussi de se faire comprendre par d'autres, qui partagent cette aptitude encore inexpliquée aujourd'hui. En ce sens, l'utilisation normale du langage est une activité créatrice.

Et cette créativité inhérente à toute utilisation normale du langage est un facteur qui distingue fondamentalement le langage humain de n'importe quel système de communication animale connu.

Il est important de garder à l'esprit que la création d'expressions linguistiques nouvelles, mais pertinentes, est le mode normal d'utilisation du langage. Si un individu venait à se restreindre largement, jusqu'à n'utiliser qu'un ensemble défini de modèles linguistiques, un ensemble défini de réponses habituelles dans une configuration de type *stimulus*, ou à se restreindre à des « analogies » au sens moderne du terme en linguistique, nous le considérerions comme mentalement défectueux ou comme étant moins un humain qu'un animal. Il serait immédiatement tenu à l'écart des humains normaux de par son incapacité à comprendre le discours normal, ou à y participer de façon normale, la façon normale étant innovante, libre de tout contrôle extérieur comme les *stimuli*, et appropriée à des situations nouvelles, en changement perpétuel. Il n'y a rien de neuf dans l'idée que le discours humain se distingue par ces qualités, même si, de temps en temps, cette vue doit être rephotographiée. Toute avancée dans notre compréhension des mécanismes du langage, de la pensée et du comportement s'accompagne d'une tendance à croire que nous avons trouvé la clé dans notre compréhension des qualités apparemment spécifiques de l'esprit humain. Ces avancées sont réelles, mais une évaluation honnête montrera, je pense, qu'elles sont loin de fournir une telle clé. Nous ne comprenons pas – et pour autant que nous sachions, nous n'arriverons peut-être jamais à comprendre – ce qui rend possible l'utilisation du langage comme instrument d'expression libre de la pensée et des sentiments pour une intelligence humaine normale ; ou, en l'occurrence, quelles qualités de l'esprit sont impliquées dans les actes créatifs de l'intelligence qui sont caractéristiques, mais non uniques ou exceptionnels, d'une existence véritablement humaine.

Je juge important de souligner cela, non seulement pour les linguistes et les psychologues dont la recherche se concentre sur ces questions, mais davantage encore pour ceux qui espèrent en retirer quelque chose d'utile pour leur travail de recherche et l'avancée de leur réflexion sur le langage et la pensée. Il est particulièrement capital que les limites de la compréhension soient claires pour les acteurs de l'enseignement, à l'université, mais plus encore à l'école. Il y a de fortes pressions pour mettre à profit les nouvelles technologies éducatives et pour concevoir curriculums et méthodes d'enseignement à la lumière des dernières avancées techniques. Il n'y a rien à objecter à cela en soi. Il est cependant important de veiller à éviter un danger réel, qui serait que les nouveaux savoirs et les nouvelles techniques définissent la nature des contenus et des méthodes d'enseignement, au lieu de contribuer à la réalisation d'objectifs éducatifs qui reposent sur d'autres bases et se posent en d'autres termes. Soyons concrets. Nous avons la technique et même la technologie disponibles pour inculquer rapidement et efficacement des compétences dans les domaines de l'enseignement des langues, de l'arithmétique ou autres. En conséquence, la tentation est forte de vouloir reconstruire les curriculums dans les termes définis par les nouvelles technologies. Et il n'est pas très difficile d'inventer une logique, qui mette à profit ces concepts de « contrôle du comportement », d'élargissement des compétences, etc. Il n'est pas difficile, non plus, de construire des tests objectifs, dont on sait avec certitude qu'ils démontreront l'efficacité qu'ont de telles méthodes à atteindre certains objectifs incorporés dans ces tests. Mais les succès de ce type ne démontrent pas qu'un objectif éducatif majeur a été atteint. Ils ne démontrent pas non plus l'importance de se concentrer sur le développement des compétences chez l'étudiant. Le peu que nous sachions de l'intelligence humaine suggérerait au minimum quelque chose de très différent : à savoir qu'en réduisant l'étendue et la complexité du matériau proposé à l'esprit curieux, qu'en fixant des modèles comportementaux prédéterminés, ces méthodes sont susceptibles de nuire au développement humain normal des aptitudes créatives ou de les déformer. Je ne souhaite pas m'étendre ici sur ce point. Je suis certain que vous êtes tous capables de trouver des exemples dans votre propre expérience. Il est parfaitement légitime d'exploiter les avancées authentiques de la connaissance et, à l'intérieur d'un terrain d'étude donné, inévitable que la recherche soit guidée par un souci de faisabilité autant que par un souci fondamental d'adéquation significative. Il est également fort probable, sinon inévitable, que le souci de faisabilité et le souci d'adéquation significative mènent dans des voies opposées. Pour ceux qui souhaitent appliquer les réussites d'une discipline aux problèmes d'une autre discipline, il est essentiel de non seulement expliciter et clarifier la nature exacte de ce qui a été réussi, mais il est tout aussi essentiel d'expliciter et de clarifier les contours de ce qui a été réussi.

J'ai dit tout à l'heure que l'aspect créatif de l'utilisation normale du langage n'était pas une découverte nouvelle. C'est un pilier central de la théorie de l'esprit de Descartes ainsi que de son étude des limites de l'explication mécanique. Cette dernière fournit à son tour un élément capital dans la construction de la philosophie anti-autoritaire sociale et politique des Lumières. De fait, des tentatives furent même entreprises qui cherchaient à asseoir une théorie de la créativité artistique sur l'aspect créatif de l'utilisation normale du langage. Schlegel, par exemple, argumente que la poésie a une position à part dans les arts, ce qui, selon lui, est illustré par l'utilisation du terme « poétique » pour se référer à l'élément de l'imagination créative présent dans toute expérimentation artistique et le distinguer, par exemple, du terme « musical », qui serait utilisé métaphoriquement pour se référer à un élément des sens. Pour expliquer cette asymétrie, il observe que chaque mode d'expression artistique utilise un certain médium, et que le médium de la poésie – la langue – est une expression unique de la pensée humaine dans cette langue, plutôt que le produit de la nature, précise que sa portée est illimitée, et qu'elle est construite sur la base d'un principe récursif qui fait que chaque création sert de base à un nouvel acte créatif. D'où la position centrale dans les arts des formes artistiques qui ont la langue pour médium.

On n'a pas manqué, bien sûr, de remettre en question l'opinion qui prétend que le langage et son aspect créatif inné est un bien unique à l'homme. Antoine Le Grand, l'un des défenseurs de la philosophie cartésienne, se réfère à l'opinion de « quelques personnes des Indes Orientales, qui pensent que les Singes et les Babouins, très nombreux chez eux, sont dotés d'entendement, et qu'ils sont capables de parler, mais qu'ils s'abstiennent de le faire de crainte d'être employés et mis au travail ». S'il existe un argument plus sérieux pour étayer l'affirmation que l'homme partage la capacité de langage avec d'autres primates, je n'en ai pas conscience. Quelles que soient les preuves que nous ayons réellement, elles me semblent de fait étayer la thèse selon laquelle l'aptitude à acquérir et utiliser la langue est une capacité spécifique de l'espèce humaine ; et l'existence de principes très profonds et très restrictifs qui déterminent la nature du langage humain, et s'enracinent dans le caractère spécifique de l'esprit humain. Il est évident que les arguments qui étayent cette hypothèse ne peuvent être ni formels ni définitifs, mais il me semble néanmoins que, dans l'état actuel de nos connaissances, les preuves ne sont pas négligeables.

Mille questions pourraient conduire quelqu'un à entreprendre une étude du langage. Personnellement, ce qui m'intrigue d'abord et avant tout, c'est la possibilité d'apprendre à travers l'étude du langage, quelque chose qui mette au jour les propriétés inhérentes à la pensée humaine. Aujourd'hui, nous ne sommes pas en mesure de donner des informations particulièrement pertinentes quant à l'utilisation créatrice normale du langage en tant que telle. Mais je pense que nous commençons peu à peu à comprendre les mécanismes qui rendent possible cette utilisation créatrice du langage, l'utilisation du langage comme instrument de pensée et d'expression libres. Pour moi, et à nouveau, il s'agit là d'un point de vue purement personnel ; les aspects les plus intéressants des recherches actuelles en grammaire sont les tentatives de formulation des principes d'organisation du langage, que l'on propose de considérer comme des reflets universels des propriétés de l'esprit, et la tentative de montrer qu'à partir de cette hypothèse on peut expliquer certains faits sur des langues particulières. Vue sous cet angle, la linguistique n'est qu'une branche de la psychologie humaine : le champ qui cherche à déterminer la nature des capacités humaines mentales et à étudier comment ces capacités sont actionnées. Nombre de psychologues rejetteraient toute description de leur discipline en ces termes, mais cette réaction révèle à mes yeux une sérieuse inadéquation dans leur conception de la psychologie, plutôt qu'un défaut dans la formulation elle-même. Quoi qu'il en soit, tels sont, à mon avis, les termes qui conviennent pour fixer les objectifs de la linguistique contemporaine et discuter de ses réussites ou de ses échecs.

Je juge aujourd'hui possible d'avancer quelques propositions relativement précises sur l'organisation du langage humain et de les soumettre à des tests empiriques. La théorie de la grammaire générative et transformationnelle, avec ses évolutions diverses et ses voies parfois contradictoires, a produit ces propositions ; et il y a eu, ces dernières années, des travaux très productifs et très suggestifs, qui cherchent à affiner et à reconstruire les formulations des processus et des structures sous-jacentes du langage humain.

La question qui intéresse la théorie de la grammaire est : quelle est la nature de la connaissance qu'a un être humain de sa langue, de la connaissance qui le rend capable d'utiliser cette langue d'une manière créative normale ? Une personne qui connaît une langue a acquis la maîtrise d'un système de règles qui assigne un usage fini du son et du sens à une classe infinie de phrases possibles. Chaque langue procède ainsi (en partie) d'un certain appariement du son et du sens dans un domaine infini. Une personne qui connaît la langue n'a évidemment pas conscience d'en maîtriser les règles, ni d'en actionner l'utilisation, et il n'y a aucune raison non plus de supposer que l'on puisse faire prendre conscience de cette connaissance des règles de la langue. Par l'introspection, cette personne peut accumuler divers échantillons qui sont les preuves de la relation son-sens déterminée par les règles de la langue qu'elle maîtrise ; il n'y a aucune raison de supposer qu'elle puisse, via cette introspection, aller très au-delà du traitement de surface des données pour découvrir les règles et les principes sous-jacents qui déterminent la relation entre le son et le sens. La mise au jour de ces règles et de ces principes est, au contraire, un problème typiquement scientifique. Nous disposons, dans toute une gamme de langues, d'une banque de données quant à la relation son-sens, la forme et l'interprétation des expressions de la langue. Pour chaque langue, nous cherchons à déterminer un système de règles qui expliquent ces données. En structure plus profonde, nous cherchons à établir les principes qui gouvernent la formation de tels systèmes de règles pour n'importe quelle langue humaine.

On peut appeler « grammaire » – ou, pour employer un terme plus technique, la « grammaire générative » de cette langue – le système de règles qui spécifie la relation son-sens dans une langue donnée. Dire qu'une langue « génère » un certain ensemble de structures équivaut simplement à dire qu'elle spécifie cet ensemble de structures avec précision. Dans un sens, nous pourrions dire que la grammaire d'une langue génère un ensemble infini de « descriptions structurelles », chacune d'entre elles étant à prendre comme un objet abstrait quelconque déterminant un son particulier, un sens particulier, et ce, quelles que soient les propriétés et les configurations formelles qui entrent en jeu dans la relation entre le son et le sens. Un exemple : la grammaire de l'anglais génère les descriptions structurelles des phrases que je suis en train d'émettre ; prenons, pour illustrer ce point, un cas plus simple encore : la grammaire de l'anglais générerait une description structurelle pour chacune de ces phrases :

1 John is certain that Bill will leave.
2 John is certain to leave.

Chacun d'entre nous a acquis la maîtrise et la représentation interne d'un système de grammaire qui assigne à ces phrases des descriptions structurelles ; ce sont des connaissances que nous utilisons totalement inconsciemment (même s'il est possible que nous en ayons conscience) pour produire ces phrases ou les comprendre quand elles sont produites par d'autres. Les descriptions structurelles incluent une représentation phonétique des phrases et une spécification de leur sens. Dans le cas des exemples **1** et **2** cités plus haut, les descriptions structurelles doivent transmettre à peu près l'information suivante : elles doivent indiquer que dans le cas de **1**, on attribue à John un état psychologique donné (à savoir : il est certain que *Bill will leave*), alors que, dans le cas de **2**, c'est une propriété logique donnée (à savoir, la propriété d'être certain) qui est attribuée à la proposition *that John will leave*. Malgré la similitude de forme de ces deux phrases en structure de surface, les descriptions structurelles générées par la grammaire doivent indiquer qu'elles ont des sens différents : l'une attribue un état psychologique à John, l'autre attribue une propriété logique à une proposition abstraite. Cette deuxième phrase pourrait être paraphrasée sous une forme très différente :

3 That John will leave is certain.

Paraphrase qui n'existe pas dans le premier cas. On pourrait dire qu'on exprime plus directement la « forme logique » de **2** dans la paraphrase **3**. Malgré les différences en structure de surface, les relations grammaticales en **2** et en **3** sont très similaires ; malgré les similarités en structure de surface, les relations grammaticales en **1** et en **2** sont très différentes. Ce sont des faits tels que ceux-ci qui sont à l'origine de l'investigation de la structure grammaticale de l'anglais, et plus généralement, de l'investigation des propriétés générales du langage humain.

Pour aller plus loin dans la discussion sur les propriétés du langage, j'introduirai le terme « structure superficielle » (SS) pour me référer à une représentation des syntagmes qui constituent une expression linguistique et des catégories auxquelles ces syntagmes appartiennent. Dans la phrase **1**, les syntagmes en structure superficielle incluent « that Bill will leave » qui est une proposition à part entière ; les syntagmes nominaux (SN) « Bill » et « John » ; les syntagmes verbaux (SV) « will leave » and « is certain that Bill will leave », etc. Dans la phrase **2**, en structure superficielle, on a les syntagmes verbaux « to leave » et « is certain to leave » ; mais la structure superficielle de **2** n'inclut pas de proposition correspondant à la forme « John will leave », même si cette proposition exprime en partie le sens de « John is certain to leave », et apparaît sous forme de syntagme dans la structure superficielle de sa paraphrase « that John will leave is certain ». Dans ce sens, la structure superficielle ne donne pas nécessairement une indication précise des structures et des relations qui déterminent le sens d'une phrase ; dans le cas de la phrase **2**, « John is certain to leave », la structure superficielle ne réussit pas à indiquer que la proposition « John will leave » explique une partie du sens de cette phrase, même si, dans les deux autres exemples que j'ai donnés, la structure superficielle est assez proche de l'indication des mises en relation sémantiquement signifiantes.

Pour continuer, j'introduirai un autre terme technique : « structure profonde » (ou SP), pour me référer à une représentation des syntagmes qui jouent plutôt un rôle central dans l'interprétation sémantique de la phrase. Dans le cas de **1** et de **3**, la structure profonde ne serait peut-être pas très différente de la structure superficielle. Dans le cas de **2**, la structure profonde sera très différente de la structure superficielle, en ce qu'elle recouvre une proposition semblable ou assimilable à « John will leave » et le prédicat « is certain » appliqué à cette proposition, bien que rien de la sorte n'apparaisse en structure superficielle. En général, à part dans les exemples les plus élémentaires, les structures superficielles des phrases sont très différentes de leurs structures profondes.

La grammaire de l'anglais génère une structure profonde pour chaque phrase et inclut des règles qui montrent comment cette structure profonde est liée à une structur superficielle. On appelle « transformation grammaticale » les règles qui expriment la relation SS/SP, ou structure superficielle structure profonde. D'où le terme « grammaire générative et transformationnelle ». Outre les règles qui définissent les structures profondes, les structures superficielles et la relation qui les lie, la grammaire de l'anglais inclut d'autres règles qui relient ces « objets syntaxiques » (principalement les appariements structure superficielle structure profonde) à des représentations phonétiques, d'une part, et à des représentations sémantiques, de l'autre. Une personne qui a acquis la maîtrise de l'anglais a internalisé ces règles et les utilise quand elle comprend ou produit les phrases que je viens de donner comme exemples, et quand elle comprend ou produit une gamme infinie d'autres phrases.

Une preuve qui étaye cette approche est l'observation que des propriétés intéressantes des phrases anglaises peuvent être expliquées directement du point de vue des structures profondes qui leur sont assignées. Ainsi, considérons à nouveau les deux phrases **1** (« John is certain that Bill will leave ») et **2** (« John is certain to leave »). Rappelez-vous que, dans le cas de la première, la structure superficielle et la structure profonde sont pour ainsi dire identiques, alors que, dans le cas de la seconde, elles sont très différentes. Vous observerez aussi que, dans le cas de la première, il y a un syntagme nominal (SN) correspondant, à savoir : « John's certainty that Bill will leave (surprised me) » ; alors que dans le cas de la seconde, il n'y a pas de syntagme nominal correspondant. Nous ne pouvons dire « John's certainty to leave surprised me ». Je suppose que ce dernier syntagme nominal est compréhensible, mais du point de vue de l'anglais, il est mal construit. Le locuteur de l'anglais peut aisément prendre conscience de ce fait, même si, en toute probabilité, la raison qui l'explique lui échappe. Ce fait est un cas particulier d'une propriété très générale de l'anglais, à savoir qu'il existe des syntagmes nominaux correspondant à des phrases dont la structure superficielle est très proche de la structure profonde, mais ne correspondant pas à des phrases dont les structures superficielles, par exemple, sont éloignées des structures profondes. Ainsi, « John is certain that Bill will leave » étant proche en structure superficielle de sa structure profonde correspond au syntagme nominal « John's certainty that Bill will leave » ; mais il n'existe pas de syntagme comme « John's certainty to leave » correspondant à « John is certain to leave » qui est éloigné de sa structure profonde.

Les notions de « proximité » et d'« éloignement » peuvent être précisées finement. Lorsque nous les aurons ainsi précisées, nous aurons une explication du fait que les nominalisations existent dans certains cas, mais pas dans d'autres, même si, le plus souvent, elles seraient parfaitement intelligibles si elles venaient à exister dans ces autres cas. L'explication s'articule autour de la notion de structure profonde : en effet, elle établit que la nominalisation doit être le reflet des propriétés de la structure profonde. De nombreux exemples illustrent ce phénomène. Ce qui importe, c'est la preuve que donne la nominalisation, preuve qui étaye la théorie selon laquelle il existe des structures profondes qui sont souvent très abstraites et qui jouent un rôle central dans les procédés grammaticaux que nous utilisons pour produire et interpréter ces phrases. De tels faits étayent à leur tour l'hypothèse que des structures profondes de ce type, posées en grammaire générative et transformationnelle comme postulats, sont de réelles structures mentales. Ces structures profondes, ainsi que les règles transformationnelles qui les relient aux structures superficielles, et les règles qui relient structures profondes et structures superficielles aux représentations du son et du sens, sont les règles mêmes que maîtrise une personne qui a appris une langue. Elles constituent sa connaissance de la langue. Elles sont actionnées lorsqu'elle parle et comprend.

Les exemples que j'ai donnés jusque-là illustrent le rôle de la structure profonde dans la détermination du sens, et montrent que, même dans des cas très simples, la structure profonde peut être éloignée de la structure superficielle. Il y a de nombreuses preuves qui montrent que la forme phonétique d'une phrase est déterminée par sa structure superficielle, selon des principes extrêmement intéressants et imbriqués que je ne chercherai pas à discuter ici. Il est exact de conclure à partir de ces preuves que la structure superficielle détermine la forme phonétique et que les relations grammaticales représentées en structures profondes sont celles qui déterminent le sens. De plus, comme on l'a remarqué, certains processus grammaticaux, tel le processus de nominalisation, ne peuvent être formulés qu'en termes abstraits de structures profondes.

La situation est cependant compliquée par le fait

que la structure superficielle joue également un rôle dans la détermination de l'interprétation sémantique[1]. L'étude de cette question est l'une des questions les plus discutées de la recherche actuelle, susceptible à mon avis d'être l'une des plus fructueuses. Considérons, par exemple, quelques-unes des propriétés de l'aspect *present perfect* (passé composé) en anglais, par exemple une phrase telle que « John has lived in Princeton ». Une caractéristique intéressante et rarement mise en exergue de cet aspect est que, dans des cas comme celui-ci, il véhicule le présupposé que le sujet est vivant. Ainsi, il est correct que je dise « I have lived in Princeton », mais je ne dirais pas, compte tenu du fait qu'il est mort, « Einstein has lived in Princeton ». Je dirais plutôt : « Einstein lived in Princeton ». (Cela est correct en première approximation, même si, comme toujours, les choses ne sont pas si simples.) Mais considérons à présent des formes actives et passives à l'aspect *present perfect.* Sachant que John est mort et que Bill est vivant, je peux dire « Bill has often been visited by John » et non « John has often visited Bill », mais plutôt « John often visited Bill ». Je peux dire « I have been taught physics by Einstein », mais non « Einstein has taught me physics » ; on dira plutôt « Einstein taught me physics ». Les formes actives et passives sont en général synonymes, et elles ont, pour l'essentiel, la même structure profonde. Mais dans les cas que j'ai cités, les formes actives et passives diffèrent dans le présupposé même qu'elles expriment. Pour dire les choses simplement, on présuppose que la personne à laquelle le sujet fait référence en surface est vivante. C'est sous cet angle que la structure superficielle contribue effectivement au sens de la phrase, du fait qu'elle est pertinente dans la détermination des présupposés dans l'utilisation d'une phrase.

Pour aller plus loin dans l'exploration du problème, vous noterez que la situation est différente lorsqu'il y a un double sujet. Ainsi, compte tenu du fait qu'Hilary est vivante et que Marco Polo est mort, il est correct de dire « Hilary has climbed Mt. Everest », mais non « Marco Polo has climbed Mt. Everest » ; à nouveau, on dira plutôt « Marco Polo climbed Mt. Everest ». (J'ai, ici encore, choisi de laisser de côté quelques subtilités et complications.) Mais considérons à présent la phrase « Marco Polo and Hilary (among others) have climbed Mt. Everest ». Dans ce cas-là, il n'y a pas de présupposé exprimant que Marco Polo est vivant comme le montre le passif « Mt. Everest has been climbed by Marco Polo (among others) ».

Vous remarquerez en outre que la situation change considérablement si nous passons de l'intonation normale comme dans le cas que je viens d'exprimer, à un schéma intonatif qui marque l'opposition ou l'expressivité. L'impact d'une telle intonation sur le présupposé est assez complexe. J'illustrerai ceci avec un cas simple. Prenons la phrase :

« The Yankees played the Red Sox in Boston » (Les Yankees ont joué contre les Red Sox à Boston).

Avec une intonation normale, c'est sur le mot « Boston » que portent l'accent tonique et le point culminant de la courbe intonative, ce qui fait que cette phrase pourrait être la réponse à des questions comme :

« Where did the Yankees play the Red Sox ? (In Boston) » ;

« What did the Yankees do ? (They played the Red Sox in Boston) » ;

« What happened ? (The Yankees played the Red Sox in Boston) ».

Mais supposons que l'accent contrastif porte sur « Red Sox », et que nous ayons de ce fait : « The Yankees played the RED SOX in Boston ». Cette phrase ne peut alors être que la réponse à :

« Who did the Yankees play in Boston ? », phrase qui

présuppose – notez-le – que les Yankees ont joué contre quelqu'un à Boston ; s'il n'y a pas eu de match du tout, il est impropre, mais non erroné de dire : « The Yankees played the RED SOX in Boston ». En revanche, s'il n'y a pas eu de match du tout, il est erroné et non simplement impropre de dire : « The Yankees played the Red Sox in Boston » avec une intonation normale. Ainsi, l'accent contrastif véhicule un présupposé au sens où l'intonation normale n'en véhicule pas, bien que l'intonation normale véhicule aussi un présupposé dans un autre sens, qui fait qu'il serait impropre de répondre à la question : « Who played the Red Sox in Boston ? » par « The Yankees played the Red Sox in Boston » (intonation normale). On voit bien cette même propriété inhérente à l'accent contrastif dans ce qu'on appelle une phrase clivée. Ainsi, dans la phrase « It was the YANKEES who played the Red Sox in Boston », c'est « Yankees » qui porte l'accent primaire, ce qui présuppose que quelqu'un a joué contre les Red Sox à Boston. S'il n'y a pas eu de match du tout, la phrase n'est pas seulement erronée, elle est impropre. On a généralement passé ces phénomènes sous silence dans les observations portant sur le rôle sémantique de l'accent contrastif.

Pour illustrer à nouveau le rôle de la structure superficielle dans la détermination du sens, considérons des phrases comme celle-ci : « John is tall for a pygmy ». Cette phrase présuppose que John est un pygmée et que les pygmées ont tendance à être petits. En conséquence, et compte tenu de notre connaissance des Watusi, dire « John is tall for a Watusi » serait une anomalie. D'autre part, considérons ce qui se passe quand nous insérons le mot *even* dans la phrase. Si nous l'insérons devant « John », nous obtenons : « Even John is tall for a pygmy ». Le présupposé est à nouveau que John est un pygmée et que les pygmées sont petits. Mais considérons : « John is tall even for a pygmy ». Cela présuppose que les pygmées sont grands ; c'est donc une phrase étrange, compte tenu de notre connaissance des faits, en comparaison de « John is tall even for a Watusi », disons, qui, elle, est tout à fait juste. L'argument est que la position de « even » dans la phrase « John is tall for a pigmy » joue un rôle déterminant dans le présupposé quant à la taille moyenne des pygmées.

Mais la position du mot « even » concerne la structure superficielle. Cela se voit dans le fait que le mot « even » peut apparaître en association avec des syntagmes qui n'ont aucune représentation au niveau de la structure profonde. Considérons, par exemple, la phrase « John isn't certain to leave at ten ; in fact, he isn't even certain to leave at all ». Ici, le mot « even » est associé à « certain to leave », syntagme qui, comme je l'ai dit plus tôt, n'apparaît pas au niveau de la structure profonde. En conséquence, dans ce cas aussi, ce sont les propriétés des structures superficielles qui jouent un rôle dans la détermination de ce qui est présupposé dans une certaine phrase.

Le rôle joué par la structure superficielle dans la détermination du sens est illustré à nouveau par le phénomène de pronominalisation[2]. Ainsi, si je dis « Each of the men hates his brothers » (Chacun des hommes déteste ses frères), le mot « his » peut se référer à l'un des hommes. Mais si je dis « The men each hate his brothers », le mot « his » peut se référer à une quelconque autre personne, à laquelle il n'est par ailleurs pas fait référence dans la phrase. Cependant, il y a de fortes preuves qui indiquent que « each of the men » et « the men each » dérivent de la même structure profonde. De la même façon, on a observé que la position de l'accent tonique joue un rôle important dans la détermination de la référence pronominale. Considérons l'énoncé suivant : « John washed the car ; I was afraid someone ELSE would do it. » La phrase implique que j'espérais que John laverait la voiture, et que je suis content qu'il l'ait lavée. Mais considérons à présent l'énoncé suivant :

« John washed the car ; I was AFRAID someone else would do it ». Avec l'accent sur « afraid », la phrase implique que j'espérais que John ne laverait pas la voiture ; « someone else » a un référent différent dans ces deux cas. Il y a de très nombreux exemples qui illustrent le rôle de la structure superficielle dans la détermination de la référence pronominale.

Pour compliquer encore cette question, la structure profonde aussi joue un rôle dans la détermination de la référence pronominale. Ainsi, considérons la phrase : « John appeared to Bill to like him » (John apparut à Bill comme ayant un penchant pour lui). Dans ce cas, le pronom « him » peut se référer à « Bill », mais pas à « John ». Comparons- la avec : « John appealed to Bill to like him » (John implora Bill de l'aimer). Ici, le pronom « him » peut se référer à « John », mais pas à « Bill ». Ainsi, nous pouvons dire « John appealed to Mary to like him », mais non « John appeared to Bill to like him », où « him » se réfère à « John ». D'autre part, nous pouvons dire « John appeared to Mary to like her », mais non « John appealed to Mary to like her », où « her » se réfère à « Mary ». De la même façon, dans « John appealed to Bill to like himself », le réfléchi se réfère à « Bill », mais dans « John appeared to Bill to like himself », il se réfère à « John ». Ces phrases sont à peu près identiques en structure superficielle ; ce sont les différences en structure profonde qui déterminent la référence pronominale.

En conséquence, la référence pronominale dépend et de la structure profonde et de la structure superficielle. Une personne qui connaît l'anglais a acquis la maîtrise d'un système de règles qui font appel aux propriétés des structures profondes et des structures superficielles dans la détermination de la référence pronominale. À nouveau, cette personne ne peut pas découvrir ces règles par introspection. De fait, ces règles ne sont toujours pas connues, même si certaines de leurs propriétés sont évidentes.

En résumé : la grammaire générative d'une langue spécifie un ensemble infini de descriptions structurelles qui recouvrent chacune une SP, une SS, une représentation sémantique et d'autres structures formelles. On a étudié en détail les règles reliant structures profondes et structures superficielles – les « grammaires transformationnelles » ainsi qu'on les appelle – et elles sont assez bien comprises. Les règles qui relient la structure superficielle et la représentation phonétique sont, elles aussi, assez bien comprises (même si je ne veux pas impliquer par là que cette question fasse l'unanimité, loin de là). Il semble que et la structure profonde et la structure superficielle entrent en compte dans la détermination du sens. La structure profonde fournit les relations grammaticales : prédication, modification, etc., qui entrent en jeu dans la détermination du sens. D'un autre côté, il apparaît que les questions de focalisation et de présupposition, de topique et de critique, le cadre des éléments logiques et la référence pronominale soient déterminés, en partie en tout cas, par la structure superficielle. Les règles qui relient les structures syntaxiques et les représentations du sens ne sont pas bien comprises du tout. Et même la notion de « représentation du sens » ou de « représentation sémantique » elle-même est, de fait, fortement controversée. Il n'est pas certain du tout qu'il soit possible de distinguer avec acuité entre la contribution de la grammaire dans la détermination du sens et la contribution des « considérations pragmatiques » ainsi qu'on les appelle, questions d'observations des faits, d'interprétations et de contextualisation du discours. Il n'est pas inintéressant de mentionner que des questions assez similaires peuvent se poser à propos de la notion de « représentation phonétique ». Bien que cette dernière soit l'une des notions la plus établie et la moins controversée de la théorie linguistique, nous pouvons néanmoins nous demander si c'est une abstraction légitime ou non, si une meilleure compréhension de l'utilisation de la langue ne montrerait pas que des facteurs – qui vont au-delà de la structure grammaticale – entrent en jeu de manière inextricable dans la détermination des représentations de la perception et de la forme physique, et qui ne sauraient être dissociés sans créer de distorsion des règles formelles qui interprètent la structure superficielle en une forme phonétique.

Jusqu'ici, l'étude du langage a progressé sur la base d'une certaine abstraction : c'est-à-dire que nous faisons abstraction des conditions d'utilisation du langage, et que nous considérons seulement les structures formelles et les opérations formelles qui les relient. Et parmi ces structures formelles, celles de la syntaxe, c'est-à-dire les structures profondes et les structures superficielles ; et aussi, les représentations phonétiques et sémantiques – qui, pour nous sont des objets formels quelconques mis en relation avec les structures syntaxiques par certaines opérations bien définies. Ce processus d'abstraction n'est en rien illégitime, mais il faut bien voir qu'il exprime un point de vue, une hypothèse sur la nature de la pensée qui n'est pas, *a priori*, une évidence. Il exprime une hypothèse de travail selon laquelle on peut aller plus loin « dans la connaissance de la langue » – ce qu'on appelle souvent « la compétence linguistique » – si nous faisons abstraction des problèmes de modes d'utilisation de la langue elle-même. Cette hypothèse de travail trouve sa justification dans le succès qu'elle rencontre lorsqu'elle est adoptée. Sur la base de cette hypothèse, on a beaucoup appris sur les mécanismes du langage, et j'ajouterai, sur la nature de la pensée. Mais nous devons avoir conscience que cette approche du langage s'impose à nous, en partie en tout cas, du fait que nos concepts nous font défaut lorsque nous essayons d'étudier l'utilisation de la langue. Nous en sommes réduits à des platitudes ou à des observations qui, bien que peut-être très intéressantes, ne se prêtent pas à une étude systématique facilitée par les outils intellectuels à notre disposition aujourd'hui. D'autre part, nous pouvons apporter à l'étude des structures formelles et de leurs relations la richesse de notre expérience et de notre compréhension. Là, nous pouvons très bien être confrontés à un problème de conflit entre le sens et la faisabilité, conflit du type de ceux que j'ai mentionnés plus haut. Je ne pense pas que cela soit le cas, mais c'est possible. Pour ma part, j'ai relativement confiance dans le fait que l'abstraction soit appropriée pour l'étude des mécanismes formels de la langue. Cette confiance provient notamment du fait que plusieurs résultats tout à fait brillants ont été atteints par le biais de cette abstraction. Cela dit, la prudence reste de mise. Il se peut que des avancées majeures futures dans l'étude du langage nécessitent la fabrication de nouveaux outils intellectuels qui nous permettent de prendre en considération une ribambelle de questions qui ont été mises au rebut des « pragmatiques » écartées afin de pouvoir procéder à l'étude de questions que nous sachions formuler de manière intelligible.

Comme je l'ai dit, je pense légitime d'abstraire la compétence linguistique. Pour aller plus loin, je pense que l'incapacité qu'a la psychologie moderne à dominer les problèmes de l'intelligence humaine résulte en partie au moins du fait qu'elle refuse d'entreprendre une étude des structures abstraites et des mécanismes de la pensée. Notez que l'approche de la structure linguistique que je viens d'esquisser est d'essence fortement traditionnelle. Dire que cette approche précise un point de vue qui était inhérent aux travaux de recherche majeurs des grammairiens universels des XVIIe et XVIIIe siècles n'est pas, je pense, une déformation, de même qu'on peut dire, sans déformer la vérité, je pense, qu'elle fut développée de multiples façons par la philosophie rationaliste et romantique du langage et de la pensée. Approche qui s'éloigne à plus d'un titre d'une conception plus moderne, et tout à fait erronée à mes yeux, selon laquelle la connaissance d'une langue est un système d'habitudes ou qu'elle s'explique en termes de connexions de type réponse à un *stimulus*, ou de principes d'« analogie » et de « généralisation », et d'autres notions explorées par la linguistique et la psychologie au XXe siècle, développements des spéculations empiriques traditionnelles. À mes yeux, l'inadéquation fatale de toutes ces approches provient de leur réticence à entreprendre l'étude abstraite de la compétence linguistique. Si les sciences physiques s'étaient autolimitées par des restrictions méthodologiques de ce type, nous en serions encore à l'ère de l'astronomie babylonienne.

Un concept traditionnel qui a réapparu dans la recherche actuelle est celui de la « grammaire universelle », et je veux conclure en disant juste un mot sur la question. Il y a deux types de preuves qui suggèrent que les grammaires de toutes les langues satisfont à des conditions formelles en structure profonde. Le premier type de preuve est donné par l'étude d'une large gamme de langues. En essayant d'élaborer des grammaires génératives pour des langues de types très variés, les chercheurs ont été régulièrement amenés à émettre des hypothèses assez semblables sur la forme et l'organisation de tels systèmes génératifs. Mais plus convaincante quant à la grammaire universelle est la preuve donnée par l'étude d'une seule langue. Il peut sembler paradoxal *a priori* que l'étude intensive d'une seule langue puisse donner des preuves concernant la grammaire universelle, mais, en réfléchissant un peu sur le sujet, on voit qu'il s'agit là d'une conséquence tout à fait naturelle.

Considérons, pour ce faire, le problème qui consiste à déterminer les capacités mentales qui rendent possible l'acquisition du langage. Si l'étude de la grammaire – de la compétence linguistique – implique une abstraction de l'utilisation de la langue, alors l'étude des capacités mentales qui rendent possible l'acquisition de la grammaire implique d'aller plus loin dans l'abstraction au second degré. Je ne vois pas de problème à cela. Nous pouvons formuler le problème qui consiste à déterminer les caractéristiques intrinsèques d'un dispositif, dispositif aux propriétés inconnues qui accepte en « input » le type de données disponibles pour qu'un enfant apprenne sa langue maternelle et produise en « output » la grammaire générative de cette langue. Dans ce cas-là, l'« output » est la représentation de la grammaire interne, dont la maîtrise constitue la connaissance de la langue. Si nous entreprenons, sans dogme ni préjugé, l'étude d'un dispositif d'acquisition des caractéristiques intrinsèques de la structure du langage, nous arrivons à des conclusions qui me semblent à la fois faire sens et être raisonnablement fondées, quand bien même elles ne seraient, assurément, qu'expérimentales. Nous devons attribuer à ce dispositif une structure suffisante pour que la grammaire puisse être construite dans les limites des contraintes empiriques imparties de temps et de données disponibles, et nous devons veiller à remplir la condition empirique suivante : que des locuteurs différents de la même langue, avec une expérience et une formation quelque peu différentes, font néanmoins l'acquisition de grammaires qui sont remarquablement similaires, ainsi que nous pouvons le déterminer d'après l'aisance avec laquelle ces locuteurs communiquent, et d'après les correspondances qu'ils établissent entre eux dans l'interprétation de phrases nouvelles. Les données disponibles pour l'enfant sont, cela saute aux yeux, assez limitées : le petit nombre de secondes de sa vie est insignifiant en comparaison de la gamme de phrases qu'il peut immédiatement comprendre et produire de manière appropriée. Nous pouvons formuler des hypothèses tout à fait raisonnables et assez fortes à propos des structures internes du procédé d'acquisition du langage qui participe à l'élaboration des grammaires postulées à partir des données de départ ; et ce, de par notre connaissance des caractéristiques des grammaires acquises et des limitations des données disponibles. Je pense que, lorsque nous étudions cette question en détail, nous sommes amenés à attribuer au dispositif un système très riche de contraintes sur la forme d'une grammaire possible ; sinon, il est impossible d'expliquer comment les enfants parviennent à élaborer des grammaires d'un type qui semble empiriquement adéquat dans les conditions imparties de temps et d'accès aux données. Mais si, de plus, nous supposons que les enfants ne sont pas prédisposés génétiquement à acquérir une langue plutôt qu'une autre, nos conclusions quant au dispositif d'acquisition du langage sont en fait des conclusions qui concernent la grammaire universelle. Conclusions qui peuvent être falsifiées, si on démontre, par exemple, qu'elles ne réussissent pas à expliquer l'élaboration de grammaires d'autres langues. Conclusions qui sont à nouveau vérifiées, si elles servent à expliquer des faits se rapportant à d'autres langues. Ce raisonnement me semble globalement très raisonnable et peut, lorsqu'il est assorti de recherches détaillées, nous mener vers des hypothèses empiriques fortes sur la grammaire universelle, et ce, même à partir de l'étude d'une langue particulière.

J'ai discuté d'une approche de l'étude du langage qui considère que cette étude est une branche de la psychologie humaine théorique. Son objectif est de montrer et de mettre la lumière sur les capacités mentales qui rendent possibles l'apprentissage et l'utilisation d'une langue par un humain. Dans l'état actuel de nos connaissances, ces capacités sont uniques à l'homme et n'ont pas d'analogue significatif chez d'autres organismes. Si ces conclusions approchent tant soit peu la vérité, les humains sont alors dotés d'un ensemble très riche et très explicite d'attributs mentaux qui déterminent une forme spécifique de langue sur la base de données assez minces et plutôt dégénérées. De plus, ils font appel de manière très créative au langage qu'ils se représentent mentalement. Ils sont contraints par les règles de ce langage, mais libres d'exprimer de nouvelles pensées qui n'ont que des relations distantes ou abstraites avec les expériences passées ou les sensations présentes. Si cela est vrai, il ne faut mettre aucun espoir dans l'étude du « contrôle » du comportement humain dans des conditions de stimuli, de schémas de renforcement, d'établissements de structures d'habitudes, de modèles de comportements, etc. Bien sûr, on peut concevoir un environnement restreint dans lequel de tels contrôles et de tels modèles peuvent être démontrés, mais il n'y a aucune raison de supposer que de telles méthodes nous apprennent davantage sur l'étendue des potentiels humains que nous n'apprendrions en observant des prisonniers dans une prison ou à l'armée, ou dans plus d'une salle de classe. Les propriétés essentielles de la pensée humaine échapperont toujours à de telles investigations. Et, pardonnez-moi ce commentaire final « non professionnel », je suis très heureux qu'il en soit ainsi.

NOTES

1. Fait que j'ai discuté en détails dans « Deep Structure and Semantic Interpretation », *in* R. Jakobson, S. Kawamoko (dir.), *Studies in General and Oriental Linguistics*, mélanges offerts à Shiro Hattori, Tokyo, TEC Corporation for Language and Educational Research, 1970.

2. Nous devons à Ray Dougherty, Adrian Akmajian et Ray Jackendoff les exemples qui suivent. Voir en référence mon article dans *Studies in General and Oriental Linguistics*, *op. cit.*

CHAPITRE V

La nature formelle du langage

Les propriétés générales du langage

Nonobstant les études que plusieurs générations de chercheurs ont produites sur les questions dont cette conférence traite, elles ne reçoivent que des réponses tout à fait expérimentales. Il est peu de langues pour lesquelles des descriptions détaillées soient disponibles; seuls des aspects choisis des langues ont été étudiés avec suffisamment de soin et de succès pour étayer des conclusions de caractère général. Il est néanmoins possible d'esquisser avec assurance certaines propriétés et conditions qui distinguent les langues humaines parmi les systèmes arbitraires de manipulation symbolique, de communication et de libre expression.

La compétence et la performance

Au niveau le plus élémentaire de la description, nous pouvons dire qu'une langue associe son et sens d'une manière particulière; avoir la maîtrise d'une langue, c'est être en principe capable de comprendre ce qui est dit, et de produire un signal avec une interprétation sémantique voulue. Mais, parallèlement à un grand manque de clarté, il y a aussi une sérieuse ambiguïté dans cette caractérisation grossière de la maîtrise d'une langue. Il est tout à fait évident que les phrases ont un sens intrinsèque déterminé par des règles linguistiques, et qu'une personne maîtrisant une langue a, d'une certaine façon, internalisé le système de règles qui détermine à la fois la forme phonétique de la phrase et son contenu sémantique intrinsèque, et qu'elle a élaboré ce que nous appellerons une *compétence linguistique* intrinsèque. Cependant, il est tout aussi évident que l'utilisation de la langue réellement observée – la *performance* réelle – ne reflète pas simplement les connexions sons-sens intrinsèques établies par le système de règles linguistiques. La performance met également en jeu d'autres facteurs. Nous n'interprétons pas ce qui est dit en notre présence simplement en appliquant les principes linguistiques qui déterminent les propriétés phonétiques et sémantiques d'un énoncé. Les croyances extralinguistiques concernant le locuteur et la situation jouent un rôle fondamental, quand il s'agit de déterminer comment le discours est produit, identifié et compris. En conséquence, la performance linguistique est gouvernée par des principes structurels cognitifs (par exemple, des restrictions mémorielles) qui ne sont pas à proprement parler des aspects du langage.

Pour étudier une langue, nous devons d'abord essayer de dissocier des facteurs variés qui interagissent avec la compétence sous-jacente pour déterminer la performance réelle ; le terme technique « compétence » fait référence à la capacité du locuteur-auditeur idéal d'associer sons et sens, en respectant strictement les règles de sa langue. La grammaire d'une langue, comme modèle de compétence idéale[1], établit une certaine relation entre le son et le sens, entre les représentations phonétiques et sémantiques. Nous pouvons dire que la grammaire de la langue *L* génère un ensemble de paires *(s, I)* où *s* est la représentation phonétique d'un certain signal[2], et *I* l'interprétation sémantique attribuée à ce signal par les règles de la langue. La découverte de cette grammaire est le but principal de la recherche linguistique sur une langue donnée. La théorie générale de la structure linguistique cherche à découvrir, c'est là sa principale préoccupation, les conditions que toute grammaire doit remplir. Cette théorie générale s'intéresse à trois types de conditions : les conditions sur la classe des représentations phonétiques que l'on peut admettre, les conditions sur la classe des représentations sémantiques que l'on peut admettre, et les systèmes qui génèrent des paires de représentations phonétiques et sémantiques. Sur ces trois aspects, les langues humaines sont sujettes à des conditions restrictives rigoureuses. Il n'est pas difficile d'élaborer des systèmes qui ne remplissent pas ces conditions, et qui, en conséquence, ne peuvent être qualifiés de langues humaines, en dépit du fait qu'ils associent le son et le sens d'une quelconque manière définie. Les langues humaines sont des systèmes d'un type éminemment spécifique. Il n'y a aucune nécessité *a priori* pour qu'un système reliant le son et le sens soit de ce type. Au fur et à mesure de cette conférence, nous mentionnerons quelques-unes des conditions éminemment restrictives qui paraissent être des propriétés essentielles de la langue humaine.

Une grammaire génère un certain ensemble de paires *(s, I)* où *s* est une représentation phonétique et *I* l'interprétation sémantique qui lui est associée. De la même façon, nous pourrions concevoir un modèle de performance reliant le son et le sens de manière spécifique. On pourrait décrire un modèle perceptuel *MP* (voir en **1**) comme un dispositif qui accepte un signal en « input » (parmi beaucoup d'autres choses) et attribue diverses représentations grammaticales en « output ».

1

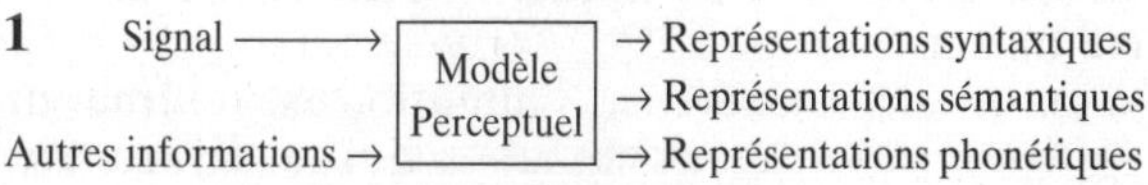

Un problème central en psychologie est de découvrir les caractéristiques d'un système *MP* de ce type. Il est clair qu'en comprenant un signal, un locuteur donne du sens à la structure de sa langue. En d'autres termes, le modèle *MP* incorpore la grammaire *G* d'une langue. Toute étude cherchant à découvrir comment ces phrases sont comprises – problématique générale de la perception du discours – doit, de toute évidence, s'inscrire dans des limites étroites, à moins qu'elle n'utilise cette propriété fondamentale d'un modèle perceptuel. Mais il est important de distinguer clairement entre la fonction et les propriétés du modèle perceptuel *MP,* et le modèle de compétence *G* qu'il incorpore. Le son et le sens sont reliés à la fois par *G et MP,* mais *MP* utilise beaucoup d'informations qui vont au-delà de l'association intrinsèque son-sens déterminée par la grammaire *G,* et opère dans des contraintes de mémoire, de temps et d'organisation de stratégies perceptuelles, qui ne sont pas des questions de grammaire. Corrélativement, même si nous pouvons décrire la grammaire *G* comme un système de processus et de règles s'appliquant dans un certain ordre pour mettre en relation le son et le sens, nous ne sommes pas habilités à considérer cela comme une description des actes successifs d'un modèle de performance tel que *MP*. Il serait en fait totalement absurde de faire ainsi. Ce que nous avons dit à propos des modèles perceptuels s'applique également aux modèles de production. Les règles grammaticales qui génèrent les représentations phonétiques des signaux avec leurs interprétations sémantiques ne constituent pas un modèle de production des phrases, même si tout modèle de ce type doit incorporer le système de règles grammaticales. Si ces distinctions simples ne sont pas prises en compte, il en résultera une grande confusion.

Dans cette conférence, l'attention est centrée sur la compétence et les grammaires qui la caractérisent; lorsque nous parlons de l'interprétation phonétique et sémantique des phrases, nous nous référons exclusivement aux représentations idéales déterminées par ce système sous-jacent. La performance fournit des données pour l'étude de la compétence linguistique. La compétence, au sens que nous venons de lui donner, est l'un des nombreux facteurs qui interagissent pour déterminer la performance. En général, nous nous attendrions à ce qu'en étudiant le comportement d'un organisme complexe, il soit nécessaire d'isoler les systèmes sous-jacents essentiellement indépendants, comme le système de compétence linguistique, et que chacun, avec sa structure intrinsèque, fasse l'objet d'un traitement distinct.

Les étapes initiales vers l'étude d'une compétence

Venons-en à présent à l'étude de la compétence sous-jacente. Prenons d'abord note de quelques propriétés très évidentes de la grammaire d'une langue humaine ; d'abord, il est clair que l'ensemble de représentations phonétiques et sémantiques appariées généré par la grammaire est infini. Il n'existe pas de langue humaine, ni en principe, ni en fait, qui puisse spécifier une phrase donnée comme étant la phrase la plus longue de cette langue faisant du sens. Toutes les grammaires des langues contiennent un dispositif qui rend possible la formation de phrases d'une complexité arbitraire, chacune avec son interprétation sémantique intrinsèque. Il est important de comprendre que cela n'est pas une simple coquetterie logique. L'utilisation normale d'une langue repose essentiellement sur cette absence de limites, sur le fait que le langage comporte des dispositifs permettant de générer des phrases d'une complexité arbitraire. La répétition des phrases est une rareté ; dans la performance au jour le jour, l'innovation, en accord avec la grammaire de la langue, est la règle ordinaire. L'idée qu'une personne a « un répertoire verbal » – un stock d'énoncés qu'elle produit « par habitude » pour une occasion appropriée – est un mythe qui s'écarte totalement de l'utilisation du langage observée. Il n'est pas davantage possible de prêter crédit à l'opinion selon laquelle le locuteur disposerait d'un stock de « modèles » dans lequel il insérerait des mots ou des morphèmes. De telles conceptions peuvent s'appliquer aux salutations, à quelques clichés, etc., mais elles représentent de façon erronée l'utilisation normale de la langue, ainsi que le lecteur peut aisément s'en convaincre, par le biais d'une observation vierge de tout préjugé[3].

Pour découvrir la grammaire d'un quelconque utilisateur d'une langue, nous devons d'abord obtenir des informations qui se rapportent à son interprétation des phrases, de la structure sémantique, grammaticale et phonétique qu'il leur attribue. Par exemple, pour l'étude de l'anglais, il serait important de découvrir les faits suivants. Considérons les cadres de phrase **2** et les mots « persuaded » (persuadé), « expected » (attendu) et « happened » (arrivé) :

2 **a.** John … Bill that he should leave
b. John … Bill to leave
c. John … to leave
d. It is … that Bill will leave

Le mot « persuaded » peut être inséré en **a** (John … Bill de partir) et en **b** (John … Bill de partir), mais ni en **c** (John … partir) ni en **d** (Il est … que Bill va partir) ; « expected » peut être inséré en **b**, en **c**, ou en **d**, mais non en **a** ; « happened » peut être inséré seulement en **c**. En insérant « persuaded » en **a**, nous dérivons une phrase ambiguë, dont l'interprétation dépend du référent de « he » ; après insertion de « persuaded », selon une interprétation, la phrase est une proche paraphrase de **b**. Lorsque « expected » apparaît en **b** et **c**, la relation verbe-sujet s'applique entre « Bill » et « leave » en **b**, mais s'applique entre « John » et « leave » en **c**. La phrase « John happened to leave » (il se trouvait que John partait) possède à peu près le même sens que « it happened that John left » (il se trouva que John partit alors), mais « John expected to leave » (John s'attendait à partir) n'est pas une paraphrase – même éloignée – de « It expected that John left » (il/attendu/que John parte). On peut énoncer des faits tels que ceux-ci de diverses façons, et nous pourrions utiliser l'une ou l'autre technique pour nous assurer de leur exactitude. Ce sont là des faits qui concernent la compétence du locuteur de l'anglais. Ils peuvent être utilisés comme base pour découvrir sa grammaire internalisée. Penchons-nous à présent sur le statut de telles observations avec un peu plus d'attention. Ces observations s'attachent directement à l'« output » d'un modèle perceptuel tel que **1**; elles sont afférentes à des structures attribuées aux signaux par l'auditeur. Notre caractérisation de l'« output » de **1** est une construction sur une preuve de ce type. Le modèle perceptuel *MP* lui-même est alors une construction de second ordre. En poussant plus loin l'abstraction, nous pouvons étudier la grammaire – qui constitue une composante fondamentale de **1** – comme une construction de troisième ordre. Ainsi, la preuve citée dans le paragraphe précédent n'a, en fait, qu'un rapport indirect avec la grammaire. En d'autres termes, nous devons présupposer la légitimité de chaque abstraction. Il semble y avoir peu de remise en question de la légitimité de l'abstraction dans des cas tels que ceux-ci, et il y a une masse écrasante de preuves du type cité. Notons, une fois encore, que si l'on doit étudier un organisme complexe sérieusement, on n'échappe pas à une idéalisation du type de celle que nous venons de décrire.

On doit avancer d'une étape supplémentaire dans ce processus d'abstraction. Considérons un modèle d'acquisition *MA* qui utilise les données linguistiques pour découvrir la grammaire de la langue à laquelle cette donnée appartient.

3 Données linguistiques → | MA | → Grammaire

Le mode selon lequel ce dispositif *MA* sélectionne précisément une grammaire est déterminé par sa structure interne, par les méthodes d'analyse dont il dispose, et par les contraintes initiales qu'il impose à n'importe quelle grammaire possible. Si nous disposons d'informations sur l'appariement des données linguistiques et des grammaires, nous pouvons essayer de déterminer la nature du dispositif *MA*. La linguistique s'est toujours intéressée à cette question, même si elle n'a pas toujours posé la question en ces termes. Ainsi, la linguistique structurale moderne a essayé d'élaborer des méthodes d'analyse de caractère général, indépendantes de toute langue particulière, et une tradition plus ancienne, aujourd'hui largement oubliée, avait essayé de développer un système de contraintes universelles auxquelles toute grammaire devrait satisfaire. Nous pourrions décrire l'une et l'autre de ces tentatives comme s'intéressant à la structure interne du dispositif *MA*, avec la conception innée « du langage humain » qui rend possible l'acquisition d'une langue [4].

La grammaire universelle

Venons-en à présent à l'étude de la compétence sous-jacente, et cherchons à comprendre comment un appariement son-sens peut s'établir. En préliminaire à cette investigation de la grammaire universelle, nous devons chercher à savoir comment les sons et les sens doivent être représentés. Puisque nous nous intéressons aux langues humaines en général, de tels systèmes de représentations doivent être indépendants de toute langue spécifique. Nous devons, en d'autres termes, développer une phonétique universelle et une sémantique universelle qui délimitent respectivement l'ensemble des signaux possibles et l'ensemble des représentations sémantiques possibles pour n'importe quelle langue humaine. Il sera alors possible de parler d'une langue comme d'un appariement de signaux et d'interprétations sémantiques, et d'enquêter sur les règles qui établissent cet appariement. Notre passage en revue des propriétés générales de la langue se répartit en trois parties : une discussion autour de la phonétique universelle, de la sémantique universelle et du système de grammaire universelle les chapeautant. Les deux premiers thèmes impliquent la représentation de la forme idéale et du contenu sémantique ; la théorie de la grammaire universelle traite des mécanismes utilisés dans les langues naturelles pour déterminer la forme d'une phrase et son contenu sémantique.

L'importance de développer une sémantique et une phonétique universelles, au sens où nous l'entendons dans le dernier paragraphe, fut clairement identifiée bien avant le développement de la linguistique moderne. L'évêque Wilkins, par exemple, dans son *Essay Towards Real Character and a Philosophical Language* (1668), a tenté de développer un alphabet phonétique et un catalogue universels de concepts en des termes à partir desquels il soit possible de représenter respectivement les signaux et les interprétations sémantiques de n'importe quelle langue. L'alphabet phonétique est basé sur un système de propriétés phonétiques élaborées en termes de point d'articulation et de lieu d'articulation. Chaque symbole phonétique est analysable comme un ensemble de propriétés de ce type. En vocabulaire contemporain, il est analysable comme un ensemble de *traits distinctifs.* De plus, on pose tacitement en hypothèse que le signal physique est déterminé par des principes indépendants de la langue, à partir de représentations selon des symboles phonétiques. Les concepts qui sont proposés comme unités d'interprétation sémantique sont également analysables en propriétés fixes (traits sémantiques), par exemple animé/inanimé, relatif /absolu, agent/instrument, etc. On pose tacitement en hypothèse que l'interprétation sémantique d'une phrase est déterminée par des principes universels, indépendants de la langue, à partir des concepts compris dans le discours, et de la relation grammaticale qui s'instaure entre eux (par exemple, sujet-prédicat)[5]. Bien que les défauts d'exécution dans des études pionnières comme celle de Wilkins soient évidents, l'approche générale est solide. La théorie de la phonétique universelle a été intensément étudiée selon les lignes que je viens d'indiquer, et ce, avec un succès considérable. À l'opposé, la théorie parallèle de la sémantique universelle a été, elle, très peu étudiée.

La phonétique universelle

La théorie de la phonétique universelle tente d'établir un alphabet phonétique universel et un système de lois. L'alphabet définit l'ensemble des signaux possibles à partir desquels on établit les signaux d'une langue particulière. Si la théorie est correcte, tout signal d'une langue peut être représenté comme une séquence de symboles de l'alphabet phonétique. Supposons que deux événements physiques soient représentés comme une même séquence. Ils doivent alors être des répétitions l'un de l'autre dans n'importe quelle langue[6]. D'autre part, deux événements physiques d'une langue pourraient être considérés par des locuteurs d'une langue comme des répétitions et par les locuteurs d'une autre langue comme des non-répétitions. Dans ce cas, l'alphabet universel devrait permettre de les distinguer.

La représentation d'après l'alphabet universel doit fournir l'information nécessaire, quelle qu'elle soit, pour déterminer comment le signal peut être produit et, en même temps, elle doit correspondre à un niveau raffiné de représentation perceptuelle. Cependant, une fois de plus, nous insistons sur le fait que, au-delà de la représentation phonétique idéale, la performance réelle met en jeu d'autres facteurs.

Les symboles de l'alphabet phonétique universel ne sont pas les « éléments primitifs » de la théorie phonétique universelle. Ces éléments primitifs incluent plutôt ce qu'on a appelé les *traits (phonétiques) distinctifs*, des propriétés telles que le voisement, l'antériorité, la postériorité, etc[7]. On peut concevoir chacun de ces traits comme une échelle d'après laquelle on peut distinguer deux ou trois valeurs. (Le nombre de valeurs que l'on a besoin de distinguer reste une question ouverte aujourd'hui, mais pour chaque trait, le nombre est, semble-t-il, assez peu élevé.) On doit considérer, à proprement parler, un symbole de l'alphabet phonétique comme un ensemble de traits ayant chacun une valeur spécifique. Un signal est alors représenté comme une séquence de tels ensembles.

Trois propriétés évidentes du langage sont reflétées dans une théorie phonétique de ce type. La première est son aspect discret (le fait que seul un nombre fini de signaux, nombre que l'on peut préciser, de n'importe quelle longueur donnée, puissent être non répétitifs). La seconde propriété est l'aspect infini (*unboundedness*) du langage, à savoir, le fait qu'un signal puisse être d'une longueur arbitraire, de telle sorte qu'une langue comporte à l'infini moult signaux interprétés sémantiquement. En sus de ces propriétés formelles, une théorie phonétique de ce type reflète le fait que deux segments d'un signal, représentés par deux symboles de l'alphabet universel, puissent être semblables à certains égards et distincts à d'autres ; et que, qui plus est, il y a un nombre fixé de dimensions telles que celles-ci – qui mettent en relief similitudes et différences –, et selon ces dimensions, un nombre fixé de points potentiellement chargés de sens. Ainsi, les segments initiaux de *bin* et *pin*[8] diffèrent sous l'angle du voisement et de l'aspiration, mais ne diffèrent pas de manière significative sous l'angle du point d'articulation ;

les deux consonnes de *cocoa* diffèrent, non sous l'angle du point d'articulation, ou du voisement, mais seulement du point de vue de l'aspiration, etc.

Il est important de noter que les traits distinctifs posés en hypothèse dans la théorie phonétique universelle sont absolus dans plusieurs sens et relatifs dans d'autres. Ils sont absolus au sens où ils sont fixés pour toutes les langues. Si la représentation phonétique doit fournir suffisamment d'informations pour l'identification d'un signal physique, alors la spécification précise d'un trait doit également être absolue. D'autre part, ces traits sont relatifs lorsqu'on les considère en fonction des notions de répétition/non-répétition. Par exemple, étant donné trois valeurs absolues intitulées 1, 2, 3, il se peut que, du point de vue antériorité/postériorité, nous trouvions dans la langue *L*1 deux énoncés qui ne diffèrent que par les valeurs 1, 2 – antérieur/postérieur –, et soient alors distingués comme étant des non-répétitions ; mais que des énoncés qui ne diffèrent que par les valeurs 2, 3 ne le soient pas ; alors qu'il est possible que l'opposé se produise dans la *L*2. Chaque langue utiliserait le trait antérieur/postérieur, pour distinguer les non-répétitions, mais la valeur absolue 2 qui est « antérieure » *(front)* dans une langue serait « postérieure » *(back)* dans l'autre.

Outre un système de traits distinctifs, une théorie phonétique universelle tente aussi de formuler certaines lois qui gouvernent les séquences autorisées et les diverses sélections autorisées dans une langue particulière. Par exemple, Jakobson a observé qu'aucune langue n'utilise à la fois le trait labialisation et le trait vélarisation pour différencier les non-répétitions, et il a suggéré une formulation générale selon laquelle ces deux traits peuvent être considérés comme des variantes d'un seul trait unique, plus abstrait. Des généralisations de ce type – particulièrement lorsqu'on peut les étayer par des arguments rationnels – peuvent être proposées comme lois de la phonétique universelle.

La sémantique universelle

Si la phonétique universelle est un sujet assez bien développé, on ne peut pas dire qu'il en soit ainsi de la sémantique universelle. Là aussi, nous pourrions espérer établir un système universel de traits sémantiques et de règles concernant leurs corrélations ainsi que la variété autorisée. En fait, la question de la détermination de tels traits et de telles lois est redevenue ces dernières années[9] un thème de recherche sérieux et plutôt prometteur de développements fructueux. On peut voir immédiatement qu'une analyse de concept, selon des traits tels que l'aspect animé, l'action, etc. (voir page 194), ne peut pas vraiment être adéquate et que certains traits doivent être encore plus abstraits. En anglais, par exemple, et c'est un fait de cette langue, le syntagme « a good knife » (un bon couteau) signifie « a knife which cuts well » (un couteau qui coupe bien). En conséquence, le concept « knife » doit être spécifié en partie selon les traits liés aux fonctions caractéristiques (et pas simplement aux propriétés physiques), et spécifié également selon « un trait d'évaluation[10] » abstrait qui est déterminé par des modificateurs tels que « good » (bon), « terrible » (horrible), etc. Ce n'est que par une analyse de ce type qu'on peut établir la relation sémantique entre « this is a good knife » (ceci est un bon couteau) et « this knife cuts well » (ce couteau coupe bien). Par opposition, le fait que « this is a good knife for cutting with » (ceci est un bon couteau pour couper avec) n'ait rien à voir avec « this knife cuts well » (ce couteau coupe bien) montre que l'interprétation sémantique d'une phrase est déterminée par des relations grammaticales, relations grammaticales d'un genre qui, en tout cas, n'est pas limpide.

Comme dans le cas de la phonétique universelle, nous pourrions espérer établir des principes généraux à propos des systèmes de concepts possibles qui peuvent être représentés dans une langue humaine, et les relations intrinsèques susceptibles d'exister entre eux. La sémantique universelle deviendrait, si de tels principes étaient découverts, une discipline autonome.

La syntaxe universelle

Supposons qu'une théorie satisfaisante de la phonétique universelle et de la sémantique universelle soit à portée de main. Nous pourrons alors définir une langue comme un ensemble de phrases, où une phrase est une variété particulière de la paire son-sens, et poursuivre en nous attachant à l'étude du système de règles qui définit les langues humaines. Mais, en fait, il n'y a que la théorie de la phonétique universelle qui soit suffisamment bien établie pour étayer cette entreprise. En conséquence, nous devons aborder l'étude de la structure du langage d'une façon légèrement plus indirecte.

Vous remarquerez que, bien que la notion de « représentation sémantique » soit elle-même loin d'être claire, nous pouvons néanmoins trouver d'innombrables conditions empiriques que l'explication de cette notion doit remplir. Considérons, par exemple, la phrase suivante :

4 « What disturbed John was being disregarded by everyone » (Ce qui perturbait John était d'être négligé de tous).

Tout d'abord, il est évident que cette expression a deux interprétations distinctes. Selon l'une d'elles, une certaine relation grammaticale s'établit entre « disregard » et « John », à savoir, la même relation que celle qui s'établit entre ces items dans la phrase « Everyone disregards John » (tout le monde néglige John), soit la relation verbe-objet. Selon la seconde interprétation, ni cette relation, ni aucune autre relation grammaticalement significative, ne s'établit entre « disregard » et

« John ». D'autre part, si nous insérons le mot « our » entre « was » et « being » :

« What disturbed John was (our) being disregarded by everyone. »

La phrase est sans ambiguïté, et aucune relation grammaticale ne s'établit entre « disregard » et « John », bien qu'une relation verbe-objet s'établisse à présent entre « disregard » et « we » (élément sous-jacent de *our*).

Il est possible d'élaborer à l'infini des exemples de ce type. Ils illustrent les conditions d'adéquation que la notion d'« interprétation sémantique » doit remplir (par exemple, les relations de paraphrase et d'implication et la propriété d'ambiguïté doivent être réfléchies correctement) et ils illustrent clairement quelques-uns des modes selon lesquels on doit déterminer les interprétations sémantiques des expressions linguistiques à partir de leurs éléments ayant une relation grammaticale.

À partir de ces considérations, nous sommes amenés à formuler un but immédiat plus restreint, mais extrêmement significatif pour l'étude de la structure linguistique. En considérant toujours une langue comme un ensemble de phrases, considérons à présent chaque « phrase » abstraite comme un appariement spécifique d'une représentation phonétique avec une structure abstraite quelconque (que nous appellerons *structure profonde*), qui incorpore l'information pertinente pour l'interprétation sémantique. Nous pouvons alors étudier, dans une langue particulière, le système de règles qui détermine cet appariement et les caractéristiques générales de ces règles. L'entreprise sera significative dans la mesure où ces structures profondes sous-jacentes détermineront vraiment une façon de remplir les conditions empiriques de l'interprétation sémantique. Au fur et à mesure des progrès de la théorie sémantique, elle donnera les moyens d'enrichir les structures profondes et de leur associer des interprétations sémantiques. La portée empirique d'une théorie complète de la grammaire, comprenant une phonétique, une sémantique et une syntaxe universelles, dépendra en partie du degré selon lequel les conditions sur l'interprétation sémantique peuvent être satisfaites par l'utilisation systématique des dispositifs et des principes que cette théorie fournit.

Pour résumer, nous nous proposons d'établir le cadre suivant pour l'étude de la structure linguistique. La *grammaire* d'une langue est un système de règles qui détermine un certain appariement son-sens. Elle recouvre *une composante syntaxique, une composante sémantique et une composante phonologique*. La composante syntaxique définit une certaine classe (infinie) d'objets abstraits (*SP*, *SS*), où *SP* est une *structure profonde* et *SS* une *structure superficielle*. La structure profonde comporte toute l'information pertinente pour l'interprétation sémantique ; la structure superficielle, toute l'information pertinente pour l'interprétation phonétique. Les composantes sémantiques et phonologiques relèvent purement de l'interprétation. La première attribue des interprétations sémantiques aux structures profondes ; la seconde attribue des interprétations phonétiques aux structures superficielles. Ainsi, la grammaire est un tout qui met en relation les interprétations sémantiques et phonétiques, association qui s'établit d'après les règles de la composante syntaxique qui définit les structures profondes et les structures superficielles appariées, règles qui agissent donc comme médiateurs. L'étude de ces trois composantes sera, bien sûr, extrêmement intégrée ; on peut étudier chacune d'elles individuellement, dans la mesure où l'on précise les conditions que lui imposent les autres.

Cette formulation est à considérer comme une première approximation informelle. Lorsque nous aurons élaboré une théorie précise de la structure grammaticale – par exemple, la version particulière de la théorie de la grammaire transformationnelle esquissée plus bas –, nous donnerons une acception technique aux termes « structure profonde » et « structure superficielle », et, en nous appuyant sur ces acceptions techniques, nous pourrons alors soulever le problème empirique – et non conceptuel – de la manière dont les structures profondes et les structures superficielles contribuent aux interprétations sémantiques et phonétiques, et les déterminent. Au sens technique où nous entendons, dans la théorie esquissée plus bas, les concepts de structure profonde et de structure superficielle, il me semble que l'information actuelle suggère que la structure superficielle détermine entièrement l'interprétation phonétique, et que la structure profonde détermine certains aspects très significatifs de l'interprétation sémantique. Mais l'imprécision de ce dernier terme ne nous permet pas d'être plus catégorique dans notre énoncé. Et je pense même qu'une explication raisonnable du terme « interprétation sémantique » mènerait à la conclusion que la structure superficielle contribue également à l'interprétation sémantique d'une façon restreinte mais importante ; je n'en dirai toutefois pas davantage sur cette question ici.

La grammaire universelle peut être définie comme l'étude des conditions que doivent remplir toutes les grammaires des langues humaines. La sémantique universelle et la phonétique universelle, au sens où nous l'entendons plus haut, feront alors partie de la grammaire universelle. Ainsi définie, la grammaire universelle n'est rien d'autre que la théorie de la structure linguistique. Cela semble concorder avec l'usage traditionnel. Pourtant, jusqu'à une période récente, seuls certains aspects de la grammaire universelle ont été étudiés. Le problème de la formulation des conditions que doivent remplir les règles de la syntaxe, de la phonologie et de la sémantique n'a notamment pas été soulevé de manière explicite par la linguistique traditionnelle, même si des étapes intermédiaires, riches en suggestions et non triviales, quant à l'étude de ce problème sont implicites dans une grande partie de la recherche traditionnelle [11].

Une grammaire du type décrit précédemment, qui tente de définir de manière explicite l'association intrinsèque de la forme phonétique et du contenu sémantique d'une langue particulière, pourrait être appelée *grammaire générative* [12] pour la distinguer de descriptions qui ont un but quelque peu différent (par exemple, les grammaires pédagogiques). Dans l'intention au moins, les grammaires scolaires traditionnelles sont des grammaires génératives, même si elles sont bien loin d'atteindre l'objectif consistant à déterminer comment ces phrases sont formées ou interprétées. Une bonne grammaire traditionnelle fournit un exposé complet des exceptions aux règles, mais ne fournit qu'allusions et exemples pour illustrer les structures normales (excepté dans des cas triviaux, comme par exemple les paradigmes flexionnels). On présume tacitement que le lecteur intelligent utilisera son « intuition linguistique » – sa connaissance latente, inconsciente, de la grammaire universelle – pour déterminer les structures régulières à partir des exemples et des commentaires donnés. La grammaire elle-même n'exprime pas les normes de la langue ayant pour assise la structure profonde. De telles grammaires ont en conséquence une valeur limitée, en regard de l'objectif de l'étude de la structure linguistique particulière ou universelle. Si l'étude de la structure linguistique veut parvenir au point où elle traite de manière significative les phénomènes réguliers et les principes généraux, il est nécessaire de les étendre à des grammaires génératives « complètes ». Il est cependant important d'avoir conscience du fait que le concept de « grammaire générative » n'est pas une innovation majeure en soi. Le fait que chaque langue « fasse un usage infini de moyens finis » (Wilhelm von Humboldt) est compris depuis longtemps. Les travaux modernes en grammaire générative tentent simplement d'expliquer explicitement comment ces moyens finis sont mis en œuvre à l'infini dans des langues données, et de découvrir les propriétés plus profondes qui définissent «le langage humain» en général (c'est-à-dire les propriétés qui constituent la grammaire universelle).

Nous ne nous sommes jusqu'ici intéressés qu'à la clarification des concepts et à la définition des objectifs. Venons-en à présent au problème de la formulation d'hypothèses de grammaire universelle.

Structure de la composante phonologique

La composante syntaxique d'une grammaire générative définit (génère) un ensemble infini de paires *(SP, SS)* où *SP* est une structure profonde et *SS* une structure superficielle. La composante interprétative de la grammaire attribue une représentation sémantique à *SP* et une représentation phonétique à *SS*.

Considérons d'abord le problème de l'attribution de représentations phonétiques à des structures superficielles. Comme dans la discussion précédente concernant la phonétique universelle, nous prenons une représentation phonétique comme une séquence de symboles de l'alphabet phonétique universel (API), chaque symbole étant analysé en traits distinctifs avec des valeurs spécifiques. En abordant la même idée sous un angle légèrement différent, nous pouvons envisager une représentation phonétique comme une matrice dans laquelle les lignes correspondent à des traits du système universel, et les colonnes correspondent à des segments successifs (les symboles de l'alphabet phonétique), et où chaque entrée est un nombre entier qui spécifie la valeur d'un segment particulier en lien avec le trait en question. Notre problème est alors de déterminer quelle information doit être contenue dans la structure superficielle, et comment les règles de la composante phonologique de la grammaire utilisent cette information pour spécifier une matrice phonétique telle celle que nous venons de décrire.

Considérons à nouveau l'exemple **4**, que nous répétons en **5** pour faciliter la référence :

5 What # disturb-ed # John was # be-ing # disregard-ed # by # every-one.

Nous pouvons en première approximation[13] considérer **5** comme une séquence de *formants* « what », « disturb », « ed », « John », « was », « be », « ing », « dis », « regard », « ed », « by », « every », « one », avec les jonctures représentées par les symboles # et - dans les positions indiquées en **5**. Ces *jonctures* spécifient la façon dont les formants sont combinés ; elles produisent l'information requise par les règles interprétatives de la composante phonologique. Une joncture doit, en fait, être analysée comme un ensemble de traits, c'est-à-dire comme une matrice à une seule colonne, dans laquelle les lignes correspondent à certains traits du système de jonctures, et où chaque entrée est l'une des deux valeurs que nous pouvons représenter soit par +, soit par -. De la même façon, chaque formant sera analysé comme une matrice dans laquelle les colonnes représentent les formants successifs, et les lignes correspondent à certains *traits catégoriels*, et où chaque entrée est soit +, soit -. La séquence **5** dans son ensemble peut donc être considérée comme une matrice simple avec des entrées + et -[14].

Les traits catégoriels incluent les traits universels du système phonétique, ainsi que des traits *diacritiques* qui indiquent essentiellement les exceptions aux règles. Ainsi, la matrice correspondant à « what » dans le dialecte dans lequel la représentation phonétique correspondante est [wat] contiendra trois segments, le premier spécifié comme une semi-consonne palatale labiale, le second comme une voyelle d'arrière ouverte, et le troisième comme une occlusive dentale sourde (ces spécifications sont données en termes de valeurs + ou - des traits fournis par le système phonétique universel). Dans ce cas-là, les règles de la composante phonologique convertissent ces spécifications en termes de valeurs + ou - en spécifications plus détaillées, selon des nombres entiers, dans lesquels la valeur de chaque segment par rapport aux traits phonétiques (par exemple, l'élévation de la langue, le degré d'aspiration, etc.) est indiquée avec le degré de précision requis par la théorie phonétique universelle présupposée, quel qu'il soit, et le degré de variation rendu possible par la langue, quel qu'il soit. Dans cet exemple, les valeurs attribuées précisent simplement la bifurcation entre les valeurs + et - données dans la matrice sous-jacente pour « what » dans l'exemple **5**.

L'exemple que nous venons de citer est, cependant, d'une simplicité inhabituelle. En général, les règles de la composante phonologique ne donnent pas simplement une spécification plus fine de la division sous-jacente en valeurs + et -, mais elles peuvent éventuellement modifier aussi les segments de manière significative, en les insérant, en les effaçant, ou en les réorganisant. Le formant « by », par exemple, est représenté par une matrice sous-jacente comportant deux colonnes, dont la seconde est spécifiée comme une voyelle d'avant fermée (spécification donnée en termes de valeurs des traits). La matrice phonétique correspondante, cependant, comporte, elle, trois colonnes, dont la seconde est spécifiée comme une voyelle d'arrière ouverte et la troisième comme une semi-consonne palatale (spécification alors établie dans une matrice phonétique, selon des entrées +/ - à valeur de nombre premier)[15].

La structure superficielle de **5** est alors représentée comme une matrice dans laquelle l'une des deux valeurs apparaît dans chaque entrée. Le fait que deux valeurs seulement puissent apparaître indique que cette matrice sous-jacente a en fait une fonction purement classificatoire. Chaque phrase est classée de façon à être distinguée des autres phrases et à ne déterminer que la manière dont les règles de la composante phonologique attribuent les valeurs phonétiques positionnelles spécifiques. Nous voyons alors que les traits distinctifs du système phonétique universel ont une *fonction classificatoire* dans la matrice sous-jacente constituant une partie de la structure superficielle, et une *fonction phonétique* dans la matrice constituant la représentation phonétique de la phrase en question. Ce n'est que dans la première fonction que les traits distinctifs sont uniformément binaires et que dans la dernière fonction qu'ils bénéficient d'une interprétation physique directe.

La matrice classificatoire sous-jacente que nous venons de décrire ne donne pas toute l'information requise par les règles phonétiques interprétatives. Il est nécessaire de savoir, en outre, comment la phrase en question est sous-divisée en syntagmes de taille variée, et de quels types de syntagmes il s'agit. Dans le cas de **5**, par exemple, l'interprétation phonologique nécessite de discerner que « disturb » (perturber) et « disregard » (négliger) sont des verbes, que « what disturbed John » (ce qui perturbait John) est un syntagme nominal, que « John was being » (John était étant) n'est pas du tout un syntagme, etc. On peut indiquer l'information pertinente par une parenthétisation correcte de la phrase avec des parenthèses étiquetées[16]. On se référera à l'unité contenue à l'intérieur des parenthèses [A et] A comme un syntagme de la catégorie *A*. La séquence « what # disturb-ed # John » en **5**, par exemple, sera incluse à l'intérieur des parenthèses [SN,]SN, indiquant que c'est un syntagme nominal ; le formant « disturb » sera inclus à l'intérieur des parenthèses [V,]V, indiquant que c'est un verbe ; l'ensemble de l'expression **5** sera incluse à l'intérieur des parenthèses [P,]P, indiquant que c'est une phrase ; la séquence « John was being » ne sera pas incluse entre des parenthèses, puisque ce n'est pas du tout un syntagme. Pour prendre un exemple extrêmement simple, on pourrait représenter la phrase « John saw Bill » (John a vu Bill) de la façon suivante en structure superficielle, où il convient de considérer chaque item représenté de manière orthographique comme une matrice classificatoire :

6 $[S[SN[N^{John}]N]SN[SV[V^{saw}]V[SN[N^{Bill}]N]SN]SV]S$

Cette représentation indique que « John » et « Bill » sont des noms (*N*) et que « saw » est un verbe (*V*) ; que, de plus, « John » et « Bill » sont des syntagmes nominaux (*SN*) ; que « saw Bill » est un syntagme verbal (*SV*) ; et que « John saw Bill » est une phrase (*P*). Il semble que l'interprétation d'une phrase par la composante phonologique de la grammaire nécessite invariablement l'information qui peut être représentée comme nous venons de le décrire. Nous posons donc en hypothèse que la structure superficielle d'une phrase est à proprement parler une parenthétisation étiquetée d'une matrice classificatoire de formants et de jonctures.

La composante phonologique d'une grammaire convertit une structure superficielle en une représentation phonétique. Nous avons à présent une spécification grossière des notions de « structures superficielles » et de « représentations phonétiques ». Reste à décrire les règles de la composante phonologique et la façon dont elles sont organisées. Les preuves actuellement disponibles suggèrent que l'ordre des règles de la composante phonologique est linéaire, ordonnée selon des séquences R_1, ..., R_N, et que cette séquence de règles s'applique de façon cyclique à une structure superficielle de la façon suivante. Dans le premier cycle de l'application, les règles R_1, ..., R_N, s'appliquent dans cet ordre à une partie maximale continue de la structure superficielle ne contenant pas de parenthèses internes. Après application de la dernière de ces règles, les parenthèses situées le plus à l'intérieur sont effacées et le deuxième cycle d'application initié. Dans ce cycle, les règles s'appliquent à nouveau, dans l'ordre donné, à une partie continue maximale de la structure superficielle ne contenant pas de parenthèses internes. Les parenthèses situées le plus à l'intérieur sont alors effacées et le troisième cycle initié. Le processus continue, jusqu'à ce que le domaine maximal des processus phonologiques (dans des cas simples, la phrase entière) soit atteint. Certaines de ces règles sont restreintes à l'application au niveau de la frontière du mot ; dans le cycle, elles ne s'appliquent que quand le domaine d'application est un mot entier. D'autres sont libres d'itérer à chaque étape d'application. Vous remarquerez que le principe d'application cyclique est très intuitif. Il spécifie en effet qu'il y a un système fixé de règles, système qui détermine la forme des unités longues à partir de leurs parties constituantes. Nous pouvons illustrer le principe de l'application cyclique à l'aide de quelques règles d'attribution de l'accent tonique en anglais. Bien que les représentations phonétiques de l'anglais doivent – c'est, semble-t-il, un fait établi – permettre cinq ou six valeurs différentes selon le trait caractéristique d'accentuation, tous les segments peuvent cependant être non marqués eu égard à l'accent dans les structures superficielles – c'est-à-dire que l'accent n'a pas de fonction catégorielle (sinon très marginalement) en tant que trait distinctif de l'anglais. Les schémas accentuels complexes de la représentation phonétique sont déterminés par des règles telles que **7** et **8**[17] :

7 Il convient d'attribuer l'accent primaire dans les noms aux deux voyelles accentuées – accent primaire – le plus à gauche.

8 Il convient d'attribuer l'accent primaire au pic accentuel le plus à droite, où une voyelle *V* est un pic accentuel dans un certain domaine si ce domaine ne contient pas de voyelle plus fortement accentuée que *V*.

La règle **7** s'applique aux noms ayant deux accents primaires ; la règle **8** s'applique à toute unité qui ne soit pas de ce type. Les règles s'appliquent dans l'ordre **7** puis **8**, selon la façon cyclique décrite plus haut. Par convention, quand l'accent primaire est assigné à une certaine position, il y a lénition des autres accents d'un degré. Vous remarquerez que, si un domaine ne contient pas de voyelle accentuée, alors la règle attribuera l'accent primaire à sa voyelle la plus à droite.

Pour illustrer ces règles, considérons d'abord la structure superficielle 6. En accord avec le principe général de l'application cyclique, le règles **7** et **8** s'appliquent d'abord aux unités situées les plus à l'intérieur [N John]N, [V saw]V, et [N Bill]N. La règle **7** est inapplicable ; la règle **8** s'applique, attribuant dans chaque cas l'accent primaire à la seule voyelle. Les parenthèses situées le plus à l'intérieur sont alors effacées. Le cycle suivant traite les unités [SN $\overset{1}{\text{John}}$]SN et [SN $\overset{1}{\text{Bill}}$]SN et réattribue simplement l'accent primaire à la seule voyelle, de par la règle **8**. Les parenthèses situées le plus à l'intérieur sont alors effacées, et nous avons l'unité [SV $\overset{1}{\text{saw}}$ $\overset{1}{\text{Bill}}$]SV comme domaine d'application des règles. La règle **7** est à nouveau inapplicable, puisque ce n'est pas un nom ; la règle **8** attribue l'accent primaire à la voyelle de « Bill », avec lénition de l'accent sur *saw* qui devient secondaire. Les parenthèses situées le plus à l'intérieur sont effacées et nous avons l'unité [P $\overset{1}{\text{John}}$ $\overset{2}{\text{saw}}$ $\overset{1}{\text{Bill}}$]P comme domaine d'application. La règle **7** est à nouveau inapplicable, et la règle **8** attribue l'accent primaire à « Bill », avec lénition des autres accents, ce qui donne « $\overset{2}{\text{John}}$ $\overset{3}{\text{saw}}$ $\overset{1}{\text{Bill}}$ » qui peut être acceptée comme représentation idéale du schéma accentuel.

Penchons-nous à présent sur l'exemple un peu plus complexe « John's blackboard eraser ». Dans la première application du cycle, les règles **7** et **8** s'appliquent aux unités situées le plus à l'intérieur « John », « black », « board », « erase » ; la règle **7** est inapplicable, et, dans chaque cas, la règle **8** attribue l'accent primaire à la voyelle la plus à droite (la seule voyelle dans les trois premières unités). Le cycle suivant met en jeu les unités « John's » et « eraser », et est vide[18]. Le domaine
1 1
d'application au cycle suivant est [N black board] N. Cette unité est assujettie à la règle **7**, puisque c'est un nom, ce qui attribue l'accent primaire à « black », avec lénition de l'accent sur « board » qui devient secondaire. Les parenthèses situées le plus à l'intérieur sont effacées, et le domaine d'application au cycle suivant
1 2 1
est [N black board eraser]N. La règle **7** s'applique à nouveau, attribuant l'accent primaire à « black », ce qui entraîne la lénition de tous les autres accents d'un degré. Dans le cycle final, le domaine d'application des
1 3 2
règles est [SN John's black board eraser]SN. La règle **7** est inapplicable, puisque ce n'est pas un syntagme nominal complet. La règle **8** attribue l'accent primaire à la voyelle la plus à droite, porteuse de l'accent primaire, avec lénition de tous les autres, ce qui donne
2 1 4 3
« John's blackboard eraser ». Ainsi, une représentation phonétique complexe est déterminée par des règles très simples et motivées indépendamment, s'appliquant en accord avec le principe général du cycle.

Cet exemple est caractéristique, il illustre plusieurs points importants. La grammaire de l'anglais doit inclure la règle **7**, afin d'expliquer que, dans le cas du nom « blackboard », le schéma accentuel tombe, et elle doit comprendre la règle **8**, afin d'expliquer l'intonation montante du syntagme « blackboard » (« board which is black »). Le principe du cycle ne fait pas à proprement parler partie de la grammaire de l'anglais, mais est plutôt un principe de grammaire universelle qui détermine l'application des règles spécifiques de l'anglais ou de toute autre langue, quelles que soient ces règles. Dans l'exemple illustré, le principe général de l'application cyclique attribue comme indiqué un schéma accentuel complexe. Munie du principe de cycle et des deux règles **7** et **8**, une personne connaît [19] le schéma accentuel correct de « John's blackboard eraser », ainsi que celui d'indénombrables expressions qu'elle n'aura peut-être jamais entendues précédemment. Cela est un simple exemple d'une propriété générale de la langue ; *certains principes universaux doivent corréler avec des règles spécifiques pour déterminer la forme (et le sens) d'expressions linguistiques entièrement nouvelles.*

Cet exemple apporte également de l'eau à une hypothèse un peu subtile et de plus grande portée. Il y a peu de doute que des phénomènes comme le schéma accentuel en anglais sont une réalité perceptuelle ; des observateurs entraînés atteignent par exemple un degré élevé d'unanimité lors d'enregistrements de nouveaux énoncés dans leur langue maternelle. Il y a cependant peu de raisons de croire que ces schémas représentent une réalité *physique*. Il se peut tout à fait que le signal physique représentant les schémas accentuels soit totalement différent de la perception que l'on en a. Il n'y a pas de paradoxe à cela. Si l'on distingue seulement deux niveaux d'accentuation dans le signal physique, alors la personne qui apprend l'anglais a suffisamment de preuves pour élaborer les règles **7** et **8** (étant donné l'opposition entre « blackboard » et « black board » par exemple). En prenant alors pour hypothèse qu'elle connaît le principe du cycle, elle est capable de percevoir le schéma accentuel de « John's blackboard eraser », même si ce n'est pas une propriété physique du signal. Les preuves disponibles aujourd'hui inclinent fortement à penser que cela n'est pas une description précise de la perception de l'accent en anglais.

Il est important de voir qu'il n'y a rien de mystérieux dans cette description. Il n'y aurait pas de problème de principe à concevoir un automate qui utilise les règles **7** et **8**, les règles de la syntaxe anglaise, et le principe du cycle de transformation pour attribuer un schéma accentuel à plusieurs niveaux, y compris à un énoncé où l'accent n'est pas représenté du tout (par exemple, une phrase épelée en orthographe traditionnelle). L'automate utiliserait les règles de syntaxe pour déterminer la structure superficielle de l'énoncé, et appliquerait ensuite les règles **7** et **8** en accord avec le principe du cycle pour déterminer le schéma à plusieurs niveaux. En prenant un tel automate comme première approximation d'un modèle de perception du discours (voir **1**, page 189), nous pourrions proposer que l'auditeur utilise certaines propriétés sélectionnées du signal physique pour déterminer quelle phrase de la langue a été produite pour lui attribuer une structure profonde et une structure superficielle. Avec une attention soutenue, il sera alors capable d'« entendre » le schéma accentuel attribué par la composante phonologique de sa grammaire, qu'il corresponde ou non à l'une des propriétés physiques du signal présenté. En gros, une telle explication de la perception du discours pose en hypothèse que l'interprétation syntaxique d'un énoncé soit peut-être un prérequis au fait d'« entendre » sa représentation phonétique dans le détail ; elle rejette l'hypothèse que la perception du discours nécessite une analyse complète de la forme phonétique, suivie d'une analyse complète de la structure syntaxique, suivie d'une interprétation sémantique ; ainsi que l'hypothèse que la forme phonétique perçue est une représentation phonétique exacte, point par point, du signal. Mais on doit garder à l'esprit qu'il n'y a rien qui suggère que l'une ou l'autre des hypothèses rejetées soit correcte, et il n'y a pas non plus de mystère dans la théorie que nous venons d'esquisser et qui rejette ces hypothèses. La théorie que nous venons d'esquisser est en fait tout à fait plausible, puisqu'elle peut évacuer l'assertion selon laquelle des propriétés physiques aujourd'hui indétectables des discours sont identifiées avec une précision qui va bien au-delà de quoi que ce soit de démontrable par l'expérience, même dans des conditions d'expérimentation idéales, et elle peut expliquer la perception des schémas accentuels des énoncés nouveaux [20] sur la simple hypothèse que les règles **7** et **8** et le principe général de l'application cyclique soient accessibles au système perceptuel.

Il y aurait fort à dire encore sur les mérites relatifs de modèles perceptuels de types divers. Plutôt que de poursuivre sur ce sujet, penchons-nous plus en détail sur l'hypothèse que les règles **7** et **8** et le principe de l'application cyclique sont accessibles au modèle perceptuel et qu'ils le sont de la façon proposée. La façon dont on pourrait apprendre les règles **7** et **8** à partir d'exemples simples de schémas ascendants et descendants est claire (par exemple, « black board » par opposition à « blackboard »). Mais la question se pose alors : comment une personne apprend-elle le principe de l'application cyclique ? Avant d'affronter cette question, il est nécessaire d'en régler une autre qui, en toute logique, précède celle-ci : pourquoi, d'ailleurs, postuler que le principe est appris ? Il existe de nombreuses preuves que le principe est utilisé, mais il ne découle pas de cela qu'il ait été appris. En fait, il est difficile d'imaginer comment un tel principe pourrait être appris uniformément par tous les locuteurs, et il n'est pas du tout évident que des preuves suffisantes soient disponibles dans le signal physique pour justifier ce principe. En conséquence, la conclusion la plus raisonnable semble être que le principe n'est pas du tout appris, mais plutôt qu'il fait partie de l'équipement conceptuel que l'apprenant apporte à la tâche d'acquisition du langage. On peut appliquer un raisonnement très similaire à d'autres principes de la grammaire universelle.

Vous remarquerez à nouveau qu'une telle conclusion n'a rien de surprenant. Il n'y aurait pas de difficultés, en principe, à concevoir un automate qui intègre les principes de la grammaire universelle et en active l'utilisation pour déterminer à laquelle des langues possibles il est exposé. Il n'y a pas davantage, *a priori,* de raison de supposer que ces principes sont eux-mêmes appris, qu'il n'y en a de supposer qu'une personne apprend pour interpréter des *stimuli* visuels en termes de lignes, d'angles, de contour, de distance, comme, aussi bien, elle apprend à avoir deux bras. C'est une question de faits empiriques, intégralement ; il n'y a pas d'information d'ordre général, extralinguistique ou autre, qui puisse être utilisée aujourd'hui pour étayer l'hypothèse qu'un principe de grammaire universelle soit appris, ou qu'il soit inné, ou, sous un aspect ou un autre, les deux. Et si la preuve linguistique semble suggérer que certains principes ne sont pas appris, il n'y a aucune raison de trouver cette conclusion paradoxale ou surprenante.

Pour en revenir à l'élaboration des principes de la grammaire universelle, il semble que la composante phonologique d'une grammaire consiste en une suite de règles qui s'appliquent de manière cyclique, ainsi que nous venons de le décrire, pour attribuer une représentation phonétique à une structure superficielle. La représentation phonétique est une matrice de spécifications des traits phonétiques et la structure superficielle est une parenthétisation correctement étiquetée des formants qui, eux-mêmes, sont représentés selon un marquage des traits catégoriels distinctifs. Les démonstrations dont nous disposons aujourd'hui étayent ces hypothèses ; fondements de l'explication de plusieurs traits curieux du fait phonétique.

Il est important de remarquer qu'il n'existe pas *a priori* de nécessité qui justifie que la composante phonologique d'une grammaire n'ait que ces propriétés-là. Ces hypothèses sur la grammaire universelle restreignent la classe des langues humaines possibles à un sous-ensemble très spécial de l'ensemble « langues » imaginables. Les preuves dont nous disposons suggèrent que ces hypothèses relèvent du dispositif d'acquisition du langage *MA* **3** (p. 193), c'est-à-dire qu'elles forment une partie du schématisme que l'enfant apporte au problème de l'acquisition du langage. Il semble assez évident que ce schématisme doit être très élaboré et très restrictif. S'il ne l'était pas, l'acquisition du langage dans les limites empiriquement connues de temps, d'accès et de variabilité serait un mystère impénétrable. Des considérations du type de celles que nous avons mentionnées dans la discussion qui précède relèvent directement du problème qui consiste à déterminer la nature de ces mécanismes innés et méritent donc une étude et une attention extrêmement soutenues.

La structure de la composante sémantique

Considérons à présent la seconde composante interprétative d'une grammaire générative, le système de règles qui convertit une structure profonde en une représentation sémantique qui exprime le sens intrinsèque de la phrase en question. Bien que plusieurs aspects de l'interprétation sémantique restent très obscurs, il est néanmoins tout à fait possible d'entreprendre une investigation directe de la théorie des structures profondes et de leur interprétation, et certaines propriétés de la composante sémantique semblent assez claires. En particulier, comme nous l'avons noté précédemment, plusieurs conditions empiriques sur l'interprétation sémantique peuvent être clairement formulées. Nous savons, par exemple, que l'on doit attribuer à la phrase **4** (p. 199) au moins deux représentations sémantiques et que l'une d'elles doit pour l'essentiel être semblable à l'interprétation attribuée et à **9** et à **10**.

9 Being disregarded by everyone disturbed John.
10 The fact that everyone disregarded John disturbed him [21].

De plus, il est clair que la représentation sémantique d'une phrase dépend de la représentation de ses parties, comme dans le cas parallèle de l'interprétation phonétique. Par exemple, dans l'exemple **10**, il est évident que l'interprétation sémantique dépend en partie de l'interprétation sémantique de « Everyone disregarded John » (tout le monde négligeait John) ; Si en **10**, on remplaçait ces derniers par « Life seemed to pass John by » (la vie semblait dépasser John), on modifierait de manière fixe l'interprétation du tout. Jusqu'ici, c'est limpide, et cela suggère qu'un principe comme celui de l'application cyclique en phonologie devrait s'appliquer à la composante sémantique.

Un examen un peu plus soutenu du problème montre que l'interprétation sémantique doit être significativement plus abstraite que l'interprétation phonologique, eu égard à la notion de « partie constituante ». Ainsi, l'interprétation de « Everyone disregarded John » est sous-jacente non seulement à **10**, mais aussi à **9** et à **4**, et exactement de la même façon. Mais ni **4** ni **9** ne contiennent « Everyone disregarded John » comme partie constituante ainsi que le fait **10**. En d'autres termes, les structures profondes sous-jacentes à **9** et à **10** devraient toutes deux être identiques – ou très similaires – à une ou deux structures profondes sous-jacentes à **4**, malgré la grande divergence de la structure profonde et de la forme phonétique. Il s'ensuit que nous ne pouvons pas nous attendre à ce qu'en général la structure profonde soit très proche de la structure superficielle.

Dans le cas d'une phrase comme **6** (« John saw »

Bill), il y a peu de différences entre la structure profonde et la structure superficielle. Dans ce cas, l'interprétation sémantique ne serait alors pas très éloignée de la marque si elle était pratiquement parallèle à l'interprétation phonétique. Ainsi, on peut dériver l'interprétation de « saw Bill » à partir de celle de « saw[22] » et de celle de « Bill », et on peut déterminer l'interprétation de **6** à partir de celle de « John » et de celle de « saw Bill ». Pour effectuer une telle interprétation, nous ne devons pas seulement connaître la parenthétisation étiquetée de **6** en constituante, mais aussi les relations grammaticales qui sont représentées ; autrement dit, nous devons savoir que « Bill » est l'*objet direct* de « saw » et qu'une relation sujet-prédicat s'établit entre « John » et « saw Bill » dans « John saw Bill ». De la même façon, dans l'exemple un peu plus complexe de « John saw Bill leave » (John a vu Bill partir), nous devons savoir que la relation sujet-prédicat s'établit entre « John » et « saw Bill » et également entre « Bill » et « leave ».

Vous remarquerez que, au final, dans des cas simples comme **6**, nous avons déjà un mécanisme de représentation des relations grammaticales, d'un type comme celui dont nous avons précisément besoin pour l'interprétation sémantique. Supposons que nous définissions la relation *sujet de* comme la relation qui s'établit entre un syntagme nominal et une phrase dont il est un constituant[23] immédiat, et la relation *prédicat de* comme s'établissant entre un syntagme verbal et une phrase dont il est un constituant immédiat. La relation sujet-prédicat peut alors être définie comme la relation s'établissant entre le sujet d'une phrase et le prédicat de cette même phrase. Ainsi, en ces termes, « John » est le sujet de « saw Bill (leave) », le prédicat de « John saw Bill (leave) » et la relation sujet-prédicat s'établit entre les deux. De la même façon, nous pouvons définir la relation *objet direct* (en termes de constituant immédiat du syntagme nominal et du syntagme verbal dans le syntagme verbal) et d'autres, d'une façon parfaitement satisfaisante et appropriée. Mais revenons-en à présent à **6**; cette observation implique qu'une *parenthétisation étiquetée* serve de structure profonde (exactement comme une parenthétisation étiquetée sert de structure superficielle); elle contient exactement l'information sur la composition des constituants et sur les relations grammaticales dont on a besoin pour l'interprétation sémantique.

Nous avons noté que dans « John saw Bill leave », la relation sujet-prédicat s'établit entre « Bill » et « leave » aussi bien qu'entre « John » et « saw Bill leave ». Si l'on doit considérer **6** – ou quelque chose qui lui ressemble passablement (voir par exemple note 22) – comme la structure profonde, avec les relations grammaticales précédemment définies, alors, si nous laissons de côté plusieurs détails, la structure profonde de « John saw Bill leave » doit s'apparenter à **11** :

11 $$[S[SN^{\text{John}}]SN[SV[V^{\text{saw}}]V[S[SN^{\text{Bill}}]SN[SV[V^{\text{leave}}]V]SV]S]SV]S$$

La parenthétisation étiquetée **11** exprime, comme exigé, la relation sujet-prédicat entre « John » et « saw Bill leave » et entre « Bill » et « leave ».

Tournons-nous à présent vers un exemple un peu plus complexe ; les phrases **9** et **10** (tout comme **4**, selon l'une des interprétations) contiennent chacune en structure profonde quelque chose comme **12** :

12 $$[S[SN^{\text{everyone}}]SN[SV[V^{\text{disregards}}]V[SN^{\text{John}}]SN]SV]S$$

Si cette exigence est satisfaite, nous sommes alors en mesure d'expliquer le fait que, de toute évidence, le sens de **4** (= « what disturbed John was being disregarded by everyone ») dans l'une des interprétations de **9** (= « being disregarded by everyone disturbed John ») est déterminé en partie par le fait que la relation objet direct s'établit entre « disregard » et « John », et la relation sujet-prédicat entre « everyone » et « disregards John », en dépit du fait que ces relations ne sont nullement indiquées en structure superficielle dans **4** ou dans **9**.

À partir de nombreux exemples tels que ceux-ci, nous sommes conduits à concevoir ainsi le fonctionnement de la composante sémantique. Cette composante interprétative de la grammaire générative complète s'applique à une structure profonde et lui attribue une représentation sémantique, formulée en termes de notions encore tout à fait obscures de sémantique universelle. La structure profonde est une parenthétisation étiquetée des éléments minimaux porteurs de sens. Les règles interprétatives s'appliquent cycliquement, déterminant l'interprétation sémantique d'un *syntagme* de la structure profonde à partir des interprétations sémantiques des constituants immédiats de *X* et de la relation grammaticale représentée dans cette configuration de *X* et de ses parties.

En surface au moins, les deux composantes interprétatives de la grammaire sont assez similaires dans la façon dont elles opèrent, et elles s'appliquent à des objets qui sont, pour l'essentiel, du même type (parenthétisations étiquetées). Mais dans des cas non triviaux, la structure profonde d'une phrase sera bien différente de sa structure superficielle.

Vous remarquerez que, si les notions de *syntagme nominal*, *syntagme verbal*, *phrase*, *verbe* peuvent, dans le cadre de la grammaire universelle, recevoir une caractérisation indépendante de la langue, alors les relations grammaticales définies plus haut (ou, similairement, d'autres que nous pourrions décrire de la même façon) reçoivent également une caractérisation universelle. Il semble que cela puisse être possible et certaines grandes lignes de l'approche d'une caractérisation comme celle-ci semblent claires (voir p. 240-241). Nous pourrions alors soulever la question de savoir si la composante sémantique d'une grammaire comporte des règles spécifiques, comme les règles **7** et **8** de la composante phonologique de l'anglais, ou si les principes d'interprétation sémantique n'appartiendraient pas plutôt principalement à la grammaire universelle. Cependant, nous laisserons volontairement de côté ces questions et d'autres, relatives à la composante sémantique, pour nous tourner à présent vers la discussion de la seule composante non interprétative de la grammaire – que nous avons appelée sa « composante syntaxique ». Notez que, comme dans le cas de la composante phonologique, dans la mesure où on peut attribuer certains principes d'interprétation à la grammaire universelle plutôt qu'à une grammaire particulière, il y a peu de raisons de supposer qu'ils soient appris ou qu'ils puissent en principe l'être.

Structure de la composante syntaxique

La composante syntaxique d'une grammaire doit générer (voir note 12, p. 247) des paires (*SP*, *SS*), où *PS* est une structure profonde, et SS une structure superficielle qui lui est associée. La structure superficielle *SS* est une parenthétisation étiquetée d'une séquence de formants et de jonctures. La structure profonde *SP* est une parenthétisation étiquetée qui détermine un certain réseau de fonctions grammaticales et de relations grammaticales dans les éléments et les groupes d'éléments dont elle est composée. La composante syntaxique doit évidemment avoir un nombre fini de règles (ou de combinaisons de règles), mais celles-ci doivent être organisées de telle façon qu'un nombre infini de paires (*SP*, *SS*) de structures profondes et superficielles puissent être générées, chacune correspondant à chaque phrase de la langue interprétée[24] (c'est-à-dire interprétées phonétiquement et sémantiquement). On peut, en principe, concevoir divers modes d'organisation d'un tel système. Il pourrait, par exemple, être constitué de règles indépendantes, générant des structures profondes et des structures superficielles et certaines conditions de compatibilité dans leurs relations, ou être constitué de règles générant des structures superficielles combinées avec des règles, les projetant en structures profondes associées, ou en règles générant des structures profondes combinées avec des règles les projetant en structures superficielles[25]. Le choix entre ces alternatives s'impose de fait, il ne s'agit pas d'une décision. Nous devons nous demander laquelle de ces alternatives rend possibles les généralisations les plus profondes et l'explication la plus élaborée de phénomènes linguistiques de types variés. Comme c'est le cas pour d'autres aspects de la grammaire universelle, nous traitons ici un ensemble de questions empiriques ; il est sans doute difficile d'en obtenir des preuves fondamentales, mais on ne peut pas en conclure pour autant qu'il n'y a rien de juste ou rien de faux dans le principe avancé.

Parmi les nombreuses alternatives que l'on pourrait suggérer, il semble que les preuves dont dispose actuellement la linguistique tendent uniformément vers la conclusion que la composante syntaxique est constituée de règles qui génèrent des structures profondes combinées avec des règles qui les projettent en des structures superficielles associées. Nous appellerons respectivement ces deux systèmes de règles la composante de *base* et la composante *transformationnelle* de la syntaxe. Le système de base est en outre sous-divisé en deux parties : le système *catégoriel* et le *lexique*. Ces trois sous-parties de la syntaxe ont, chacune, une fonction spécifique à remplir, et des contraintes universelles lourdes déterminent, semble-t-il, leur forme et leur corrélation. La structure générale d'une grammaire serait alors décrite comme dans le diagramme **13** :

13

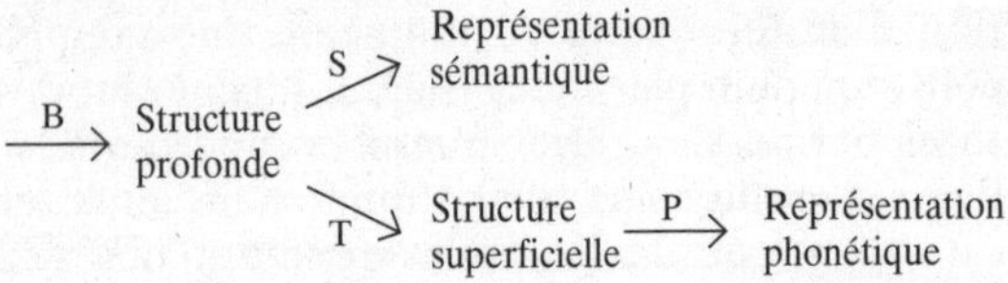

La projection *S* est effectuée par la composante sémantique ; *T* par la composante transformationnelle ; et *P* par la composante phonologique. La génération des structures profondes par le système de base (par l'opération *B*) est déterminée par le système catégoriel et le lexique.

Le lexique est un ensemble d'entrées lexicales ; chaque entrée lexicale peut être considérée à son tour comme un ensemble de traits de types variés. Parmi eux, les traits phonologiques et les traits sémantiques que nous avons déjà mentionnés brièvement. On peut considérer que les traits phonologiques sont indexés à la position (c'est-à-dire en premier, en second, etc.) ; en dehors de cela, chacun est un simple indicateur de marquage de l'un des traits distinctifs universels (considérés ici sous leur angle catégoriel) ou, en cas d'irrégularité, d'une fonction diacritique quelconque (voir p. 204). Ainsi, les traits phonologiques indexés selon leur position constituent, comme décrit précédemment, une matrice à trait distinctif avec des entrées données en valeurs + ou -. Les traits sémantiques constituent une « définition dictionnaire ». Comme noté précédemment, certains d'entre eux au moins doivent être très abstraits ; il pourrait en outre y avoir parmi eux des connexions intrinsèques de types variés que l'on appelle parfois « structure de champ » (*field structure*). En outre, l'entrée lexicale contient des traits syntaxiques qui déterminent les positions dans lesquelles l'entrée en question peut apparaître, et les règles qui peuvent s'appliquer aux structures la contenant lorsque ces dernières sont transformées en structures superficielles. En général, l'entrée lexicale contient toutes les informations sur l'item en question, qu'on ne peut expliquer par les règles générales.

En dehors des entrées lexicales, le lexique contient des règles de redondance qui modifient le contenu caractéristique d'une entrée lexicale selon des régularités générales. Par exemple, le fait que les voyelles soient voisées, ou que les humains soient animés, ne requiert aucune mention spécifique dans des entrées lexicales données. On peut sans aucun doute donner la plupart des informations lexicales redondantes à l'aide de conventions générales (c'est-à-dire des règles de grammaire universelle), plutôt que par les règles de redondance de la langue.

Le lexique s'attache à toutes les propriétés, idiosyncrasiques ou redondantes, des items lexicaux individuels. La composante catégorielle de la base détermine tous les autres aspects de la structure profonde. La composante catégorielle semble être ce qu'on appelle *une grammaire syntagmatique simple ou indépendante du contexte.* On peut très facilement comprendre précisément ce qu'est un tel système à partir d'un exemple simple. Supposons que nous ayons les *règles* **14** :

14 P → SN SV
SV → V SN
SN → N
N → Δ
V → Δ

Avec ces règles, nous élaborons la dérivation **15** de la façon suivante. Écrivez d'abord le symbole *P* en première ligne de dérivation. Nous interprétons la première règle de **14** comme permettant à *P* d'être remplacée par SN SV, ce qui donne la deuxième ligne de **15**. En interprétant similairement la deuxième règle de **14**, nous formons la troisième ligne de la dérivation **15**, où SV est remplacé par V SN. Nous formons la quatrième ligne de la dérivation **15**, en appliquant aux deux occurrences de SN dans la troisième ligne, la règle SN → N de **14**, interprétée de la même façon. Enfin, nous formons les deux dernières lignes de **15** en appliquant les règles N → Δ et V → Δ.

15 P
SN SV
SN V SN
N V N
Δ V Δ
Δ Δ Δ

Nous pouvons clairement représenter ce qui est essentiel à la dérivation **15** par l'arbre diagramme **16** :

16

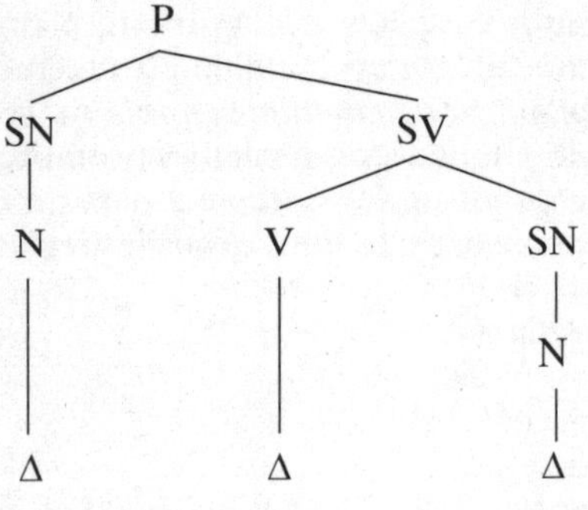

Dans l'arbre diagramme **16**, chaque symbole domine les symboles par lesquels il a été remplacé lors de la formation de **15**. En fait, nous pouvons considérer que les règles de **14** décrivent simplement la façon dont un arbre tel que **16** est élaboré. **16** n'est évidemment qu'une autre notation de la parenthétisation étiquetée **17** :

17 [P[SN[N$^{\Delta}$]N]SN[SV[V$^{\Delta}$]V[SN[N$^{\Delta}$]N]SN]SV]P

En **17**, la domination d'un élément quelconque par un symbole *A* en **16** (comme, par exemple, V SN est dominé par SV) est indiquée en insérant cet élément dans les parenthèses étiquetées [A,] A. Si nous avons un lexique qui nous dit que « John » et « Bill » peuvent remplacer le symbole Δ quand ce symbole est dominé par *N*, (c'est-à-dire est inséré dans [N,] N), et que « saw » peut remplacer Δ quand il est dominé par *V*, alors nous pouvons étendre la dérivation **15** pour dériver « John saw Bill », avec la structure associée donnée en **6**. **6** dérive en fait de **17**, en remplaçant la première occurrence de Δ par « John », la seconde par « saw » et la troisième par « Bill ».

Vous remarquerez que les règles **14** définissent de fait les relations grammaticales, où les définitions sont données comme en pp. 215-216. Ainsi, la première règle de **14** définit la relation sujet-prédicat et la seconde la relation verbe-objet. De la même façon, on peut définir d'autres fonctions et d'autres relations grammaticales sémantiquement signifiantes par des règles de cette forme interprétées selon la façon indiquée.

Pour reformuler ces notions de manière plus formelle et plus générale, la composante catégorielle de la base est un système de règles de la forme A → Z où *A* est un symbole catégoriel tel que *P* (pour *phrase*), *SN* (pour *syntagme nominal*), *N* (pour *nom*), etc., et *Z* est une séquence de l'un ou plus de ces symboles qui peuvent être à leur tour des symboles catégoriels ou qui peuvent être des symboles *terminaux* (c'est-à-dire des symboles qui n'apparaissent pas à gauche de la flèche, et ce dans aucune règle de base). Étant donné un tel système, nous pouvons former des *dérivations*, une dérivation étant une séquence de lignes remplissant les conditions suivantes : la première est simplement le symbole *P* (pour *phrase*) ; la dernière ligne ne contenant que des symboles terminaux ; si *X* et *Y* sont deux lignes qui se suivent, alors *X* doit avoir la forme ...*A*..., et *Y* la forme...*Z*..., où l'une des règles est que A → Z. Une dérivation impose une parenthétisation étiquetée de façon visible sur sa séquence finale. Ainsi, étant donné les lignes successives X =...A..., Y =...Z..., où *Y* a été dérivé de *X* par la règle A → Z, nous dirons que la suite dérivée à partir de *Z* (ou *Z* lui-même, si c'est le symbole terminal) est insérée entre parenthèses [A,]A. Nous pouvons – et il y a équivalence – représenter une parenthétisation étiquetée par un arbre dont un nœud étiqueté *A* (dans cet exemple) domine les nœuds successifs étiquetés par les symboles successifs de *Z*.

Notre hypothèse est que l'un des symboles terminaux de la composante catégorielle est le symbole vide Δ. Il y a parmi les symboles non terminaux de nombreux symboles qui représentent des *catégories lexicales*, en particulier *N* (pour *nom*), *V* (pour *verbe*), *ADJ* (pour *adjectif*). Une catégorie lexicale *A* peut apparaître à gauche d'une règle A → Z seulement si *Z* est Δ. Les entrées lexicales sont ensuite insérées dans les dérivations à la place de Δ par des règles de types variés, qui étendent les dérivations fournies par la composante catégorielle. En dehors de Δ qui indique la position dans laquelle un item lexical peut apparaître, les symboles terminaux de la composante catégorielle sont des éléments grammaticaux tels que *be*, *of*, etc. Certains symboles terminaux introduits par des règles catégorielles ont un contenu sémantique intrinsèque.

Une parenthétisation étiquetée générée par des règles de base (c'est-à-dire par les règles de structure syntagmatique de la composante catégorielle et par la règle d'insertion lexicale mentionnée au paragraphe précédent) est appelée *indicateur syntagmatique de base*. Plus généralement, nous utilisons ici le terme « indicateur syntagmatique » pour nous référer à n'importe quelle séquence d'éléments correctement étiquetés avec des parenthèses étiquetées[26].

Les règles de la composante transformationnelle modifient de manière fixe les indicateurs syntagmatiques. Ces règles sont arrangées dans une suite T_1, ..., T_m. Cette séquence de règles s'applique de façon cyclique à un indicateur syntagmatique de base. Elle s'applique d'abord à une configuration dominée par *P* (c'est-à-dire une configuration [P…]P) et ne contenant aucune autre occurrence de *P*. Quand les règles transformationnelles se sont appliquées à toutes les configurations de ce type, elles s'appliquent alors ensuite à une configuration dominée par *P* et ne contenant que les configurations dominées par *P* auxquelles les règles se sont déjà appliquées. Ce processus continue jusqu'à ce que les règles s'appliquent à l'indicateur syntagmatique complet dominé par l'occurrence initiale de *P* dans l'indicateur syntagmatique de base. Nous avons alors une structure superficielle. Il arrive que les conditions de transformation soient plus vagues – qu'il y ait des conditions à l'ordre de l'ensemble $\{T_1, \ldots, T_m\}$ et qu'à un point donné du cycle, une séquence de transformations puisse s'appliquer si elle ne viole pas ces conditions –, mais je ne traiterai pas ici de cette question.

Un exemple rendra plus claires les propriétés de la composante syntaxique (exemple qui, bien sûr, doit être extrêmement simplifié). Considérons un sous-ensemble de l'anglais avec le lexique **18** et la composante catégorielle **19**.

18 Lexique :	*it, fact, John, Bill, boy future*	(nom)
	dream, see, persuade annoy	(verbe)
	sad	(adjectif)
	will	(modalité)
	the	(déterminant)

19 P → (Q) SN AUX SV
SV → be ADJ
SV → V (SN) (of SN)
SN → (DET) N (that P)
AUX → passé
AUX → M
N, V, ADJ, DET, M → Δ

Dans **19**, les parenthèses sont utilisées pour indiquer un élément qui peut ou non être présent dans la règle. Ainsi, la première ligne de **19** est une abréviation de deux règles, l'une dans laquelle *P* se réécrit *Q SN AUX SV*, l'autre dans laquelle *P* se réécrit *SN AUX SV*. De la même façon, la troisième ligne de **19** est en fait l'abréviation de quatre règles, etc. La dernière ligne de **19** représente cinq règles, chacune d'entre elles réécrivant l'un des symboles catégoriels à gauche sous la forme du symbole terminal vide Δ.

Cette composante catégorielle donne des dérivations telles que :

20 a. P
SN AUX SV
SN AUX be ADJ
N AUX be ADJ
N passé be ADJ
Δ passé be Δ

20 b. P
SN AUX SV
SN AUX V SN of SN
DET N AUX V N of DET N that P
DET N M V N of DET N that P
Δ ΔΔΔΔ of Δ Δ that P
Δ ΔΔΔΔ of Δ Δ that SN SV
Δ ΔΔΔΔ of Δ Δ that SN AUX V
Δ ΔΔΔΔ of Δ Δ that N AUX V
Δ ΔΔΔΔ of Δ Δ that N passé V
Δ ΔΔΔΔ of Δ Δ that N passé Δ

Ces dérivations sont construites de la façon que nous venons de décrire. Elles imposent des parenthétisations étiquetées que, par souci de clarté, nous représenterons avec l'arbre diagramme équivalent :

21 a.

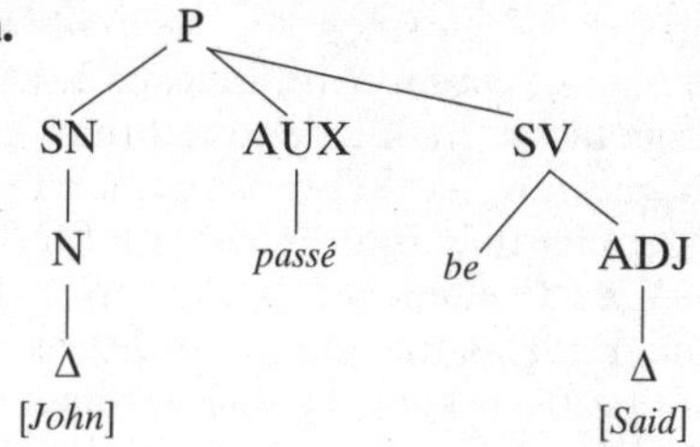

b.

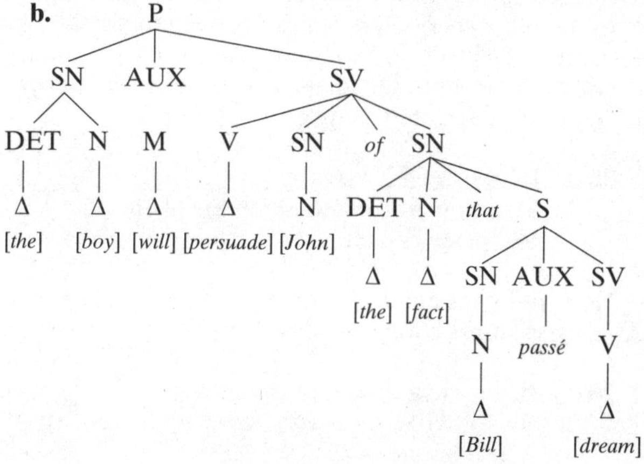

Nous utilisons maintenant le lexique pour compléter les dérivations de base **20a** et **20b**. Chaque entrée lexicale contient des traits syntaxiques qui identifient les occurrences de Δ qu'elle peut remplacer dans une dérivation. Par exemple, les items des cinq lignes de **18** peuvent, dans la représentation sous forme d'arbre **21**, remplacer les occurrences de Δ qui sont respectivement dominées par les symboles catégoriels *N*, *V*, *ADJ*, *M*, *DET*.

Mais les restrictions sont beaucoup plus étroites. Ainsi, parmi les verbes de **18** (ligne 2), seul *persuade* peut remplacer une occurrence de Δ dominée par V quand cette occurrence de V est suivie dans le SV par

SN de SN. Nous pouvons former : « *...persuade John of the fact* », mais pas « *...dream (see, annoy) John of the fact* ». De la même façon, parmi les noms de **18** (ligne 1), seul *fact* peut apparaître dans le contexte DET - *that* P (c'est-à-dire « the fact that John left ») ; seul *it* dans un SN de la forme *that* P[27] ; seuls *fact*, *boy* et *future* dans un SN de la forme DET (« the fact », « the boy », « the future »), etc. Si nous laissons de côté certains détails, le caractère général de telles restrictions est très clair. En considérant alors que les entrées lexicales contiennent les traits lexicaux appropriés, nous pouvons étendre les dérivations de base de **20** pour donner les séquences **22**, en insérant les items entre crochets en **21** :

22 **a.** John passé be sad
b. The boy will persuade John of the fact that Bill passé dream

Nous pouvons aussi former des séquences telles que **23**, avec d'autres choix de dérivations.

23 Q the boy will dream of the future
it that John passé see Bill passé annoy the boy
John will be sad
John passé see the future

Nous formons de cette façon des dérivations de base complètes, en utilisant les règles de la composante catégorielle, et en substituant ensuite des entrées lexicales pour les occurrences particulières du symbole vide Δ, en accord avec les traits syntaxiques de ces entrées lexicales. Corrélativement, nous avons les parenthèses étiquetées représentées en **21**, avec des entrées lexicales substituées pour les occurrences de Δ, selon les modes autorisés. Ce sont les indicateurs syntagmatiques de base.

Vous remarquerez que les règles qui introduisent des entrées lexicales dans les indicateurs syntagmatiques de base sont d'un type entièrement différent des règles de la composante catégorielle. Les règles de **19** qui ont été utilisées pour former **20** sont d'un genre très élémentaire. Chacune des règles de ce type autorise la réécriture d'un certain symbole *A* dans la suite ...*A*... comme une certaine séquence *Z*, *indépendamment du contexte de A et de la source de A dans la dérivation*. Mais, en introduisant des entrées lexicales à la place de Δ, nous devons considérer les aspects sélectionnés de l'indicateur syntagmatique dans lequel Δ apparaît. Par exemple, une occurrence de Δ peut être remplacée par « John » si elle est dominée dans l'indicateur syntagmatique par N, mais non par V. Ainsi, les règles d'insertion lexicales s'appliquent réellement, non pas à des séquences de symboles catégoriels et terminaux, comme le font les règles de la composante catégorielle, mais à des indicateurs syntagmatiques comme **21**. Les règles qui s'appliquent aux indicateurs syntagmatiques, en les modifiant d'une façon spécifique quelconque, sont désignées dans la terminologie courante comme des *transformations (grammaticales)*. Ainsi, les règles d'insertion lexicale sont des règles transformationnelles, tandis que les règles de la composante catégorielle sont simplement des règles de réécriture.

Revenons maintenant aux exemples **22a** et **22b**. Considérons d'abord **22a**, avec l'indicateur syntagmatique de base **21 a**[28]. Nous voyons tout de suite que **21** contient juste l'information requise dans la structure profonde de la phrase « John was sad ». La séquence *passé be* est, c'est évident, une simple représentation du formant « was », tout comme *passé see* représente « saw », *passé persuade* représente « persuaded », etc. Avec une règle qui convertit *passé be* en « was », nous formons la structure superficielle de la phrase « John was sad ». En outre, si nous définissons les fonctions et les relations grammaticales de la manière décrite plus haut (voir p. 218-219), **21** exprime le fait que la relation sujet-prédicat s'établit entre *John* et *passé be sad*, et qu'elle contient aussi l'information sémantique sur les items porteurs de sens *John*, *passé*, *sad*; nous pouvons, en fait, postuler que *passé* est lui-même un symbole d'un alphabet universel terminal avec une interprétation sémantique fixée, et on peut également postuler que les traits sémantiques des entrées lexicales de *John* et *sad* sont sélectionnés comme les traits phonologiques de ces entrées, à partir d'un système universel de représentations du type de celui dont nous avons débattu plus haut. En bref, **21a** contient toute l'information requise pour l'interprétation sémantique, et en conséquence, nous pouvons le considérer comme la structure profonde sous-jacente de la phrase « John was sad » (John était triste).

Ce qui est vrai de cet exemple est très généralement vrai. C'est-à-dire que les indicateurs syntagmatiques de base générés par la composante catégorielle et le lexique sont les structures profondes qui déterminent l'interprétation sémantique. Dans ce cas simple, une seule règle est nécessaire pour convertir la structure profonde en structure superficielle, à savoir la règle convertissant *passé be* en formant « was ». Attendu que cette règle est, de toute évidence, un cas particulier d'une règle qui s'applique aussi bien à n'importe quelle suite à la forme *passé V*, c'est vraiment une règle transformationnelle très simple (dans la terminologie que je viens de donner), plutôt qu'une règle élémentaire du type de celles que nous trouvons dans la composante catégorielle. On peut généraliser cette observation. Les règles qui convertissent les structures profondes en structures superficielles sont des règles transformationnelles. Supposons à présent que nous ayons formé la dérivation **20** très semblable au lieu de la dérivation **20a** :

24 P
Q SN AUX SV
Q SN AUX be ADJ

Q N AUX be ADJ
Q N M be ADJ
Q Δ Δ be Δ
Q John will be sad

avec son indicateur syntagmatique associé. Nous entendons le symbole *Q* comme un symbole de l'alphabet universel terminal avec une interprétation sémantique fixée, à savoir que la phrase associée est une question. Supposons que la composante transformationnelle de la syntaxe contienne des règles qui convertissent les indicateurs syntagmatiques de forme *Q SN AUX*… en indicateurs syntagmatiques correspondants de forme *AUX SN*… (c'est-à-dire que la transformation remplace *Q* par *AUX*, sans modifier par ailleurs l'indicateur syntagmatique). Lorsqu'on applique cette règle à l'indicateur syntagmatique correspondant à 24, on obtient la parenthétisation étiquetée de la phrase « Will John be sad ? » (John sera-t-il triste ?) ; c'est-à-dire la structure superficielle de cette phrase.

Supposons qu'à la place de **24** nous ayons utilisé la règle récrivant *AUX* comme *passé*. La transformation interrogative dont nous avons traité dans le paragraphe précédent donnerait un indicateur syntagmatique avec, en séquence terminale, « passé John be sad », tout comme, dans le cas de **24**, elle donne « Will John be sad ? ». Nous devons évidemment modifier la transformation interrogative, afin qu'elle n'intervertisse pas seulement dans ce cas le *passé*, mais la séquence *passé be*, afin de finalement dériver « Was John sad ? ». En fait, cette modification est facile lorsque les règles sont clairement formulées.

Que nous sélectionnions *M* ou *passé* en **24**, l'indicateur syntagmatique généré se qualifie une fois de plus comme structure profonde. La relation grammaticale entre *John* et *will (passé) be sad* est exactement la même en **24** qu'en **20a**, avec les définitions proposées plus haut, ainsi que requise par l'adéquation empirique.

Bien sûr, les structures de surface n'expriment pas ces relations grammaticales directement; comme nous l'avons vu précédemment, les relations grammaticales signifiantes sont rarement exprimées ouvertement en structure superficielle.

Venons-en à présent à l'exemple beaucoup plus complexe **20b-21b-22b**. Une fois de plus, **21b**, indicateur syntagmatique de base de **22b**, exprime l'information requise pour l'interprétation sémantique de la phrase « The boy will persuade John of the fact that Bill dreamt », qui dérive de **22b** par une règle transformationnelle qui forme « dreamt » à partir de *passé dream*. Donc, **21b** peut servir de structure profonde sous-jacente à cette phrase, exactement comme **21a** peut servir de structure profonde à « John was sad », et d'indicateur syntagmatique correspondant à **24** dans le cas de « Will John be sad ? ».

Supposons que, lors de la réécriture de SN dans la troisième ligne de **20b**, nous ayons sélectionné, non pas DET *that* PN, mais N *that* P (voir la quatrième ligne de **19**). *It* est le seul item lexical de **18** qui puisse apparaître dans la position de cette occurrence de N. Donc, sans modifier par ailleurs les relations grammaticales et le contenu lexical, au lieu de **22b** nous aurions obtenu la dérivation :

25 The boy will persuade John of it that Bill passé dream

(Le garçon persuadera John du fait que Bill/passé/rêver/).

Supposons à présent que la composante transformationnelle de la syntaxe comporte des règles, dont l'effet est le suivant :

26 **a.** On efface *it* devant *that* P
b. On efface *of* devant *that* P

En appliquant dans cet ordre les règles **26a** et **26b** à la dérivation **25**, compte tenu de la règle qui convertit *past dream* en « dreamt », nous dérivons la structure superficielle de « The boy will persuade John that Bill dreamt ». L'indicateur syntagmatique de base correspondant à **25** sert de structure profonde sous-jacente à cette phrase.

Vous remarquerez que la règle **26a** est beaucoup plus générale. Supposons ainsi que nous sélectionnions le SN *it that Bill passé dream* comme sujet de *passé annoy John*, tel qu'autorisé par les règles **18** et **19**. Cela donne :

27 It that Bill passé dream passé annoy John (Il/que/Bill/passé/rêver/passé/ennuyer/John).

En appliquant la règle **26a** (et les règles de formation des temps passés des verbes), nous dérivons « That Bill dreamt annoyed John ». Nous aurions pu alternativement appliquer la règle transformationnelle **28**, avec l'effet suivant :

28 Un indicateur syntagmatique de la forme *it that P X* est restructuré comme l'indicateur syntagmatique correspondant à la forme *it X that P*.

En appliquant **28** à **27**, nous dérivons « It annnoyed John that Bill dreamt ». Dans ce cas, **26a** est inapplicable. Ainsi **27** est sous-jacente à deux structures superficielles, l'une déterminée par **28** et l'autre par **26a** ; ces dernières ayant la même structure profonde, elles sont synonymes. Dans le cas de **25**, la règle **28** est inapplicable et nous n'avons donc qu'une seule structure superficielle correspondante.

Nous pouvons aller plus loin dans l'exemple **25** en considérant des règles transformationnelles supplémentaires. Supposons qu'au lieu de sélectionner *Bill* dans la phrase enchâssée de **25** nous ayons sélectionné *John* une deuxième fois. Il y a une règle transformationnelle très générale en anglais, et dans d'autres langues, qui donne lieu à l'effacement des items répétés. En appliquant cette règle et d'autres règles mineures évidentes, nous dérivons, à partir d'une structure profonde qui contient, comme elle le doit, un indicateur de sous-syntagme exprimant le fait que *John* est le sujet de *dream* :

29 The boy will persuade John to dream (Le garçon persuadera John de rêver).

En fait, dans ce cas, l'indicateur syntagmatique profond serait très légèrement différent sous des aspects auxquels il n'est pas utile que nous consacrions du temps ici, au cours de cet exposé où nous ne faisons qu'esquisser les grandes lignes.

Supposons, à présent, que nous devions ajouter une transformation qui convertisse de façon évidente un indicateur syntagmatique de forme SN AUX V SN au passif correspondant[29].

L'application de cette règle aux indicateurs syntagmatiques de façon très semblable à **21b** donnerait les structures superficielles des phrases « John will be persuaded that Bill dreamt (by the boy) » [à partir de **25**] et « John will be persuaded to dream (by the boy) » [à partir de **29**]. Dans chaque cas, l'interprétation sémantique sera celle de l'indicateur syntagmatique sous-jacent en structure profonde. Dans certains cas, les relations grammaticales signifiantes ne sont pas du tout lisibles dans les structures superficielles. Ainsi, dans le cas de la phrase « John will be persuaded to dream », le fait que « John » soit en fait le sujet de « dream » n'est pas indiqué en structure superficielle, bien que, comme nous l'avons noté, ce fait soit exprimé ouvertement dans la structure profonde sous-jacente.

À partir de ces exemples, nous pouvons voir comment une séquence de transformations peut former des phrases très compliquées dans lesquelles les relations signifiantes entre les parties ne sont pas ouvertement représentées. En fait, les structures profondes et les structures superficielles ne correspondent étroitement que dans des exemples artificiellement simples. Dans les phrases normales de la vie quotidienne, la relation est beaucoup plus complexe ; de longues séquences de transformations s'appliquent pour convertir les structures profondes sous-jacentes en structures superficielles.

Les exemples que nous avons utilisés sont empruntés et peu naturels. Avec une grammaire moins rudimentaire, on peut en donner de tout à fait naturels. Par exemple, nous pourrions utiliser – à la place des phrases formées à partir de **27** par l'application des règles **26** ou **28** – des phrases plus acceptables telles que « That you should believe this is surprising », « It is not surprising that you should believe this », etc. Le coté artificiel des exemples que nous avons utilisés illustre en fait un point simple, mais souvent négligé, à savoir que le sens intrinsèque d'une phrase et ses autres propriétés grammaticales sont déterminés par la règle, et non par les conditions d'utilisation, de contexte linguistique, de fréquence des parties, etc.[30] Ainsi, dans l'expérience d'un locuteur (ou, sur ce point, de l'histoire de la langue), les exemples des derniers paragraphes peuvent ne jamais avoir été produits, mais leur statut de phrases anglaises et leurs interprétations phonétiques et sémantiques idéales n'en sont pas affectés pour autant.

Puisque la séquence de transformations peut effectuer des modifications drastiques dans un indicateur syntagmatique, il n'y a rien de surprenant dans le fait de découvrir qu'une structure unique[31] peut résulter de deux structures profondes très différentes, c'est-à-dire que certaines phrases sont ambiguës (par exemple, la phrase **4** p. 199). Des phrases ambiguës donnent une indication particulièrement claire de l'inadéquation de la structure superficielle comme représentation de relations plus profondes[32].

Plus généralement, nous pouvons trouver facilement des paires de phrases qui ont essentiellement la même structure superficielle, mais des relations grammaticales entièrement différentes. Pour ne mentionner qu'un seul exemple de ce type, comparez les phrases de **30** :

30 **a.** I persuaded the doctor to examine John.
b. I expected the doctor to examine John.

(**a.** J'ai persuadé le médecin d'examiner John ; **b.** Je m'attendais à ce que le médecin examine John.)

Les structures superficielles sont, pour l'essentiel, les mêmes. La phrase **30a** a la même forme que **29**. Elle dérive d'une structure profonde qui, en gros, a la forme **31** :

31 *I passé persuade the doctor of it that the doctor AUX examine John*

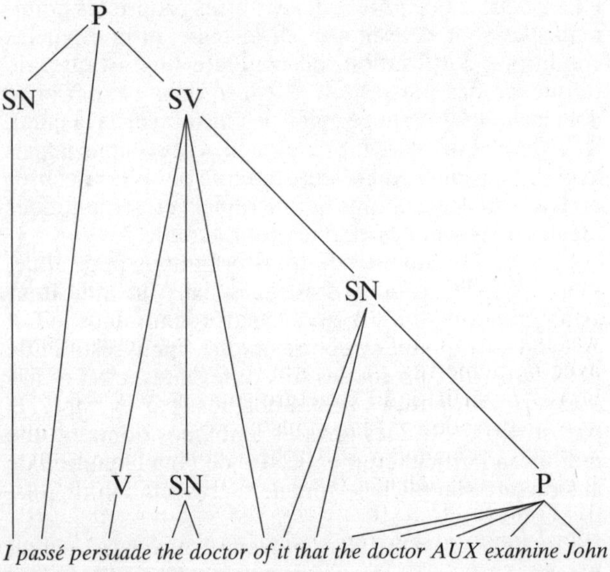

Cette structure profonde est, pour l'essentiel, la même que **21b**, et à l'aide du processus transformationnel décrit en lien avec **29**, nous dérivons de là la phrase **30a**. Mais dans le cas de **30b**, il n'existe pas de relation entre des structures comme « I expected the doctor of the fact that he examined John », ou « ...of the necessity (for him) to examine John », etc., comme il en existe dans le cas de **30a**. Corrélativement, une analyse de **30b** comme dérivation d'une structure comme **31** n'est pas justifiée. La structure profonde sous-jacente de **30b** (laissons à nouveau les détails de côté) s'apparente à **32** :

32 *I passé expect it that the doctor AUX examine John*

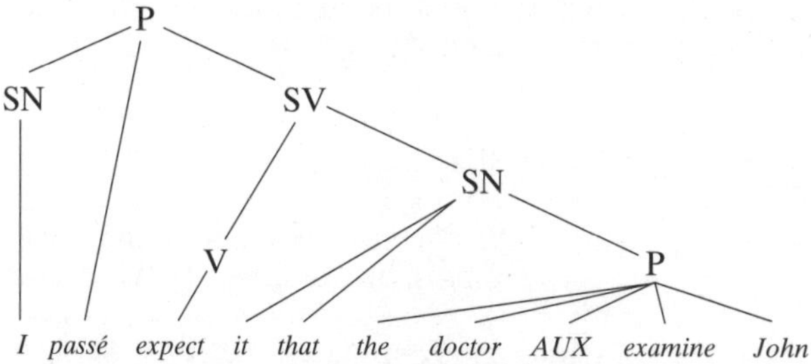

De nombreux autres faits étayent cette analyse de **30a** et de **30b**. Par exemple, à partir d'une structure comme **32**, nous pouvons former « What I expected was that the doctor (will, should, etc.) examine John » avec la même règle qui forme « What I saw was the book » à partir de la structure sous-jacente SN-V-SN « I saw the book ». Mais nous ne pouvons pas former « What I persuaded was that the doctor should examine John » correspondant à **30a**, car la structure sous-jacente **31** n'est pas de la forme SN-V-SN requise par cette transformation. En appliquant la règle **26a** à **32**, nous dérivons « I expected the doctor (will, should, etc.)

examine John ». À la place, nous dérivons **30b**, en utilisant à nouveau la règle qui donne **29**, avec « to » plutôt que « that » apparaissant avec la phrase enchâssée qui, dans ce cas, ne contient aucun autre représentant de la catégorie AUX.

Si nous laissons de côté les détails, nous voyons que **30a** est dérivée à partir de **31**, et **30b** à partir de **32**, si bien qu'en dépit d'une identité proche en structure superficielle, les structures profondes sous-jacentes de **30a** et de **30b** sont très différentes. Qu'il puisse y avoir une telle divergence en structure profonde n'est pas du tout évident[33].

Pourtant, elle apparaît clairement si nous considérons l'effet produit par le remplacement de « The doctor to examine John » par son passif « John to be examined by the doctor » en **30a** et **30b**. Nous obtenons ainsi pour examen les phrases **33** et **34** :

33 **a.** I persuaded the doctor to examine John [= **30a**]
b. I persuaded John to be examined by the doctor

34 **a.** I expected the doctor to examine John [= **30b**]
b. I expected John to be examined by the doctor

La relation sémantique entre les phrases paires de **34** est entièrement différente de la relation entre les phrases paires de **33**. Nous pouvons voir cela en examinant la relation en valeur de véridiction. Ainsi, **34a** et **34b** sont nécessairement identiques en valeur de véridiction ; si je m'attendais à ce que le docteur examine John, alors je m'attendais à ce que John soit examiné par le docteur, et inversement. Mais il n'y a pas nécessairement de relation en valeur de véridiction entre **33a** et **33b**. Si j'ai persuadé le docteur d'examiner John, il ne s'ensuit pas que j'ai persuadé John d'être examiné par le docteur, ou inversement.

De fait, l'échange actif-passif dans les phrases enchâssées préserve le sens, dans un sens assez clair dans le cas de **30b**, mais non dans celui de **30a**. Si l'on regarde les structures profondes sous-jacentes de ces phrases, l'explication apparaît immédiatement. En remplaçant la forme active de **32** par sa forme passive, nous poursuivons alors pour dériver **34b** d'exactement la même façon dont **30b** est dérivée de **32**. Par contre, pour dériver **33b**, nous devons non seulement mettre au passif la phrase enchâssée en **31**, mais nous devons également sélectionner « John » à la place de « the doctor » comme objet du verbe « persuade » ; sinon, les conditions d'effacement des syntagmes nominaux répétés, comme dans la dérivation de **29**, ne seront pas remplies. En conséquence, la structure profonde sous-jacente de **33b** est très différente de la structure profonde sous-jacente de **33a**. Non seulement la phrase enchâssée est au passif, mais, de plus, en **31**, on doit remplacer l'objet « the doctor » par « John ». Les relations grammaticales sont donc très différentes et l'interprétation sémantique diffère en fonction. Dans les deux cas, il reste vrai que la transformation passive n'affecte pas le sens (au sens pertinent de « sens » ici). En **30a**, le changement de sens lorsqu'on remplace « the doctor to examine John » par « John to be examined by the doctor » est occasionné par le changement des relations grammaticales, « John » – et non plus « the doctor » – étant à présent l'objet direct du syntagme verbal en structure sous-jacente. Dans le cas de **34a**, il n'y a pas de changement correspondant, si bien que le sens reste inchangé quand on met la phrase enchâssée au passif.

Une fois de plus, les exemples **30a** et **30b** illustrent l'inadéquation (et, plus généralement, la non-pertinence) de la structure superficielle pour représenter des relations grammaticales sémantiquement signifiantes. La parenthétisation étiquetée qui transmet l'information requise pour l'interprétation phonétique est généralement très différente de la parenthétisation étiquetée donnant l'information requise pour l'interprétation sémantique. Les exemples **30a** et **30b** illustrent également combien il peut être difficile de passer de l'« intuition linguistique » à la prise de conscience. Comme nous l'avons vu, la grammaire de l'anglais comme caractérisation de compétence (voir p. xxx et suiv.) doit, pour l'adéquation descriptive, attribuer des structures profondes différentes aux phrases **30a** et **30b**. La grammaire que chaque locuteur a internalisée distingue réellement ces structures profondes, comme nous pouvons le voir du fait que n'importe quel locuteur de l'anglais est capable de comprendre l'effet produit par le remplacement de la phrase enchâssée par son passif dans les deux cas de **30**. Mais ce fait, qui relève de sa compétence grammaticale internalisée, peut échapper à l'attention, même soutenue, du locuteur natif (voir note 33, p. 249).

Des exemples tels que ceux-ci suffisent peut-être à donner un avant-goût de la structure syntaxique d'une langue. Pour résumer nos observations sur la composante syntaxique, nous dirons en conclusion qu'elle comporte une base et une partie transformationnelle. La base génère les structures profondes et les règles transformationnelles les convertissent en structures superficielles. La composante catégorielle de la base définit les relations grammaticales significatives de la langue, attribue un ordre idéal aux syntagmes sous-jacents et détermine de diverses façons quelles transformations s'appliquent[34]. Le lexique spécifie les propriétés idiosyncrasiques des items lexicaux individuels. Ensemble, ces deux composantes de la base semblent donner l'information pertinente pour l'interprétation sémantique au sens où nous utilisons ce terme, sujette aux qualifications mentionnées plus haut. Les règles transformationnelles convertissent les indicateurs syntagmatiques en de nouveaux indicateurs syntagmatiques, leur affectant divers types de réagencement et de réorganisation. Les types de changement qui peuvent être effectués sont très limités ; nous ne traiterons cependant pas ici de cette question. Par application séquentielle, les transformations peuvent cependant modifier de façon tout à fait radicale l'organisation d'un indicateur syntagmatique de base. Ainsi, les transformations génèrent une grande variété de structures superficielles qui n'ont aucune relation directe ou simple avec les structures de base dont elles sont nées et qui expriment leur contenu sémantique.

Fait d'importance significative, la projection des structures profondes sur les structures superficielles ne se fait pas en une seule étape, mais doit plutôt être analysée comme une séquence d'étapes transformationnelles successives. On peut combiner de façons multiples et variées les transformations qui contribuent à la projection des structures profondes en structures superficielles, selon la forme des structures profondes auxquelles elles s'appliquent. Puisque ces transformations s'appliquent de manière séquentielle, chacune doit produire une structure d'un type apte à recevoir l'application suivante. Cette condition est remplie dans notre formulation, puisque les transformations s'appliquent aux indicateurs syntagmatiques et les convertissent en de nouveaux indicateurs syntagmatiques. Mais nous avons de fortes preuves empiriques que les structures superficielles qui déterminent la forme phonétique sont, en fait, des indicateurs syntagmatiques (c'est-à-dire des parenthétisations étiquetées des formants). Il s'ensuit que, ainsi que nous l'avons formulé, les structures profondes auxquelles ces transformations s'appliquent à l'origine doivent elles-mêmes être des indicateurs syntagmatiques.

Il y a, en principe, plusieurs façons de représenter un réseau de relations grammaticales. L'une des raisons majeures pour sélectionner cette méthode d'indicateurs syntagmatiques générés par des règles de base est précisément le fait que les transformations doivent s'appliquer de manière séquentielle, et donc s'appliquer aux objets du type qu'elles-mêmes produisent, et finalement aux indicateurs syntagmatiques qui ont les mêmes propriétés formelles que les structures superficielles[35].

Observations finales

La théorie grammaticale que nous venons de présenter appelle plusieurs commentaires. Nous avons souligné précédemment que la grammaire d'une langue doit, pour l'adéquation empirique, permettre une utilisation infinie de moyens finis, et nous avons attribué cette propriété récursive à la composante syntaxique qui génère un ensemble infini de paires de structures profondes et de structures superficielles. En outre, nous avons localisé la propriété récursive de la grammaire en l'assignant à la composante catégorielle de la base. Certaines règles de base introduisent le symbole initial *P* en tête des dérivations, la quatrième règle de **19**, par exemple. Il se peut que l'introduction par ce moyen de « contenu énonciatif » en structure profonde soit le seul dispositif récursif de la grammaire, en dehors des règles qui entrent en jeu dans la formation de constructions coordonnées, ce qui soulève des problèmes variés, qui vont bien au-delà de ce que nous avons discuté ici.

On peut raisonnablement se demander pourquoi les langues humaines seraient conçues ainsi, et notamment pourquoi elles devraient utiliser des transformations grammaticales du type décrit pour convertir des structures profondes en structures de surface. Et pourquoi elles n'utiliseraient pas les structures profondes plus directement[36]. Deux raisons se présentent immédiatement. Nous avons déjà observé précédemment que les conditions de l'insertion lexicale sont principalement transformationnelles plutôt que liées à la structure syntagmatique (voir p. 227). Plus généralement, quand nous étudions une langue avec attention, nous trouvons plusieurs contraintes de structures non syntagmatiques (par exemple, celles qui sont impliquées par l'effacement des items identiques; voir p. 231 et p. 236). Ainsi, non seulement les transformations convertissent une structure profonde en structure superficielle, mais elles ont également un « effet filtrant » qui élimine certaines structures profondes potentielles comme n'étant pas bien formées[37]. Nous serions, par ailleurs, naturellement enclins à rechercher une explication pour l'utilisation des transformations grammaticales dans les contraintes empiriques auxquelles la communication linguistique doit faire face. Le fait même, par exemple, que le son ne soit pas récupérable impose des conditions au signal vocal qui ne nécessitent pas d'être imposées, par exemple, à un système linguistique seulement conçu pour l'écrit (par exemple, les systèmes artificiels mentionnés dans la note 36). Un système écrit fournit une « mémoire externe » qui modifie de manière significative le problème perceptuel. Nous nous attendrions à un système conçu pour que les conditions du discours de communication (*communication speech*) soient en quelque sorte adaptées à la charge sur la mémoire. En fait, les transformations grammaticales réduisent de façon caractéristique et bien définie le nombre de structures grammaticales dans les indicateurs syntagmatiques, et il se peut qu'une des conséquences de cela soit de faciliter la perception du discours pour la mémoire à court terme, discours qui serait alors d'un type plus limité[38]. Cette observation laisse entrevoir quelques directions prometteuses pour la recherche à venir, mais compte tenu de ce que nous comprenons aujourd'hui, nous pouvons assurément livrer peu d'information substantielle.

Un autre point demande clarification. Nous avons indiqué, dès le départ, qu'il convient de distinguer clairement la performance et la compétence, si l'on souhaite mener à bien l'étude de l'une ou de l'autre. Nous avons, à présent, débattu d'un certain modèle de compétence. Il serait tentant, mais tout à fait absurde, de le considérer également comme un modèle de performance. Nous pourrions ainsi proposer que, pour produire une phrase, le locuteur traverse des étapes successives : élaboration d'une dérivation de base ligne par ligne à partir du symbole initial *P*, puis insertion des items lexicaux, et application des transformations grammaticales pour former une structure superficielle avec, au final, l'application des lois phonologiques selon l'ordre donné qui leur est propre, en accord avec le principe cyclique discuté plus haut. Il n'y a pas la moindre justification pour avancer une hypothèse comme celle-là. De fait, l'implication selon laquelle le locuteur sélectionnerait les propriétés générales de la structure de phrase avant de sélectionner les items lexicaux (avant de décider quel va être son propos) semble non seulement injustifiée, mais elle va entièrement à l'encontre de toutes les intuitions, aussi vagues soient-elles, que l'on peut avoir sur les processus sous-jacents à la production. Une théorie de la performance (production ou perception) devra intégrer la théorie de la compétence – la grammaire générative d'une langue – comme une partie essentielle. Mais on peut élaborer les modèles de performance de façons multiples et variées, toutes cohérentes avec les hypothèses fixées sur la compétence sur lesquelles ils se fondent. Il y a fort à dire sur ce sujet, mais cela dépasse les limites de notre communication.

En spécifiant les propriétés des diverses composantes et sous-composantes d'une grammaire avec précision, selon les lignes esquissées dans cette discussion, nous formulons une hypothèse très restrictive quant à la structure de toute langue humaine. Comme nous l'avons fait remarquer à plusieurs reprises, rien ne justifie *a priori* de postuler qu'une langue doive avoir une structure de ce type. De plus, il semble très probable que l'on puisse mettre des conditions très lourdes sur les grammaires, au-delà de celles que nous venons d'esquisser. Il se peut par exemple (comme, en fait, on le supposait traditionnellement autrefois) que les structures de base ne varient que très légèrement d'une langue à l'autre ; et qu'en restreignant suffisamment l'éventail possible des structures de base, il soit possible d'arriver à des définitions tout à fait générales pour des catégories qui fonctionnent comme des « symboles non terminaux » dans les règles de la composante catégorielle. Comme observé précédemment, cela donnerait des définitions des relations grammaticales indépendantes des langues et accroîtrait la probabilité d'existence en structure profonde des principes universels de l'interprétation sémantique.

Nous ne pouvons mentionner de telles possibilités sans prendre en compte l'opinion largement répandue selon laquelle les recherches modernes n'ont pas seulement réfuté de manière concluante les principes de la grammaire universelle traditionnelle, mais qu'elles ont, en outre, montré que la recherche de tels principes fut une erreur de conception dès le départ. Mais il me semble que de telles conclusions sont fondées sur une sérieuse incompréhension de la grammaire universelle traditionnelle, ainsi que sur une interprétation erronée des résultats de la recherche moderne. La grammaire universelle traditionnelle a essayé de montrer, sur la base de l'information dont elle disposait alors, que les structures profondes varient peu d'une langue à l'autre. On n'a jamais douté du fait que les structures superficielles puissent être extrêmement variées. On a également posé en hypothèse que les catégories – syntaxe, sémantique et phonétique – sont universelles et d'une diversité très restreinte. Aujourd'hui, la « linguistique anthropologique » moderne a donné peu de preuves se rapportant à l'hypothèse de l'uniformité des structures profondes, et, en pratique, dans la mesure où il s'agit de l'universalité des catégories, des conclusions plutôt semblables aux conclusions traditionnelles sont communément acceptées dans les travaux descriptifs[39].

La linguistique moderne et la linguistique anthropologique ne s'intéressent aux structures profondes que marginalement, en théorie comme en pratique. Comme la grammaire universelle traditionnelle l'avait anticipé, les travaux descriptifs ont révélé une grande diversité des structures superficielles. On peut cependant plaider en faveur de la conclusion qui dit que l'erreur fondamentale de la grammaire universelle traditionnelle fut de n'être pas assez restrictive dans les conditions universelles qu'elle a proposées au langage humain, que des contraintes beaucoup plus lourdes doivent être postulées pour expliquer les faits empiriques.

Notre discussion de la structure de l'anglais dans les exemples donnés précédemment à titre d'illustration a nécessairement été plutôt superficielle et limitée à des phénomènes très simples. Mais même la discussion des thèmes que nous avons abordés requiert une connaissance assez fine de la langue et une théorie de la grammaire générative raisonnablement bien articulée. Corrélativement, ce n'est que lorsque l'on étudie sérieusement des problèmes comme ceux que nous avons illustrés que l'on peut contribuer à une théorie de la grammaire universelle. Dans ces circonstances, il n'est pas très surprenant qu'encore aujourd'hui les hypothèses de grammaire universelle qu'il est possible de formuler avec conviction soient étayées par des preuves provenant d'un nombre d'études assez restreint, portant sur un très petit nombre de langues du monde, et qu'elles doivent en conséquence être largement expérimentales. On ne doit pas pour autant exagérer l'inadéquation de la preuve. Ainsi, il est probablement vrai – et il n'y a rien de paradoxal à cela – qu'une seule langue peut fournir de fortes preuves quant aux conclusions se rapportant à la grammaire universelle. Cela apparaît tout à fait clairement lorsque nous considérons à nouveau le problème de l'acquisition du langage (voir p. 193). L'enfant doit acquérir une grammaire générative de sa langue sur la base d'un nombre de preuves assez restreint[40]. Pour expliquer cet exploit, nous devons postuler une structure interne suffisamment riche, une théorie de la grammaire universelle suffisamment restreinte, qui constitue sa contribution à l'acquisition du langage.

Nous avons, par exemple, suggéré précédemment qu'afin d'expliquer la perception des schémas accentuels en anglais, nous devons présupposer que l'utilisateur de cette langue fait appel au principe d'application cyclique. Nous avons aussi noté qu'il pouvait difficilement avoir des preuves suffisantes de ce principe. Il semble en conséquence raisonnable de postuler que ce principe fait simplement partie du schématisme inné qu'il utilise pour interpréter les preuves limitées et fragmentaires dont il dispose. En d'autres termes, il fait partie de la grammaire universelle. De la même façon, il est difficile d'imaginer quels « principes inductifs » pourraient amener l'enfant à faire sans erreur les hypothèses sur la structure profonde et sur l'organisation de la grammaire qui semblent s'imposer si nous voulons expliquer des faits comme ceux que nous avons mentionnés. Une recherche de tels principes n'est pas non plus particulièrement motivée. Il semble raisonnable de postuler que ces propriétés de l'anglais sont en réalité des faits de la grammaire universelle. Si l'enfant dispose de telles propriétés, l'acquisition du langage devient une tâche faisable. Pour l'enfant, le problème ne semble pas être l'exploit inductif, apparemment insurmontable, de parvenir à une grammaire générative et transformationnelle à partir de données restreintes, mais plutôt celui de découvrir parmi les langues possibles celle à laquelle il est exposé. En suivant cette argumentation, nous pouvons, de fait, parvenir à des conclusions sur la grammaire universelle à partir de l'étude d'une seule langue.

Des données se présentent à l'enfant et il doit inspecter les hypothèses (grammaires) d'une classe relativement restreinte pour en déterminer la compatibilité avec ces données. Après avoir sélectionné une grammaire de la classe déterminée, il a alors la maîtrise de la langue générée par cette grammaire[41]. Il sait ainsi beaucoup de choses sur des phénomènes auxquels il n'a jamais été exposé et qui ne sont ni « similaires » ni « analogues » dans un sens bien défini à ceux auxquels il a été exposé[42] ; il connaît par exemple les relations entre les phrases **33** et **34**, malgré leur nouveauté ; il saura quels schémas accentuels attribuer aux énoncés, malgré leur nouveauté et l'absence de fondement physique de ces représentations phonétiques, etc., dans d'innombrables autres cas similaires. Cette disparité entre la connaissance et l'expérience est peut-être le fait le plus frappant concernant le langage humain. Le problème central de la théorie linguistique est de l'expliquer.

La conclusion fondamentale qui semble émerger de plus en plus clairement de la recherche contemporaine en linguistique est la nécessité d'imposer des hypothèses initiales très restrictives sur la forme de la grammaire générative si l'on souhaite que se dégagent des explications nettes des faits se rapportant à l'utilisation de la langue et à l'acquisition du langage. En outre, il n'y a, à ce jour, aucune preuve qui permette de laisser entendre qu'il existerait une large variété de grammaires génératives des langues humaines. La théorie de la grammaire universelle que nous proposons dans la description que nous venons d'esquisser se révélera sans aucun doute incorrecte sous de nombreux aspects. Mais il n'est pas impossible que son défaut fondamental soit de laisser une latitude beaucoup trop grande à l'élaboration des grammaires et que les types de langues que les humains peuvent normalement acquérir soient en vérité beaucoup plus limités que cette théorie ne le suggère. Cependant, même aujourd'hui, en l'état actuel de la théorie de la grammaire générative, elle impose des conditions assez étroites à la structure du langage humain. Si l'on peut établir cette conclusion générale sur des bases solides – et, en outre, la renforcer de façon significative –, nous aurons là une contribution très riche en suggestions pour la psychologie théorique. Aujourd'hui, comme au XVIIe siècle, le problème central et critique de la linguistique reste d'utiliser des données empiriques issues de langues particulières pour affiner les principes de la grammaire universelle, ce qui n'est pas source de controverse. J'ai essayé ici de suggérer une partie des principes qui semblent bien établis, et d'illustrer les considérations empiriques afférentes à ces principes [43].

NOTES

1. Le terme « grammaire » est souvent utilisé de manière ambiguë pour se référer à la fois au système internalisé de règles et à sa description par le linguiste.

2. Pour être plus précis, une certaine classe de signaux qui sont des répétitions les uns des autres, dans un sens sur lequel nous reviendrons ultérieurement.

3. Ou par des calculs très simples du nombre de phrases ou de « modèles » dont on pourrait avoir besoin, pour l'adéquation empirique, dans de tels répertoires. Pour des commentaires pertinents, voir G.A. Miller, E. Galanter, K.H. Pribram, *Plans and the Structure of Behavior*, New York, Holt, Rinehart & Winston, 1960, p. 145f. ; G.A Miller, N. Chomsky, « Finitary Models of Language Users », *in* R.D. Luce, R. Bush, E. Galanter, *Handbook of Mathematical Psychology*, vol. II, New York, Wiley, 1963, p. 430.

4. L'existence d'une structure mentale innée n'est bien sûr pas source de controverse. Ce que nous pouvons remettre en question est simplement ce qu'est cette structure, et dans quelle mesure elle est spécifique au langage.

5. Cette hypothèse n'est pas explicite chez Wilkins, mais est développée ailleurs dans les travaux des XVIIe et XVIIIe siècles. Voir références et discussion dans N. Chomsky, *La Linguistique cartésienne*, Paris, Seuil, 1969.

6. Au sens approprié de répétition. Ainsi, tout groupe de

deux signaux physiques est d'une façon ou d'une autre distinct, mais certaines différences ne sont pas pertinentes dans une langue particulière, et d'autres ne sont pertinentes dans aucune langue.

7. Une théorie des traits phonétiques distinctifs fut développée par R. Jakobson, G. Fant et M. Halle dans *Preliminaries to Speech Analysis*, 2e éd., Cambridge, MITPress, 1963. On trouve une version revue et, à nos yeux, améliorée dans N. Chomsky, M. Halle, *Principes de phonologie générative*, Paris, Seuil, 1973.

8. Notez que, bien que l'ordre des segments phonétiques soit un fait significatif, il n'y a aucune raison de postuler que l'événement physique représenté par une séquence particulière de symboles phonétiques puisse être analysé en parties successives, chacune d'entre elles étant associée à un symbole particulier.

9. Pour une critique de certains travaux récents, voir J. Katz, *The Philosophy of Language*, New York, Harper & Row, 1965. Pour un autre point de vue, voir U. Weinreich, « Explorations in Semantic Theory », *in* T.A. Sebeok (dir.), *Linguistic Theory*, III : *Current Trends in Linguistics*, La Haye, Mouton, 1966 ; et, pour des commentaires ainsi qu'un développement plus détaillé de ce thème,voir J. Katz, *Semantic Theory*. De plus, il y a pléthore de travaux récents en sémantique descriptive, dont certains riches en suggestions sur les problèmes discutés ici.

10. Pour une discussion de cette notion, voir J. Katz, « Semantic Theory and the Meaning of "Good" », *Journal of Philosophy*, n° 23, vol. 61, 1964.

11. Pour une discussion, voir N. Chomsky, *La Linguistique cartésienne*, *op. cit.*

12. Voir p. 17. En général, on peut dire d'un ensemble de règles qui définissent de façon récursive un ensemble infini d'objets qu'il *génère* cet ensemble. Ainsi, dans le cas de l'arithmétique, on peut dire d'un ensemble d'axiomes et de règles d'inférence qu'il génère un ensemble de preuves et un ensemble de théorèmes d'arithmétique (les dernières lignes de la preuve). De la même façon, on peut dire que la grammaire (générative) génère un ensemble de descriptions structurales, dont chacune inclut, dans l'idéal, une structure profonde, une structure superficielle, une interprétation

sémantique (de la structure profonde), et une interprétation phonétique (de la structure superficielle).

13. L'analyse présentée ici à titre d'exemple devrait être précisée pour une adéquation empirique.

14. Vous remarquerez que tous les deux formants successifs sont séparés par une joncture, ainsi qu'il est nécessaire de le faire, si la représentation de **5** comme matrice unique doit préserver la structure formative. Compte tenu des objectifs actuels, nous pouvons envisager chaque segment de formant comme non marqué pour tous les traits de joncture, et chaque joncture comme non marquée pour chaque trait formatif.

15. Les raisons de cette analyse dépassent le cadre de notre discussion. Pour plus de détails, voir N. Chomsky, M. Halle, *Principes de phonologie générative*, *op. cit.*

16. Au sens évident. Ainsi [A … [B …] B… [C …] C …] A serait par exemple une parenthèse correcte de la chaîne […] en termes de parenthèses étiquetées [A,] A, [B,] B, [C,] C, mais aucun des parenthésages ci-après ne serait correct : [A … [B …] A ; [A … [B …] A …] B.

17. Celles-ci sont simplifiées ici dans un but explicatif. Pour une description plus détaillée, voir N Chomsky, M. Halle, *Principes de phonologie générative*, *op. cit.* Notez que, dans cet exposé, nous utilisons de façon ambiguë le mot *applies* (appliquer) au sens de « disponible à l'application », et également au sens de « modifie réellement la séquence à laquelle nous nous intéressons ».

18. À cette étape, le mot « eraser » est bisyllabique.

19. Comme précédemment, nous faisons référence ici à une « connaissance tacite » ou « latente », que l'on peut probablement transformer en prise de conscience, grâce à une attention soutenue, mais qui n'est en tout cas pas présentée comme « une intuition sans guide ».

20. Et d'autres aspects. L'argument est en fait beaucoup plus général. On doit garder à l'esprit que la perception du discours est souvent diminuée de façon minime, voire pas du tout, même par la distorsion significative du signal, fait difficile à réconcilier avec l'opinion selon laquelle une analyse phonétique détaillée est un préalable à l'analyse de la structure syntaxique et sémantique.

21. À nouveau, cette dernière est ambiguë, d'une façon

entièrement différente de **4**, qui dépend du référent de « him ». D'un bout à l'autre, nous supposerons qu'il s'agit de « John ».

22. Dont l'interprétation dépend de celle de *see* et de celle du prétérite (*saw* est le prétérite de *see*) ; en conséquence, ces items séparés doivent être représentés dans la structure profonde, même si, dans cet exemple, ils ne sont pas représentés en structure superficielle.

23. Un syntagme *X* est un constituant immédiat du syntagme *Y* contenant *X* s'il n'y a pas de syntagme *Z* qui contienne *X* et soit contenu dans *Y*. Ainsi, le syntagme nominal « John » est un constituant immédiat de la phrase « John saw Bill » (analysée comme en **6**), mais ce n'est pas le cas du syntagme nominal « Bill » qui est contenu dans le syntagme suivant « saw Bill ». « John saw » n'est pas un constituant immédiat de la phrase puisque ce n'est pas un syntagme. « John » n'est pas un constituant immédiat de « John saw », puisque ce dernier n'est pas un syntagme. Vous remarquerez qu'en général les définitions des fonctions et des relations grammaticales proposées ici ne font sens que lorsqu'elles sont restreintes aux structures profondes.

24. En fait, nous pourrions considérer une grammaire comme attribuant une interprétation sémantique à toutes les phrases possibles (notion claire, compte tenu des théories de la phonétique et de la sémantique universelle), incluant celles qui font exception aux règles de la langue, mais c'est là une question dont nous ne débattrons pas davantage ici.

25. On ne doit pas confondre, comme ce fut trop souvent le cas, la question de savoir comment la structure syntaxique est organisée, avec celle de l'élaboration d'un modèle de performance (production ou perception). En fait, n'importe lequel des types d'organisation que nous venons de décrire (et d'autres) pourrait être utilisé comme base de la théorie de la performance de l'un ou l'autre type.

26. Une notion légèrement plus générale d'indicateur syntagmatique peut s'avérer nécessaire, mais nous ne traiterons pas de ce point ici.

27. Cela peut ne pas sembler évident. Nous retournons alors directement à l'exemple.

28. À partir de là, nous supposons que **21a** et **21b** sont étendues, comme indiqué, à des indicateurs syntagmatiques complets par insertion d'entrées lexicales appropriées.

29. Notez que cette transformation modifierait l'indicateur syntagmatique auquel elle s'applique d'une façon beaucoup plus radicale que celles dont nous avons débattu plus haut. Néanmoins, les principes restent les mêmes.

30. Ces facteurs peuvent cependant affecter la performance. Ainsi, ils peuvent affecter le signal physique, et jouer un rôle dans la détermination de la façon dont une personne interprète ces phrases. Dans la production comme dans la compréhension de ces phrases, le locuteur-auditeur utilise l'interprétation sémantique et phonétique idéale, mais d'autres facteurs jouent également un rôle. Le locuteur peut simplement chercher à se faire comprendre, l'auditeur à déterminer ce que le locuteur voulait dire (ce qui peut ne pas être identique à l'interprétation sémantique idéale de la phrase ou du fragment de phrase qu'il produit). Nous devons, une fois de plus, insister sur la nécessité de distinguer la performance de la compétence, si l'on souhaite étudier l'une ou l'autre sérieusement.

31. Plus précisément, des structures superficielles qui sont suffisamment proches pour générer la même représentation phonétique.

32. La linguistique moderne s'est servie occasionnellement de cette propriété de la langue comme outil de recherche. La première discussion générale sur la façon dont l'ambiguïté peut être utilisée pour illustrer l'inadéquation de certaines conceptions des structures syntaxiques se trouve dans C.F. Hockett, « Two Models for Grammatical Description », *Word*, vol. 10, 1954, p. 210-231, reproduit *in* M. Joos (éd.), *Reading in Linguistics One*, 4e éd., Chicago, University of Chicago Press, 1996.

33. Il semble en fait que ce phénomène ait échappé à l'attention des grammairiens anglais, traditionnels comme modernes.

34. La question de savoir si cette détermination est spécifique reste ouverte.

35. D'autres raisons étayent cela. D'une part, les relations grammaticales ne se créent pas entre des mots ou entre des morphèmes, mais généralement entre des syntagmes. D'autre part, la recherche empirique a montré uniformément qu'il existe un ordre idéal optimal des syntagmes, cohérent avec l'hypothèse que ceux-ci sont générés par un système de base du type discuté plus haut.

36. Il est intéressant d'observer dans cette connexion que la théorie de la grammaire à structure syntagmatique indépendante du contexte (voir p. 221) est très proche de l'adéquation pour « les langages artificiels » inventés pour des objectifs divers, par exemple les mathématiques, la logique, ou d'autres langages informatiques.

37. Et, en conséquence, dans certains cas, comme des « phrases semi-grammaticales » qui dévient de la règle grammaticale de la façon indiquée. Cela suggère l'approche du problème abordée en note 24.

38. Pour quelques spéculations sur ce sujet et une discussion du problème général, voir G.A. Miller, N. Chomsky, « Finitary Models for the User », *art. cité*. La suggestion selon laquelle les transformations pourraient faciliter la performance est implicite chez V. Yngve, « A Model and a Hypothesis for Language Structure », *Proceedings of The American Philosophical Society*, 1960, p. 444-466.

39. Les théories traditionnelles de la phonétique universelle sont largement acceptées comme base de la recherche moderne. Elles ont été affinées et amplifiées de façon très substantielle. Voir les références en note 7.

40. En outre, des preuves d'un type très dégradé. Par exemple, les conclusions de l'enfant sur les règles de formation des phrases doivent se fonder sur des preuves qui consistent, dans une large mesure, en des énoncés qui cassent les règles, puisque, la plupart du temps, le discours normal consiste en faux départs, syntagmes déconnectés, et autres déviations de la compétence idéalisée. La question ici n'est pas celle de la « grammaire normative ». L'argument est que le discours d'une personne normale s'écarte d'innombrables façons des règles de sa propre grammaire individualisée, en raison des nombreux facteurs qui interagissent avec la compétence sous-jacente pour déterminer la performance. Corrélativement, en tant qu'apprenant de langue, il acquiert une grammaire qui caractérise une grande partie de la preuve comme déviante et chargée d'anomalies.

41. Nous présentons un « modèle instantané » de l'acquisition du langage qui est certainement erroné dans le détail, mais peut très bien être accepté comme une première approximation raisonnable. Il ne s'agit pas de nier que la structure fine de l'apprentissage mérite étude. La question

est plutôt de cerner l'éventail de possibilités à l'intérieur duquel l'expérience peut amener la connaissance et la croyance à varier. Si l'éventail est assez étroit (ainsi qu'il me semble l'être, comme suggéré par les considérations du type de celles que j'ai mentionnées plus haut), alors une première approximation du type proposé est un prérequis de toute étude fructueuse de l'apprentissage. Étant donné un modèle instantané empiriquement bien étayé en première approximation, on peut immédiatement soulever de nombreuses questions : par exemple, quelles sont les stratégies à partir desquelles on échantillonne les hypothèses ? en quoi l'ensemble d'hypothèses dont on dispose à telle ou telle étape est-il interdépendant d'hypothèses précédemment testées à une étape antérieure ? etc.

42. Excepté tautologiquement, au sens où on les explique par la même théorie.

43. Outre les travaux mentionnés dans les notes précédentes, on peut consulter les ouvrages suivants pour développer davantage les thèmes abordés dans cette communication :

N. Chomsky, *Structures syntaxiques*, Paris, Seuil, 1979; N. Chomsky, *Aspects de la théorie syntaxique*, Paris, Seuil, 1971 ; M. Halle, *Sound Pattern of Russian*, La Haye, Mouton, 1959; J. Katz, P. Postal, *An Integrated Theory of Linguistic Descriptions* Cambridge, MIT Press, 1964; voir aussi plusieurs articles *in* J. Fodor, J. Katz, *Structure of Language : Readings in the Philosophy of Language*, Englewood Cliffs, Prentice-Hall, 1964. Pour des informations complémentaires sur les aspects de la structure de l'anglais abordés ici, voir aussi R. Lees, *Grammar of English Nominalizations*, New York, Humanities Press, 1963 et P. Rosenbaum, « Grammar of English Predicate Complement Constructions », thèse de doctorat non publiée, MIT, 1965. Pour des matériaux complémentaires, voir les bibliographies des travaux cités.

CHAPITRE VI

Linguistique et philosophie

Les méthodes comme les préoccupations des linguistes et des philosophes sont similaires sur tant d'aspects qu'à mes yeux, il ne serait pas raisonnable de chercher avec insistance à séparer nettement ces disciplines ou, pour l'une comme pour l'autre, de maintenir un mépris de clocher pour les connaissances obtenues par l'autre discipline. On pourrait citer une ribambelle d'exemples pour illustrer la possibilité d'échanges fructueux entre les deux disciplines. Dans son ouvrage récent, *Linguistique et philosophie*, Zeno Vendler va jusqu'à affirmer que « la linguistique structurale est une science » qui fournit « une nouvelle technique pour la philosophie analytique », qui n'est autre que la continuation naturelle de la ligne de développement qui court des philosophies du langage ordinaire jusqu'à J.L. Austin. Pour des raisons sur lesquelles je reviendrai dans un instant, je suis quelque peu sceptique quant à la contribution que la linguistique pourrait apporter à la philosophie selon les principes qu'il esquisse, mais je pense qu'il a montré que certains concepts propres à la linguistique peuvent être utilisés de manière gratifiante dans l'investigation de problèmes qui se sont posés en philosophie analytique.

Réciproquement, alors que l'attention des linguistes commence à se tourner vers des problèmes de sens et d'usage, il est indubitable qu'ils puissent tirer enseignement de la longue tradition de recherche philosophique sur ces questions; bien que là aussi, je pense qu'une note de scepticisme soit de mise. Pour faciliter la discussion de ce point comme des autres points, j'introduirai une petite illustration d'un problème qui est précisément à la frontière de la recherche aujourd'hui. Dans l'étude descriptive de toute langue, un problème central est la formulation d'un ensemble de règles qui génère ce que nous pourrions nommer les « structures superficielles » (ou SS) des énoncés. Par « structure superficielle », j'entends l'analyse d'un énoncé comme une hiérarchie de syntagmes dont chacun appartient à une catégorie spécifique, une hiérarchie qui peut être représentée sous la forme d'une parenthétisation étiquetée de l'énoncé, mise en évidence significative. Considérons, par exemple, les deux phrases :

1 John is certain that Bill will leave (John est certain que Bill va partir).
2 John is certain to leave (John est certain de partir).

Les structures superficielles de ces énoncés peuvent être représentées de façon naturelle par la parenthétisation étiquetée suivante :

1' $[_{P}[_{SN}{}^{\text{John}}][_{SV}{}^{\text{is}}[_{SA}{}^{\text{certain}}$

$[_{P}{}^{\text{that}}[_{SN}{}^{\text{Bill}}][_{SV}{}^{\text{will leave}}]]]]]$

2' $[_{P}[_{SN}{}^{\text{John}}][_{SV}{}^{\text{is}}[_{SA}{}^{\text{certain}}][_{SV}{}^{\text{to leave}}]]]$

Les syntagmes sont enserrés par des parenthèses. L'étiquette assignée à la parenthèse indique la catégorie du syntagme enserré. Ainsi en **1**, « certain that Bill will leave » est un syntagme de la catégorie syntagme adjectival (ou SA) ; et en **1** et en **2**, « John » est un syntagme de la catégorie syntagme nominal (ou SN) ;

« will leave » est un syntagme verbal (ou SV) en **1** ; et **1** et **2** sont des syntagmes de la catégorie phrase (ou P). Si ces analyses particulières peuvent être remises en question sur des points de détail, il ne fait pas de doute qu'à un certain niveau de description ces analyses – ou des représentations qui leur ressemblent étrangement – constituent un aspect significatif de la structure des phrases **1** et **2**. Et, plus généralement, il ne fait pas de doute que chaque phrase de la langue a approximativement une structure superficielle de ce type. Il existe, par exemple, de fortes preuves indiquant que la forme phonétique perçue de l'énoncé est déterminée par des lois phonologiques d'une grande généralité à partir de représentations qui sont essentiellement de ce type.

Cela étant posé, le linguiste qui étudie l'anglais essaye de formuler un ensemble de règles qui génèrent un nombre infini de structures superficielles, une pour chaque phrase de l'anglais. La théorie linguistique s'intéresse également au problème de savoir comment de telles structures sont générées dans n'importe quelle langue humaine, et essaye de formuler les principes généraux qui gouvernent les systèmes de règles exprimant les faits de telle ou telle langue du même type.

Étant donné les preuves à notre disposition aujourd'hui, il me semble raisonnable de proposer que, dans tout langage humain, les structures superficielles sont générées à partir de structures d'un type plus abstrait, auxquelles je me référerai comme « structures profondes » (ou SP), générées donc par certaines opérations formelles d'un type très spécial, généralement appelées « transformations grammaticales ». Chaque transformation projette des parenthèses étiquetées (ou parenthétisation) sur d'autres parenthèses étiquetées. Les structures profondes elles-mêmes sont des parenthèses étiquetées. La classe infinie de structures profondes est spécifiée par un ensemble de « règles de base ». En fin de compte, les transformations appliquées de manière séquentielle aux structures profondes, en accord avec certaines conventions et certains principes fixés, génèrent les structures superficielles des phrases de la langue. Ainsi, un ensemble de lois définissant une classe infinie de structures profondes et un ensemble de transformations grammaticales peuvent servir à générer les structures superficielles.

Pour illustrer cela, considérons à nouveau les phrases **1** et **2**. Les structures profondes sous-jacentes pourraient schématiquement être représentées par les formes **1”** et **2”** :

1” *idem* 1’

2” [P[SN[P[SN John][SV to leave]]][SV is[SA certain]]]

On peut penser de ces structures profondes qu’elles sont l’expression du fait que, dans **1**, nous prédiquons de « John » qu’il (John) est certain que « Bill » va partir, alors qu’en **2**, qui est plutôt similaire à **1** en structure superficielle, nous prédiquons de la proposition « que John va partir » que c’est un fait certain, où le mot « certain » a un sens très différent. Il n’y a pas de difficulté à définir les concepts de sujet et de prédicat en termes de configurations des structures profondes, afin qu’ils expriment l’interprétation voulue. Les opérations qui font de **2”** un dérivé de **2’** incluent une opération d’« extraposition », qui, à partir d’une structure qui ressemble beaucoup à **2”**, donnerait la structure **3** et une opération de « remplacement de *it* » qui dérive **2’** d’une structure qui ressemble quasi conformément à **3**, mais avec « to » à la place de « will » et l’effacement de « that » :

3 [P[SN it][SV is[SA certain]

[P that[SN John][SV will leave]]]]

Sans rentrer dans les détails, la théorie de la « grammaire générative et transformationnelle » soutient que toutes les structures superficielles sont formées par l'application de telles transformations – dont chacune projette des parenthèses étiquetées sur des parenthèses étiquetées – à partir de structures profondes qui sont souvent très abstraites. Les phrases **1** et **2** sont similaires en structures superficielles, mais très différentes en structures profondes ; les phrases **2** et **3** sont très similaires en structures profondes, mais très différentes en structures superficielles. Les structures profondes de la langue sont d'une variété très restreinte, et il apparaît qu'il y a des conditions universelles qui restreignent nettement la classe des lois possibles.

Considérons à présent la question de l'interprétation sémantique. De ces exemples assez typiques, il ressort clairement que les structures superficielles donnent peu d'indications quant à l'interprétation sémantique, alors que les structures profondes sont à cet égard très révélatrices. En suivant ce principe de raisonnement, on pourrait proposer une autre élaboration de la théorie que je viens d'esquisser, dans les termes suivants : imaginons qu'il y ait un système de « sémantique universelle » qui spécifie la classe des représentations sémantiques possibles pour une langue naturelle, d'une façon assez semblable à la façon dont la phonétique universelle spécifie la classe des représentations phonétiques possibles, en spécifiant, d'une part, une classe de traits distinctifs et, d'autre part, certaines conditions quant à leur combinatoire. Vous observerez qu'il serait parfaitement raisonnable d'étudier la sémantique universelle, même sans avoir d'idée précise de ce que ses éléments constituants pourraient être, aussi simplement que l'on pourrait le faire pour la phonétique universelle, en tirant des conclusions assez convaincantes à partir de la prise en compte de la croissance lente du nombre de phrases distinctes de longueur croissante, des phénomènes de rimes et d'assonances, de l'évolution lente dans « l'espace » phrases lorsque soumis à des répétitions en chaîne, etc. ; et ce, même sans avoir de conception de ce que les caractéristiques de ce système pourraient être. Quoi qu'il en soit, en supposant à nouveau que c'est là une approche raisonnable, on pourrait proposer qu'une langue comporte des lois associant des structures profondes à des représentations tirées de la sémantique universelle, comme elle comporte des lois phonologiques mettant les structures superficielles en relation avec les représentations tirées de la phonétique universelle.

À cette étape du développement d'une théorie comme celle-ci, le linguiste ferait bien de se tourner vers les travaux de la philosophie analytique, particulièrement vers les multiples études sur l'opacité référentielle. Une assertion empirique essentielle dans la description qui précède est que la structure superficielle ne peut contribuer au sens. Quelle qu'elle soit, la contribution de l'expression P au sens de la phrase XPY doit être déterminée par la structure profonde sous-jacente de P. La recherche sur l'opacité référentielle a signalé un grand nombre d'exemples illustrant comment le remplacement d'une expression par une autre change le sens, et ce, même lorsque la connexion sémantique entre les deux expressions est très proche. L'approche que nous venons d'esquisser devrait garantir que, dans un cas de ce type, il y ait en structure profonde une différence correspondante, à laquelle attribuer la différence de sens. Sans aller plus loin sur ce point, je voudrais simplement faire remarquer que la nature de ces exemples fait apparaître comme très improbable le succès d'une approche de ce type. Mais quoi qu'il en soit, l'étude de cet aspect de la théorie linguistique doit certainement prendre en compte une foule de preuves accumulées au cours de l'histoire par la recherche philosophique.

J'ai mentionné la possibilité que des connaissances développées au cours de l'analyse philosophique puissent être pertinentes dans l'étude d'une partie centrale de la théorie linguistique, et que les concepts de la linguistique puissent être utiles au philosophe dans son travail. Néanmoins, pour un certain nombre de raisons, il me semble qu'on ne devrait pas trop attendre d'un échange de ce type. Dans les cas que j'ai cités, ce qui est proposé est que les retombées accidentelles de la recherche dans un champ disciplinaire soient d'utilité pour les préoccupations centrales d'un autre champ disciplinaire. De plus, c'est un fait, aucun de ces champs disciplinaires ne fait appel à des techniques de recherche sophistiquées ou spécialisées. On pourrait ainsi s'attendre à ce que, dans chaque champ disciplinaire, il soit tout à fait possible de collecter et d'analyser l'information directement pertinente pour ses préoccupations spécifiques. En conséquence, on peut dire que le fait qu'un champ disciplinaire puisse construire directement sur des résultats atteints par l'autre est un simple accident.

Pour ces raisons, je pense que Vendler attend probablement trop de la méthode qu'il suggère, à savoir « faire appel aux faits de langue déjà organisés par la science qu'est la linguistique structurale ». Je crois que la linguistique moderne a d'authentiques résultats à porter à son crédit et que certains d'entre eux sont vraiment pertinents pour les questions philosophiques. Mais on doit garder à l'esprit que ces résultats doivent peu à la science contemporaine et moins encore à la technologie contemporaine. La collecte de données est informelle. À part en phonétique, on a très peu utilisé les approches expérimentales ou les techniques complexes de collecte et d'analyse des données, d'un type qui puisse être propice à l'élaboration d'un dispositif, et qui sont largement utilisées en sciences comportementales. Les arguments qui plaident en faveur de cette procédure informelle me semblent assez souriants. Ils mettent fondamentalement en lumière le fait qu'il n'est pas difficile d'obtenir une masse importante de données pour étudier des problèmes théoriques qui semblent des plus critiques, sans pour autant utiliser de telles techniques, prise de conscience comme une autre. En conséquence de quoi, il manque à la recherche linguistique dans ce que je considère être son meilleur, de nombreuses caractéristiques des sciences comportementales. Il n'est pas non plus évident que le développement de théories explicatives en linguistique mérite l'appellation honorifique de « scientifique ». Je pense que ces constructions intellectuelles ne sont pas triviales et que, souvent, elles nous éclairent. Cependant, mis à part quelques connaissances que nous devons à la logique moderne et aux mathématiques, je ne vois pas pourquoi elles n'auraient pas été élaborées de très nombreuses années auparavant. En effet, n'eût été la domination de certaines hypothèses empiriques sur lesquelles je reviendrai directement, j'ai tendance à penser qu'elles auraient été élaborées bien avant notre époque, et qu'une grande partie de ce qui est nouveau et excitant dans la linguistique aujourd'hui serait dès lors considéré comme évident par n'importe quelle personne cultivée.

Parmi les questions sur le langage qu'un philosophe pourrait se poser, il en est plusieurs auxquelles la linguistique ne fournit aucune réponse, ni aucun espoir raisonnable d'attendre des éléments de réponse. Par exemple, un philosophe concerné par les problèmes de connaissance ou de causalité (pour reprendre l'un des exemples de Vendler) pourrait très bien s'intéresser à l'investigation détaillée des propriétés des mots « connaître » et « causer ». Puisque la linguistique n'offre pas d'accès privilégié à des données de ce type, si la connaissance de la linguistique s'avérait être une aide substantielle dans cette recherche, ce ne serait que par accident ou par hasard. Ce qui fait l'importance d'une forme linguistique aux yeux de la linguistique n'est pas l'intérêt intrinsèque du concept ou de la proposition qu'elle exprime, si elle en exprime un ou une, mais la preuve qu'elle fournit quant à une quelconque hypothèse sur la nature du langage. Ainsi, l'intérêt présenté pour la linguistique par l'analyse des phrases **1**, **2** et **3** est la lumière qu'elle apporte sur la nature des structures profondes et des structures superficielles, ainsi que des transformations grammaticales qui les relient. De telles données importent pour la linguistique, dans la mesure où elles peuvent être expliquées sur la base de quelques hypothèses intéressantes quant à l'organisation de la grammaire. Elles ne sont pas compatibles avec d'autres hypothèses du même type. En tant que tels, ces faits n'ont pas plus d'intérêt que le fait que certaines marques apparaissent sur une plaque photographique sur la base d'un puits minier en Afrique du Sud. Fait qui est capital pour la théorie des particules élémentaires pour les mêmes raisons qui font que les faits liés aux phrases **1**-**3** sont importants pour la théorie du langage. On peut faire des remarques similaires sur la probabilité que des conclusions ou des données accumulées par les philosophes soient importantes pour la linguistique.

Pour une approche plus concrète de la question, considérons à nouveau les exemples **1**-**3**. Il est concevable que de telles phrases, ou d'autres qui leur ressemblent, puissent présenter un quelconque intérêt pour un philosophe qui s'intéresse aux divers concepts de certitude (*certainty*). Ces exemples présentent un intérêt pour le linguiste en ce moment, pour des raisons entièrement différentes. Ainsi, il est intéressant qu'il y ait une expression nominalisée correspondant à **1**, mais pas d'expression nominalisée correspondant à **2** ; **4** est une forme nominalisée de **1**, mais nous ne pouvons former **5**, qui correspondrait à **2** :

4 John's certainty that Bill would leave
5 John's certainty to leave

La distinction est plus générale ; ainsi, considérons **6** et **7** :

6 John is eager to leave
7 John is easy to leave

Nous avons le syntagme nominal **8** correspondant à **6**, mais nous ne pouvons former le syntagme nominal **9** qui correspondrait à **7** :

8 John's eagerness to leave (la promptitude de John à partir)
9 John's easiness to leave (la facilité de John à partir)

Vous remarquerez que la phrase **6** ressemble à la phrase **1**, en ce que la structure profonde est très proche de la structure superficielle. Alors que la phrase **7** est comme la phrase **2**, en ce que la structure profonde est très différente de la structure superficielle. Et même, la structure superficielle de **7** serait formée par des opérations très similaires à celles qui forment **2** à partir de **2"** et **3** par une dérivation qui, en gros, a la forme **10** :

10 **a.** [$_S$ for one to leave John] $_S$ is easy (analogue à **2"**)
b. it is easy [$_S$ for one to leave John] $_S$ (analogue à **3**)
c. John is easy to leave (= **7**, analogue à **2**)

La généralisation illustrée par les exemples **1**, **2**, **4-9** est qu'on peut former un syntagme nominal correspondant à une structure de base, mais non à une structure superficielle. Ainsi, nous avons **4**, correspondant à **1"**, et **8** correspondant à **6** (plus exactement à la structure profonde sous-jacente de **6**, comme **1'** est sous-jacent de **1**), mais on ne peut former des expressions nominalisées comme **5** et **9**, qui correspondraient aux structures superficielles **2** et **7**. Cette observation générale peut être illustrée par de nombreux autres exemples. Ce qui fait son intérêt, c'est l'étayage qu'elle apporte à l'hypothèse que des structures profondes abstraites du type illustré jouent un rôle dans la représentation mentale des phrases. Lorsque nous étudions la grammaire anglaise, sur la base de cette hypothèse et de celles qui lui sont liées, nous trouvons que nous sommes alors capables de catégoriser assez facilement la classe de phrases auxquelles correspondent les syntagmes nominaux du type examiné. Il n'existe pas de moyen naturel de caractériser cette classe en termes de structures superficielles, puisque, comme nous l'avons vu, des phrases qui sont très similaires en structure superficielle se comportent tout à fait différemment en ce qui concerne les processus formels impliqués dans la construction des expressions nominales. Pour tenter d'expliquer ces faits à un niveau plus profond, nous pourrions continuer en formulant un principe de grammaire universelle, d'où il découlerait que les syntagmes nominaux en question ne correspondent qu'à des structures profondes.

Pour résumer, ce sont les preuves qu'ils fournissent pour étayer une théorie particulière de la structure linguistique qui font l'intérêt des exemples en question pour l'étude du langage, et non le fait que les divers concepts de certitude (*certainty*) soient intéressants en tant que tels. Le philosophe qui s'intéresse aux divers concepts de certitude (*certainty*) apprendrait très peu d'une collection de données, laquelle présente un très grand intérêt pour la recherche linguistique.

En dehors de découvertes accidentelles ou de questions d'histoire personnelle, la linguistique ne sera pertinente pour la philosophie que dans la mesure où ses conclusions sur la nature du langage porteront sur des questions qui intéressent le philosophe. On ne peut prédire dans quelle mesure cela sera vrai à l'avenir ; il pourrait s'avérer, par exemple, que l'étude linguistique de la structure sémantique et syntaxique fournisse à l'avenir une base solide pour certains types de recherche philosophique ; on pense, par exemple, à la pertinence potentielle d'une classification systématique des verbes qui pourrait avoir une validité interlangues. Pour le moment, il s'agit là davantage d'un espoir pour le futur que d'une réalité présente. Cependant, je pense qu'on peut argumenter que certaines conclusions bien fondées sur la nature du langage portent vraiment sur des questions philosophiques traditionnelles, mais selon des chemins pour le moins différents de ceux que je viens de mentionner. En particulier, je pense que ces conclusions sont pertinentes quant au problème suivant, à savoir : comment les connaissances sont-elles acquises et en quoi le caractère de ces connaissances est-il déterminé par certaines propriétés générales de l'esprit ? Je voudrais, dans les pages suivantes, exposer à nouveau certaines propositions sur ce sujet qui ont été développées ailleurs[1], puis considérer divers problèmes et diverses objections soulevés par plusieurs philosophes[2] à propos de ces propositions.

On pourrait adopter la stratégie de recherche suivante pour l'étude des processus cognitifs chez les humains : on présente à une personne un *stimulus* physique qu'elle interprète d'une certaine façon. Disons qu'elle construit un certain « percept » qui représente (inconsciemment en général) certaines conclusions qu'elle a tirées quant à la source de stimulation. Pour autant que nous puissions caractériser ce percept, nous pouvons procéder à des recherches sur le processus d'interprétation. En d'autres termes, nous pouvons procéder au développement d'un modèle de perception qui prenne les *stimuli* comme « input » et donne les percepts comme « output », un modèle qui remplira certaines conditions empiriques données sur l'appariement effectif des *stimuli* avec les interprétations de ces *stimuli.* Par exemple, la personne qui comprend les phrases **1** et **2** sait – qu'elle en ait conscience ou non – que dans le cas de **2**, c'est une proposition *that is certain* (qui est certaine), et que, dans le cas de **1**, c'est une personne *who is certain of something* (qui est certaine de quelque chose), dans un sens très différent du mot *certain* (certain). Si nous nous intéressons à l'étude de la perception du langage, et particulièrement aux processus par lesquels les phrases sont comprises, nous pouvons commencer par la description des percepts, de façon à faire ressortir cette différence, comme nous l'avons fait en proposant que **1"** et **2"**, interprétés de la façon que nous suggérons, sont des composantes essentielles du percept. Étant donné l'input ici, les *stimuli* **1** et **2**, nous pouvons alors nous demander comment ces percepts sont construits par l'auditeur.

Un modèle perceptuel qui relie le *stimulus* et le percept pourrait incorporer un certain système de croyances, certaines stratégies utilisées dans l'interprétation des *stimuli*, et d'autres facteurs, par exemple, l'organisation de la mémoire. Dans le cas du langage, le terme technique pour les systèmes de croyance sous-jacents est « grammaire » ou « grammaire générative ». Une grammaire est un ensemble de règles qui génère une classe infinie de « percepts potentiels », chacun étant assorti de ses aspects phonétique, sémantique et syntaxique, et des classes de structures qui constituent la langue en question. Les percepts eux-mêmes sont des constructions de premier ordre. Nous déterminons leurs propriétés par l'exemple et par l'observation. La grammaire sous-jacente à la formation des percepts est une construction de second ordre. Pour l'étudier, nous devons faire abstraction des autres facteurs qui entrent en jeu dans l'utilisation et la compréhension de la langue, et nous concentrer sur la connaissance de la langue[3] qui a été internalisée d'une quelconque façon par le locuteur de cette langue. En nous concentrant sur ce système, nous pouvons alors enquêter sur les moyens par lesquels elle a été acquise, et la base de cette acquisition. En d'autres termes, nous pouvons essayer de construire un second modèle, un modèle d'apprentissage, qui prenne certaines données comme « input » et produise en « output » le système de croyances qui est une partie de la structure interne du modèle perceptuel. Dans ce cas, l'« output » est représenté dans l'« état final» de l'organisme qui a acquis ce système de croyances ; nous nous demandons alors comment cet état final fut atteint, à travers les effets combinés des facteurs innés, des processus de maturation et de l'interaction organisme-environnement.

En bref, nous pouvons commencer par nous interroger sur «ce qui est perçu» et, de là, passer à une étude de la perception. En nous focalisant sur le rôle de la croyance dans la perception (dans notre cas, la connaissance d'une langue), nous pouvons essayer de caractériser «ce qui est appris» et, de là, passer à l'étude de l'apprentissage. On pourrait naturellement décider d'étudier quelque autre sujet, ou de procéder d'une quelque autre façon. Ainsi, la psychologie moderne a décidé en grande partie, pour des raisons qui ne m'impressionnent pas, de se limiter à l'étude du comportement et à l'étude du contrôle du comportement. Je ne souhaite pas traiter ici plus avant de cette question, mais je souhaite simplement exposer mon propre point de vue, à savoir que cette approche s'est avérée tout à fait stérile, et qu'il est irrationnel de limiter ainsi ses objectifs. On ne peut espérer étudier l'apprentissage ou la perception du langage d'une façon utile en quoi que ce soit, si l'on adhère à des restrictions méthodologiques qui limitent si étroitement l'appareil conceptuel qu'elles invalident le concept de ce «qui est perçu» et de «ce qui est appris».

Je pense qu'on peut parvenir à des conclusions intéressantes lorsqu'on étudie le langage humain selon les directions que je viens d'esquisser. Dans les domaines de la syntaxe et de la phonétique au moins, on peut donner une explication générale plausible du système de représentations des percepts de n'importe quelle langue. De plus, on a fait des progrès substantiels en élaborant des grammaires génératives qui expriment la connaissance de la langue, c'est-à-dire l'«output» d'un modèle d'apprentissage et une composante fondamentale d'un modèle conceptuel. Il y a de fortes preuves, je pense, qu'une grammaire générative d'une langue humaine comporte un système de règles de base d'un type éminemment restrictif, un ensemble de transformations grammaticales qui projette les structures profondes formées sur des structures superficielles, selon des règles de base et un ensemble de lois phonologiques qui assignent aux structures superficielles des interprétations phonétiques dans un alphabet phonétique international (API). De plus, il y a aussi de fortes preuves que certains principes très restrictifs déterminent le fonctionnement de ces lois, conditions de hiérarchisation et d'organisation d'un type complexe et compliqué. Une littérature prolifique traite de ces questions que je ne tenterai pas de passer en revue ici. Je souhaite seulement insister sur le fait qu'il n'existe aucune nécessité *a priori* pour qu'une langue soit organisée de la manière extrêmement spécifique proposée dans ces études. En conséquence, si cette théorie de la structure linguistique est correcte, ou s'en approche, elle soulève des problèmes loin d'être triviaux pour la théorie de l'apprentissage humain. Nous devons nous demander spécifiquement comment, sur la base des données limitées dont il dispose, l'enfant est capable d'élaborer une grammaire du type de celle que nous sommes amenés à lui imputer, avec son choix particulier et son arrangement de règles, ainsi que ses principes restrictifs d'application de ces règles. En d'autres mots, nous demander quelle doit être la structure d'un modèle d'apprentissage capable de reproduire cet exploit. Nous devons évidemment essayer de caractériser la structure innée, de façon à remplir deux sortes de conditions empiriques. Premièrement, nous devons attribuer à l'organisme en propriété innée une structure assez riche pour expliquer le fait que la grammaire postulée soit acquise sur la base des conditions d'accès aux données préalables; deuxièmement, nous ne devons pas attribuer à l'organisme une structure si riche qu'elle serait incompatible avec la diversité connue des langues. Nous ne pouvons attribuer à l'enfant la connaissance de l'anglais comme propriété innée, puisque nous savons qu'il peut apprendre le japonais aussi bien que l'anglais. Nous ne pouvons que lui attribuer la capacité de former des associations ou d'appliquer les procédures analytiques de la linguistique structurale, car les structures auxquelles elles donnent naissance ne sont pas – ainsi qu'il est aisé de le prouver quand ces propositions sont précisées – celles que nous devons postuler comme grammaires génératives. Dans les limites empiriques que nous venons d'exposer, nous sommes libres d'élaborer des théories de la structure innée et de les tester d'après leurs conséquences empiriques. Dire cela n'est que définir le problème. Les questions substantielles se posent seulement lorsqu'une théorie spécifique est proposée.

En étudiant les phrases et leurs descriptions structurelles, les signaux vocaux et les percepts auxquels ils donnent naissance, nous pouvons parvenir à des conclusions détaillées quant à la grammaire générative qui est un élément fondamental de la performance linguistique, du discours et de la compréhension du discours. En nous tournant alors vers le niveau d'abstraction suivant, plus élevé, nous soulevons le problème de la façon dont cette grammaire générative est acquise. D'un point de vue formel, la grammaire qui est internalisée par chaque être humain normal peut être décrite comme une théorie de sa langue, une théorie d'une forme extrêmement compliquée et abstraite qui, au bout du compte, détermine une connexion entre le son et le sens en générant des descriptions structurelles de phrases (« percepts potentiels »), avec des aspects phonétiques, sémantiques et syntaxiques propres. Sous cet angle, on peut décrire l'acquisition de la connaissance de la langue comme une théorie de la construction. À l'aide des données extrêmement restreintes dont il dispose, l'enfant élabore une théorie de la langue dont ces données sont un échantillon (et de fait, un échantillon extrêmement dégénéré, dans le sens où une grande partie doit en être exclue comme incorrecte et hors sujet ; l'enfant apprend ainsi des règles de grammaire qui identifient une grande partie de ce qu'il a entendu comme mal formé, inexact et inapproprié). La connaissance de la langue qu'a, au bout du compte, l'enfant, s'étend de toute évidence bien au-delà des données dont il dispose. En d'autres termes, la théorie qu'il a élaborée d'une façon ou d'une autre a un cadre prédictif, dont les données de base constituent une partie négligeable. L'utilisation normale de la langue implique, et c'est là sa caractéristique, de nouvelles phrases, phrases qui ne présentent ni ressemblance ni analogie point à point avec celles qui constituent l'expérience de l'enfant. De plus, la tâche d'élaboration de ce système est exécutée d'une façon remarquablement similaire par tous les apprenants de langue normaux, en dépit de larges différences coté expérience et capacités. La théorie de l'apprentissage humain doit affronter ces faits en face.

Je pense que ces faits suggèrent une théorie de l'intelligence humaine d'essence expressément rationaliste. Pour reprendre les mots utilisés par Peirce dans ses conférences sur la « logique de l'abduction », le problème de la théorie de l'apprentissage est d'exposer la condition « qui donne une règle à l'abduction et mette ainsi une limite aux hypothèses admissibles ». Si « l'esprit de l'homme est naturellement adapté pour imaginer des théories correctes quelconques », alors l'acquisition de connaissances comme celles que nous considérons est possible. Le problème pour le psychologue (ou le linguiste) est de formuler les principes qui mettent ainsi une limite aux hypothèses admissibles. J'ai fait ailleurs des suggestions détaillées en ce sens, et ne les répéterai pas ici. En gros, je pense raisonnable de postuler que les principes de la linguistique générale quant à la nature des règles, leur organisation, les principes selon lesquelles elles fonctionnent, les types de représentations auxquelles elles s'appliquent, et les types de représentations qu'elles forment, constituent une partie de la condition innée « qui met une limite aux hypothèses admissibles ». Si cette suggestion est correcte, il n'y a alors pas davantage de raison de se demander comment ces principes sont appris qu'il n'y en a de se demander comment un enfant apprend à respirer, ou, aussi bien, à avoir deux bras. La théorie de l'apprentissage devrait plutôt essayer de caractériser les stratégies particulières qu'un enfant utilise pour déterminer que la langue à laquelle il est exposé appartient à une langue plutôt qu'à une autre langue parmi les « langues admissibles ». Lorsqu'on a précisé les principes auxquels je viens de faire allusion, ils constituent une hypothèse empirique quant à la base innée de l'acquisition de la connaissance, hypothèse qui peut être testée de diverses façons. En particulier, nous pouvons nous demander si elle s'inscrit entre les limites définies précédemment, c'est-à-dire : est-ce qu'elle impute une structure innée suffisamment riche pour expliquer l'acquisition de la connaissance, mais une structure insuffisamment riche pour être falsifiée par la diversité des langues ? Nous pourrions alors nous poser de nombreuses autres questions, par exemple : comment le schéma proposé comme base d'acquisition de la langue est-il relié aux principes qui « donnent une règle à l'abduction » dans d'autres domaines de l'intelligence humaine (ou animale) ?

Ce que je suggère est que, si nous voulons déterminer la pertinence de la linguistique à la philosophie, nous devons orienter nos recherches sur les conclusions qui peuvent être établies quant à la nature du langage, les façons dont le langage est utilisé et compris, la base de son acquisition ; je pense que ces conclusions ont des conséquences intéressantes pour la théorie psychologique, en particulier qu'elles étayent fortement une description des processus mentaux qui nous est, en partie, familière depuis les spéculations rationalistes sur ces questions. Elles étayent la conclusion que l'organisation intrinsèque joue un rôle majeur dans la perception, et qu'un schéma initial très restrictif détermine ce qui compte comme « expérience linguistique » et quelles connaissances naissent sur la base de cette expérience. Je pense aussi, et en ai débattu ailleurs, que les doctrines empiriques qui ont prévalu en linguistique, en philosophie et en psychologie ces dernières années peuvent être réfutées par une étude attentive du langage, lorsque celle-ci est formulée de façon précise. Si la philosophie est ce que font les philosophes, alors ces conclusions sont pertinentes pour la philosophie à la fois dans ses diverses formes classiques et modernes.

À présent, je voudrais passer à quelques analyses critiques de ce point de vue, parmi celles qui ont fleuri dans la littérature philosophique récente, et examiner spécifiquement les points auxquels il est fait référence dans la note 2.

Le traitement que Goodman fait de ces questions me semble d'abord souffrir d'une incompréhension historique. Deuxièmement, d'un échec à formuler correctement la nature exacte du problème de l'acquisition des connaissances et, troisièmement, d'une incompréhension des travaux qui ont conduit aux conclusions qu'il critique, celles que j'ai esquissées plus haut. Son incompréhension est lié au problème historique entre Locke et qui que ce soit que Locke ait alors pensé critiquer dans sa polémique autour des idées innées. Goodman pense que Locke a montré clairement et nettement que la doctrine des idées innées est « fausse ou dépourvue de sens ». Je ne m'étendrai pas sur ce point, puisque c'est un lieu commun de la recherche universitaire historique que de dire que la critique que Locke propose de la doctrine des idées innées « attaque sans ménagement cette doctrine dans sa forme la plus brute, laquelle n'est appuyée par aucun avocat éminent [4] ». Même lord Herbert a montré clairement qu'en l'absence de stimulation appropriée, « les notions communes restent latentes », qu'elles sont « les principes sans lesquels nous n'aurions pas d'expérience du tout », mais qu'elles ne sont pas, c'est évident, constamment dans notre conscience, même pour « des hommes normaux », et certainement pas pour des hommes qui sont « obstinés, stupides, faibles d'esprit et imprudents », ni pour « les fous, les ivrognes, et les bébés, etc. ». Et comme ces idées sont élaborées par Descartes et d'autres, on insiste de manière répétée sur le fait que, alors que les idées et les principes innés déterminent la nature de l'expérience et de la connaissance qui peut en découler, ils ne sont pas de manière ordinaire dans la conscience. Puisque les arguments de Locke ne réussissent pas à cerner la nature « du dispositif » de la structure innée que défendent avec insistance les avocats majeurs de la doctrine rationaliste, invariablement ces arguments n'atteignent pas non plus leur but ; il a dû, semble-t-il, comprendre de travers les théories réelles de Herbert, Descartes, ou de cartésiens mineurs, Cudworth et autres.

Il est surprenant de voir que Goodman accuse ceux qui « identifient les idées innées aux capacités » de « sophisnes ». Goodman est libre d'utiliser s'il le souhaite les mots « idées » et « idées innées » en s'appuyant sur l'incompréhension de Locke quant à la doctrine rationaliste, mais il ne l'est pas d'accuser les autres de « sophismes » lorsqu'ils examinent et développent cette doctrine sous la forme dans laquelle elle fut effectivement présentée. Il est particulièrement surprenant d'entendre Goodman parler de la nécessité d'appliquer le mot « idée » « dans son utilisation normale ». On ne s'attendrait pas à ce qu'il oppose ce type d'argument (« le langage ordinaire ») à l'utilisation d'un terme technique. De plus, comme Thomas Reid l'a fait remarquer, si nous utilisons « idée » de façon non technique, alors c'est non seulement la position de Descartes, mais aussi celle de Locke et de Hume qui sont réduites à l'absurdité ; remarque exacte, mais qui n'apporte rien de plus, sinon que d'insister sur l'absurdité de comprendre un terme technique « dans le sens normal » de son homonyme non technique du discours ordinaire.

Cependant, je me tournerai vers le problème substantiel de l'acquisition des connaissances, ainsi que Goodman le formule dans le cas spécifique de l'acquisition du langage. Il distingue très justement deux cas : l'acquisition de la première langue et l'acquisition de la langue seconde. Mais son analyse des deux cas laisse beaucoup à désirer. Considérons d'abord le problème de l'acquisition de la seconde langue. Dans ce que je comprends de la théorie de Goodman[5], l'acquisition de la seconde langue ne pose aucun problème, car « une fois qu'une langue est disponible et peut être utilisée pour donner les explications et les consignes, les restrictions (déterminées par un schématisme inné) sont transcendées ». Cette façon de poser le problème est une erreur d'interprétation de la situation sur deux aspects fondamentaux. D'abord, parler d'un schématisme inné qui n'a été proposé que pour fournir « des restrictions » en vue de l'acquisition d'une langue est trompeur. Ce qui a été proposé est plutôt que ce schématisme *rende possible* l'acquisition d'un système riche et très spécifique sur la base de données limitées. Pour prendre un exemple, le problème est d'expliquer comment les données accessibles à l'apprenant de langue (première ou seconde) suffisent à établir que les lois phonologiques (les lois qui attribuent des représentations phonétiques aux structures superficielles) s'appliquent cycliquement : d'abord aux syntagmes les plus proches de la structure superficielle, puis aux syntagmes plus grands, etc., jusqu'à ce que le domaine maximal des processus phonologiques – dans les cas les plus simples, la phrase entière – soit atteint. Il y a, en fait, de fortes preuves que les lois s'appliquent réellement cycliquement, mais ces preuves ne sont pas de celles qui peuvent être utilisées comme fondement de l'induction, par une quelconque procédure d'induction de validité élargie, qui partirait des données phonétiques pour s'étendre au principe d'application cyclique. En particulier, une grande partie de ces preuves provient de l'analyse des percepts, c'est-à-dire à partir de l'étude de la façon dont une personne qui maîtrise déjà la langue interprète les signaux vocaux. Il semble que cette interprétation impose une certaine structure qui n'est pas indiquée directement dans le signal vocal, par exemple dans la détermination des contours de l'accent[6]. De toute évidence, l'enfant ne peut acquérir la connaissance que les lois phonologiques s'appliquent cycliquement, à partir de données qui ne lui sont accessibles qu'après qu'il connaît et sait utiliser ledit principe. C'est là un principe extrême, mais il illustre néanmoins très bien le problème fondamental, qui est d'expliquer comment on développe une grammaire riche et hautement spécifique sur la base de données limitées compatibles avec un grand nombre d'autres grammaires en conflit avec celle-là. Un schématisme inné est proposé, à tort ou à raison, comme hypothèse empirique, pour expliquer l'uniformité, la spécificité et la richesse du détail et de la structure des grammaires qui sont en fait élaborées et utilisées par la personne qui a acquis la maîtrise de la langue. Et donc, dans la formulation de Goodman, le terme « restriction » est tout à fait inapproprié.

Plus sérieusement, il faut reconnaître que, passé les rudiments élémentaires, on n'apprend pas la structure grammaticale d'une seconde langue « par l'explication et la consigne », pour une raison simple, qui est que personne n'a une connaissance suffisamment explicite de la structure pour donner explications et consignes. Considérons par exemple la propriété de la nominalisation en anglais observée précédemment, à savoir qu'une certaine classe d'expressions nominales ne correspond qu'à la structure profonde et non à la structure superficielle. La personne qui a suffisamment bien appris l'anglais comme seconde langue pour discerner les faits illustrés par les exemples **1** à **10** n'a pas acquis cette connaissance par « l'explication et la consigne ». Jusqu'à une période très récente, personne à ma connaissance n'avait conscience de ce phénomène ; l'apprenant de seconde langue, comme l'apprenant de première langue, a en quelque sorte établi de lui-même ces faits, sans explications ni consignes. Nous avons là, à nouveau, un exemple très typique. Seule une partie triviale de la connaissance que l'apprenant de seconde langue acquiert lui est donnée par l'enseignement direct. Un minimum d'attention, la plus superficielle soit-elle, aux faits de l'acquisition d'une seconde langue suffit à établir cela. En conséquence, bien que l'on doive, c'est certain, distinguer l'acquisition d'une langue seconde de celle d'une première langue, la distinction n'est pas du type suggéré par Goodman. Même s'il reste vrai que « une fois qu'une langue quelconque est disponible, l'acquisition d'autres langues est relativement facile », l'expliquer demeure néanmoins un problème très sérieux (problème qui n'est pas différent de manière significative de celui de l'explication concernant l'acquisition de la première langue).

Considérons à présent le problème plus primordial qu'est l'acquisition de la première langue, problème vers lequel les hypothèses empiriques sur le schématisme inné se sont dirigées. Goodman argumente que l'explication de l'acquisition de la première langue ne pose pas de problème, parce que « l'acquisition d'une langue initiale est l'acquisition d'un système symbolique secondaire » : on a déjà franchi l'étape initiale et les détails peuvent être élaborés à l'intérieur d'un cadre qui existe déjà. Cet argument prendrait un peu de poids, s'il était possible de montrer que quelques-unes des propriétés spécifiques de la grammaire – comme, par exemple, la distinction SS-SP, les propriétés spécifiques des transformations grammaticales et des lois phonologiques, les principes d'application des lois, etc. –, s'il était possible, donc, de montrer que ces propriétés étaient présentes dans ces « systèmes symboliques prélinguistiques » acquis préalablement. Mais il n'y a pas la moindre raison de croire qu'il en est ainsi. L'argument de Goodman se fonde sur une utilisation métaphorique du terme « système symbolique », mais il s'effondre dès que nous essayons de donner une signification précise à ce terme. S'il était possible de montrer que ces « systèmes symboliques prélinguistiques » partagent certaines propriétés significatives des langues naturelles, nous pourrions alors prétendre que les propriétés des langues naturelles sont en quelque sorte acquises « par analogie », même si, dans ce cas, il nous faudrait alors affronter le problème de savoir « comment ces systèmes symboliques prélinguistiques » ont élaboré ces propriétés et comment ces analogies sont établies. Mais il s'agit là d'une discussion purement académique, puisqu'il n'y a aucune raison à ce jour de supposer que cette hypothèse soit vraie. L'argument de Goodman est un peu comme « une démonstration » du fait qu'il n'y a pas de problème à rendre compte du développement des organes complexes, puisque nous savons tous que la mitose a cours. Cela me semble être de l'obscurantisme, un obscurantisme que l'on ne peut soutenir que tant que l'on néglige la prise en considération de faits réels.

De plus, il y a un *non sequitur* [sophisme] dans la discussion sur l'acquisition des langues première et seconde proposée par Goodman. Rappelez-vous, il explique la facilité présumée d'acquisition de la langue seconde sur la base qu'il est possible d'utiliser la première langue pour l'explication et la consigne. Il poursuit en soutenant que « l'acquisition d'une langue initiale est l'acquisition d'un système symbolique secondaire », qui, du coup, est tout à fait semblable à l'acquisition de la seconde langue. Les systèmes symboliques primaires qu'il a à l'esprit sont « des systèmes symboliques prélinguistiques rudimentaires dans lesquels les gestes et les occurrences sensoriels et perceptuels de toutes sortes fonctionnent comme signes ». Mais ces systèmes, quels qu'ils soient, ne peuvent bien évidemment pas « être utilisés pour donner explications et consignes » *quant à la façon dont une première langue peut être utilisée dans l'acquisition d'une seconde*. En conséquence, l'argumentation de Goodman est donc, même sur son propre terrain, incohérente.

Goodman soutient que « l'affirmation que nous discutons ne peut être testée de façon expérimentale, même lorsque nous avons un exemple reconnu de mauvais langage et [...] que l'on n'a même pas formulé, ne serait-ce qu'une seule propriété générale des mauvais langages ». La première de ces conclusions est correcte, dans le sens où il entend, lui, « test expérimental », c'est-à-dire un test dans lequel « nous prenons un enfant à la naissance, nous l'isolons de toute influence de notre culture linguistique, et nous tentons de lui inculquer une des mauvaises langues artificielles ». Cela n'est évidemment pas faisable, tout comme des tests expérimentaux comparables dans n'importe quelle autre sphère de la psychologie humaine ne le sont pas. Mais il n'y a aucune raison d'être consternés par l'impossibilité de mener à bien de telles expérimentations directes. Il y a de nombreuses autres façons – celles dont j'ai débattu plus tôt, et de manière extensive dans la littérature – de trouver des preuves concernant les propriétés de la grammaire, et de soumettre à des expérimentations empiriques les hypothèses se rapportant aux propriétés générales de ces grammaires. N'importe quelle hypothèse de ce type précise immédiatement, à tort ou à raison, certaines propriétés des « mauvais » langages. Elle constitue une affirmation empirique falsifiable par l'identification de contre-exemples dans une langue humaine quelconque ou par la démonstration que, dans les conditions effectives de l'acquisition du langage, les propriétés en question n'apparaissent pas dans le système développé par l'apprenant de langue. En linguistique, comme dans n'importe quel autre domaine, on ne peut espérer trouver des preuves portant sur des hypothèses non triviales que par des voies indirectes comme celles-ci. L'expérimentation directe par des tests du type que ceux que Goodman considère nécessaires pour une raison que j'ignore est rarement faisable, fait que l'on peut déplorer, mais qui est néanmoins caractéristique de la plus grande partie de la recherche.

L'autre hypothèse de Goodman qui prétend « que l'on n'a même pas formulé, ne serait-ce qu'une seule propriété générale des mauvais langages » est très injuste. Il y a des dizaines de livres et de communications qui traitent des propriétés formulées de la grammaire universelle et examinent leurs conséquences empiriques, et, comme nous venons de l'observer, chacune de ces propriétés précise ce que sont les « mauvais » langages. On est libre d'argumenter que ces tentatives se fourvoient, sont inadéquates, ne réussissent pas à convaincre, qu'elles sont réfutées par les faits, etc. Mais on n'est pas libre de nier leur existence avec ironie. Je ne vois pas comment éviter la conclusion que, quand Goodman parle « des preuves peu impressionnantes fournies par rapport aux langues », il ne parle ainsi que par ignorance, plutôt que par une prise en considération de la recherche faite en ce domaine.

En discutant les propriétés des « mauvais » langages, Goodman ne se réfère qu'à un seul exemple, à savoir le cas de la langue imaginaire *gruebleen* (ou *vleubert*), qui « ne diffère de l'anglais ordinaire que par la présence des prédicats "grue" (ou "vleu"), (pour ce qui est examiné avant *t* et vert, ou pas examiné et bleu), et "bleen" (ou "bert") (pour ce qui est examiné avant *t* et bleu, ou pas examiné et vert), au lieu des prédicats "vert" et "bleu" ». Il argumente que, même dans ce cas-là, on doit « avoir conscience du fait que – et c'est douloureux – » les réponses à la question de ce qui différencie en général les langues comme le *gruebleen* (ou *vleubert*) des langues comme l'anglais « sont difficiles à apporter ». Je pense qu'il s'agit là d'une question plutôt marginale, puisque des propriétés beaucoup plus profondément enchâssées « des langues comme l'anglais » ont été formulées et étudiées, mais puisqu'il soulève cet exemple, c'est bien de faire remarquer que les difficultés auxquelles il fait allusion sont, dans une large mesure, la conséquence du flou de la question qu'il pose. Ainsi, il n'est pas difficile de trouver une quelconque propriété de *gruebleen* (ou *vleubert)* qui ne soit pas une propriété des « langues comme l'anglais », même une propriété d'une quelconque portée générale. Considérons, par exemple, le prédicat « match » (ou apparier) compris comme dans le livre de Goodman intitulé *Structure of Appearance*, mais en l'appliquant maintenant à des objets plutôt qu'à des qualia. Ainsi, deux objets ne s'apparient (*match*) « que si et seulement si leurs points de comparaison directe ne présentent pas de différence notoire[7] ». Le *gruebleen* (ou *vleubert*) présente la propriété curieuse que, si un objet A est examiné avant *t*, et un objet B est examiné après *t*, et qu'il s'avère que les deux soient *grue* (*vleu*) (ou que les deux soient *bleen* [*bert*]), nous savons alors qu'ils ne peuvent s'apparier. Mais il n'y a pas de *t* tel que, étant donné deux objets, l'un examiné avant *t*, et l'autre après *t*, dont les deux s'avèrent *green* (*vert*) (ou *blue* [*bleu*]), nous puissions prédire qu'ils ne s'apparient pas. Il se peut que ce soit le cas, mais il se peut qu'au contraire ce soit l'inverse, si les deux sont *green* (*vert*) (ou *blue* [*bleu*]). Une propriété générale des langues naturelles est sans aucun doute qu'elles sont en fait, dans ce sens-là, « comme l'anglais » plutôt que comme le *gruebleen* (ou *vleubert*) dans le domaine des couleurs. Ainsi, il n'y a, sur ce point particulier, aucune difficulté à établir une distinction assez générale entre les langues comme le *gruebleen* (ou *vleubert*) et celles comme l'anglais. Cela, bien sûr, ne satisferait pas aux exigences de Goodman et à ses objectifs particuliers, car on peut élaborer d'autres problèmes du type *gruebleen* (*vleubert*) qui ne sont pas pris en compte par cette propriété. Aussi longtemps que les notions floues avancées par Goodman de « comme l'anglais », ou « comme le *gruebleen* (ou *vleubert*) », restent vagues, il n'y a évidemment aucune façon de répondre à son interrogation, à savoir qu'une propriété *générale* soit énoncée, qui distingue les deux types de langues, et toute distinction spécifique proposée donnera toujours naissance à de nouvelles énigmes en termes d'induction. Il s'agit là d'un commentaire intéressant quant aux restrictions propres aux méthodes inductives, mais qui n'est pas davantage pertinent quant à la question de spécifier les caractéristiques de la grammaire universelle qu'à n'importe quelle autre entreprise scientifique ; par exemple, la question de spécifier les conditions génétiques qui déterminent qu'un embryon humain, soumis à un éventail de conditions données, développe des jambes plutôt que des ailes. Je ne suis pas soit dit en passant, en train de proposer que la propriété que je viens de citer serve à expliquer pourquoi chaque apprenant d'un langage (en fait, chaque souris, chaque chimpanzé, etc.) utilise le *green* (*vert*) plutôt que le *grue* (*vleu*), comme base de généralisation. Sans aucun doute, il ne faut voir là qu'une simple conséquence de certaines propriétés du système sensoriel, conclusion tout à fait inintéressante du point de vue de Goodman, mais non incorrecte pour autant.

Revenons-en à l'argument central : il est intéressant qu'à une des étapes de son argumentation Goodman remarque, tout à fait justement, que même si « je n'ai pas d'autre explication à proposer de certains faits remarquables », « cela seul ne m'impose pas d'accepter une théorie […] intrinsèquement répugnante et incompréhensible (*repugnant and incomprehensible*) ». Mais considérons à présent la théorie des idées innées qui soulève l'indignation de Goodman et demandons-nous si elle est « répugnante » et « incompréhensible ».

Penchons-nous d'abord sur la question de la « compréhensibilité ». Il ne me semble pas incompréhensible qu'un quelconque aspect de l'« état final » d'un organisme ou d'un automate doive aussi être un aspect de son « état initial », avant toute interaction avec l'environnement, tout comme il n'est pas incompréhensible que cet aspect de l'état final se soit développé à travers des processus internes, peut-être mis en marche par une quelconque interaction organisme-environnement. Mais laissons la caricature de Locke et considérons plutôt les doctrines de la psychologie spéculative du rationalisme telles qu'elles furent effectivement développées. Descartes, par exemple, soutenait que l'idée d'un triangle est innée en ce que « l'idée d'un vrai triangle [...] peut plus aisément être conçue par notre pensée que la figure triangulaire plus complexe dessinée sur un papier », si bien que lorsqu'un enfant voit pour la première fois la figure plus complexe sur un papier, « il ne la perçoit pas en tant que telle, mais perçoit plutôt le triangle authentique ». De même que Cudworth propose l'opinion que « chaque triangle irrégulier et imparfait [est] aussi parfaitement ce qu'il est que le plus parfait des triangles », mais nous interprétons les images sensorielles externes selon la notion de figure régulière « qui trouve sa source dans la loi, le modèle et l'exemple » généré « comme anticipation » par la pensée ; exactement comme nous interprétons toutes les données sensorielles selon certains concepts d'objets et de relations entre les objets, certaines notions de cause et d'effet, les propriétés *gestaltistes*, les fonctions d'actions humaines éventuelles dans un « espace », etc. Ni cette théorie ni ses développements en psychologie moderne ne sont incompréhensibles, bien qu'elle puisse, bien sûr, être erronée ou incorrecte. De la même façon, il n'est pas difficile de comprendre la proposition selon laquelle il existe certaines conditions innées sur la forme de la grammaire qui déterminent ce qui constitue l'expérience linguistique et quelles connaissances naîtront sur la base de cette expérience. De nouveau, on peut aisément concevoir un automate qui fonctionnera de cette façon, ce qui fait que, même s'il est possible que la proposition soit fausse, elle n'est pas pour autant incompréhensible.

Quelles que puissent être la position de Goodman vis-à-vis de ces formulations, il est intéressant de constater qu'il apparaît tout à fait disposé, en tout cas dans son article, à accepter l'idée que, dans un certain sens, l'esprit mûr renferme des idées ; il n'est alors évidemment pas « incompréhensible » que certaines de ces idées soient implantées dans l'esprit comme « équipement originel » pour reprendre sa phraséologie. Son argument n'est pas dirigé contre la notion que « les idées sont dans la pensée », mais plutôt contre l'hypothèse qu'elles seraient « dans la pensée » avant l'expérience ; et si la première hypothèse est compréhensible, alors assurément, l'autre hypothèse l'est également (même si, comme nous l'avons fait remarquer, ni l'une ni l'autre ne rende justice à la théorie rationaliste classique ou à ses variantes modernes). D'autre part, cette approche du problème de l'acquisition des connaissances est, sans aucun doute, « répugnante » pour quelqu'un qui considère la doctrine empirique à l'abri de toute contestation et de toute remise en question. Mais cela revient à traiter les doctrines empiriques comme des articles de foi religieuse. Assurément, il n'est pas raisonnable d'être si lié à une tradition ou à un courant de pensée qu'on refuse d'examiner, à partir de leurs qualités intrinsèques, les opinions conflictuelles portant sur l'acquisition des connaissances.

Je vais, à présent, me tourner vers la contribution d'Hilary Putnam au même symposium. Bien que son article traite plus directement des points qui sont réellement contestés, il me semble néanmoins que ses arguments aussi sont peu convaincants, d'abord et avant tout en raison de certaines hypothèses erronées qu'il avance sur la nature des grammaires acquises. En particulier, il sous-estime énormément et décrit de façon en partie fausse la richesse de la structure, les propriétés particulières et détaillées de la forme et de l'organisation grammaticale qui sont acquises par le locuteur-auditeur normal et qui apparaissent uniformes chez des locuteurs variés ainsi que dans des langues variées, ce dont on doit rendre compte par « un modèle d'acquisition du langage ».

Pour commencer, Putnam soutient qu'au niveau de la structure sonore la seule propriété proposée dans la grammaire universelle est qu'une langue comprend « une courte liste de phonèmes ». Cette uniformité parmi les langues, argumente-t-il, ne nécessite aucune hypothèse explicative élaborée. On peut l'expliquer simplement selon des « paramètres comme le balayage de mémoire et la capacité de mémoire », dont aucun « comportementaliste de rang » n'aurait nié que ce sont là des propriétés innées. Cependant, on a de fait avancé des hypothèses empiriques très fortes quant au choix des traits distinctifs universels, la forme des lois phonologiques, l'application et l'organisation de ces lois, les mises en relation de la structure syntaxique avec la représentation phonétique, et on ne peut, c'est inconcevable, rendre compte d'aucune d'entre elles sur la base des limitations de la mémoire. L'explication de Putnam s'appuie en grande partie sur mon article « Explanatory Models in Linguistics » (voir note 6 p. 299) qui examine en détail le principe de l'application cyclique aux lois phonologiques, principe qui, s'il est exact, soulève des problèmes majeurs. Nous devons nous demander comment l'enfant acquiert la connaissance de ce principe, exploit d'autant plus remarquable que, comme nous l'avons déjà fait remarquer, une grande partie des preuves qui conduisent le linguiste à poser ce principe proviennent de l'étude des percepts et donc ne sont même pas accessibles à l'enfant. Des questions similaires se posent par rapport à plusieurs autres aspects de la phonologie universelle. Quoi qu'il en soit, si les propositions qui ont été élaborées à propos de la structure sonore sont correctes ou s'en approchent, alors les similarités entre les langues à ce niveau et la richesse de la connaissance acquise par l'enfant sont vraiment des faits remarquables qui exigent explication.

Au-delà du niveau de la structure sonore, Putnam présume que les seules propriétés significatives des langues sont qu'elles ont des noms propres, que la grammaire comporte comme composante une structure syntagmatique et qu'il existe des lois « abrégeant » les phrases générées par la grammaire syntagmatique. Il soutient que le caractère spécifique de la grammaire syntagmatique est déterminée par l'existence de noms propres; que l'existence d'une grammaire syntagmatique s'explique par le fait que « toutes les mesures naturelles de la complexité d'un algorithme […] mènent au […] résultat », que les systèmes comportant une grammaire syntagmatique fournissent « les algorithmes "les plus simples" pour pratiquement n'importe quel système de computation », et donc aussi « pour des "systèmes de computation" provenant d'une évolution naturelle » ; et qu'il n'y a rien de surprenant dans le fait que les langues comportent des règles d'abréviation. En conséquence, conclut-il, les seules conditions innées qui doivent être postulées sont celles qui s'appliquent à tous les « systèmes de computation » rationnels, ce qui ne devrait surprendre aucun comportementaliste.

Chacune des trois conclusions cependant est faussée par une hypothèse erronée. D'abord, il est évident qu'il existe plusieurs grammaires syntagmatiques différentes compatibles avec l'hypothèse que l'une des catégories est celle des noms propres. Il y a en fait de nombreuses discussions actuellement sur les propriétés générales du système de base sous-jacent des langues naturelles; mais la discussion n'est pas le moins du monde résolue par l'existence de noms propres comme catégorie primitive dans plusieurs langues[8].

En ce qui concerne le second point, il est tout simplement faux que toutes les mesures de la complexité et de la vitesse de computation conduisent aux règles syntagmatiques comme « algorithme le plus simple ». Les seuls résultats existants pertinents, même s'ils sont indirectement pertinents, sont ceux qui traitent de grammaire syntagmatique indépendante du contexte et de leur interprétation automatique théorique. Les grammaires indépendantes du contexte sont un modèle raisonnable pour les lois générant les structures profondes, lorsque nous excluons les items lexicaux et les conditions distributionnelles qu'elles remplissent. Mais même, cette contradiction fondamentale mise à part, les seuls résultats existants relient les grammaires indépendantes du contexte à une classe appelée « automates à piles non déterministes » (*nondeterministic pushdown storage automata*), et ces derniers n'ont pas de propriétés particulièrement frappantes en ce qui concerne la vitesse ou la complexité de la computation et ne sont, de ce point de vue, certainement pas « naturels ». En termes de conditions de temps et d'espace portant sur la computation, le concept quelque peu semblable, mais pas formellement lié, d'automate déterministe en temps réel (*real-time deterministic automaton*) semblerait beaucoup plus naturel. En bref, il n'y a pas de résultats démontrant que les grammaires syntagmatiques soient optimales dans quelque sens computationnel que ce soit (ni, c'est certain, de résultats traitant de la notion beaucoup plus complexe d'une structure de base ayant pour composantes une grammaire syntagmatique indépendante du contexte et un lexique, dont les propriétés sont beaucoup plus riches). Mais il est inutile de poursuivre sur ce sujet car, quoi qu'il en soit, ce n'est pas « la simplicité » des grammaires syntagmatiques qui est en jeu, mais plutôt celle des grammaires transformationnelles qui comportent une structure syntagmatique comme composante, cette dernière jouant un rôle dans la génération des structures profondes. Et il n'existe absolument aucun concept mathématique de « facilité de computation » ou de « simplicité d'algorithme » qui suggère, ne serait-ce que vaguement, que de tels systèmes puissent avoir un quelconque avantage sur les divers types d'automates qui ont été étudiés de ce point de vue. Ces systèmes n'ont en fait jamais réellement été pris en considération dans un contexte strictement mathématique, même s'il y a eu des tentatives initiales intéressantes d'étudier quelques-unes de leurs propriétés formelles[9]. La source de cette confusion est un malentendu de la part de Putnam sur la nature des transformations grammaticales. Ces dernières ne sont pas, comme il le suppose, des règles qui « abrègent » des phrases générées par des règles syntagmatiques. Ce sont plutôt les opérations qui forment des structures superficielles à partir des structures profondes sous-jacentes, qui sont elles-mêmes générées en partie par des règles syntagmatiques. Même si on note une évolution considérable de la théorie depuis le jour où les notions de grammaire générative et transformationnelle ont été initialement proposées, une hypothèse constante perdure : les règles syntagmatiques ne génèrent que des structures abstraites qui sont ensuite projetées en structures superficielles par des transformations grammaticales, ces dernières étant des opérations d'un type particulier, dépendantes de la structure, qui n'ont jamais été étudiées en dehors du seul domaine de la linguistique, et par aucune des branches des mathématiques que je connaisse. Pour montrer que les grammaires transformationnelles sont « les plus simples possibles », il faudrait démontrer qu'un système optimal de computation incurgiterait en « input » une chaîne de symboles et déterminerait sa structure superficielle, la structure profonde sous-jacente et la séquence d'opérations transformationnelles qui relient ces deux parenthétisations étiquetées. Aucun élément, dans ce que nous connaissons sur la facilité ou la simplicité de computation, ne nous donne de raison de supposer que cela est vrai. En fait, la question n'a même jamais été soulevée. On peut penser de certains types d'organisation de la mémoire qu'ils seraient peut-être bien adaptés aux grammaires transformationnelles, mais c'est là un problème tout autre[10]. Naturellement, je poserais en hypothèse l'existence d'une base plus générale dans la structure humaine mentale pour expliquer le fait (si c'est un fait) que les langues ont des grammaires transformationnelles ; l'une des premières raisons scientifiques de l'étude du langage est que cette étude peut fournir des connaissances sur les propriétés générales de la pensée. Compte tenu de ces propriétés spécifiques, nous pourrons peut-être alors montrer que les grammaires transformationnelles sont « naturelles ». Cela constituerait un progrès réel, puisqu'il nous permettrait alors de soulever la question des conditions innées sur l'acquisition des connaissances et des croyances dans un cadre beaucoup plus général. Mais on doit insister sur le fait que, contrairement à ce que Putnam affirme, l'hypothèse que « des systèmes de calcul rationnels » sont organisés naturellement et que, d'après la manière spécifique suggérée par la grammaire transformationnelle, elle n'est pas fondée.

Je crois que ce qui précède coupe court à l'argument essentiel de Putnam, à savoir qu'il n'y a « rien de surprenant », même pour un comportementaliste, dans les universaux linguistiques qui sont proposés et étudiés aujourd'hui. Je me tourne à présent vers son second argument, qui est que, même si ces étonnants universaux linguistiques existaient, on pourrait en rendre compte par une hypothèse plus simple que celle d'une grammaire universelle innée, à savoir l'hypothèse de l'origine commune des langues. Cette proposition indique une sérieuse incompréhension du problème en discussion. Comme observé précédemment, le problème empirique auquel nous sommes confrontés est de concevoir une hypothèse sur la structure initiale qui soit suffisamment riche pour rendre compte du fait qu'une grammaire spécifique est acquise dans des conditions précisées d'accès aux données. La question de l'origine commune des langues n'a vraiment rien à voir. La grammaire doit être découverte par l'enfant à partir des données dont il dispose, grâce à l'utilisation des capacités innées dont il est doté. Pour être concret, penchons-nous à nouveau sur les deux exemples discutés plus haut : l'association des syntagmes nominaux avec des structures de base et l'application cyclique des lois phonologiques. L'enfant maîtrise ces principes (si nous avons raison dans nos conclusions sur la grammaire) sur la base de certaines données linguistiques ; il ne sait rien de l'origine des langues et ne pourrait utiliser cette information s'il l'avait. Les questions d'origine commune des langues ne sont pertinentes par rapport aux problèmes empiriques que nous discutons que d'un seul point de vue : si les langues existantes ne sont pas un « bon échantillon » de « langues possibles », nous pouvons être amenés à proposer par erreur un schéma trop étroit de grammaire universelle. On doit, bien sûr, garder cette éventualité à l'esprit, mais cela me paraît une remarque plutôt éloignée du problème dont il est réellement question, qui est de trouver un schéma assez riche pour rendre compte du développement de grammaires qui semblent empiriquement justifiées. La découverte d'un tel schéma peut contribuer à expliquer les propriétés universelles du langage déterminées empiriquement. Cependant, l'existence de ces propriétés n'explique pas comment une grammaire spécifique est acquise par l'enfant.

La discussion de Putnam sur la facilité de l'apprentissage des langues me paraît hors de propos. La question de savoir s'il y a une période critique pour l'apprentissage des langues est intéressante [11], mais n'a que des liens distants avec le problème dont il est question. Supposons que Putnam ait raison de croire que « six cents heures [de méthode d'enseignement directe] rendent sans aucun doute n'importe quel adulte capable de parler et lire une langue étrangère avec aise ». Nous serions alors confrontés du problème d'expliquer comment, sur la base de ces données restreintes, l'apprenant a réussi à acquérir les connaissances spécifiques et détaillées qui le rendent capable d'utiliser cette langue avec aise, et de produire et comprendre une gamme de structures parmi lesquelles les données dont il dispose ne constituent qu'un minuscule échantillon.

Enfin, considérons l'approche alternative que Putnam suggère au problème de l'acquisition du langage. Il argumente qu'au lieu de postuler un schématisme inné, on devrait essayer de rendre compte de cette réalisation en termes de « stratégies générales d'apprentissage polyvalentes ». Ce sont elles qui doivent être innées, non les conditions générales sur la forme du savoir qui est acquis. Cela est évidemment une question empirique. Ce serait pur dogmatisme de soutenir, à propos de l'une ou l'autre de ces propositions (ou d'une quelconque combinaison particulière des deux), qu'elle *doit* être exacte. Putnam est convaincu, sans pour autant préciser sur quoi il se fonde pour l'être, que la base innée permettant l'acquisition du langage doit être identique à la base innée d'acquisition permettant n'importe quelle autre forme de connaissance, et que l'acquisition du langage n'a rien de particulier. On peut développer une approche non dogmatique de cette question par la recherche de domaines spécifiques de la compétence humaine, comme le langage, suivie d'une tentative de conception d'une hypothèse qui rende compte du développement d'une telle compétence. Si, au cours de cette recherche, nous découvrons que les mêmes « stratégies d'apprentissage » entrent en jeu dans des exemples variés et qu'elles suffisent à rendre compte du développement de la compétence acquise, alors nous aurons de bonnes raisons de croire correcte l'hypothèse empirique de Putnam. D'autre part, si nous découvrons que des systèmes innés différents (qu'ils fassent intervenir schèmes ou heuristique) doivent être postulés, nous aurons alors de bonnes raisons de croire qu'une théorie de la pensée adéquate incorpore des « facultés » séparées, comportant chacune des propriétés uniques ou en partie uniques. Je ne vois pas comment, à la lumière des preuves que nous avons aujourd'hui à notre disposition, on peut ne pas démordre de l'une ou l'autre de ces conclusions et les défendre avec force. Mais une chose est très claire : Putnam ne propose aucune justification à sa conclusion finale, qui est que « "l'innéisme" invoqué ne fait que repousser le problème de l'apprentissage : il ne le résout pas [12] ». Invoquer une représentation innée de la grammaire universelle résout bien, dans ce cas, le problème de l'apprentissage (au moins en partie) si, en effet, il est vrai que cela est la base (ou une partie de la base) de l'acquisition du langage, comme il se peut très bien que ce soit le cas. Si, d'autre part, il existe des stratégies générales d'apprentissage qui rendent compte de l'acquisition des connaissances grammaticales, alors postuler une représentation innée de la grammaire universelle ne « repousse » pas le problème de l'apprentissage, mais offre plutôt une solution inexacte à ce problème. Il s'agit d'un problème empirique de vérité ou de fausseté, non d'un problème méthodologique concernant les étapes d'investigation. Actuellement, la seule proposition concrète qui ait, à mon avis, une quelconque plausibilité est celle que j'ai esquissée précédemment. Lorsqu'on aura suggéré une « stratégie générale d'apprentissage » quelconque, nous pourrons examiner l'adéquation relative de ces alternatives sur des bases empiriques.

L'article critique de Henry Hiż traite, lui, principalement de la distinction entre la compétence et la performance. On peut essayer d'expliquer des concepts techniques tels que ceux-ci de deux façons différentes. À un niveau présystématique, on peut simplement essayer d'indiquer de façon nécessairement lâche, quelque peu floue et seulement à titre indicatif, quel rôle le concept est censé jouer dans un cadre plus général et pourquoi il apparaît utile d'essayer de le développer. La discussion à ce niveau est entièrement légitime, mais fait généralement une large place aux erreurs d'interprétation. Au second niveau, on peut développer le concept d'une façon aussi précise que l'état du champ le permet, sans prendre en considération la motivation ou les implications générales. À ce niveau, le problème est de déterminer non pas ce qu'est le concept en question, mais pourquoi il est pertinent de le développer.

Au niveau présystématique, j'ai essayé d'expliquer ce que je veux dire par « compétence linguistique » en termes de modèle d'utilisation et d'acquisition du langage, ainsi qu'esquissé précédemment. Au niveau systématique, la compétence est exprimée par une grammaire générative qui énumère de manière récursive les descriptions structurelles des phrases, chacune avec ses aspects phonétiques, syntaxiques et sémantiques. Il est à peine nécessaire d'insister sur le fait qu'une grammaire comme celle que nous sommes réellement en mesure de présenter aujourd'hui est incomplète, non seulement parce que notre connaissance de langues particulières est déficiente, mais aussi parce que notre compréhension de la représentation phonétique et sémantique, et les types de structures et de lois qui font trait d'union entre elles, est limitée et insatisfaisante à bien des égards.

Pour en venir à l'article de Hiż, il y a un certain degré d'incompréhension entre nous au niveau présystématique, ce qui n'est pas surprenant. Hiż suggère que mon utilisation de la notion de « compétence » « doit être comprise comme énonçant que l'introspection est une source de connaissance linguistique ». Je suis bien d'accord sur le fait que l'introspection est une excellente source d'information pour l'étude de la langue, mais cette conclusion ne découle pas de la décision d'étudier la compétence linguistique. On pourrait (irrationnellement à mon avis) refuser d'utiliser de telles preuves et tenter pourtant de mettre au jour la grammaire générative qui représente « ce qui est appris » et qui joue un rôle fondamental dans l'utilisation du langage. Cette décision, tout à fait comparable à celle d'un astronome qui, à une étape quelconque de la science, refuserait d'utiliser comme données ce qu'il voit à travers son télescope, ne servirait à rien ; mais cette décision n'a rien à voir avec la distinction entre compétence et performance. Je ne doute pas qu'il soit possible de mettre au point des procédures opérationnelles et expérimentales aptes à remplacer sans grand dommage cette dépendance de l'introspection, mais il me semble qu'en l'état actuel de nos connaissances ce serait tout simplement une perte de temps et d'énergie. De toute évidence, une procédure quelconque de ce type devrait d'abord être testée face à la preuve de l'introspection. Si l'on devait proposer un test destiné, disons, à établir la grammaticalité et que ce test n'arrive pas à établir de manière correcte les distinctions dont nous avons fait état précédemment à propos de la grammaticalité, on ferait peu confiance à ces procédures pour l'établir. À mes yeux, la recherche actuelle n'est pas entravée de manière significative par un manque de données précises, mais plutôt par notre incapacité à expliquer de manière satisfaisante des données difficiles à mettre en doute. Quelqu'un qui a un sentiment différent peut étayer son point de vue en montrant les gains d'intelligence et de compréhension qui peuvent être obtenus en affinant les techniques de collection et d'analyse de données, disons, par des techniques opérationnelles qui permettent d'établir la grammaticalité, techniques qui ont été évaluées en premier lieu par le test de l'intuition, et qui se sont alors avérées suffisamment solides pour qu'on puisse s'appuyer sur elles dans des cas difficiles ou obscurs. Quoi qu'il en soit, ce problème, dans son ensemble, n'a rien à voir avec la décision d'étudier la compétence linguistique.

Hiż considère qu'il est « paradoxal » d'affirmer, comme je l'ai fait, que la linguistique « essaye de spécifier ce que le locuteur connaît réellement, non ce qu'il pense connaître selon sa propre évaluation ». Il voit là un sens particulier du mot « connaissance ». Il s'agit là, à mes yeux, d'un sens plutôt ordinaire et d'un usage non paradoxal. Une personne qui connaît l'anglais peut faire toutes sortes d'évaluation erronées de la connaissance qu'elle a réellement et dont elle se sert constamment et inconsciemment. Comme indiqué plus tôt, lorsque nous étudions la compétence – la connaissance que le locuteur auditeur a de sa langue –, nous pouvons très bien utiliser ses évaluations et son comportement comme indicateurs, mais nous devons être vigilants afin de ne pas confondre ces « indicateurs » avec les constructions abstraites que nous élaborons comme base d'expérimentation et essayons de justifier comme telles. Ainsi, je rejette sans appel trois des cinq conditions auxquelles les lois, d'après la suggestion de Hiż, doivent satisfaire si elles sont appelées à constituer un compte rendu de la compétence au sens où je l'entends, à savoir : que le locuteur natif estime que les phrases générées par ces lois sont bien dans sa langue, qu'elles en ont les structures fixées, et que ce que le locuteur ressent est vrai. Attendu que la performance – en particulier les jugements sur les phrases – met en jeu de façon évidente beaucoup d'autres facteurs que la compétence, on ne peut accepter comme absolu le principe suivant : les jugements du locuteur donnent un compte rendu précis de ses connaissances. Je suis surpris que Hiż propose une telle interprétation de mes théories immédiatement après avoir cité le principe que j'ai énoncé : l'évaluation que le locuteur fait de sa compétence peut être erronée.

Ne serait-ce que pour pouvoir en débattre, Hiż veut bien accepter l'opinion qu'une grammaire générative, un système de lois qui assigne des structures aux phrases, peut servir à caractériser la compétence. Puis il fait remarquer, et il a raison, que le linguiste est guidé dans son choix de la grammaire par certains « principes généraux sur la langue en tant que telle » et que cette théorie générale – la grammaire universelle – aura une valeur explicative si elle sélectionne correctement les grammaires spécifiques. Il m'attribue ensuite – et il a tort – la théorie selon laquelle la grammaire universelle doit être identifiée « à une théorie d'acquisition du langage ». Mon opinion est plutôt que la grammaire universelle est un élément d'une telle théorie, très semblable au fait que la compétence est un élément de la théorie de la performance. Il y a sûrement de nombreux autres facteurs qui entrent en jeu dans l'acquisition du langage au-delà du schématisme et de la fonction de pondération qui, si ce que je suggère est correct, jouent un rôle dans la détermination de la nature de la compétence acquise. Il y a parallélisme entre cette erreur d'interprétation de la proposition que j'ai faite quant à la relation entre la grammaire universelle et l'acquisition de la langue, et l'erreur d'interprétation de la proposition que j'ai faite quant à la relation entre la compétence et la performance. Dans les deux cas, ce qui est omis par Hiż est la référence aux autres facteurs qui doivent entrer en jeu. De plus, dans le cas de l'acquisition du langage, on doit insister sur le fait que le modèle que je propose peut tout au plus être considéré simplement comme une première approximation de la théorie de l'apprentissage, puisque c'est un modèle instantané et qu'il n'essaye pas de saisir l'interaction entre les hypothèses expérimentales que l'enfant doit construire, les nouvelles données qu'il interprète en fonction de ces hypothèses, les nouvelles hypothèses fondées sur ces interprétations, etc., jusqu'à ce qu'un système de compétences quelconque, relativement fixé, soit établi. Je pense qu'un modèle instantané est une première approximation raisonnable, mais cela, comme tout aspect d'une stratégie de recherche, doit, en fin de compte, être évalué selon sa capacité à fournir avec succès des explications et des découvertes.

Hiż considère la référence aux formulations classiques des problèmes du langage et de la pensée comme

« un bagage historique, source de confusion et trompeur ». Je ne suis pas d'accord avec ce jugement, mais n'ai rien à ajouter de plus que ce que j'ai écrit ailleurs [13]. Mon sentiment est que les contributions de la psychologie rationaliste et de la linguistique sont intéressantes en tant que telles, et sont très pertinentes par rapport aux préoccupations actuelles, et davantage en fait que les travaux du siècle dernier. Quelqu'un qui trouve ces incursions dans l'histoire intellectuelle « source de confusion et trompeur » peut parfaitement ne pas en tenir compte. Je ne vois là aucun débat.

Avant de clore sur ce point, je devrais mentionner que Hiż se trompe lorsqu'il déclare que Herbert de Cherbury s'est cantonné au « savoir religieux ». On ne peut pas davantage décrire Thomas Reid comme l'un des chercheurs concernés par le développement d'une doctrine des universels innés. De plus, il est assurément erroné de dire que j'en « appelle » à Descartes et à d'autres pour « appuyer » mon point de vue sur les universels innés. La défense que je fais d'une position similaire à la leur ne constitue pas un « appui ». Je suggère plutôt que leurs contributions ont été inégalement appréciées et que nous pouvons encore apprendre beaucoup d'une étude détaillée de leurs travaux.

Hiż objecte au fait que mes propositions concernant la grammaire universelle se fondent sur l'examen détaillé de quelques langues plutôt que « l'examen de plusieurs cas ». Je suis parfaitement d'accord que l'on devrait étudier autant de langues que possible. Cependant, il faut introduire un *caveat* [avertissement]. Il serait très facile de présenter d'énormes masses de données provenant de langues variées qui sont compatibles avec toutes les conceptions de la grammaire universelle formulées à ce jour. Il n'y a aucune raison de le faire. Si quelqu'un est concerné par les principes de la grammaire universelle, il essaiera de mettre au jour les propriétés des grammaires particulières qui portent sur ces principes, en mettant de côté de larges quantités de matériau qui, pour autant qu'il puisse le déterminer, ne portent pas sur ces principes. C'est seulement par des études intensives de langues particulières que l'on peut espérer trouver des preuves essentielles pour l'étude de la grammaire universelle. De ce point de vue, une étude comme celle de Matthews sur Hidatsa (voir note 8, p. 299) vaut mille études superficielles de langues variées. Si quelqu'un trouve la base de données trop étroite, ce qu'il devrait faire, c'est montrer qu'une partie du matériau laissé de côté réfute les principes qui ont été formulés. Sinon, sa critique n'a pas davantage de poids qu'une critique de la génétique moderne qui fonderait ses formulations théoriques sur l'étude détaillée de quelques organismes seulement.

Hiż argumente également que les principes de grammaire universelle, même s'ils sont vrais, peuvent indiquer simplement « l'origine commune, historique, des langues ». J'ai déjà fait valoir pourquoi cette hypothèse n'a aucun poids explicatif.

Hiż soutient que les décisions (prises par le linguiste) à propos de parties particulières de la grammaire sont « déterminées, non par une théorie générale, mais par l'utilité interne à l'intérieur de la grammaire donnée », et objecte que je ne m'exprime pas clairement sur ce point. Attendu que je n'ai aucune idée de ce qui est signifié par « l'utilisation interne », je n'ai rien à dire à ce sujet. Il rend le problème confus par son erreur d'interprétation de l'utilisation que je fais de la notion de « simplicité ». Quand je parle de « la simplicité de la grammaire », je me réfère à une « fonction de pondération » (*weighting function*) déterminée empiriquement, qui sélectionne une grammaire de la forme permise par le schématisme universel, parmi d'autres qui sont aussi correctes du point de vue de la forme et sont compatibles avec les données empiriques. Je n'utilise pas le terme « simplicité » pour me référer à cette propriété bien mal comprise des théories, qui conduit le scientifique à en sélectionner une plutôt qu'une autre. La mesure d'évaluation qui définit « la simplicité des grammaires » fait partie de la théorie linguistique. Nous devons essayer de mettre au jour cette mesure sur des bases empiriques, en considérant les relations effectives entre les données rentrées en « input » et les grammaires acquises. Ainsi, la notion de « simplicité de la grammaire » joue un rôle analogue à celui d'une constante physique ; nous devons l'établir sur des bases empiriques, il n'y a aucune connaissance sur laquelle nous puissions nous appuyer *a priori*. Le problème de la définition de la « simplicité des théories » dans un contexte général d'épistémologie et de philosophie des sciences est totalement hors sujet quant à la question de déterminer sur des bases empiriques les propriétés des grammaires qui entraînent la sélection de l'une plutôt que l'autre dans l'acquisition du langage. On doit souligner cet aspect de manière répétée [14].

Une dernière remarque. Hiż suggère qu'« il devrait être plus facile d'expliquer pourquoi nous assignons telle ou telle structure à une phrase, en montrant comment cette phrase modifie les lectures des phrases avoisinantes, qu'en se référant aux idées universelles innées et à la réalité mentale ». Là, il confond deux types d'explications entièrement différentes. Si je veux expliquer pourquoi, hier après-midi à trois heures, John Smith a interprété « the shooting of the hunters » (le tir des chasseurs) comme faisant référence à l'acte de « tirer sur les chasseurs », plutôt qu'à *the hunters'act of shooting* (l'acte de tirer, accompli par les chasseurs), je prendrai bien sûr alors en considération le contexte situationnel (en ne me limitant pas « a la lecture des phrases avoisinantes »). Si je suis intéressé par l'explication de la raison pour laquelle ce syntagme est susceptible de recevoir ces deux interprétations, mais le syntagme *the growth of corn* n'est susceptible que d'en recevoir une seule (à savoir : le blé pousse, et non l'acte ou le processus de faire pousser le blé), alors j'en appellerai d'abord à la grammaire particulière de l'anglais, et, plus profondément, aux universels linguistiques qui ont conduit à la construction de cette grammaire par un enfant exposé à certaines données. Puisque des choses entièrement différentes sont alors expliquées, il est insensé de prétendre qu'une manière d'expliquer est « plus facile » que l'autre.

La critique de Harman s'intéresse également à la question de la compétence et de la performance. Il commence par m'imputer une opinion que je n'ai jamais soutenue, et que j'ai explicitement rejetée à plusieurs occasions, à savoir que « la compétence [est] la connaissance qui fait que la langue est décrite par les règles de la grammaire », et qu'une grammaire décrit « cette compétence ». De toute évidence, il est absurde de supposer que le locuteur de la langue connaît les règles, au sens d'être capable de les énoncer. Après m'avoir attribué cette opinion absurde, Hiż poursuit en s'attachant à combattre toutes sortes de prétendues confusions et de difficultés d'interprétation. Mais il ne cite rien qui puisse éventuellement être considéré comme la base sur laquelle il se fonde pour m'attribuer cette opinion, même s'il cite assurément les remarques dans lesquelles je la rejette explicitement. En conséquence, je ne discuterai pas du tout cette partie de son argumentation.

Dans le cadre de Harman, il y a deux types de savoir : savoir (*knowing that*) et savoir-faire (*knowing how*). De toute évidence, la connaissance d'une langue n'est pas une question de « savoir ». En conséquence, pour lui, ce doit être une question de « savoir-faire ». Un locuteur typique « sait comment comprendre d'autres locuteurs » ; sa compétence est sa capacité « à parler et comprendre la langue décrite par la grammaire » qui décrit la langue. J'ignore ce que Harman veut dire par la locution « sait comment comprendre », mais il est clair qu'il utilise le terme « compétence » d'une façon différente de celle que j'ai proposée dans les travaux qu'il critique. Au sens où moi j'entends « compétence », la capacité de parler et de comprendre la langue n'implique pas seulement « la compétence » (c'est-à-dire la maîtrise de la grammaire générative de la langue, la connaissance tacite de la langue), mais aussi de nombreux autres facteurs. Dans mon usage, la grammaire est une représentation formelle de ce que j'ai appelé « compétence ». Je n'ai pas d'objection à ce que Harman utilise le terme de façon différente, mais, quand il suppose sans en démordre que son usage est le mien, il n'en résulte alors naturellement que confusion. Et à nouveau, je ne vois aucune raison de retracer en détail les diverses difficultés où cette erreur d'interprétation l'entraîne.

Selon Harman, la « compétence de parler et comprendre la langue » est une habileté analogue à celle d'un cycliste. Étant donné son insistance à dire que la connaissance de la langue est une question de « savoir-faire » (puisque, de toute évidence, ce n'est pas une question de « savoir »), sa conclusion n'a rien d'inattendu. Mais il ne suggère en rien en quoi la capacité d'utiliser une langue (sans parler de la compétence au sens où je l'entends, qui constitue un élément de cette capacité) est semblable à l'habileté de conduire un vélo, et pour ma part je ne vois pas. Dans ce cas, la conclusion serait qu'il n'y a pas de raison de supposer que la connaissance de la langue puisse être caractérisée en termes de « savoir-faire ». En conséquence, je ne vois aucune utilité à l'analogie qu'il suggère. La connaissance de la langue n'est pas une habileté, un ensemble d'habitudes ou quoi que ce soit du même style. Je ne vois rien de surprenant dans la conclusion que la connaissance de la langue ne puisse être discutée d'une quelconque façon utile ou informative dans ce cadre appauvri. En général, il ne me semble pas vrai que les concepts de « savoir-faire » et de « savoir » constituent des catégories exhaustives pour l'analyse de la connaissance. Ni surprenant que Harman trouve difficile de comprendre mes remarques, ou celles de quiconque s'intéresse à la connaissance de la langue, étant donné qu'il se restreint à ce cadre et n'en démord pas.

Harman tente de montrer qu'il y a une incohérence fondamentale dans ma proposition, qui est que, lors de l'acquisition ou de l'utilisation de la connaissance de la langue (à savoir, en élaborant « une représentation interne d'un système génératif » ou en l'utilisant en parlant ou en comprenant le discours), l'enfant utilise un schématisme inné qui restreint le choix de grammaires (dans le cas de l'acquisition) ou une grammaire interne (dans le cas de l'utilisation de la langue). Son argumentation ne me semble pas claire. Comme je la comprends, elle semble procéder comme suit : il soutient que ce système internalisé doit être présenté dans « une autre langue plus élémentaire » que l'enfant doit parvenir à comprendre avant que de pouvoir utiliser ce schématisme pour apprendre cette langue ou que de pouvoir utiliser la grammaire pour comprendre le discours. Mais cela, argumente-t-il, mène à un cercle vicieux ou à une régression infinie. Ainsi, si nous devions dire que l'enfant connaît directement « la langue plus élémentaire » sans l'apprendre, alors pourquoi ne pas dire aussi qu'il connaît « directement la langue qu'il parle » sans l'apprendre ; un cercle vicieux. Ou si nous disons qu'il doit apprendre la langue plus élémentaire, cela soulève alors la question de savoir comment la langue plus élémentaire est apprise, et conduit à une régression infinie. Cette argumentation est totalement nulle et non avenue. Considérons le cas de l'acquisition du langage. Même si nous prenons pour hypothèse que le schématisme inné doit être représenté dans « une langue innée », aucune des deux conclusions n'en découle. Selon les termes de Harman, l'enfant doit connaître cette « langue innée », mais il n'en découle pas qu'il doive « la parler et la comprendre » (quel que soit le sens de cela) ou qu'il doive l'apprendre. La seule chose que nous ayons besoin de poser en hypothèse est qu'il peut utiliser ce schématisme quand il s'approprie la tâche de l'apprentissage de cette langue. Autant pour la régression infinie. Quant au cercle vicieux, il y a une raison très simple pour laquelle nous ne pouvons poser en hypothèse que l'enfant connaît directement la langue qu'il parle sans l'apprendre, à savoir que cette hypothèse est fausse. Nous ne pouvons prétendre que chaque enfant naît avec une connaissance parfaite de l'anglais. D'autre part, nous n'avons aucune raison de ne pas supposer que l'enfant naît avec une connaissance parfaite de la grammaire universelle, c'est-à-dire avec un schématisme inné qu'il utilise lors de l'acquisition de la langue, selon les voies expliquées précédemment. L'hypothèse peut être fausse, mais elle est parfaitement intelligible. Si l'on insiste pour décrire cette connaissance directe comme « connaissance d'une langue plus élémentaire », je ne vois aucune raison d'objecter, tant que nous sommes clairs sur ce que nous voulons dire, mais je me contenterai de faire remarquer qu'il n'y a aucune raison de douter du fait que l'enfant a cette connaissance directe. En conséquence, il n'y a pas de cercle vicieux et pas de régression infinie. De la même façon, si nous considérons le cas de l'utilisation de la langue, il n'y a ni incohérence ni absence de plausibilité. Il n'y a sûrement aucune régression infinie et aucun cercle vicieux dans l'hypothèse que, dans l'utilisation de la langue (expression orale ou compréhension), l'utilisateur emploie une grammaire représentée en interne. Nous pouvons aisément élaborer un modèle (par exemple, un programme informatique) qui fonctionne de cette façon. C'est pourquoi je ne réussis pas à percevoir le moindre fondement dans l'opinion de Harman selon laquelle cette formulation inclut ou même suggère une régression infinie ou un cercle vicieux.

Dans la seconde partie de son article, Harman en vient à mon argumentation selon laquelle la recherche actuelle en linguistique soutient une théorie du langage et de la pensée qui est d'essence distinctement rationaliste et est en conflit avec les théories empiriques qui ont dominé récemment l'étude du langage et de la pensée. Il affirme que, pour déduire une grammaire à partir de données, un modèle d'apprentissage de la langue doit déjà contenir des informations détaillées sur la théorie de la performance. Il y a là une proposition intéressante, et elle mérite d'être développée. Mais je ne peux le suivre quand il prétend de façon plutôt dogmatique, à peine discutée dans l'article, que cette approche doit nécessairement être correcte et qu'aucune autre approche ne réussira à fournir un quelconque éclairage sur le problème de l'acquisition de la connaissance. Je pense que la recherche de ces dernières années sur la grammaire universelle propose effectivement une approche intéressante et plutôt classique du problème de la détermination de la manière dont les connaissances sont acquises, approche qu'elle étaye en partie. En l'absence d'une quelconque argumentation quant aux raisons pour lesquelles cette approche ne réussirait pas à nous éclairer, je ne vois aucune raison de ne pas poursuivre l'étude en cours, à savoir comment les principes de la grammaire universelle pourraient sélectionner une grammaire particulière sur la base des données disponibles.

Tournons-nous à présent vers la question des approches rationalistes et empiriques des problèmes du langage et de la pensée. Comme Harman le fait remarquer, si nous décrivons un schématisme inné biaisé (ou restreint à) une forme spécifique de la grammaire comme faisant partie des « principes d'induction utilisés », et si nous définissons l'« empirisme ingénieux » (*resourceful empiricism*) comme une doctrine qui utilise des « principes d'induction » comme celui-ci, alors sûrement l'« empirisme ingénieux » ne peut être réfuté, « peu importe ce que les faits sur le langage (ou n'importe quoi d'autre) s'avèrent être ». Cette nouvelle doctrine de l'« empirisme ingénieux » incorporerait sûrement à présent des « principes d'induction » qui sont – ou apparaissent comme tels – très spécifiques à la tâche de l'acquisition du langage, et d'aucune validité générale.

Le concept d'« empirisme ingénieux » ainsi défini me semble présenter peu d'intérêt. Moi, je m'intéresse au problème de savoir s'il existe « des idées et des principes de types variés qui déterminent la forme des connaissances acquises d'une façon qui puisse être plutôt restreinte et très organisée », ou, alternativement, « si la structure du dispositif d'acquisition est limitée à certains mécanismes de traitement périphériques élémentaires [...] et certains mécanismes analytiques de traitement des données ou aux procédés inductifs [15] ». J'ai débattu du fait qu'« il est historiquement exact, ainsi qu'heuristiquement valable, de distinguer ces deux approches très différentes du problème de l'acquisition des connaissances », même si, bien sûr, elles « ne peuvent être toujours distinguées avec acuité » dans les travaux d'une personne particulière [16]. J'ai essayé en particulier de montrer qu'il est possible de formuler ces approches de façon que la première incorpore les idées maîtresses du rationalisme classique aussi bien que la variante moderne que j'ai décrite, et que cette dernière inclue la doctrine empirique classique aussi bien que les théories d'acquisition des connaissances (ou des croyances, ou des habitudes) développées dans une large gamme de travaux modernes (Quine pour les notions d'espace qualitatif et de formation des connaissances par association et conditionnement ; Hull pour l'approche en termes de réflexes primitifs non conditionnés, le conditionnement, et les structures de l'habitude ; la linguistique taxonomiste, avec ses procédures analytiques de segmentation et de classification et sa conception de la langue comme « système d'habitudes », etc. [17]). Inutile de le dire, il n'y a aucune obligation de prendre en considération les diverses tentatives d'étude de l'acquisition du langage à l'intérieur de ce cadre. Je peux simplement dire qu'il est à la fois utile et précis. On peut relativement bien préciser et étudier ces alternatives d'après leurs conséquences empiriques. La proposition de Harman de définir l'« empirisme ingénieux » de façon que cette définition inclue les deux approches, et à être, comme il le souligne, immunisé contre toute découverte factuelle, n'est qu'une suggestion terminologique sans intérêt, qui ne peut qu'obscurcir la différence entre les approches mentionnées ou l'importance de les poursuivre et de les évaluer [18].

En résumé, je doute que la linguistique puisse apporter « une nouvelle technique » à la philosophie analytique qui soit très significative, du moins dans l'état actuel de son développement. Il me semble néanmoins que l'étude du langage peut clarifier et, en partie, établir certaines conclusions sur les connaissances humaines directement afférentes aux problèmes classiques de la philosophie de l'esprit. Je crois bien que c'est dans ce domaine que l'on peut attendre dans les années à venir une collaboration réellement fructueuse entre la linguistique et la philosophie.

Notes

1. Voir par exemple ma contribution au symposium sur les idées innées publiée dans *Synthèse*, vol. 17, n° 1, mars 1967, p. 2-11, et les références citées en p. 11.

2. Particulièrement, les contributions de N. Goodman et H. Putnam au symposium, dans *Synthèse,* vol. 17, n° 1, mars 1967, p. 12-28, et les articles critiques H. Hiz et G. Harman dans *Journal of Philosophy*, vol. 64, n° 2, « Some Recent issues on linguistics », 2 février 1967, p. 67-87. Ces deux derniers articles sont largement consacrés à l'analyse critique du premier chapitre de mon ouvrage *Aspect de la théorie syntaxique*, Paris, Seuil, 1975.

3. Attendu que le langage n'a pas d'existence objective en dehors de sa représentation mentale, nous n'avons pas besoin, dans ce cas, de faire une distinction entre « système de croyances » et « connaissances ».

4. A.C. Fraser, dans son édition de Locke : *Essay Concer-*

ning Human Understanding [*Essai sur la compréhension humaine*], 1894, Dover, 1959, p. 38.

5. Voir sa communication au symposium, dans *Synthèse*, vol. 17, n° 1, mars 1967, p. 24. Il est difficile, compte tenu du fait que cet article est un dialogue, d'être certain de ne pas se méprendre sur sa position. Cependant, je ne vois aucune autre façon d'interpréter ces remarques.

6. Pour des éléments de discussion, voir mon article « Explanatory Models in Linguistics », *in* E. Nagel, P. Suppes, A. Tarski, *Logic, Methodology and Philosophy of Science*, Stanford, Stanford University Press, 1962. Pour des éléments de discussion plus récents et plus détaillés, voir N. Chomsky, M. Halle, *Principes de phonologie générative*, Paris, Seuil, 1973, et les références citées ici, ainsi que mon article « Some General Properties of Phonological Rules », *Language*, vol. 43, mars 1967, p. 102-128.

7. N. Goodman, *Structure of Appearance*, 2ᵉ éd., Indianapolis, Bobb-Merrill, 1966, p. 272. La distinction que je suis en train de discuter entre *gruebleen* et l'anglais ne doit pas être confondue avec une pseudo-distinction, rejetée à juste titre par J. Ullian sur la base d'un usage différent de la notion d'« appariement ». Voir *Philosophical Review*, juillet 1961.

8. Pas dans toutes, soit dit au passage. Bien que cela ne soit que peu important ici, il semble que plusieurs langues n'ont pas de noms propres comme catégorie primitive, mais forment plutôt des noms propres par des processus récursifs d'un type complexe. Voir, par exemple, G.H. Matthews, *Hidatsa Syntax*, La Haye, Mouton, 1965, p. 191 et suiv.

9. Voir, par exemple, S. Peters, R. Ritchie, « On the Generative Power of Transformational Grammars », *Information Sciences*, vol. 6, 1973, p. 49-83 ; et, J.P. Kimball, « Predicates Definable over Transformational Derivations by Intersection with Regular Languages », *Information and Control*, vol. 2, 1967, p. 177-195.

10. Pour quelques spéculations sur cette question, voir G.A. Miller, N. Chomsky, « Finitary Models of Language Users », 2ᵉ partie, R.D. Luce, R. Bush, E. Galanter (dir.), *Handbook of Mathematical Psychology*, t. II, New York, Wiley, 1963.

11. Voir E.H. Lenneberg, *Biological Foundations of*

Language, New York, Wiley, 1967, pour des preuves se rapportant à cette question.

12. Ou son hypothèse que les « fonctions de pondération » proposées en grammaire universelle constituent « le type de fait [que] la théorie d'apprentissage essaye d'expliquer ; *non* l'explication recherchée ». Personne ne dirait que la base génétique du développement de bras plutôt que d'ailes chez un embryon humain est « le type de fait que la théorie de l'apprentissage tente d'expliquer », plutôt que la base d'explication d'autres faits se rapportant au comportement humain. Le problème de savoir si la fonction de pondération est apprise, ou si elle est la base de l'apprentissage, est un problème empirique. Il n'y a pas la moindre raison *a priori* de poser comme hypothèse qu'elle doive être expliquée par l'apprentissage plutôt que par la dotation génétique ou une quelconque combinaison des deux. Il y a d'autres points mineurs dans la discussion de Putnam qui appellent commentaires. Il affirme, par exemple, que « puisqu'on a besoin de coaching pour détecter certaines ambiguïtés », il s'ensuit que « l'assertion qui dit que la grammaire "explique la capacité à reconnaître des ambiguïtés" n'a pas cette capacité impressionnante que Chomsky pense voir en elle ». Mais il interprète de façon erronée l'assertion qui se rapporte à la compétence, non à la performance. Ce que la grammaire explique, c'est la raison pour laquelle, dans *the shooting of the hunters* (le tir des chasseurs) – c'est l'exemple qu'il donne –, *hunters* peut être compris comme sujet ou comme objet, mais que dans *the growth of corn* (la poussée du blé), *corn* ne peut être compris que comme sujet (explication qui s'intéresse à son tour à la relation entre les nominalisations et les structures profondes, comme observé précédemment). La question du coaching est hors de propos. Ce dont il est question, c'est de la corrélation son-sens inhérente qui entre en jeu dans la performance, mais seulement comme un facteur parmi d'autres. Putnam énonce également de travers l'argumentation posée en hypothèse que la relation actif-passif est d'ordre transformationnel. Ce n'est pas simplement parce que le locuteur sait qu'ils sont reliés, ce qui, de toute évidence, serait absurde ; le locuteur sait également que *John will leave tomorrow* et *John will leave three days after the day before yesterday* sont reliés, mais cela

n'implique pas qu'il y ait une relation transformationnelle entre les deux. On trouve des argumentations syntaxiques dans maints endroits de la littérature. Reportez-vous par exemple à N. Chomsky, *Structures syntaxiques*, *op. cit.*, et *Aspects de la théorie syntaxique*, *op. cit.*

13. Voir N. Chomsky, *Current issues in Linguistic Theory*, La Haye, Mouton, 1964, section 1 ; *Aspects de la théorie syntaxique*, *op. cit.*, chapitre premier, section 8 ; *La Linguistique cartésienne*, Paris, Seuil, 1969.

14. Voir, par exemple, N. Chomsky, *Aspects de la théorie syntaxique*, *op. cit.*, chapitre premier, section 7.

15. *Ibid.*, p. 47 et suiv.

16. *Ibid.*, p. 52.

17. Harman fait remarquer, et c'est correct, que j'ignore « l'énorme littérature philosophique sur l'induction » et que je me limite seulement à une étude des procédures de la linguistique taxonomiste comme étant « les seules propositions suffisamment explicites pour étayer une étude sérieuse ». Cependant, il n'indique rien en littérature sur l'induction qui se rapporte aux problèmes dont je traite. La raison en est qu'il n'y a rien. La littérature sur l'induction est très intéressante. Mais il se trouve qu'elle traite d'autres problèmes. Elle ne fait même pas allusion aux procédures d'analyse ou d'acquisition des croyances ou à la confirmation des problèmes dont je traite. Il n'y a, par exemple, rien dans la littérature sur l'induction qui fournisse un aperçu sur la manière dont les principes cités plus haut en exemples (le cycle des lois phonologiques et les lois de la nominalisation) pourraient être atteints « par induction » à partir des données disponibles. Mais ce sont des questions comme celles-ci qu'il faut affronter dans l'étude de l'acquisition du langage.

18. Deux points mineurs dans cette connexion. Harman n'y voit qu'une « connexion historique ténue » entre les procédures de segmentation et de classification et la grammaire syntagmatique. La connexion est en réalité beaucoup plus étroite. Zellig Harris, dans *Methods in Structural Linguistics*, Chicago, Chicago University Press, 1951, a essayé de montrer comment une utilisation systématique de ces procédures, amplifiée par une simple étape inductive, conduirait à un ensemble de lois que l'on pourrait considérer comme générant un ensemble infini de phrases. Bien que

pas tout à fait semblable à la grammaire syntagmatique, un ensemble de formules de Harris « du morphème au discours » est très similaire. Le concept de « grammaire à structure syntagmatique » a été explicitement conçu pour exprimer le système le plus riche dont on puisse raisonnablement s'attendre à ce qu'il résulte de l'application de procédures de type Harris à un corpus. Harris et d'autres méthodologues des années 1940 développaient une approche de l'analyse linguistique que l'on peut retracer au moins jusqu'à Saussure. Deuxièmement, Harman a tout à fait raison de souligner que, dans ma référence « aux seules propositions empiriques qui soient suffisamment explicites pour étayer une étude sérieuse », j'ai omis de mentionner la méthode d'étude de la co-occurrence des relations développée par Harris et Hiż. Il pense que « l'esprit de cette méthode est semblable aux procédures taxonomiques ». Je ne vois pas l'intérêt d'en débattre, d'une façon ou d'une autre. Quoi qu'il en soit, je n'ai pas connaissance d'une quelconque raison de supposer que de telles procédures puissent conduire vers ou puissent même fournir des preuves pour ou contre le postulat d'une grammaire générative.

CHAPITRE VII

La biolinguistique et la capacité humaine

J'aimerais dire quelques mots sur ce qu'on en est venu à appeler la « perspective biolinguistique », qui a commencé à prendre forme il y a un demi-siècle dans des discussions entre étudiants gradués qui étaient très influencés par les développements en biologie et en mathématiques au début de l'après-guerre, y compris par les travaux en éthologie dont on venait juste de prendre connaissance aux États-Unis. L'un deux s'appelait Eric Lenneberg, dont l'étude de 1967, *Biological Foundations of Language,* qui reste un document fondamental dans la discipline, eut une forte influence. Des échanges considérables s'ensuivirent, incluant des séminaires interdisciplinaires et des conférences internationales. C'est en 1974, dans une étude de très grande envergure, que le mot « biolinguistique » apparaît pour la première fois. Nombre de questions majeures discutées alors restent tout à fait pertinentes aujourd'hui.

Une question régulièrement soulevée comme « la question fondamentale à se poser du point de vue biologique » est de déterminer dans quelle mesure les principes apparents du langage, y compris ceux qui n'ont été mis en lumière que récemment, sont uniques à ce système cognitif. Une question encore plus fondamentale du point de vue biologique est de déterminer jusqu'où on peut donner à une langue une explication fondée sur un principe (*principled explanation*), que des éléments homologues puissent ou non être trouvés dans d'autres domaines ou d'autres organismes. Dans le cas du langage, ces dernières années, on en est venu à nommer la tentative d'affûter ces questions et de les étudier « le programme minimaliste », mais des questions identiques se posent pour n'importe quel système biologique, indépendamment de la persuasion théorique en linguistique et dans d'autres domaines. Les réponses à ces questions ne sont pas seulement fondamentales pour comprendre la nature et le fonctionnement des organismes et de leurs sous-systèmes, mais également pour l'investigation de leur croissance et de leur évolution.

La perspective biolinguistique considère la langue d'une personne sous tous ses aspects – le son, le sens, la structure – comme l'état d'une composante de la pensée, « la pensée » s'entendant ici au sens des scientifiques du XVIIIe siècle, qui reconnurent qu'après la démolition de la « philosophie mécaniste » par Newton, fondée sur le concept intuitif d'un monde matériel, la question esprit-corps n'avait plus aucune cohérence, et que, de ce fait, l'on ne peut considérer les aspects du monde dit « mental » que comme le résultat d'« une structure organique comme celle du cerveau », ainsi que le fit observer le philosophe et chimiste Joseph Priestley. David Hume, lui, fit remarquer que la « pensée est une petite agitation du cerveau » ; et, commentaire de Darwin un siècle plus tard : « la pensée étant une sécrétion du cerveau », il n'y a aucune raison de la considérer comme plus merveilleuse que « la gravité, propriété de la matière ». L'opinion plus modérée que Newton avait introduite à propos des objectifs de la science était alors devenue sens commun scientifique : à savoir la conclusion, établie à contrecœur par Newton, selon laquelle nous devons nous satisfaire du fait que la gravité universelle existe, même si nous ne pouvons fournir une explication qui saute aux yeux en termes de « philosophie mécaniste ». Ainsi que de nombreux commentateurs l'ont observé, cette avancée intellectuelle « amorça une nouvelle théorie de la science », où l'objectif « n'est pas de chercher des explications absolues », mais de trouver la meilleure explication théorique possible des phénomènes par l'expérience et par l'expérimentation (*experience and experiment*) (I. Bernard Cohen).

Des questions centrales, très similaires dans la forme, se posent encore dans le domaine de l'étude de la pensée. Ces questions ont été soulevées avec force à la fin de « la décennie du cerveau » qui conclut le dernier millénaire. L'Académie américaine des arts et des sciences publia un volume pour marquer l'occasion, résumant l'état actuel de la science. La formulation du fil directeur en revint au neuroscientifique Vernon Mountcastle dans son introduction à l'ouvrage : c'est la thèse selon laquelle « les choses mentales, en fait les pensées, sont des propriétés émergentes des cerveaux, même si ces émergences ne sont pas considérées comme irréductibles, mais sont produites par des principes [...] que nous ne comprenons pas encore ». Ces dernières années, on a avancé la même thèse, qui paraphrase à peu de chose près celle de Priestley, « comme une hypothèse étonnante » de la biologie nouvelle, « une idée radicalement nouvelle » dc la philosophie de la pensée, « l'affirmation osée selon laquelle les phénomènes mentaux sont entièrement naturels, causés par des activités neurophysiologiques du cerveau », etc. Mais c'est une erreur de compréhension. Cette thèse, ainsi qu'on le reconnut rapidement, découle de l'effondrement de tout concept cohérent de « corps » ou de « matière » au XVIIe siècle. En dehors de la terminologie, la thèse fondamentale demeure ce que l'on a appelé « la suggestion de Locke » : à savoir que Dieu aurait choisi de « surajouter à la matière une faculté de penser », tout comme il a ajouté « des effets au mouvement dont nous ne pouvons en aucun cas concevoir que le mouvement puisse les produire ».

La référence de Mountcastle aux principes réducteurs « que nous ne comprenons pas encore » pose également quelques questions intéressantes, comme le montre un coup d'œil à l'histoire de la science, et même de la science très récente. Elle fait penser à l'observation de Bertrand Russell en 1929, qui reflète aussi les croyances standard, selon lesquelles « les lois chimiques ne peuvent aujourd'hui être réduites aux lois physiques ». Le syntagme « aujourd'hui », comme le terme « pas encore » utilisé par Mountcastle, exprime l'attente de voir cette réduction se produire dans le cours normal du progrès scientifique, bientôt qui sait. Dans le cas de la physique et de la chimie, elle ne s'est jamais produite : ce qui s'est produit, c'est l'unification d'une chimie pratiquement inchangée avec une physique radicalement révisée. Il est à peine nécessaire d'ajouter que l'état de compréhension et d'avancement dans ces secteurs il y a quatre-vingts ans était à des années-lumière des conclusions à propos du cerveau et des sciences cognitives aujourd'hui. En conséquence, avoir confiance dans la « réduction » au peu que l'on comprend n'est pas nécessairement approprié.

À partir de la panoplie de phénomènes que l'on pourrait de façon lâche considérer comme liés au langage, l'approche biolinguistique centre l'attention sur une composante de la biologie humaine qui entre en jeu dans l'utilisation et l'acquisition du langage ; cependant, on interprète le terme « langage ». Appelons-le « la faculté de langage », adaptant ainsi un terme traditionnel à un nouvel usage. Cette composante est plus ou moins semblable au système de vision des mammifères, à la navigation des insectes ou autres. Dans nombre de ces cas, les meilleures théories explicatives disponibles attribuent à l'organisme des systèmes computationnels – et ce qu'on appelle dans l'usage informel « l'observation de la règle » – par exemple, quand un texte récent sur la vision présente « le principe de rigidité », ainsi qu'on l'appelle, tel qu'il a été formulé il y a cinquante ans : « Si possible, et si les autres lois le permettent, il convient d'interpréter les mouvements de l'image comme des projections de mouvements rigides en trois dimensions. » Dans ce cas, les travaux ultérieurs ont fourni une intelligence substantielle des computations mentales qui semblent être impliquées lorsque le système visuel suit ces règles, mais même pour des organismes très simples, ce n'est pas exactement – et c'est caractéristique – une tâche mineure, et la mise en relation des computations mentales avec l'analyse au niveau cellulaire reste, en général, un objectif lointain. Quelques philosophes ont émis une objection quant à la notion d'« observation de la règle » pour le langage, rarement pour la vision. Mais je pense qu'il y a là une autre erreur d'interprétation, parmi des erreurs d'interprétation multiples, à mon avis. La comparaison peut s'avérer intéressante entre les inquiétudes exprimées aujourd'hui sur les théories du langage, et, plus généralement, sur les aspects du monde dit « mental », avec les débats qui ont agité les scientifiques majeurs jusque tard dans les années 1920, quant à la question de savoir si la chimie n'était qu'un simple procédé de calcul permettant de prédire les résultats d'expériences, ou si elle méritait le statut honorifique d'explication de « la réalité physique », débats dont on a compris plus tard qu'ils étaient totalement sans objet. Les ressemblances, elles, que j'ai discutées ailleurs, sont étonnantes et, je pense, instructives.

Laissons de côté ces sujets intéressants : si nous adoptons la perspective biolinguistique, une langue est un état de la faculté de langage – un langage I (ou LI) à usage technique, où le « I » souligne le fait que la conception est internalisée, individuelle et intensionnelle (avec un « s » et non un « t »), c'est-à-dire la formulation authentique des principes génératifs eux-mêmes, non l'ensemble qu'elle énumère ; nous pouvons concevoir ce dernier comme une propriété plus abstraite du LI, un peu comme nous pouvons envisager l'ensemble des trajectoires possibles d'une comète à travers le système solaire comme une propriété abstraite de ce système.

La décision d'étudier le langage dans ce sens, c'est-à-dire comme partie du monde, était aussi considérée par de nombreux linguistes comme une source de controverse majeure à l'époque, et elle l'est encore. Il me semble que les arguments avancés contre la légitimité de cette approche ont peu de poids. Thèse faible. Il me semble que ses hypothèses de base sont adoptées tacitement même par ceux qui les rejettent avec force. Thèse beaucoup plus puissante. Je n'entrerai pas ici dans ce chapitre de l'histoire intellectuelle contemporaine, mais poserai simplement en hypothèse que les aspects essentiels du langage peuvent être étudiés comme partie du monde naturel, au sens où l'entend l'approche biolinguistique qui a pris forme il y a un demi-siècle, intensément étudiée depuis, selon des voies diverses et variées.

La faculté de langage est une composante de ce que Alfred Russel Wallace, cofondateur de la théorie évolutionnaire moderne, appelait « la nature intellectuelle et morale de l'homme » : les capacités humaines d'imagination créative, de langage et d'autres modes de symbolisme, les mathématiques, l'interprétation et l'enregistrement de phénomènes naturels, de pratiques sociales compliquées et autres, un complexe de capacités qui, assez récemment, il y a un peu plus de cinquante mille ans peut-être, semble avoir pris corps parmi un petit nombre d'espèces dont nous sommes tous les descendants, complexe qui, à en juger par les données archéologiques, sépare très nettement les humains des animaux, autres hominidés inclus. La nature de la « capacité humaine », ainsi que l'appellent à présent quelques chercheurs, reste un mystère considérable. Ce fut un élément d'un désaccord célèbre entre les deux fondateurs de la théorie de l'évolution, Wallace prétendant, contrairement à Darwin, qu'on ne pouvait pas expliquer seulement l'évolution de ces facultés en termes de variation et de sélection naturelle, mais qu'elle nécessitait « quelque autre influence, loi ou agence », quelque principe de la nature parallèlement à la gravitation, la cohésion, et d'autres forces sans lesquelles l'univers matériel ne pourrait exister. Bien que ces questions soient cadrées différemment aujourd'hui, elles n'ont pas disparu.

On suppose généralement que, quelle que soit la capacité intellectuelle humaine, la faculté de langage lui est essentielle. De nombreux scientifiques sont d'accord avec le paléoanthropologue Ian Tattersal, qui écrit qu'il est « presque sûr que ce fut l'invention du langage » qui fut l'événement « soudain et émergent », le « stimulus libérateur » (*releasing stimulus*) de l'apparition de la capacité humaine dans l'historique de l'évolution – le « Grand Saut en Avant », ainsi que l'a appelé Jared Diamond, résultat de quelque événement génétique qui reconfigura le cerveau, entraînant l'origine du langage humain doté de cette riche syntaxe qui fournit une multitude de modes d'expression de la pensée, prérequis du développement social et des vifs changements dans le comportement qui sont révélés dans l'histoire archéologique, généralement présupposé aussi être le déclencheur du trek rapide au départ de l'Afrique (rapid trek from Africa), où, par ailleurs, les humains modernes étaient apparemment alors présents depuis des centaines de milliers d'années. Opinion similaire à celle des cartésiens, mais plus forte : ils considéraient, eux, l'utilisation normale du langage comme la preuve empirique la plus évidente qu'une autre créature avait un esprit comme le nôtre, mais non comme la preuve par neuf de la pensée et de l'origine de la capacité humaine.

Si ce tableau général a une quelconque validité, alors l'évolution du langage peut être une affaire très brève, même si c'est un produit très récent de l'évolution.

Naturellement, il y a d'innombrables précurseurs, et ils ont sans doute une longue histoire évolutionnaire. Par exemple, les os du milieu de l'oreille sont un système merveilleux d'amplification des sons, magnifiquement conçus pour interpréter le discours, mais ils semblent avoir migré à partir de la mâchoire du reptile comme un effet mécanique de la croissance du néocortex chez les mammifères qui a commencé il y a cent soixante millions d'années, dit-on. Nous en savons trop peu sur les systèmes conceptuels pour en dire davantage, mais il est raisonnable de supposer qu'ils eurent, eux aussi, une longue histoire après la séparation des hominidés, donnant des résultats qui n'ont aucune ressemblance proche ailleurs. Mais la question de l'évolution du langage elle-même n'est pas étrangère à la façon dont ces divers précurseurs s'organisèrent en la faculté de langage, peut-être à travers quelque événement génétique mineur qui apporta une innovation majeure. Si tel est le cas, alors l'évolution du langage lui-même est brève, spéculations qui ont des retombées sur le style d'enquête sur le langage, susceptible d'être productive.

Tattersal considère le langage comme « pour ainsi dire synonyme de la pensée symbolique ». Allant plus loin, l'un des initiateurs du symposium de 1974, le Prix Nobel François Jacob, fit observer que « le rôle du langage comme système de communication entre les individus ne serait advenu qu'en second lieu », se référant peut-être aux discussions de la conférence de 1974, où son homologue Salvador Luria, autre lauréat du Nobel, fut l'un des avocats les plus véhéments de l'opinion selon laquelle les besoins communicatifs n'auraient pas fourni « une grande pression sélective pour produire un système tel que le langage », avec sa relation vitale au « développement de la pensée abstraite ou productive ». « La qualité du langage qui le rend unique ne semble pas tant être son rôle dans la communication des directives d'action » ou autres caractéristiques communes de la communication animale, poursuit

Jacob, que plutôt « son rôle dans la symbolisation et l'évocation des images cognitives », le « façonnement » de notre notion de la réalité et la production de notre capacité de pensée et de planification, à travers sa propriété unique qui est de permettre d'« infinies combinaisons de symboles » et, en conséquence, « une création mentale des mondes possibles », idées qui remontent à la révolution cognitive du XVIIe siècle.

Jacob a aussi souligné le fait que la réponse commune aux questions sur l'évolution « se limite, dans la plupart des exemples [...], à des conjectures plus ou moins rationnelles » ; et que, dans la plupart des cas, il en est à peine ainsi. Un exemple qui est peut-être d'intérêt ici est l'étude de l'évolution du système de communication des abeilles, inhabituel en ce qu'il permet en principe la transmission d'informations sur une portée infinie (continue). Il est des centaines d'espèces de miel et d'abeilles sans dard, dont certaines ont des variantes des systèmes de communication, d'autres non, bien qu'elles semblent toutes assez bien survivre. Ainsi, il y a là une belle opportunité pour des travaux comparatifs. Les abeilles sont incomparablement plus faciles à étudier, dans toutes les dimensions, que les humains. Mais notre connaissance en est infime. Même la littérature est mince. La revue extensive la plus récente que j'aie vue, par l'entomologiste Fred Dyer, observe que, même les problèmes computationnels de base de codage de l'information spatiale pour les signaux moteurs, et l'inverse pour les abeilles ouvrières (*following bees*), restent « déconcertants » ; et on ne sait pas « quels types d'événements neuraux pourraient sous-tendre ces divers procédés de projections », tandis que les origines évolutionnaires, elles, dépassent à peine la spéculation. Rien à voir avec l'énorme littérature et les déclarations confiantes sur l'évolution du langage humain, fait que l'on pourrait aussi trouver un peu « déconcertant ».

Nous pouvons ajouter un autre éclairage de la philosophie du XVIIe et du XVIIIe siècles, qui prend ses racines et remonte jusqu'à l'analyse que fit Aristote de ce qui fut, plus tard, interprété comme des entités mentales : à savoir que même les concepts les plus élémentaires du langage humain ne sont pas reliés à des objets indépendants de la pensée au moyen d'une quelconque relation de type référence entre les symboles et les caractéristiques physiques identifiables du monde externe, comme cela semble être universellement le cas dans les systèmes de communication animale. Ce sont plutôt les créations des « capacités cognoscibles » (*cognoscitive powers*) qui nous fournissent de riches moyens de nous référer au monde extérieur selon certaines perspectives, mais par des opérations mentales d'individuation qui ne peuvent être réduites à une « appartenance naturelle particulière » à la chose dont nous parlons, selon les termes de Hume, qui, ainsi, résume un siècle de recherches. « La théorie de la sémantique lexicale » de Julius Moravcsik est un développement récent de quelques-unes de ces idées depuis leurs origines aristotéliciennes, et, avec de riches implications pour la sémantique des langues naturelles.

Ce sont là des observations critiques sur la sémantique élémentaire des langues naturelles qui suggèrent que ses éléments les plus primitifs sont reliés au monde indépendant de la pensée plutôt à la façon dont les éléments internes de la phonologie le sont, non par une relation de type référence, mais en tant que partie d'un type de conception et d'action considérablement plus complexe. Je ne chercherai pas à approfondir ce point ici, mais je pense que de telles considérations, si elles sont étudiées sérieusement, révéleront qu'il est vain d'essayer de fonder la sémantique des langues naturelles sur un quelconque type de relation « mot-objet », aussi intriquée que puisse être la notion d'« objet » construite, tout comme il serait vain de fonder la phonétique des langues naturelles sur une relation « son-symbole », où les sons sont pris comme des événements physiques construits, des constructions indescriptibles à quatre dimensions peut-être, basées sur les déplacements des molécules, avec des questions complémentaires dispatchées au département de physique, ou encore, pour être sûr de ne pas trouver de solution au problème, au département de sociologie. On est universellement d'accord sur le fait que ce sont là des démarches erronées pour l'étude de l'aspect son du langage, et je pense que les conclusions sont tout aussi raisonnables pour l'aspect sens. Il y a un événement physique pour chaque expression, mais cela n'implique pas que nous ayons à chercher une quelconque relation mythique entre un objet interne tel que la syllabe [ta] et un événement identifiable indépendant de la pensée ; et, pour chaque acte de référence, il y a un aspect complexe quelconque du monde, expérimenté ou imaginé, sur lequel cet acte concentre l'attention, mais cela ne revient pas à dire qu'une relation de référence existe pour les langues naturelles. Je pense pour ma part que, même au niveau primitif, elle n'existe pas.

Si, dans l'ensemble, cela est la bonne voie, alors deux problèmes fondamentaux au moins se posent quand nous nous penchons sur les origines de la faculté de langage et sur son rôle dans l'émergence soudaine de la capacité intellectuelle humaine : 1, la sémantique centrale des éléments minimaux porteurs de sens, y compris le plus élémentaire d'entre eux ; et 2, les principes qui permettent des combinaisons de symboles illimitées, organisées hiérarchiquement, qui donnent les moyens d'utilisation du langage sous ses nombreux aspects. Et la preuve, c'est que la théorie centrale du langage – la grammaire universelle, ou GU – doit fournir, 1, un inventaire structuré des items lexicaux possibles qui sont reliés ou sont peut-être identiques aux concepts, éléments « des capacités cognoscibles », et 2, fournir les moyens de construire, à partir de ces items lexicaux, l'infinie variété de structures internes qui entrent en jeu dans la pensée, l'interprétation et la planification, et d'autres actes mentaux humains, et sont parfois externalisés, *processus* secondaire si les spéculations que je viens de passer en revue s'avèrent correctes. Sur le premier problème, l'appareil lexical conceptuel apparemment spécifique à l'humain, il y a des travaux très intuitifs sur les notions relationnelles liées aux structures syntaxiques et sur les objets en partie internes à la pensée qui semblent jouer un rôle critique (événements, propositions, etc.). Mais, passé les remarques descriptives, il y a peu de travaux sur l'appareil central de référence utilisé pour parler du monde. Le second problème est au centre des préoccupations de la recherche linguistique depuis un demi-siècle avec une longue histoire qui, auparavant, utilisait des termes différents.

L'approche biolinguistique a adopté dès le départ le point de vue que le neuroscientifique cognitiviste R. G. Gallistel appelle « la norme en neuroscience » aujourd'hui, « la théorie modulaire de l'apprentissage » : la conclusion que, chez tous les animaux, l'apprentissage est basé sur des mécanismes spécialisés, « des instincts d'apprendre » selon des façons spécifiques. Il suggère que nous considérions ces mécanismes comme « des organes à l'intérieur du cerveau » atteignant des états dans lesquels ils opèrent des types spécifiques de computation. « Environnements extrêmement hostiles » à part, ils changent d'états sous l'effet déclencheur et formateur de facteurs externes, plus ou moins par réflexe, et en accord avec la conception interne. C'est le « processus d'apprentissage » – même si « croissance » serait sans doute un terme plus approprié –, qui éviterait les connotations trompeuses du terme « apprentissage ». On pourrait relier ces idées au travail encyclopédique de Gallistel sur l'organisation du mouvement, basé sur des « contraintes structurelles » qui mettent « des limites au type de solutions qu'un animal brandit dans une situation d'apprentissage ».

La théorie modulaire de l'apprentissage n'entraîne naturellement pas que les composantes lui soient uniques : à un niveau quelconque – la cellule par exemple –, tous posent en hypothèse qu'elles ne le sont pas. La question du niveau d'organisation auquel émergent les propriétés uniques reste une question fondamentale d'un point de vue biologique, tout comme elle l'était à la conférence de 1974. Les observations de Gallistel rappellent le concept de « canalisation » introduit il y a soixante ans par C. H. Waddington dans la biologie évolutionnaire et développementale, qui fait référence aux processus « ajustés afin de déterminer un résultat final précis, indépendamment des variations mineures des conditions au cours de la réaction », assurant ainsi « la production du type normal, c'est-à-dire optimal, face aux inévitables dangers de l'existence ». Cela semble être une description juste de la croissance du langage chez l'individu. Un problème central dans l'étude de la faculté de langage est de découvrir les mécanismes qui limitent les résultats aux « types optimaux ».

Depuis les origines de la biologie moderne, on a reconnu que les contraintes de développement externe à l'organisme, ainsi que les principes structuraux et architecturaux, entrent non seulement en jeu dans la croissance des organismes, mais aussi dans leur évolution. Dans un article contemporain classique, Maynard Smith et ses collègues retracent la version postdarwinienne jusqu'à Thomas Huxley, qui fut frappé par le fait qu'il semble y avoir « des lignes de modification prédéterminées » conduisant la sélection naturelle à « produire des variétés d'un nombre et d'un type limité » pour chaque espèce. Ils passent en revue diverses contraintes de ce type dans le monde organique, et décrivent la façon dont « les restrictions sur la variabilité phénotypique » sont « causées par la structure, le caractère, la composition ou la dynamique du système de développement ». Ils soulignent également que de « telles contraintes développementales jouent sans aucun doute un rôle significatif dans l'évolution », bien qu'il y n'ait cependant « pas concordance quant à leur importance lorsqu'on les compare à la sélection, l'évolution, et autres facteurs de ce type, dans le façonnement de l'histoire évolutionnaire ». À peu près à la même époque, Jacob écrivait que « les lois contrôlant le développement de l'embryon », presque entièrement inconnues, interagissent avec d'autres facteurs physiques pour « restreindre les changements possibles de structures et de fonctions » dans le développement évolutionnaire, fournissant « des contraintes architecturales » qui, pour citer une revue récente, « limitent le champ adaptatif et canalisent les modèles évolutionnaires ». Les personnalités les plus connues qui ont consacré une grande partie de leurs travaux à ces sujets sont D'Arcy Thompson et Alan Turing, qui ont adopté une position très ferme sur le rôle central de tels facteurs en biologie. Ces dernières années, des considérations comme celles-ci ont été alléguées à propos d'une gamme étendue de problèmes de développement et d'évolution, depuis la division cellulaire chez les bactéries jusqu'à l'optimisation de la structure et de la fonction des réseaux corticaux, allant même jusqu'à proposer, comme argumenté par le neuroscientifique computationnel Chris Cherniak, que les organismes « ont le meilleur des cerveaux possibles ». Ces problèmes sont la limite de l'enquête, mais il n'y a pas de controverse quant à leur pertinence.

Prenant pour hypothèse que la faculté de langage a les propriétés générales d'autres systèmes biologiques, nous devrions en conséquence explorer trois facteurs qui entrent dans la croissance du langage chez l'individu :

1 — les facteurs génétiques, apparemment presque uniformes pour l'espèce, thème de la GU. La dotation génétique interprète une partie de l'environnement comme expérience linguistique, tâche non triviale que l'enfant en bas âge mène à bien par réflexe, et qui détermine le cours général du développement de la faculté de langage jusqu'aux langues auxquelles il accède ;

2 — l'expérience, qui conduit à la variation, à l'intérieur d'un cadre assez étroit, comme c'est le cas pour d'autres sous-systèmes de la capacité humaine et de l'organisme en général ;

3 — des principes non spécifiques à la faculté de langage.

Le troisième facteur inclut les principes de l'architecture structurale qui restreignent les résultats, y compris les principes de computation efficace, dont on s'attendait à ce qu'ils aient une portée significative particulière pour les systèmes computationnels tels que le langage, déterminant le caractère général des langues auxquelles on accède.

L'on peut retracer l'intérêt pour ce troisième facteur jusqu'à l'intuition galiléenne que « la nature est parfaite », depuis les marées jusqu'aux vols des oiseaux, et que c'est la tâche du scientifique que de découvrir en quel sens exactement cela est vrai. La confiance de Newton dans le fait que la nature doit être « très simple » reflète la même intuition. Aussi obscure soit-elle, cette intuition à propos de ce que Ernst Haeckel appelait « le sens de la nature pour le beau » (*Sinn für das Schoene*) est l'un des fils directeurs de la science moderne dès le tout début de ses origines modernes.

Les biologistes ont eu tendance à penser différemment quant aux objets de leurs recherches, adoptant l'image de Jacob qui compare la nature à un ferronnier ambulant qui fait son possible pour bricoler de son mieux avec les matériaux à portée de main, travail souvent médiocre, comme l'intelligence humaine semble être résolue à le démontrer à son sujet. Le généticien britannique Gabriel Dover saisit l'opinion dominante lorsqu'il conclut que « la biologie est une affaire étrangement embrouillée », et que « "la perfection" est le dernier mot que l'on utiliserait pour décrire la façon dont fonctionnent les organismes, particulièrement tout ce qui est produit par la sélection naturelle » – même si, comme il le souligne, produit en partie seulement par la sélection naturelle –, et ce, comme tout biologiste le sait, dans une proportion que nous ne sommes pas en mesure de quantifier à l'aide des outils disponibles. Ces attentes font du sens pour les systèmes qui ont une histoire évolutionnaire longue et complexe, avec de nombreux accidents, les effets chroniques de l'histoire évolutionnaire qui mènent à des solutions non optimales aux problèmes, etc. Mais la logique ne s'applique pas à l'émergence relativement soudaine, qui pourrait très bien conduire à des systèmes qui ne ressemblent pas aux résultats complexes de millions d'années de «bricolage» jacobien, ressemblant peut-être davantage à des flocons de neige, à une phyllotaxie ou à la division des cellules en sphères plutôt qu'en cubes, ou aux polyèdres comme matériaux de construction, ou à beaucoup d'autres choses trouvées dans le monde naturel. Notre intuition que quelque chose de ce type pourrait être vrai du langage humain a motivé le programme minimaliste, et je pense que les travaux récents nous donnent quelque raison de croire que, sous bien des aspects, le langage est une solution optimale aux conditions auxquelles il doit satisfaire, et bien davantage, ainsi que cela a pu être anticipé il y a quelques années.

Pour en revenir aux prémices, à l'intérieur des cadres structuraux et comportementaux des années 1950, les analogies les plus proches de la GU furent les approches procédurales développées par Trubetzkoy, Harris et d'autres, conçues pour déterminer les unités linguistiques et leurs modèles à partir d'un corpus de données linguistiques. Dans le meilleur des cas, aussi vaste soit le corpus, et quels que soient les procédés computationnels utilisés, ces approches ne peuvent aller très loin. Même les éléments formels élémentaires et porteurs de sens, les morphèmes, n'ont pas les caractéristiques «de perles sur une rangée de perles» requises pour des approches procédurales, mais sont reliées bien plus indirectement à la forme phonétique. Leur nature et leurs propriétés sont fixées à l'intérieur du système computationnel plus abstrait qui détermine la gamme illimitée d'expressions. Les premières approches de la grammaire générative ont, en conséquence, posé en hypothèse que la dotation génétique fournit un format aux systèmes de règles, et une méthode pour en sélectionner l'instanciation optimale, compte tenu des données de l'expérience. Des propositions spécifiques ont été faites alors et dans les années qui ont suivi. En principe, elles ont fourni une solution possible au problème de l'acquisition du langage, mais elles impliquaient un calcul astronomique et, de ce fait, n'ont pas sérieusement traité les problèmes.

Ces années-là, les préoccupations majeures étaient très différentes, et elles le sont encore. C'est peut-être difficile à croire aujourd'hui, mais on supposait généralement, il y a cinquante ans, que la technologie de base de la description linguistique était disponible et que la variation linguistique était si libre qu'il était improbable de découvrir quoi que ce soit d'une quelconque portée générale. Dès que des tentatives furent faites pour fournir des explications relativement explicites des propriétés du langage, il devint immédiatement évident qu'on en savait fort peu, dans aucun domaine. Chaque proposition spécifique produisit un trésor de contrepreuves, nécessitant des systèmes de lois complexes et variés, ne serait-ce que pour obtenir une approximation très limitée de l'adéquation descriptive. Cela fut très stimulant pour la recherche sur le langage, mais engendra aussi une situation très embarrassante, puisque les considérations les plus élémentaires ont conduit à la conclusion que la grammaire universelle doit – dans le but d'expliquer l'acquisition du langage et de mener à bien la tâche de parvenir à « l'adéquation explicative », ainsi qu'on l'appelle – imposer des contraintes étroites sur les résultats possibles. Ces derniers sont parfois appelés problèmes de « pauvreté du *stimulus* » dans l'étude du langage, bien que le terme soit trompeur, car il ne s'agit là que d'un cas spécifique des questions de base qui se posent universellement pour la croissance organique, incluant la croissance cognitive, variante de problèmes reconnus en remontant jusqu'à Platon.

Nombre de voies furent suivies pour essayer de résoudre le conflit. La plus réussie s'avéra être la tentative de formuler les principes généraux attribués à la grammaire universelle – à savoir la dotation génétique –, laissant un résidu finalement assez réduit de phénomènes qui résulteraient en quelque sorte de l'expérience. Ces approches connurent quelques succès, mais les problèmes de base n'étaient pas résolus à l'époque de la conférence de 1974.

En l'espace de quelques années, le paysage a considérablement changé. Cela fut en partie le résultat d'un large déploiement de matériaux nouveaux, issus d'études de beaucoup plus grande profondeur qu'antérieurement, nés pour une part de l'introduction de nouveaux thèmes de recherche. Il y a environ vingt-cinq ans, une grande partie de ce travail prit corps sous forme d'une approche radicalement différente de la grammaire universelle, le programme « Principes et paramètres », qui, pour la première fois, offrit l'espoir de surmonter les conflits entre adéquation descriptive et adéquation explicative. Cette approche cherchait à éliminer entièrement le cadrage « format conceptuel » et, avec lui, la conception traditionnelle des règles et des constructions qui avaient été largement absorbées et intégrées dans la grammaire générative. À cet égard, ce fut un éloignement beaucoup plus radical d'une tradition riche de deux mille cinq cents ans que le début de la grammaire générative. Le nouveau programme « Principes et paramètres » conduisit à une explosion de recherches sur des langues typologiquement très variées, amenant de nouvelles problématiques non envisagées précédemment, parfois des réponses, et s'avéra revigorant pour les disciplines avoisinantes concernées par l'acquisition et le *processing*, leurs questions directrices étant à présent recadrées en termes de configuration de paramètres à l'intérieur d'un système fixé de principes de la grammaire universelle. Aujourd'hui, nul familier du champ ne pourrait croire que les horizons de la recherche soient, ne serait-ce que visibles, sans même parler d'être à portée de main.

L'abandon du cadrage « format conceptuel » eut aussi un impact significatif sur le programme biolinguistique. Si, comme on l'a supposé, l'acquisition est une question de sélection parmi des options rendues accessibles par le format conceptuel que fournit la grammaire universelle, alors le format conceptuel doit être riche et très articulé, et permettre relativement peu d'options ; sinon, l'adéquation explicative est hors de portée. La meilleure théorie du langage doit être une théorie très insatisfaisante par d'autres points de vue, avec un déploiement complexe de conditions spécifiques au langage humain, restreignant les instanciations possibles. La question biologique fondamentale de l'explication fondée sur un principe pouvait à peine être envisagée, et corrélativement, les prospectives d'une quelconque recherche sérieuse sur l'évolution du langage étaient minces ; évidemment, plus les conditions spécifiques du langage sont variées et intriquées, moins il y a d'espoir d'accéder à une explication raisonnable des origines évolutionnaires de la grammaire universelle. Ces questions font partie de celles qui furent soulevées au symposium de 1974 et à d'autres colloques de cette période, mais furent abandonnées car apparemment insolubles.

Le programme « Principes et paramètres » offrit aussi des perspectives de résolution de ces problèmes. Dans la mesure où ce cadre s'avère valide, l'acquisition est alors une question de configuration de paramètres et, en conséquence, elle est officiellement séparée du format conceptuel restant pour la grammaire : les principes de la grammaire universelle. Il n'y a plus de barrière conceptuelle à l'espoir que la grammaire universelle puisse être réduite à une forme beaucoup plus simple, et que les propriétés de base des systèmes computationnels de langage puissent avoir une explication fondée sur un principe, plutôt que d'être stipulés d'après un format conceptuel pour grammaires, très restrictif et spécifique au langage. Pour en revenir aux trois facteurs de la conception du langage, l'adoption du programme « Principes et paramètres » surmonte une barrière conceptuelle difficile au déplacement de la tâche d'explication du facteur (1) – la dotation génétique – au facteur (3) – les principes d'architecture structurale et d'efficacité computationnelle indépendants de la langue –, apportant de ce fait quelques réponses aux questions fondamentales en biologie du langage, sa nature, son utilisation et peut-être son évolution.

Une fois levées les barrières conceptuelles imposées par le cadrage du format conceptuel, nous pouvons tenter, de manière plus réaliste, d'affûter la question de ce qui constitue une explication fondée sur un principe pour les propriétés du langage, et nous tourner vers l'une des questions les plus fondamentales de la biologie du langage : dans quelle mesure le langage avoisine-t-il une solution optimale aux conditions auxquelles il doit satisfaire pour être tant soit peu utilisable, compte tenu de l'architecture structurale extralinguistique ? Ces conditions nous ramènent à la caractérisation traditionnelle du langage depuis Aristote comme système qui lie le son et le sens. Dans notre vocabulaire, les expressions générées par une langue doivent satisfaire à deux conditions d'interface : celles qui sont imposées par le système sensorimoteur et celles qui sont imposées par le système conceptuel-intentionnel qui entre en jeu dans la capacité intellectuelle humaine et la variété d'actes de paroles.

Nous pouvons considérer une explication des propriétés du langage comme *fondée sur un principe* (*principled*), dans la mesure où elle peut être réduite aux propriétés des systèmes d'interface et des conditions générales d'efficacité computationnelle et autres. Indépendamment, les systèmes d'interface peuvent être étudiés seuls, y compris l'étude comparative en cours, de manière productive. Et cela est vrai également des principes de computation efficace appliqués au langage par de nombreux chercheurs dans les travaux récents, avec d'importants résultats, et qui pourraient peut-être aussi se prêter à l'étude comparative. Il est donc possible de diverses façons d'à la fois clarifier et aborder quelques-uns des problèmes de base de la biologie du langage.

Là, il nous faut continuer par une discussion plus technique qu'il n'est possible de le faire ici, mais quelques remarques informelles peuvent au moins aider à dessiner le paysage général.

Un fait élémentaire de la faculté de langage est que c'est un système d'infinité discrète rare dans le monde organique. N'importe quel système de ce type se base sur une opération primitive, qui prend des objets déjà construits, et construit un nouvel objet à partir de ces objets : dans le cas le plus simple, l'ensemble les contenant tous. Appelons cette opération Fusion (*Merge*). Fusion ou quelque chose d'équivalent est un requis minimum. Si nous disposons de Fusion, nous disposons instantanément d'un système illimité d'expressions structurées hiérarchiquement. L'explication la plus simple du « Grand Saut en Avant » dans l'évolution humaine serait que le cerveau a été reconfiguré, peut-être par quelque mutation mineure, pour donner l'opération Fusion qui pose instantanément une partie centrale de la base de ce qu'on a trouvé à ce moment dramatique de l'évolution humaine : au moins en principe ; car la connexion des points est loin d'être un problème trivial. Il y a des spéculations sur l'évolution du langage qui postulent un processus beaucoup plus complexe ; d'abord, quelque mutation permettant des expressions à deux unités, produisant peut-être un avantage sélectionneur, en réduisant la charge mémoire des items lexicaux ; puis d'autres mutations pour en permettre de plus vastes ; et finalement le Grand Saut qui produit la Fusion. Les premières étapes se sont peut-être réellement produites, bien qu'il n'y ait pas d'argument conceptuel ou empirique sérieux de le croire. Une spéculation plus parcimonieuse est qu'elles ne se sont pas produites, et que le Grand Saut fut effectivement instantané, en un seul individu, qui fut immédiatement doté de capacités intellectuelles bien supérieures à celles des autres, transmises à la progéniture, et qui en vint à prédominer. Au mieux, une conjecture raisonnable, comme le sont toutes les spéculations sur de telles questions, mais à peu près la plus simple qu'on puisse imaginer, et non incohérente avec tout ce qui est connu ou présumé de façon plausible. Il est difficile de voir quelle explication de l'évolution humaine n'assumerait pas au moins ceci, sous une forme ou une autre.

Des questions similaires se posent sur la croissance du langage chez l'individu. On pose généralement en hypothèse qu'il y a une étape « deux mots », une étape « trois mots », etc., avec un Grand Saut en Avant final vers la génération illimitée. On observe ceci dans la performance, mais on observe aussi qu'à une étape précoce l'enfant comprend des expressions beaucoup plus complexes, et que la modification aléatoire d'expressions plus longues – même des changements aussi simples que le placement des mots fonctionnels de manière non cohérente avec la grammaire universelle ou la langue adulte – mène à la confusion et à l'interprétation erronée. Il est possible que la Fusion, illimitée, et quoi que ce soit d'autre qui soit impliqué dans la grammaire universelle, soit présent dès le départ, mais ne se manifeste que de façons limitées, pour des raisons extrinsèques, comme la mémoire, la restriction de l'attention et autres ; questions débattues au symposium de 1974, et qu'il est aujourd'hui possible d'étudier beaucoup plus systématiquement et profitablement.

Le cas le plus restrictif de Fusion s'applique à un objet unique, formant un ensemble singleton. La restriction à ce cas produit la fonction successeur, d'où le reste de la théorie des nombres naturels peut être développé selon des modes familiers. On a là la suggestion d'une réponse possible au problème qui tourmentait Wallace à la fin du XIXe siècle : que, selon ses mots, « le développement gigantesque de la capacité mathématique est entièrement inexpliqué par la théorie de la sélection naturelle et doit être dû à quelque cause totalement distincte », ne serait-ce que parce qu'elle est restée inutilisée. Les nombres naturels résulteraient, c'est une possibilité, d'une simple contrainte sur la faculté de langage, en conséquence non donnée par Dieu, pour reprendre le célèbre aphorisme de Kronecker, bien que, poursuivit-il, le reste soit créé par l'homme. Les spéculations sur l'origine de la capacité mathématique comme abstraction des opérations nous sont familières. Il y a des problèmes évidents, notamment la dissociation avec les lésions et la diversité de localisation, mais la signification de tels phénomènes n'est pas claire pour de nombreuses raisons (incluant la question de la possession vs l'utilisation de la capacité). Il peut y avoir quelque chose de vrai dans ces spéculations, peut-être selon les pistes que nous venons d'indiquer.

Des considérations élémentaires d'efficacité computationnelle imposent d'autres conditions à la solution optimale à la tâche de relier le son et le sens. Il y a à présent une littérature extensive qui explore des problèmes de ce type, et je pense qu'il est juste de dire qu'un progrès considérable a été réalisé dans l'avancée vers une explication fondée sur un principe. Il est même plus clair encore que ces tentatives ont rempli la condition primaire de tout programme de recherche sensé : la stimulation de la recherche, qui a ainsi pu surmonter de vieux problèmes, tout en en mettant de nouveaux en lumière plus rapidement, précédemment inconnus et même à peine formulables, et en enrichissant largement les défis empiriques de l'adéquation descriptive et de l'adéquation explicative auxquels on doit faire face ; et, en ouvrant pour la première fois une perspective réaliste, d'avancer de façon significative, au-delà de l'adéquation explicative, vers une explication fondée sur un principe selon les pistes indiquées.

La quête de l'explication fondée sur un principe est confrontée à des tâches intimidantes. Nous pouvons en formuler les objectifs de façon raisonnablement claire. Nous ne pouvons naturellement pas savoir à l'avance dans quelle mesure ils pourront être atteints, c'est-à-dire dans quelle mesure les états de la faculté de langage sont attribuables à des principes généraux, valant même peut-être pour les organismes en général. À chaque étape vers cet objectif, nous gagnons une meilleure compréhension des propriétés centrales qui sont spécifiques à la faculté de langage, tout en laissant cependant entièrement non résolus des problèmes qui sont soulevés depuis des centaines d'années. Parmi ceux-ci, la question de savoir comment les propriétés dites « mentales » sont reliées à « la structure organique du cerveau », problème loin d'être résolu même pour les insectes, qui comporte des aspects uniques et profondément mystérieux quand il s'agit de la capacité humaine et de ses origines évolutionnaires.

TABLE

Composition Interligne
Loncin

Achevé d'imprimer en janvier 2014
sur les presses de Normandie Roto Impression s.a.s.
à Lonrai (Orne)
pour le compte des Éditions Payot & Rivages
106, bd Saint-Germain - 75006 Paris
N° d'imprimeur : 135095
Dépôt légal : mars 2012

Imprimé en France

WARHORSES OF LETTERS

WARHORSES OF LETTERS

ROBERT HUDSON AND MARIE PHILLIPS

unbound

Warhorses of Letters
This special limited edition first published in 2012
by Unbound
21 Peters Lane, Clerkenwell, London EC1M 6DS
www.unbound.co.uk

Text design and typesetting by Palindrome
Cover design and illustration by Tom Sears

A CIP record for this book
is available from the British Library

ISBN 978-1-908717-14-6

Printed in England by Clays Ltd, Bungay, Suffolk

CONTENTS

PREFACE

Dear Marengo,

We have been asked to write a preface to the first volume of our letters. I am really excited. Re-reading them massively takes me back to when I was less famous than you and all nervous!

I think the editors have done a really super job. I learnt loads of new things from the hoofnotes, although I still wish I knew what a Mameluke is. I suppose all humans just know that.

The only thing I worry about is that it might be weird that we are writing this in the present. Will it be weird, do you think?

KKH,

Copenhagen

Dear Copenhagen,

I, too, felt the hoof of history on my withers when I read back over our correspondence. Who could have thought that we, two of the most significant horses of the Napoleonic era, would go on to be two of the most significant horses of the twenty-first century as well? It is nice that you are finally as famous as me, although only one of us has our skeleton on display in Britain's National Army Museum. I hear that they did put a small lock of your hair in a temporary exhibition once.

Anyhow, given that we are horses writing letters, I doubt very much that writing in the present tense will be the thing that has people spitting out their tea.

To the readers of these humble words, I say: open your minds, open your hearts, you have nothing to lose but your reins.

Marengo

I agree.

Copenhagen

EXPLANATORY NOTE

This correspondence was first made public in the BBC Radio 4 series *Warhorses of Letters*. Space now allows us to present more complete versions of these exchanges, which we have supplemented with millions of learned hoofnotes. We have chosen to include the introductions from the radio series for no other reason than that we like them.

Expert readers will be surprised at the large number of factual facts they find within these letters. They will be surprised that the horses had such a clear view of their circumstances. They may think they notice lots of facts which are less factual, often much less factual. They may worry where the dividing line is. Our advice is, 'Don't worry, be happy.'

INTRODUCTION

Book, reader. Reader, book.

FOREWORD

is forearmed.

PROLOGUE

It was a sparkling January morning, frost heavy on the shelves of the String Theory Reading Room of the British Library. A yellowing leaf of aged paper corkscrewed through a shaft of dust-bemoted light. Marie Phillips, the tall, willowy, leonine, semi-eligible horsethropologist, gasped. With a scarlet talon she plucked it from the air moments before it shattered on the ground, and scanned the contents with eyes made for love, and also reading. Despite her signature Louboutins, impractical for library use perhaps, but indispensible weapons in the eternal struggle to be taken seriously as an academic, she stalked like a leopard through the reading room, scattering tattooed students and doddering professors with every step, taking care to shove the delicate scrap down her cleavage, partly to keep it safe, partly because this is the best way to steal things from the British Library.

After a short bus ride and longer tube journey, slightly delayed due to signal failure at Queen's Park, she ran, gasping, into the leather-book-lined study of her closest yet strictly platonic friend, the truculent, dwarfish, part-time cryptologist, part-time hockey commentator Dr Robert Hudson PhD.

'I've got it, I've got it!' she gasped.

'See a doctor,' he replied.

'Not that, you bumble-headed pygmy,' she gasped. 'The letters! The Copenhagen–Marengo letters! I know where they are!' she gasped.

'Please stop gasping,' he said.

'Then open a window,' she expostulated.

'And don't expostulate either. The cleaner's not coming until next week.'

He gazed into the crackling fire and ruminated awhiles. Suddenly, his one good eye lit up.

'What did you say?' he gasped. 'The Copenhagen and Marengo letters?'

'This yellowing leaf of aged paper tells us where to find them,' she said, yanking the note from her bosom and scoring a faint line of half-Irish, half-Hungarian blood across one alabaster hemisphere.

Dr Robert Hudson PhD rolled his one evil eye.

'How do you know what it says? It's in code.'

'You with your manly science. Sometimes there's a place for intuition.' She winked one of her two smoky eyes. 'Read the code. Tell me I'm wrong. And open a damn window, my eyes are really smoky.'

Dr Robert Hudson PhD read the code.

'You're wrong,' he said. 'It is just, as it appears to be, some string theory.'

A week later, quite by chance, they found the letters tucked behind the Ark of the Covenant at the British Museum's Fort William warehouse complex.

ABOUT THE EDITORS

Marie Phillips

A Galway beauty with a frosty heart, Marie never had any patience for the so-called ivory towers of academe. She has taught herself everything she needs to know and she did it the hard way. In 2004 she was the first westerner to goose the Dalai Llama and the year after that she ran a marathon even though it was raining. The only reason she isn't competing in the archery at the London Olympics is that it is taking place at Lord's and she refuses to play sport at a bastion of male-only privilege. You can tell her that women can be members there till you're blue in the face – she won't listen. She has a black belt. It is shiny.

She has made herself fluent enough in seven languages to pass as a native of Galway who speaks those languages, and she can read fourteen more. For fun, she once pretended to have met an unknown tribe in the forests of Belize who spoke the perfect language and to make the joke work properly she invented the perfect language, but it hasn't caught on. She can strip the engine of a vintage Benz in six minutes and her 1952 Vincent Black Lightning, *un petit cadeau* from legendary folk singer Richard Thompson, runs better than it did the day it was built. She wrote all the good episodes of Doctor Who.

Her academic field is microbiology. She is Head of Microbiology at the Open University, but she is a natural so it doesn't take up that much of her time.

She has been enveloped in the heady fug of horse-ography ever since the day after her disastrous first wedding to maverick astrologer Lord Rackamann of Rum. In an effort to stop her leaving him after learning, well, you know, he showed her the heart-rending private diary of Shergar (self-subtitled 'The Horse Who Hated Racing'). It bought Rackamann a week of her time and many men would die happily for less.

Her second husband, the still-dashing polo star Dino Ferranti (the unacknowledged inspiration for the character 'Dino Ferranti' in Jilly Cooper's *Polo*), finally taught her to accessorise and cook; her third was a lost cause and she doesn't speak about him.

In John Smith she found her fourth husband and, coincidentally, the love of her life. He it was who told her about the Copenhagen–Marengo letters. They were his life's quest, as they were Dr Robert Hudson PhD's. As you would imagine, John Smith and Dr Robert Hudson PhD, former best friends turned bitter rivals, became grudgingly respectful acquaintances again.

Marie is still married to Smith, in a kind of a way. On an ill-fated expedition to the Seriously Cold Weather Archive in northern Greenland, he was unfortunately entombed in a block of ice. It is possible that science might be able to revive him one day. Marie hopes this is the case but in the meantime the situation is very unsatisfactory.

Robert Hudson

Dr Robert 'Robbie' Hudson PhD (Cantab, revoked) was born plain old Robert Cornelius Wolf Hudson in Exeter, England, in whatever year it would take to make him thirty-eight years old when you are reading this. Exeter is the county city of the ceremonial county of Devon, with an estimated population of 119,600 and a lovely twelfth-century cathedral which may or may not hold the key to the final resting place of the last remaining piece of the True Cross.

Hudson's early childhood proved unremarkable, aside from a certain incident at the age of six, when his maternal uncle Rupert took him hiking in the Peruvian Andes and accidentally left him overnight on a freezing ridge. While not naturally careless, Rupert had been left with severe frostbite and memory loss after an encounter with a Saint Bernard (an actual saint, mystically preserved, not the breed of dog) and a bottle of blueberry schnapps. Although rescued by passing ornithologists, Hudson was bequeathed a lifelong terror of ice. Well the drinkers of Naples know the sight of his squat figure hurtling shrieking from bars where callow mixologists have not followed his exact specifications for a gin and tonic. This fear of ice rules him out as a possible suspect in the John Smith entombing, otherwise it would be pretty damn obvious who did it.

A child prodigy in a number of fields, Hudson was admitted to Apocryphal College, Cambridge University (an elite British academic institution founded in 1209), at the age of eight years old, to study Mathematics, More Mathematics, Philosophy, Cryptography, Zoology, Cryptozoology, Sports Sciences and Piano (and, as his musical career progressed, related melodic percussive instruments (glockenspiel, melodica and chromatic button accordion) though the organ, alas, always eluded him, due to his freakishly short legs.) Hudson excelled in every subject, and won blues in fifteen sports including Association Football, Rounders and Cage Fighting. Hudson became the youngest scholar ever to receive a PhD (at the age of twelve, thesis title: 'Black and White and Red All Over: Communist Zebra and the Kenyan Free Press') and went on to become an unpopular teacher.

He was expelled from Cambridge in disgrace at the age of seventeen after being recruited onto an undercover team of religious paranoiacs who believed that the wimple of the Virgin Mary was buried in the foundations of the ADC Theatre (founded 1855 by amateur dramaticians and supportive dentists). Falsely accused of terrorism after trying to blow up the theatre, Hudson spent several years in jail before spectacularly clearing his name when the wimple in question was found after the ADC was treated for dry rot and subsidence in whatever year would make sense here. Cambridge University, however, refused to reinstate him, and Hudson retreated into a life of bitterness, alcoholism and ranting calls to radio phone-in shows. It was following just such a late night call to talkSPORT (one of the United Kingdom's three analogue Independent National Radio broadcasters) that Hudson was offered the coveted position of Chief Hockey Correspondent, a role he still holds today. This finally gave him the financial freedom to pursue his lifelong obsession with the mythical, lost Copenhagen–Marengo letters, and he began to devote himself to their recovery.

Hudson's cryptographical expertise is much in demand, and he is often called away from his gay horse research to break codes and interpret symbols and stuff. Although ugly and bad-tempered, Hudson exudes an animal sex appeal. In spite of this, he manages to attract the lust and admiration of some young research assistant or other on every mission, although the relationships always come to an unspecified end in between assignments. He has never married. This is fine in men.

How do we know that animals have not a language of their own? My opinion is that it is a presumption in us to say no, because we do not understand them. A horse has memory, knowledge and love.

NAPOLEON

Being born in a stable does not make one a horse.

WELLINGTON

PACKET 1

THE FORT WILLIAM LETTERS

A few months ago, two maverick academics cataloguing an extraordinary collection of ephemera discovered in the British Museum's Fort William warehouse complex, in a neglected room with the yellowing label, 'Tat We Shouldn't Have Bought and Are Now Legally Unable to Get Rid Of', made an extraordinary find – a packet of letters which casts an extraordinary new light on one of the most extraordinary chapters in our island race's extraordinary story. We will let these extraordinary epistles speak for themselves. The year is February 1810.

Dear Marengo brackets Napoleon's horse close brackets,

I've never written a letter like this before.* You probably

* Shortly after the broadcast of the Copenhagen–Marengo correspondence, J. Danforth Quayle, former vice-president of the United States (1989–93) and a keen amateur horsologist, wrote excitedly to tell us that the Marengo letter was, and we quote, 'my White Grail, my Holy Whale, whatever you want to call it.' Apparently, Mr Quayle has a collection of letters from Copenhagen, all written in early 1810, all beginning 'I've never written a letter like this before.' For instance, 'Dear Pope (winner of the Epsom Derby), I've never written a letter like this before. You probably get hundreds of them and I imagine a horse version of your secretary or agent will never let you see this anyway, but I would never forgive myself if I didn't send it. I have seen pictures of you. You are literally an oil painting. I don't know how you could look so amazing with that titchy little Robert Robson on your back.' Or, rather more elegiacally, 'Dear Sir Peter Teazle, I've never written a letter like this before. You probably get hundreds of them, mostly from your many, many successful offspring, but I would never forgive myself if I didn't send it. I have heard that you never smile when you are getting mares with foals and I wondered if, after such a successful career at stud, you might think that a change is as good as a rest. I am not offering a rest, but I am offering a change, wink.' Copenhagen also wrote to the warhorses of Blücher and Marshall Ney. Perhaps the most amusing piece in Mr Quayle's collection, and the letter which first piqued his interest, is a framed note he stole from one of the lavatories in the White House. It is written by Copenhagen to 'America', which he wrongly believed to be the name of King George III's horse. Actually, Copenhagen was labouring

get hundreds of them and this one might never arrive anyway, because of the war smiley face,* but I would never forgive myself if I didn't send it and so here it is. I have seen pictures of you. You are literally an oil painting. I don't know how you could look so amazing with that dumpy Napoleon on your back.

My name is Copenhagen because I am out of Lady Catherine who was in foal with me at the Battle of Copenhagen, which is ironic because I am not a warhorse but you are. I am dark brown and I am by John Bull, out of a mare by the Rutland Arabian, and also by Meteor, who was the son of the mighty Eclipse. You are an Arabian too, aren't you? Maybe we are distant cousins even! That doesn't matter for horses of course. I am only two and you are at least twelve, but that also doesn't matter for horses, as you know. Anyway, people tell me I look older than two.†

I am a racehorse. It is so lucky that I didn't become a warhorse, or we'd have been mortal enemies, and that would be a nightmare. The word nightmare always makes me think of lady horses that want to seduce me. Lady horses, or mares, are always trying to seduce me.

---

under a misapprehension created by a famous cartoon, drawn at the time of the American Revolution, in which George is bucked from a horse, labelled 'America'. In this cartoon, the horse 'America' represents America and not a horse.

* Horse smiley faces are not drawn the same as human smiley faces. They are elongated and have ears. Also, horses cannot smile.

† Even for horses, two is a bit young.

They don't get very far.

Maybe you are only interested in lady horses brackets mares close brackets, but when I saw the pictures, my equine gaydar pointed due south wink.*

I hope you reply. Love,

Copenhagen, kiss kiss hoofprint

Dear Copenhagen,

What a rare pleasure to receive a letter from a frisky young thing such as yourself. You are quite mistaken to believe that I am the recipient of many such overtures. The pasture of fame is a lonely one,† as very few have the courage to approach an animal of my standing.‡ It

---

* The equine gaydar is a myth but nobody knows what it is a myth of. For horses, a myth is as good as a mile.

† Marengo is quoting the character of Old Agamemnon, the donkey who becomes mayor of Horsetown in the great satire Animal Village by the eighteenth-century Scottish author, Horsey McGorsey (out of Spatchcock by Tantara). It seems likely that Marengo does not realise that Old Agamemnon is the most likely model for the English saying, 'a pompous ass'.

‡ Tech-savvy sleuth Lynette Sherburne notes that while Marengo has a full Wikipedia entry with picture, Copenhagen has nothing. (The horse, that is. Copenhagen the city has an absurdly long entry. It is only the capital of Denmark.) We do not know the reason, but we can speculate. Copenhagen is exactly the kind of horse who would write a Wikipedia entry for his lover but would not write one for himself. Marengo is the type of horse who would write

is one of the great sadnesses of my position, and I am moved that you have written to break my isolation, and with such rare enthusiasm.

I must, however, correct you on a few misapprehensions.

You speak with generosity of my appearance, but the pictures do flatter. Most importantly, I am not, in fact, a horse. At 14 hands 1 inch only, I am technically a pony,* though I am taller with my mane fluffed up. This has put off suitors in the past and I will understand if you are amongst them.

Equally, it is with some pain that I note your reference to my dear Napoleon as 'dumpy'. He and I are perfectly to scale. Napoleon, I am sure, does not have a fair reputation on the racecourses of Britain, but my affection for him could not be greater, indeed I am proudly branded with his initial, and a crown, just above my gaskin. Know that if we are to pursue this correspondence I will never renounce Mr Napoleon. He has too much need of me. I must admit I am concerned about my master. He should be brimming with happiness and pride. He is the greatest military leader the world has ever seen! But ever since he was excommunicated, he has been moping. He and the Pope were involved in a dispute over who owns Rome. Napoleon told the Pope to go to Paris and the Pope told

---

about himself on Wikipedia.

* By convention, Arab horses are never classified as ponies, no matter how short they are. It is one of the reasons the rest of the horse world finds them so unbearably pretentious.

Napoleon to go to Hell. I do not think that Napoleon would mind Hell so very much, he is the bravest of men, but he needed the Pope to divorce him from that buck-toothed *putain* Josephine. So he kidnapped the Pope, and the church had a mysterious change of heart and granted the divorce, but now Mr Napoleon does not know what to do with him. It is all a little embarrassing.

Now now, this is all terribly serious, and you a mere lad of two. I do apologise. My dear Copenhagen, I very much hope that none of this causes you to reconsider your regard. I confess I was quite delighted with your letter, and the sentiments within. Your lively manner appeals to me greatly, I cannot say how greatly. And it is with some relief that I note you are a racehorse, as it would be much to my distress were we to meet on opposing sides on the battlefields of Europe.

With warmth and hope,

Marengo

Dear Marengo,

When I got your letter I was like, oh my horsey god.*

* The horsey god is, in many ways, similar to the human Judeo-Christian godhead: omniscient, omnipotent, benevolent, male, white,** etc., as well as equally baffling in terms of divine intervention (or not), and allowing the existence of evil (colic, French butchers). Horsey heaven is notably different from human heaven, however. It has fewer harps

** Technically grey.

You are amazing with words, I had to use a dictionary for 'excommunicated'. Don't worry I am not stupid, it's just I have always had to put book learning second place to my athletic career. Racing is bloody amazing, and it's all I've ever wanted to do, but is a difficult environment to be a gay horse in it is testosterone everywhere you look. Presumably it's even worse for warhorses. Thank the horsey god, again, that I am not one.

Also, don't worry, I am not a size queen, smiley face. In fact my first was a pony, he was called Twinkle. He told me that I have a very strong tail which is something gay horses use to do something it would be impossible to describe how nice it is to humans.* Horse heaven only knows what tricks you have learnt in all your years of experience, it makes me excited just to think about it.

Anyway, you were so honest about your size so I must be totally honest too. However hard I train, which is bloody hard quite frankly, I do not have a great turn of speed. Yesterday, I ran the quarter-mile in 30 seconds, like some kind of donkey.† All the other

---

and a lot more grass. The horsey Messiah is yet to come, although horsey Messianic sects are common. It is believed that Marengo was briefly a member of such a sect during his early adolescence, before becoming disenchanted after the world failed to end on New Year's Eve 1799/80, and moving into horsey atheism.

* We have not figured out what this is. Believe us, we have tried.

† To contextualise, the great Secretariat, in his Triple Crown year of 1973, won the Kentucky Derby in a time

horses laughed at me. I'm really stressed about it.

I am a stayer though brackets not just in races wink close brackets and I hope that I will break into longer races after this year when I am officially three, even though I am a young three, because you have to remember that all horses get arbitrarily given the same birthday which is January the first. Oh, wait, you don't have to remember because you are also a horse.

I will not be horrible about Napoleon again. It is not being horrible to him to say that in the pictures of you, he is not the one that makes me have to lie down on cold wet grass or I would have an accident.

I hope he is feeling better but I worry that if he is you will have to go to war in the peninsula. Our top guy there is called Viscount Wellington. My stablemate Thunderclap out of Stormfront by Death to the French – I'm sorry but that's his name – is obsessed with wars. He's totally jealous I am called after a battle, actually. He says it is an insult to the memory of the fallen that I am not more patriotic.

Anyway, I used to think Thunderclap was cool

---

of under two minutes. His first quarter-mile took 25½ seconds, his last quarter-mile took 23 seconds. Secretariat was unusually fast, but 30 seconds is rubbish, whoever you are. Incidentally, racehorses aren't as fast as the American Quarter Horse which is bred to sprint, and which has reached speeds of 55 mph. The Internet says that; we haven't measured it ourselves.

There is a song called 'The Fastest Horse in a One Horse Town', by Billy Ray Cyrus, but it isn't about horses. It's about motor racing.

because he's by far the beta horse in our stable, and, as you know, the horse alphabet starts with beta.* Thunderclap came second in the 1,000 Guineas last year. He finished moments after his half-brother Lightning out of Storm Front by You Canna Change The Laws of Physics, but all he ever does is tease me for being slow. He's not cool, he's a bully.

The thing is, it is hard to ignore him because he is so bloody beta all the time. He says Wellington is amazing and all the French will be inevitably crushed. I'm scared that you will be hurt. That makes me sound silly, doesn't it?

I bet it does. I'm sorry. Anyway, it was amazing to hear from you, and I am literally pawing the ground with impatience dreaming of your reply.

Love,

Copenhagen kiss hoofprint kiss kiss

Dear Copenhagen,

My heart leapt like a foal in springtime when I received your latest. I confess I was filled with apprehension lest news of my, shall we say, vertical limitations, were to prove insurmountable to you, but it would seem you find them quite mountable indeed, so to speak. I blush to write such a thing. It is not my custom to be so

* Equine graphologists have so far confirmed the existence of 427 letters in the horse alphabet, but more are coming to light every day.

forward, but dare I say that you inspire me?

Thank you for your kind concern regarding Mr Napoleon. I am glad to say that he is in much higher spirits. I am certain that it is because he is spending more time in the saddle. I am working hard to improve Napoleon's riding. He has an almost total lack of – we call it – '*elegance*'. I think it is because his centre of gravity is unusually low. But I would rather be poorly ridden and well understood. Of course best of all is to be well-understood and well-ridden, and thus my thoughts turn to your youthful vigour, dear Copenhagen.

I expect us to join the peninsular war at any moment. I am taking Spanish lessons in anticipation.* Do not worry that I will get hurt; it is the risk, and the glory, of combat. Also I have heard of some excellent bio-oils for reducing the appearance of scar tissue. I would not usually believe in such remedies, but these oils are extracted from snakes.†

---

* Spanish is one of the hardest languages for a horse to speak, because of the bilabial fricatives.

† The snake oil was to prove a disappointment to Marengo, as this letter, discovered folded into a tiny square to prop up a wobbly table leg at London's legendary Bob Bob Ricard restaurant, demonstrates:

> *Dear Dr Miracle,*
> *I am writing to complain about your snake oil. It contains the wrong kind of snakes.*
> *Proper Chinese snake oil should be extracted from the Chinese water snake (*Enhydris Chinensis*), a creature rich in essential fatty acids including eicosapentaenoic acid*

The Emperor is filled with energy, his compact little body leaping about all over the place. Also, he is more constipated than usual, a sure sign that we will soon be going into battle.

Thunderclap out of Stormfront by Death to the French sounds as stupid as his name. In war, there is no prize for coming second. And he is extraordinarily poorly informed. Your British army holds no fears for my Napoleon, who refers to Wellington as 'that terrified leopard'. We will push the leopard out from the cat flap of Spain!*

(EPA), an omega 3 acid found in higher concentrations in said snake than in its more popular source the salmon, and renowned for its healing properties.

Your snake oil appears to be extracted from the inferior EPA-poor red or black rattlesnake.

Thus, although your oil has provided some small topical relief for my rheumatism, neuralgia, sciatica, lame back, lumbago, contracted cords, toothache, sprains, swellings, frostbite, chilblains, sore throat and insect bites, I found it completely ineffective for the purpose for which I made the purchase, viz, unsightly scars.

Please send a refund by return of post.

Yours sincerely,

Marengo

(Warhorse to the Emperor Napoleon Bonaparte)

PS Has your supply of Bach's Rescue Remedy been restocked yet?

* In 1953 Mexican-American telecoms engineer Alfonso Cuarez patented the horseflap for householders who wished to share their homes with their beloved equines, without the

But enough war talk. Do not be concerned about your lack of velocity. Such things mean nothing to me. You describe yourself as a 'stayer' – clearly you are a horse of valour – on the battlefield this would make you a prize indeed. But you are not a warhorse and I can barely imagine the life that you lead, one of sport and play and healthy competition. Pray tell me more of the racecourses of England. To picture your lithe young fetlocks pounding the turf causes me quite the distraction.

Yours, very distracted indeed,

Marengo

Dear M,

The racecourses of England are muddy and wet, and the racehorses of England are shits. I returned to my stable yesterday to find that Thunderclap out of Stormfront by Death to the French had pinned a picture of you covering (the horse word for having sex with) Napoleon and him smiling. I would have been smiling if it was me but I know that's different.

Thunderclap out of Stormfront by Death to the French says that Napoleon is not fighting in the Peninsular War because he is scared. He says that Napoleon is a show pony, and does not have any bottom, the contemporary word for courage and durability.

---

hassle of having to keep getting up to let them in and out of the garden. It has yet to catch on.

My trainer is still disappointed with me, but I am determined that this will change. The other horses like Thunderclap out of etc. think the kind of horse we are – i.e. gay – is all flash and no bottom, but I am a stayer not a sprinter. I will show them all my bottom in the end, ha ha.*

---

* Radio 4 listener Rachel Holdsworth asked if horses such as Copenhagen and Marengo (i.e. gay) faced problems with being outed in the media. It is about to become a slightly less little-known fact that *The Horse Times* and *Cheval* were both established in the early nineteenth century by gay horses. These papers of record didn't push a radical agenda, but they played an enormous part in maintaining a civilised discourse of equine sexuality, simply by presenting gay horses as normal, which they are. On the other hand, both papers were Jingoistic and bloody intrusive when it came to any hint of cross-channel fraternisation, and while Copenhagen and Marengo were never publicly outed, no one whose heart is not made of a massive icicle will ever forget the story of the French mare Heliotrope (Lieutenant Colonel Jean-Antony Fragonard) and the English stallion Buccaneer (Trooper the Honourable Ruddington Plover). Their relationship was made public early in The Hundred Days and after weeks of protestations that they would not let their personal feelings stand in the way of their duty, they decided that the pain of their comrades' distrust was more than they could bear and, as the opening salvos of Waterloo fired, they charged towards each other across an otherwise empty battlefield, ready to die in a mangled hail of bullets. Every horse present knew what was happening and felt guilty, and not a horse present was dry-eyed when, after their respective owners died in the mangled hail of bullets,

I wonder how we will ever meet since I am a race horse and you are a warhorse? Thank god I am not a warhorse though. I can't repeat that often enough.

Impatiently,

Copenhagen

Dear Copenhagen,

So it turns out that those Spanish lessons were a complete waste of time. We are not going to the peninsula. I have written to Castanet, Don Miguel Ricardo de Alvara y Esquivel's reserve saddle horse, cancelling the rest of our sessions. *Ay carumba!* Which is Spanish for *zut alors!* I doubt I will ever leave the Tuileries again. Napoleon has sent André Masséna to fight the war in Spain in his place. He said 'keep an eye on things for me' which annoyed Masséna greatly, because he only has one eye: Napoleon shot the other one out by mistake. As for Napoleon, on those rare occasions that he gets out of the bath, he comes to my stable and scratches me behind the ears, saying I am a good old boy. Old! I am not ready for dog meat yet. But I suppose you racehorses know all about premature decrepitude. Perhaps you even have certain secret techniques or remedies to extend your vitality. These would be of no relevance to me, of course, but the subject interests me. On an academic level.

Heliotrope and Buccaneer cantered together into a Belgian forest, never to be seen again.

You and your bottom should not give Thunderclap another thought. With his doctored pictures and his jibes he is certainly paying you plenty of attention. I believe that he is envious of our correspondence – a sentiment I abhor. What does he look like?

Vigorously,

Marengo

Dear M,

I thought that your letter was really open, and I was honoured you were able to confide your insecurities in me. I think it is an important moment in our relationship.

My insecurities are about racing. I ran yesterday, for the tenth time this year, and came third from last. If I keep this up, I'll be turned into glue. Thunderclap said it's as if my hooves are made of glue already. Sometimes I feel like he's right. Thunderclap told me I would stay young if I ate rotten turnips,* which are the most disgusting taste possible for horses, but it turned out he was joking.

Luckily, you are grey, so no one will ever notice that you are old.

Love,

C

* Things horses don't like the taste of, in reverse order: 5. Snails 4. Colonel Bogey 3. The air in a slaughterhouse on a late spring day 2. Success OR failure 1. Rotten turnips

PS Thunderclap is exactly my height, and he is midnight black with a quiff in his mane which he doesn't have to do anything to to keep curly. It's wasted on him.

Esteemed Copenhagen,

I was a little confused by your letter as I don't have any insecurities. But I am glad that you feel you can share all of yours with me. Do not listen to Thunderclap. In fact I think it would be better if you never spoke to him again, or looked at him.

I dreamed of you last night. We were racing together – clearly in my dream I flattered myself with unrealistic fleetness of foot – and I knew we were on an English racecourse because of the rain and pervasive smell of haddock.* You were just ahead of me. There was, incidentally, no sign of Thunderclap. Your ripe muscles were pulling taut the skin of your hindquarters, your lush tail was swishing, and oh, the movement of your strong, provocative legs . . . But, at that moment, I awoke, and the sound of your hooves drumming the grass was just the distant drum of drumming. I have not had such a dream since I was a heady colt. It must be because I had rotten turnips just before going to sleep.

In any case it was a rude awakening, although not as rude as I would have liked. Copenhagen, I have the worst possible news. Napoleon has a new mare to

* Horses are unique in the animal kingdom in being able to identify all breeds of fish by their smell.

ride. I speak figuratively. Napoleon would never ride any horse other than me, aside from his other saddle horses, but I am his favourite.

What I mean is that Napoleon is married. We have not gone to war because he was too busy thinking about flower arrangements and colour schemes and party favours for the bridesmaids. His new wife is a Hapsburg, an eighteen-year-old filly called Marie Louise who can speak six languages but is too frightened to walk behind a horse in case it kicks. She tried to annex my affections with sugar lumps, but I am not so easily bought.

Be glad that you are a racehorse, you with your most excellent bottom. For as long as races are run, you will be gainfully employed. Do not fear the glue factory. Although we are in different countries and I have never met you and am not entirely clear where you live, I will protect you, I promise it.

For my part, I fear this marriage means that I will be retired to give pony rides to squealing brats on the shingles of Nice. Nice is not nice*. Actually it is quite nice but I thought that was funny. You will now be wondering why I did not do the joke 'Nice is nice'. I am wondering this myself.

Yearningly, yes, yearningly,

Marengo

---

* Horses are the only animals who like puns. Humans, for instance, think they are asinine.

Dear Marengo,

The Viscount Wellington has bought me. I am to be a warhorse. I will never race again and I will have to go to war, and it's the Napoleonic Wars, basically, and our owners are, well, you know, and oh my horsey God, do we have to be arch-enemies now? Is this the end? I wish –

And there the letters abruptly end. We have heard, however, that there might be a further packet in the National Gallery miscatalogued as 'Virginia Woolf: Racist Political Cartoons and Other Juvenilia'. We can but hope.

PACKET 2

THE VIRGINIA WOOLF LETTERS

Hello again. We are following the extraordinary correspondence between the racehorse Copenhagen and the Emperor Napoleon's favourite saddlehorse, Marengo. In the first packet of these letters, we saw the tentative beginnings of an attachment. They concluded abruptly in 1810 with Copenhagen distraught to learn that he had been bought by Wellington, and was henceforth to become a warhorse. He assumed the Napoleon-loyal Marengo would now hate him. This second packet of letters, run to earth in the National Gallery in a folder miscatalogued as 'Virginia Woolf: Racist Political Cartoons and Other Juvenilia', takes up the story.

Dear Marengo,

Oh my horsey God! You are totally amazing for not minding that I have become a warhorse even though you have been fighting the English for years.* I don't

---

* Concerned horse-lover Luke O'Shea writes:

I have a dear, dear Arabian mare called Blackie, who sadly was shunned by her horsey community when she started courting her sabino friend Snowy. What practical advice would Copenhagen and Marengo offer from a nineteenth-century Anglo-French cultural perspective to my young lady horse in love, in dealing with horsey race prejudice in modern Britain. I am at a loss as to know how to console her.

Marengo replies:

Dear Luke,
After much discussion between us, Copenhagen and I have decided that it is I, Marengo, who am to answer your question. The reason for this is twofold. First of all, though he denies it, the only race that Copenhagen really knows about are his old racing days, and we have all heard enough about those. Second, Copenhagen does not like to see himself as an agony aunt. He thinks that aunts are old and fusty. Well! I am not so old or fusty myself! And also, horse biology being what it is, aunts can be quite young and cool, in fact most horses have many, many aunts, a large number of which may actually be younger than themselves, so it is not all repetitive stories about days of yore and complaining about modern music not really being music. Quite the contrary! Although I have no time for this R and B the twenty-first century seems so fond of. In my day, if you could sing, you could sing. There was none of this autotune

Hoofnote continued

---

nonsense. There was a charger in our regiment, by name of Milord, who had such a voice, it was like horsey angels (if such a thing were to exist, which they do not) were weeping down his throat! If only you could have heard him! Hélas, *he was shot in the neck at Austerlitz and his voice was never quite the same afterwards. Also, he has been dead for two hundred years.*

To your problem. As a human (I assume that you are a human) you conflate the different categories of horse race, to whit: breed, nationality, and colour. From the unimaginative human naming, I assume that Blackie is 'black' (in fact probably a dark chestnut or bay, mistaken by a novice) and Snowy is white (presumably, from your letter, a sabino-white, not dominant-white, and well done to you for being able to tell the difference). This does not matter to horses, except palominos, who think they are superior and refuse to breed with anyone else, and so nobody else wants to bang them anyway.

Blackie being an Arab and Snowy a sabino may be more of an issue. You do not tell me what breed Snowy is, but as Arabs never carry the sabino gene, we can class him or her as non-Arab. As an Arab myself – although I have been called a Barb, I assure you I am not a Barb, this is English propaganda – I can tell you that by no means all Arabs are dating snobs, even though we are often tarred with that brush. How could we be, when we have been deliberately interbred with inferior breeds, in order to bestow on them our speed, endurance, strength and refinement? However, it may be that Blackie's circle is of a particularly stuck-up variety.

But I suspect that Blackie and Snowy's respective nationalities is where the true problem lies. Horses are not, on the whole, racist in terms of breed or colour, but they are the most terrible xenophobes. Ah, the difficulties Copenhagen really care about Viscount Wellington or who wins the war. The whole you-win-we-lose thing seems really confrontational and hacho, which is the horse word for macho,* as you know. I don't mind that you care who wins, though. It's cute, like everything about you.

I can tell between the lines that you are stressed about Napoleon's wedding. Don't be stressed. There

---

and I went through with our love across the barricades! (Or behind the ridges, that being more Wellington's thing.) Many of our compatriots were quite unable to forgive what they saw as our betrayal of our countries, and I am ashamed to admit that I almost let Copenhagen slip through my horseshoes out of an unwillingness to accept his misguided loyalty to perfidious Albion. I now understand that this is merely a lovable quirk. As Blackie and Snowy are both Anglo-Saxon names, I can only assume that one out of the pair originates in the northern half of the American continent, or, worse, somewhere in the Antipodes, where horses scuffle around in the dust all day chasing rabbits and saying things like 'Mate'. It is of no matter. Love is blind, and also selectively deaf.

Your answer is simple. It is Blackie who must shun her so-called 'community' and make better friends, who are willing to accept her and Snowy for who they are and their love for the rare and beautiful thing that it is. As for how to console her, might I suggest some Polo mints.

Yours, encouragingly,
Marengo

* The song 'So Macho' by Sinitta (1986) is a straight copy of 'So Hacho' by Spearmint out of Maisie by Bartleby (1985). All horses think Sinitta is a bitch.

are loads of princesses who are all basically the same, but there is only one Marengo and there is only one Napoleon Bonaparte. You are made for each other, and one of you is also made for me.

Incidentally, the first thing I learnt when I got here was that Wellington has lost twelve horses in the first three years of the Peninsular War. This seemed really weird, and I asked the other horses where they thought the lost horses were? They looked at me funny and then I got it. So, I'm going to die soon.

Since my last letter, we have had a victory at a place called Bussaco in Portugal due to Wellington's usual ruse of hiding some men behind a ridge, and we've been riding around in the dust looking at forts he's building and I'll tell you what it all is: bo-ring.

I really miss being a racehorse. At the time I hated all the galloping and so on, but you forget how much you grow to depend on the release of endorphins.

Everyone says I have picked up being a warhorse really fast, though, like it's hard. All you have to do is not jump when a cannon goes off.* But that doesn't mean I

* Equine Militarologist Alistair Huston asks whether it was really so simple. Of course it wasn't, Copenhagen is being modest. As historians never cease to point out, the training received by British warhorses in the nineteenth century has formed the model for human military training ever since. Thus, on first arriving at the stable, a scruffy civilian horse would be met by the most useless, overweight, unmotivated old nag the cavalry was still keeping in oats. For the safety of others, this horse was kept as far away from the field of battle as possible, and hence had been seconded to the receiving centre.

Hoofnote continued

This fat and self-important horse would carry out what it claimed were vital and difficult tests, failure to pass which would probably indicate that the new recruit was a hundred years old or only had three legs.

Humans take fourteen weeks to pass through the Common Military Syllabus, which is based on a course horses used to take in fourteen days, at the end of which they were fully de-civilianised. Liberal media elite horses who don't understand anything will say this is brutal and dehorseising but they are basing this on tens of thousands of isolated incidents. As Copenhagen later wrote in a lecture to young warhorses, 'It's not a holiday camp, but it's meant to make you, not break you.' It was a very boring lecture.

Many of the horses arrive young (one or two) and they have never cooked or ironed a shirt for themselves. They leave without having done those things too, but at least they have been trained to be warhorses – they have learned Skill at Arms, which is how to hold your back when your rider is trying to smash someone in the face with a sword, and Fieldcraft, which is how to camouflage yourself as a tree, which is bloody hard if you're a horse. They also learn such jargon as sitrep (situation report), locstat (location status) and Roger That (not what Copenhagen first thought it was). Basic training is physically very hard, with lots of being cold and miserable on Welsh mountains and being told it is nothing by a tireless horse three times your age who served in an Alpine winter. You learn to trust your fellows in a way you have never had to trust any other horse, and you know who are the very, very few 'jack bastards' in your intake, who you will hate for the rest of your life because they are moral cowards who only ever looked after themselves. The usual thing they do is steal your nut ration and pretend they didn't. When this happens you want to kick them in the

Hoofnote continued

---

muzzle, you really bloody do.

After basic, you go to train for your specific role, be it being an intelligence horse and learning French and getting deliberately captured and pretending not to mind and then being given to a stupid French officer and sending back messages about troop movements or, as Copenhagen was, being sent to dressage school so he could walk in parades and not embarrass his boss.

Also, as a senior officer's horse, Copenhagen would have faced two weeks at Aintree, the equine equivalent of Sandhurst, whose assault course was later turned into a race-track. This was intended to make you feel like you were part of the decision-making process. (You are really not part of the decision-making process if you are a horse.) Warhorses have one of two recollections of 'The Factory' as they call Aintree. They loved or they hated it. There is no middle ground, unlike with Marmite which most people have finally agreed is something that almost everyone who ever expresses an opinion on the subject thinks they are unusual for being able to take or leave.

One of the most important lessons Aintree teaches, about war and life, is that no plan survives contact with the enemy. There is a notice board called the Dear John board, and every time a horse got a Dear John letter, they would pin it up for all to see. It sounds like it would be humiliating, but it wasn't. It would be wrong to call it a badge of pride, either, it was just a recognition that you were now a different horse.

The horse equivalents of colour sergeants are excellent and colourful, and mainly drum into their soft trainees that their job is to follow bloody orders. They tend to be big on malapropisms ('Conjugate on the other side of the wall', 'Excavate the stables', 'I am pacifically talking to you, my foal'). No one is sure whether they are doing it deliberately, am not scared, and something about being nearly about to die all the time makes me frisky. Is this normal?

I am going to try something. OK. Right. I'm embarrassed because you are from France and experienced and I am just a big, handsome racehorse with amazing muscle definition and huge eyelashes, and now I am walking slowly towards you, whinnying gently to let you know I am aroused, and now I am approaching with my head low to signify submission, even though that's not my style, and now I am nibbling your ears and stroking your flank with my strong tail and, oh god, is this embarrassing and crap? I was trying something, but it's not a very English thing to try. If it interests you, and you reply, then maybe I could try better next time.

Kiss kiss hoofprint,

Your Copenhagen

Why Copenhagen,

Really you make me very, very cross. There is so much more to being a warhorse than not jumping when the cannons go off. I am approaching you with a crop and spurs – you are wearing leather blinkers but at the sound of me you start to quiver – the whip comes down on your saucy waggling rump – your neigh is a mixture of pain and exquisite pleasure – a ha ha! Do you see what you I am doing here? I am pretending to be cross

especially the last one, which can be taken both ways.

so that I can invent a sexy sado-masochistic scenario! Do you like it? I liked yours very much. You say you are not fast but you seem pretty fast to me! May I check, fast is English slang for sexually willing, yes?*

Of course, there is no more to being a warhorse than not jumping when the cannons go off.† And also not

---

* Yes.

† French horse training was much less enlightened, obviously. It was all run by people rather than horses. Marengo would have been treated to a brutal toughening-up regime and taught to survive on dry rations (it doesn't take any teaching – you are just given dry rations and you survive on them).

One of the aims of this brutality was to make horses immune to the traumas of battle. Trainers played drums, unsheathed swords in the horses' faces, all that sort of thing. Humans seemed not to realise that the trauma horses wanted to be immune from was the blunt force trauma caused by cannon balls, etc., and the training did nothing about that.

As for Marengo's special training: Napoleon's valet Constant wrote, 'It was necessary that, in the midst of the fastest gallop – Napoleon favoured only that kind of pace – the horse was able to come to a dead stop.' This was because Napoleon liked to stop suddenly during gallops so all his Marshalls also had to stop. One of them would inevitably be taken by surprise and fall off. Napoleon found this hilarious. He never tired of it.

Napoleon also demanded that his horses could do the sort of tricks horses could do in circuses. It was unnecessary, but Napoleon loved circuses. If he had become a clown, they say, the whole history of Europe would have been different. They are right.

Sometimes, to habituate them to the surprises of battle,

minding when you step on dead people. They squelch beneath the hooves. *Hélas*, now I am no longer in the mood for horseplay.

You will not believe it but there IS another Napoleon Bonaparte! Napoleon's new filly has foaled already. The problem with Josephine was not her poor hygiene but her lack of issue. They have christened this child Napoleon, which is vainglorious, and also what I was hoping to call my firstborn foal, should I ever have one. Now I cannot without looking like a copy-horse. They have also given him the soubriquet the King of Rome, which is stupid. He has never even been to Rome. But Napoleon cannot resist winding up the Pope. I call him Nappy 2. You will think me fanciful, but the baby resembles that great British general the Duke of Marlborough, John Churchill. Except for without the big curly wig, if you can imagine such a thing as a tiny bald Churchill. But I think this is just coincidence. Napoleon would not allow himself to be cuckolded by a fat English general of a previous era.

Napoleon dotes on Nappy 2. I cannot see why. Human babies cannot walk for an entire year after they are born, they make terrible sounds constantly, and always, always have one liquid or another coming from the eyes or mouth or private parts, although for

---

trainers fired guns while horses were eating their oats. This was a stupid move. Horses do not eat oats in the middle of battles. It was totally pointless. Coincidentally or not, the French lost in the end.

a horse, of course, no parts are private.* Horses are evidently far superior, so why does Napoleon no longer linger in the stables the way he used to? I heard him call Nappy 2 *Mon Petit Pamplemousse*, which used to be his nickname for me.

Luckily, I have some good news. We are soon to begin marching on Russia, and will leave the squalling bundle far behind. I like the sound of Russia. It is a place of music and passion. We will kick their butts.

Dasvidania! That is Russian for goodbye.

Marengo

Dear Marengo,

The start of your letter was bloody wow! But also you talked about Napoleon's issue issue and now I am going to say something difficult but honesty is very important, isn't it? I am confused but I am sure it is nothing.

A lady warhorse called Eve's Apple out of Serpent by Normal is Best keeps wanting me to mount her doggy style, which is the only way horses can have sex. She says I would be a great sire and that she doesn't mind I am going through a phase. This was funny at first, but

* Marengo is perhaps trying to impress Copenhagen with his daring here. Horses can be extremely private about certain anatomical regions. For example, no horse would dream of allowing any but the most intimate of lovers to closely examine his hock.

she seems very certain. I mean really, very certain.*

And something else happened also. Thunderclap out of Stormfront by Death to the French, my old racing stablemate who used to tease me and who, at this distance, I think I can admit I had a little crush on, sent me a letter. He asked what his favourite regiments are doing – he is really nerdy for such a beta horse (beta, to repeat, being the first letter of the horse alphabet) – and then said, PS, he had sired three foals this year. I burst out crying. I had to pretend I had been stung by a giant bee.

I want a foal so something is left after me when I am inevitably blown up in this dumb war.† I finally understand why your Napoleon wants offspring. It is amazing that you have thought about foals also. It makes me feel less silly.

Oh, it's a few minutes later. I went into a daydream. In it, we were at Epsom watching the Derby, and the winner was Napoleon Bonaparte out of Marengo by Copenhagen. That can't happen of course. Can it? No, it can't. I know it can't. Stupid Copenhagen.‡

---

* This revelation casts radical new light on the later career of Eve's Apple. We all know she went on to become a fundamentalist preacher of the most terrible kind. Until the discovery of these letters, it was widely assumed that she was just a rotten apple. The knowledge that her later bigotry was born in disappointment and that she must have been very sad doesn't excuse the fact that she ruined thousands of horses' lives but at least you understand it a bit more.

† Copenhagen's feelings about offspring may have been influenced by his mother. See Appendix A.

‡ A horse called Napoleon B out of Surrogate Mother

Because of the conversations with Eve's Apple out of Serpent by Normal is Best – I call them conversations but I didn't say much – I couldn't help myself imagining rude things about her, but they didn't arouse me. But then I thought that might be because I am in denial and how do you know if you're in denial because when you deny being in denial it is exactly what you would do if you were in denial? But then your letter arrived, and I knew again that it was a weird existential moment and I only like boy horses in that way.

Eve's Apple out of Serpent by Normal is Best read your letter because she is always going through my things. She went mental. She said you are perverting my natural desires, which are for her alone, only I don't realise. She is psycho.

Viscount Wellington is an earl now, and he won a battle at Salamanca the main thing about which was it was bloody hot, excuse my French. Is Russia hot? It will be with you in it.

Love,

Copenhagen

PS I want to say what you could do to me but I am worried about SOMEONE reading this.

---

by Copenhagen Or Marengo won the Prix de l'Arc de Triomphe in 1841. It's not the same, but you've got to think it's interesting.

Dear Copenhagen,

I have encountered females like Eve's Apple before. They choose to believe what they wish to be true. So, Ms Apple, if you are reading this, take your mealy muzzle out of my lover's business. He is not for you. And if you persist in your harassment I will strike you with my cannon bone against your point of croup.

But dearest Copenhagen, there is no need to be ashamed of your yearning for offspring. It is only natural. And if you are spared a painful death in battle, you will no doubt be rewarded with many years at stud. Just do not expect to enjoy it very much.

But it is not merely for foals that you yearn. My years, though not so very great, have brought me some wisdom at least. You yearn for the contact of flank on stifle, and who can blame you? You are but a young horse, and it was your impetuousness and vivacious nature that first drew me to you.

What I am saying is this: I have had many adventures.*

---

* Marengo's only previous relationship was a perforce chaste long-term liaison with a piebald gelding called Vieu Flambeau. This brief correspondence between the horses, dated March 1810, was discovered taped over two cracked windowpanes in the Princess of Wales Conservatory, Kew Gardens:

Dear Vieu Flambeau,
I know I said that I would never write to you again, but I thought, as a courtesy, I should let you know that I have met someone else. You told me I would never meet another horse, because I am obsessed with my work and have no room in my life for love. Well, I am not and I do.

So many that I can't recall the specific details of any of them right now. You have yet to sow your wild oats. Therefore I say be free, Copenhagen, if it is really important to you, although some say that abstinence makes a horse better suited to battle, all the repressed energy, you know. Also I have invented a secret cypher for us to describe our imagined encounters and to keep them from prying eyes, Eve's Apple. It follows after my signature. To the casual reader it will appear merely as a decorative pattern of dots and dashes, but to us it will be filled with saucy meaning. I call it horse code.*

His name is Copenhagen. He is a racehorse and he is younger than you.

Please do not feel that you have to reply to this letter.

I wish you well.

Kind regards,

Marengo

PS In the interest of scrupulous honesty, which was always more important to me than to you, I should probably say that I have not actually met Copenhagen. But we share a communion of the spirit, which is more than I ever had with you in fifteen years of eating out of the same manger.

And, dated three weeks later,

Dear Vieu Flambeau,

I have not received a reply to my last letter. Could I just check that I have the right address?

Best wishes,

Marengo

* A team of 119 cryptographers stationed at an anonymous

So you do not actually have to have real sex at all. But if you absolutely must, I release you from the bonds of fidelity, and don't give a moment's thought about how I might feel about it, all alone in Russia, where it is getting colder by the minute. Be free, Copenhagen, and do as you will; for though your body may be lent to another, your heart will remain mine.

Russia does not live up to my hopes, by the way. The weather is awful – constant bloody rain, I am at serious risk of hoof rot.* Napoleon is in a frolicksome mood, no doubt because he is away from the ball and chain. (Marie-Louise is the ball, because she is fat.) He whistles the Marseillaise incessantly and claims that we

---

business park just outside Uttoxeter spent seven and a half months in 2010 deciphering Marengo's horse code, eventually deducing that it is exactly the same as Morse code except with the H and the M transposed.

* Amateur hoofologist Luke O'Shea writes to us again:

> *From the portraits, Copenhagen and Marengo have beautiful lower legs and hoofs. What hoof care regimes do they follow?*

This is an enormous topic and one we cannot begin to go into here. We suggest that the interested reader sees *Horse Hoof Care* (2009) by Richard Kilmesh and Cherry Hill. *Knack Leg and Hoof Care for Horses, A Complete Illustrated Guide* (2008) by Micaela Myers and Kelly Meadows is another one, but not as good. For free thinkers, and there aren't enough of us, quite frankly, there is Joe and Kathleen Kamp's *Why Our Horses are Barefoot: Everything We Have Learnt About the Health and Happiness of the Hoof* (2011).

are winning. But this is mainly because the Russians are not turning up to the war, and I for one find this odd. We are lately arrived in Moscow to find it empty but for the faint aroma of vodka. Some of the other horses think the Muscovites have run away, but I am unsure.

Ah, it is unsettling, but for now we hold the capital, and one should not look a gift horse in the mouth. I will think of you and take courage.

Onwards!

Marengo

.... . .-.. .-.. --- / -. . .-. -.. ...

Dearest Marengo,

That was a brilliant genius method for getting me the way to break the code without Eve's Apple seeing it. And what you wrote! It made me feel really hot under the martingale!

It is totally amazing that you want me to sow my wild oats. I thought that wasn't something you would like so I never even considered it, but after you said I should, I went straight away and found Mortar Wants a Pestle out of Confused by Something Has Always Seemed Wrong Somehow who has been looking at me all campaign in a way I don't think he understood. Now he does! He understands over and over again, actually. I am quite tired thinking about it. Since then, two days ago, I have also stood rut with Kilimanjaro

Rises Like Olympus out of Africa by Toto, who is not as impressive as he sounds, and Giant Tower out of Big Hammer by Never Says Stop, who is. Oh boy. And when I did that thing with my tail to Giant Tower, who has been campaigning for eight years and has a string of faithful mares somewhere in Lincolnshire and says what goes on war, stays on war, and any port in a storm of lead, he said I was the best he'd ever had and he'd reward me and he really did. Then there were some others but they were just quickies.

I thought the best bit would be describing it all to Eve's Apple. But she said it meant I didn't really love you, but was going through a phase like all the other warhorses, like Giant Tower. I said I wasn't. She said I was and she would show me something Giant Tower couldn't do. I am sorry, but I was so tired that I let her do it. She was right that it was different . . . in a gross way!! I do want foals, but if I have to do that then UGH!

On the subject of foals, Thunderclap sent me pictures of his eldest, who is called The Purpose of Life out of Any Old Mare by Thunderclap. He is soooo cute, and he really is his daddy's boy. He'll break some hearts when he's older, by which I mean next year.* I wonder if I'll meet him? It's funny to think he's much closer to my age than you are.

---

* The Purpose of Life out of Any Old Mare by Thunderclap went on to become a horse model, a favourite of the French inventor of photography Joseph Nicéphore Niépce because of his ability to stand very still and his lovely long eyelashes.

In the code, I will describe me doing to you what Giant Tower did to me.

I bite your withers in sexy adoration,

Copenhagen

– .... / .. ... / –. ––– – / –– ––– .–. ... . / –.–. ––– –.. .

Dear Copenhagen,

I am glad you have taken my advice. I am French, and we understand the passions and cravings of the body. There is no word for jealousy in our language, aside from '*jalousie*'. Even so, perhaps, in future, you will give me fewer details? And if, when describing your fantasies in code, you would not mention any other horses by name, or size, that would be my preference.

If there is a future. Oh much loved horse, I am in despair, I am even, I must admit it, terrified. Moscow is burnt to the ground and we are defeated. We retreat through the cold, oh it is so cold, Copenhagen – I fear my chestnuts will freeze off – chestnuts, as you know, being the small horn-like protuberances above a horses's knees. The Russians attack us at every turn. And every day more horses die. There is no grass beneath this wretched snow. As my Napoleon says, an army marches on its stomach, and that stomach is empty. But it is worse than that. I can barely bring myself to say it. The soldiers have no food. They are on the brink of starvation. And so . . . They are eating us, Copenhagen.* After so many

* Over 200,000 horses died during Napoleon's disastrous

years of service given selflessly by thousands of horses to this human war. There is no loyalty, only betrayal. Someone should write a play about this.

Copenhagen, I fear I will not make it home. I fear I will die without ever seeing your face.

Yours, always, whatever that may mean,

Marengo

Dear Marengo,

Please say you are alive. I can't believe what I wrote. Please forgive me. Even if you do, I probably won't ever forgive myself. Even if you can't forgive me, please write back.

Please be alive, all my love, love, love, in haste, please be alive,

C

And that is where the letters end. A note on the packet, however, suggests there may possibly be a further instalment stuffed into the lining of one of Copenhagen's old saddles at the National Tack Museum in Milton Keynes. We can but hope.

Russian campaign, many of whom were killed by soldiers for food. Some revisionist historians have suggested that this was not due to starvation, but because the French really like eating horses.

PACKET 3

THE NATIONAL TACK MUSEUM LETTERS

Good evening, fellow horsetorians. For some weeks, we have been following Napoleonic War paper trails in order to track down the extraordinary correspondence between the young, feisty Copenhagen and the wise, battle-worn Marengo, warhorses to Wellington and Bonaparte respectively. At the end of the last packet of letters, Copenhagen was in terror that his beloved had been lost on the bloody retreat from Moscow. This next instalment, discovered in the lining of one of Copenhagen's old saddles at the National Tack Museum in Milton Keynes, continues the story.

Dear Copenhagen,

I am alive. Or at least my body obstinately lives, and drags my soul with it. Oh, despair! The shoe of war is on the other hoof. Every day the glorious empire shrinks. Mr Napoleon, who once commanded such fear and respect, is an object of mockery. People make stupid remarks such as 'Where does Boney hide his armies? Up his sleevies!' This is what passes for humour in nations less comically enlightened than France.*

Although indeed, soon we will be able to fit the entire army inside Napoleon's battle-jerkin, which as you know is well-tailored but compact. We have lost so many soldiers fighting Russia that the Emperor has started recruiting old men and children to his side. These troops are known as the Marie Louises because, like Napoleon's wife, they are weak, irritating, and mostly to be found lying on their backs.

What is the point of me now? My life is my work, and you, of course, but you are so far away. It breaks my heart that you are on the wrong side of this war, and I fear that your youthful innocence will be corrupted by the evil one who rides upon you. By which I do not mean any particular equine companion with whom you are exercising your youthful vigour because as we have discussed I am completely and in every way fine with that. These horses you dally with are not very tall, are they? No, no, do not indulge me, it is merely the

* Nations less comically enlightened than France: none of them. Oh, maybe Peru.

insecurity of my broken spirit taking command of my words.

Ever yours,

Marengo

Dear Boney M,

Thank the horsey god you are alive! But you sound really down in the dumps. Don't worry about losing. The main thing is that the war gets finished and so there is less chance of us dying in it.

I am really, really happy you are alive, and I have sent you a book called *Seven Habits of Highly Effective Warhorses*,* which I found super-helpful, especially chapter six, which is about visualisation techniques for not identifying too closely with bad decisions made by your rider.

Speaking of visualisation and being in the dumps, here's a tip straight from the horse's mouth, ha ha. In my old racing days, when I got glum, other horses said I was being haunted by the Black Dog. I was pretty scared by this and it made things much worse. I mean,

* *Seven Habits Etc.* was written by Pacifist out of White Feather by Surrender Monkey, whose weirdness is probably best explained by saying that his mother was English and his father was French. He went on to write a series of increasingly saccharine books of advice, culminating in the unreadable *Gee Yourself Up, Gee Gee*. How do we know it's unreadable? There's only one way to find out.

a Black Dog! But then I thought, what if the glumness is just a black FROG? Just a crappy frog! End of problem. I hope that helps*.

I am not going to be insensitive and talk about how badly the war is going for you, don't worry!

Lots of love,

C

Dear Copenhagen,

I would prefer it if you did not call me Boney M. I do not know why but I feel it lacks dignity. Also, please do not bang on about frogs. You are clearly implying that the French are unthreatening and crappy. Well, we are not.

Thank you for the book, I have already read it some time ago, which is why I am such an effective warhorse. I am sending you *Warhorses Are From Mars, Because Mars Is the God of War*, which is even better. Once you've read it, you will understand that sometimes I need to go into my cave, which is not literally a cave, but a mental cave. Although mine is not a cave, because I do not like caves. It is a mental gazebo.

There is no need for you to tip-hoof around my feelings regarding the war. It is not over until the fat mare whinnies.

Let the best horse win! (I am not saying that I am

* A black frog is worse than a black dog any day (I am scared of frogs).

the best horse, but I have been doing this a lot longer than you.)

Marengo

Dear M,

I am sorry for trying to be sensitive!

Frog can mean many things.* It can mean frog, or Frenchman, or a part of a horse's hoof, or a sort of hoarseness in the throat, which is not a horse reference incidentally. You are being pig-headed (which might be a pig reference, I am not sure.)

For your information, *Warhorses Are From Mars* is really quite discredited these days, in England, because of its assumption that we horses are at war, when we are not, it is just the humans.

I particularly don't like the chapter about how warhorses must not accept the possibility of losing. In my old racing days the first thing I learnt was that almost all horses in almost all races, are losing. You

* It really is surprising how many things frog can mean. As well as those listed by Copenhagen, it can also mean a type of belt loop, a variety of ornamental braid, part of a railroad track, the thingy you use for supporting stems in a flower arrangement, and the nut of a violin bow. (Violin bows have nuts. Copenhagen take note.) Somebody should invent some new words, in our opinion, before frog collapses under the strain.

have to be able to cope with it or you will go mental. I suppose you were brought up differently. I suppose we are very different horses.

Anyway, since you can handle it, Boney is not just being mauled by the Russian bear (grr). We are being very successful in the peninsula. If this is what the French army is like, I think you have been very lucky so far not to taste English backbone, which the French don't like up them. I don't quite understand what that means but the soldiers say it all the time. You say we are evil, but when we marched into Madrid, everyone was cheering us. It's hard to say we are the evil side when so many people want us to win.* The cheering was quite a head rush, actually.

Then we stormed Ciudad Rodrigo and captured the French army siege train, whatever that is, but it is apparently a good thing and Wellington was made a Spanish Duke.

Then we stormed Badajoz for weeks, and it was a nightmare basically. In English, the soldiers who have to charge into the breech, and who almost all die, are called the Forlorn Hope, which is very poetic, although Pedant out of Old Stager by Seen It All Before says it comes from the Dutch *verloren hoop* meaning lost heap

---

* Barely even know where to start with this one. Popularity of a movement does not guarantee lack of evilness, cf. Nazi Germany, slimline tonic water, etc. S.T.W., maddeningly, is packaged identically to normal tonic water, and the Kilburn High Road branches of Sainsbury's Local and Tesco Metro only stock slimline.

and as such is an example of false folk etymology.[*] When we eventually did capture Badajoz, the soldiers ran amok for two days, murdering and raping according to the ancient military custom.

So, whatever Boney thinks, it turns out that

---

* Horses can be as pedantic as the next animal but Pedant out of Old Stager by Seen It All Before seems to have been a particular horror. The back of one envelope in this packet of letters contains a long list of false folk etymologies in Copenhagen's distinctive hoof, under the heading, 'Old Stager Says . . .'

> *1. 'Candelabra' does not actually derive from the custom whereby prostitutes in eighteenth-century Vienna wore a small lantern containing three lamps in their cleavage to 'light the way home'. These lanterns were based on an original design of Humphry Davy.*
> *2. 'Gee Yourself Up' does not come from some shortening of 'Gee Gee' and is nothing to do with horses at all. Except that Gee Gee is an extension of Gee, because people told horses to 'Gee Up!' and children heard and thought horses were called 'gee gees', so it does have something to do with the expression 'gee gee' but not in the way oh I am so bored writing this down does any of it really matter I thought it was interesting when Pedant was saying all these things but I am just tired now and want some cobnuts and I am only writing all this down to persuade him I am taking him seriously.*
> *3. I think if I put in another number he will think I am still copying down what he says. His voice is putting me to sleep now, basically.*
> *4. I am bloody going to stop now, I mean what do I owe this boring bloody horse. Right, this is it. Enough.*

Wellington is really good at this. In my old racing days, we'd have called him 'a duck', meaning something which looks a bit hopeless but which is actually WELL fast.

On the subject of my old racing days, Thunderclap out of Stormfront by Death to the French, who is the horrible racehorse I used to know who is obsessed by wars, sent me yet another message. He has really changed his tune. He has eight foals now and feels trapped by fatherhood, and asks me if I ever think back to my old racing days. He also asked for any news of the battles and especially of Robert Craufurd's Light Division, who are his favourite. It was my mournful duty to inform him that Black Bob Craufurd died at Ciudad Rodrigo. Craufurd was a noble comrade. *Ah, la guerre*.

I hope you are less grumpy.

Love,

C

Dear Copenhagen,

I am not 'grumpy'. Nor am I 'pig-headed'. I am facing the collapse of everything I believe in and have fought for in my fifteen years of partnership with the Emperor Napoleon Bonaparte. This is not a passing moment of petulance.

Before you go boasting about your Rodrigo and your Badajoz and the cheers of your Spaniards, remember that for some of us this is not a bit of Euro-tourism to pass the time now that we have taken early retirement from our less than glittering racing career. For some of us this is not just another game that will be rewarded with a silver cup, a rub-down and a nosebag of oats.* For some of us this is the battle between right and wrong. Look at the behaviour of your troops at Badajoz. You say I identify too much with my rider, perhaps you should identify a little more with yours.

And the Spanish that you revere so much are being completely unreasonable. Napoleon has come up with an excellent plan for peace wherein King Ferdinand the

---

* Horse fan Emma Southerington writes:

Dear Marengo Horse,
Oats for breakfast, lunch and supper must get rather dull after a short while; and, as you are such a wise, intelligent horse of abundant talents; I was hoping you might share your favourite French fancy oat-cuisine secrets?

Marengo replies:

Dear Ms Southerington,
On the contrary, I follow a macrobiotic diet, centring, as recommended for optimum health, on unprocessed, unrefined, ideally organic grains (thus, mais oui, *largely oats for breakfast, lunch and supper.) I also take good care to chew my food thoroughly before swallowing. I almost never get the colic.*

It may not be fancy, but look at all the rich food Monsieur Napoleon eats, and the terrible effect it has on his digestion. I should know, being in the firing line. (That is a little warhorse joke. It has a double meaning, do you see?)
I hope this helps.

Marengo

Seventh will be restored to his throne the moment he marries his niece Zénaïde,* who by all accounts is a lovely girl† of eleven. But he has refused. This is pernickety and absurd. If he were a horse this would be considered a match most prudent! But no, so more must die.

You will pardon me if I find it funny that you presume to lecture me on the loss of comrades under the present circumstances. Perhaps you would be better sharing your war stories with Thunderclap, who clearly understands nothing of the realities of combat, if the pair of you can obsess so mawkishly over the loss of one – one! – compatriot.

Marengo

PS That cannot be true about ducks. You must have misunderstood the meaning of the expression.

Well, Marengo,

You say you are not grumpy. So you know, I was being kind. What you really are being is what we, in my old racing days, called a bad loser.

You talk of right and wrong, but still we are cheered all around Spain apart from Badajoz because of all the raping and murdering. Unlike your oppressive

* Zénaïde Bonaparte eventually married her cousin Charles at the age of twenty-one, a match first floated when she was five years old. They had twelve children.

† Not ALL accounts. Someone said she was a brat.

Bonaparte, we feed the locals and we pay them. It is practical and realistic, and perhaps, forgive me, they like that more than empty declarations of universal freedom and empty stomachs under the French jackboot.

We have suffered a terrible reverse at Burgos, which you were probably happy to hear and probably hoped I had even died, but no luck there for you.

I don't care who wins this stupid war, like I always try to tell you but you never bloody listen, but if I did care, then I could say England is about real things like loyalty, food on the table and paying your way, not ideals like freedom that don't do anyone any good.

I think I understand what you are going through and I am trying to be here for you, but you make it bloody hard. And you could try being supportive of me for a change. Thunderclap out of Stormfront writes to me every day. At least somebody appreciates what I am doing here.

Love, because I am loyal,

Copenhagen

PS It IS true about the ducks, actually. Of the ten fastest birds, six are types of duck, including the red-breasted merganser, the mallard and the common teal, and another one of the ten fastest birds is the spur-winged goose, and a goose is basically a fat sort of duck. Please do not belittle me if you can stop yourself for five minutes.

Dear Copenhagen,

You are being impish, presenting arguments in which you can hardly believe. It is Thunder-claptrap, turning your head. He has always envied me. You claim to be fighting for loyalty, food, and what was the other one? Pay as you go? But my Napoleon stands for liberty, equality and fraternity. If you oppose these things, you fight for servitude, inequality and the sisterhood, which is ridiculous. But perhaps you would genuinely rather live as a fat slave than die hungry but free. In which case, you disappoint me.

You say you care nothing of battles, so why do you document them exhaustively? You call me a bad loser, so why do you gloat when you win? Losing is bad when you fight for something you believe in, but I would not expect you to understand that. Your attempts to goad me by saying I wish for your death are beneath you – you know this cannot be true. Your attempts to make me jealous by talking of Thunderclap are pathetic. You know I am incapable of *jalousie*. As for your constant references to your old racing days, enough! In your old racing days you were a terrible racehorse!

But I forget that you are barely more than a child. Of course you are naive, of course you are bedazzled by the glamour of war, of course you are excited to win at something for the first time in your life. And let me tell you, all is not lost for the French! We may only have a handful of pathetic halfwits and doddering ancients on our side, but Napoleon has masterminded a series of such triumphs this week. The victory may yet be ours! And by some happenstance, at the very peak of our army's resurgence, it is the day of St Valentin. So I forgive you all your tactlessness. If only Wellington would concede defeat so that we could be reconciled. Fate may have put us on opposing sides, but my heart remains yours, always.

Marengo

PS Did Thunderclap send you a Valentine's card? I do not mind if he did*.

Dear Marengo,

I am happy that you are having a brief Indian summer of late-career success, but I don't need you to forgive me, thank you very much. You are not just a bad loser, you are also a smug winner.

And anyway, we have entered Toulouse, actually,

* People complain about the commercialisation of Valentine's Day. Horses do not have this problem because no money changes hoof. This is just one of the ways horses are better than people. It is said that any horse who pays to win love, which should be freely given, is reborn to eternal life as an equine statue, damned forevermore to absolute hunger and tiredness and frankly bored rigid. It's a horrible thought and it is why horses celebrate when they see an equine statue destroyed. No one knows what they think of that ginormous white horse that is being put up in Ebbsfleet. It will probably be used to give naughty foals nightmares. That's what it should be called, actually: The Nightmare of Kent.

so we are doing just fine, thank you. Wellington was incredibly stressed because he lost 4,568 men. Everyone knows that Napoleon doesn't care how many of his soldiers die. Forget the fancy words – who really cares about individuals? I'm just saying.

You are right. I don't care about the battles. But I listen to you about your stupid battles because I know you care. But the moment I start doing OK at battles you turn nasty, like you are threatened by my success or something.

We are falling out and I hate it. I don't want to fall out with you. You are the most amazing horse in the world and it breaks me up inside to think you are unhappy. I am interested in you when you are winning battles, and I am sad when all your friends are being eaten in Russia and so on, but we have to take this relationship to the next level. It cannot be totally dominated by whatever you happen to be feeling about your job.

I love you,

Copenhagen

PS I got several Valentine's cards, as it happens. Who knows who they were from?

Dear Copenhagen,
Napoleon has a saying: 'Do you know what is more hard to bear than the reverses of fortune? It is the baseness, the hideous ingratitude of man.' So it is with us, except that you should replace the word man

with the word horse. Everything you have learned of the art of war you have learned from me, and now that you have taken all you need, you turn your famous bottom.

Your accusations are absurd. The idea that I might be threatened by your success! I cannot even begin to list the ways in which that is ridiculous, so I will not. Except to say that I am a horse of grandeur, and of dignity, and of experience, although I am not as old as some horses think, and I have faced down the canons of the enemy since before you were born, and I can face down the Wellington boot, even with your hoof in it.

You say that my work dominates everything, but you are wrong. I care for nothing but you, and the Napoleonic wars. These wars are bigger than you and me, and not because I am a small horse.

Napoleon has another saying: 'Courage is like love, it must have hope for nourishment.' Well, I have lost all hope. Although I still have courage, so perhaps that saying is not so relevant here.

But as you will have heard and no doubt celebrated, Napoleon has abdicated. What you may not know is that he then swallowed a concoction of opium, belladonna and white hellebore which he has worn in a phial around his neck ever since he was nearly captured by Cossacks near Moscow. He gave none to me. His plan was to leave me alone in this world. Luckily for France, it had gone off, so he merely threw it up again, but the fact remains, he, too, abandoned me.

And thus I must leave you. I cannot bear to continue this correspondence. You claimed to be a stayer, but you lied. This rupture has nothing to do with pride. You are young and have options who send you cards. Go to them.

Forlorn Hope,

Marengo

PS I have to concede you were right about the ducks.

And that's the last letter we've been able to find. Rumour reaches us, however, of a further packet lurking somewhere in an attic of military ephemera belonging to former Australian fast bowler Brett Lee. * *We can but hope.*

---

* Brett Lee's attic is a real cornucopia of delights. It is worth making friends with him and listening to all his Shane Warne stories just to spend half an hour picking through the Gatling guns (he hasn't even got a permit!).

Incidentally, one of the greatest greyhounds of all time is named after Brett Lee. In 2004 he was sold as a breeding dog for Aus$800,000. He commands a stud fee of something like Aus$10,000. It's not strictly relevant to the job in hand. Or is it? (It isn't.)

PACKET 4

THE BRETT LEE PAPERS

As you know, the BBC has been honoured to have the opportunity of putting before the public an extraordinary collection of love letters written between Wellington's great warhorse Copenhagen and his Napoleonic counterpart, Marengo. The previous set of letters saw Napoleon resign after his shattering defeat in Russia. Marengo was in despair. Copenhagen accused him of being too bound up in his work to commit to a serious relationship. Marengo, dejected, wrote that he felt unable to continue with the correspondence. This packet, discovered in an attic of military ephemera belonging to former Australian fast bowler Brett Lee, takes up the story where it left off . . .

Dear Marengo,

You said you didn't want to speak to me again, and I didn't reply. It was your responsibility if you wanted to change it.

But you did sound basically like you'd gone mental, and because I care about you – I bloody care, much thanks I get for it – all I am doing, *all I am doing*, is checking that you are all right. If you are all right, I'll never bother you again, because you are obviously on a much higher plane than me and emotions don't affect you. I'm only doing this because I thought there was something between us, even if you didn't.

And maybe you don't understand emotional honesty anyway, and so you need someone else to make the effort to break through your bloody intellectual reserve. So tell me you're all right, that's all I ask. I will always be your friend, whether you want me to or not.

Oh, by the way: you hinted that there might be something going on between me and Thunderclap out of Stormfront by Death to the French, my former tormentor and current, wannabe best friend, or between me and all the other horses I had sex with, but may I remind you 1) that Thunderclap has eight foals and 2) that you said you didn't mind me having sex with those other horses. I have stopped now anyway. I just stand around thinking of you. For some reason. I must be stupid.

In love, lightly crossed out so still clearly visible, in friendship.

Hoofprint,

Copenhagen

Dear Copenhagen,

What a curious English term it is, this 'all right', when, in the words of your great philosopher Thomas Hobbes,* life itself is nasty, brutish and short. (A phrase which has also been unfairly used to describe Mr Napoleon.) How can 'all' ever be right in this most cruel of existences?

Thus no, I am not 'all right' – the years take their toll on the heart as well as the hooves, although I have some special unguent for the latter – but were you to ask me in the French way, '*Ça va?*' – which means, in your simple tongue, 'Does it go?' – I would answer yes, it does still go, onwards ever onwards. As you are no doubt aware, my beloved Napoleon is in exile on Elba, and I am not. I am kept comfortable but alone in some

* The order in which horses rank human philosophers is: 5. St Augustine (because he is St Augustine of Hippo and hippo means horse), 4. Locke (all horses realise that the self is best defined through continuity of consciousness), 3. Montaigne (they particularly admire his essay *On Warhorses*: 'I do not willingly alight when I am once on horseback, for it is the place where, whether well or sick, I find myself most at ease') 2. Jonathan Swift (because of the Houyhnhnms), and 1. Garamesh of Tir (Horses remember him, we don't. He was the first person to tame horses and his great saying was, 'I bet tame horses will be really useful').

French backwater meadow, where the grass is sweet enough and the view tolerable, and I have a makeshift shelter of sorts for when the weather turns inclement. This is a time for reflection and self-scrutiny, and to my remorse I find that you were correct all along and I am a big enough horse to admit it, though I am technically only a pony. It has truly ever been all 'war, war, war' with me. Well, it is no more war, war, war! What is it good for, *hein*? Absolutely I do not know.

Late in life I am perforce discovering the way of the lie-in and the afternoon nap, and sometimes the morning nap and the evening nap as well. There is nothing else to do here but nap. It is all nap, nap, nap. Consequently, I am indolent and turning to fat. You would not recognise me. I fear you would even be ashamed of me.

I miss Napoleon with a pain that grips my entire body. Although that is not as much as I miss you, for that pain grips my entire soul. And it is I who am at fault for this. I thank you for reaching out the hoof of friendship, and know that I can dream of no more than that.

Tell me your news, dear Copenhagen.

Love, yes love,

Marengo

Dear Marengo,

Oh wow. I am so glad I wrote! That was a beautiful letter. Does this mean you want us to be, you know, again? I'm going to pretend it does because my whole body feels sort of light just thinking about it.

I'm glad you are having a rest at last, you totally deserve it! I knew it was only work that came between us. Do give this new life a chance. You might find it fun.

It is all go in Paris. Wellington has been made ambassador to France, which seems tactless. For his embassy, he has bought a massive hotel, which in this period means house rather than hotel. Everyone is falling over themselves to give the general presents. The king gave him two vases – big mistake, Wellington hates vases – and a tray which was originally painted for Napoleon's mother and which features Napoleon and his Mameluke slave hunting in funny hats. Why they thought Wellington would want a tray in general or this one in particular I do not know. Also, what is a Mameluke? It sounds like a sort of cat, but that cannot be the case.

The hotel used to belong to Napoleon's sister Pauline, who Wellington calls a heartless little devil. He has hung a quite revealing portrait of her in his room.* I wonder about his mental state, to be honest. He has hired Napoleon's cook even though he can't tell rancid butter from fresh and he has started sleeping with Napoleon's mistress, Josephina Grassini. You told me

* Pauline would have sat for a very revealing one, only the painter didn't realise.

she was annoying but I had no idea,* and Wellington is nuts about her.

Speaking of nuts, I have sent loads of messages to Thunderclap out of Stormfront by Death to the French asking him to get me some cobnuts, which I love and which you can't get here for some reason. I've asked him three times and he says he's looking, but nothing so far.

I'm actually quite bored. I think of you alone in a field quite a lot. Really quite a lot.

Love, again, difficult hoofprint in the shape of a heart,

Copenhagen

Dearest Copenhagen,

I am humbled by your letter, that you would consider being, you know, with me again, after all that I have done. I do not know what it is that draws us together, but we appear bound, for good or ill. I, too, feel light.

As you know, I have no interest in gossip. Though I will say this: the behaviour of your Wellington seems

* This is tantalizing. We have no record of Marengo's views on Josephina Grassini one way or the other. This scrap of sentence hints at letters yet undiscovered. Grassini entered Napoleon's stable, as it were, at around the same time as Marengo, who may therefore have experienced some jealousy towards her, regardless of whether or not there is a word for that in French.

most bizarre to me. He has fought Napoleon with such bitterness, only now to strive to become just like him. Why does he not, as they say, go the full hog, and wear a bicorne hat and walk around with his hand shoved in his waistcoat? As for Josephina Grassini, if Wellington wishes her to return his affections I hope that he can afford it, as the last I heard her going rate was seventy thousand francs a year. And also, a guardsman's charger I know told me her lead carriage horse told him that he got totally exhausted with all her different night-time visits around Paris and also the suburban area.

Still no word from Napoleon on Elba. I suppose he has forgotten me. You know they have made him Emperor of that *deux-centime* piece of rock? It is plain stupid, and beneath his dignity to accept. I have produced dung heaps bigger than Elba, and I dare say more fragrant.*

I heard from Rover, an Elban carthorse who is a member of my book club,† that Napoleon, who has

---

* This viewpoint is expected from a metropolitan and sophisticated horse such as Marengo, but it is unfair on Elba. See *Isle of Splendour, Isle of Joy: A Carthorse's Perspective* by Rover. This book, much beloved of tourists, distils the hard-won reflections of a lifetime of dusty toil and is a paean to the harsh beauties of the bucolic way of life. Among Elba's many delights is Monte Capanne, at 1,019 m the 'roof of the Tuscan Archipelago' and if that isn't faint praise we don't know what is. There are two Elban rivers longer than 5 km, but one of them is not much longer and nor is the other.

† The internal politics of Marengo's book club are hinted at in this letter, discovered acting as lining paper in the

Hoofnote continued

---

sock drawer of superstar of song and screen, Miss Barbra Streisand:

Dear Rover,
You have asked me to write and apologise to the rest of the book club for the 'inappropriate vehemence' with which I expressed my opinion on Anna Sewell's novel Black Beauty. *Very well, I apologise.*

Although I do not see what is inappropriate about my objections to the unseemly haste with which Captain, the retired warhorse in the novel, is replaced by the young pretender Hotspur after he is injured in the cab accident in chapter 44. If you would care to revisit the passage in question, I'm sure the reasons for my objections will be comprehensible to all. Captain, we recollect, is a 'fine old fellow' who has survived the loss of his master in the Charge of the Light Brigade – which I am assured will be one of the greatest tragedies (aside from the retreat from Moscow) that any army will ever see, once it happens. He has been reduced to pulling cabs, which, pace the feelings of our dear friend Big Yellow, is hardly a profession on a par with skilled battle-craft. But it would seem that robbing Captain of his dignity is not enough for Ms Sewell. For after that horrifying incident involving a brewer's dray, the unnecessarily graphic details of which I do not care to repeat, Captain's owner concludes:

'He thought the kindest thing he could do for the fine old fellow would be to put a sure bullet through his head, and then he would never suffer more.'

Perhaps this is true. I have seen many a comrade felled on the field of war rather than struggling on through terrible pain and mutilation. Oh! The look in those horses' eyes as they know the end has come! The grave welcome they give always hated riding, is out on horseback almost every day,* though whom he is riding Rover cannot say. He is myopic, although he is a great authority on Voltaire. I speak of Rover, not Napoleon.

Apparently, Napoleon's new horse looks quite sporty. It sounds to me like Napoleon is having some kind of crisis. Meanwhile I have not had anyone on my

---

that final blow! These are images I will never forget.

But then Ms Sewell continues:

'The day after this was decided Harry took me to the forge for some new shoes.'

Well. You will forgive me if this strikes me as cold.

In answer to your questions, I am not 'taking this too personally', nor do I 'need to move on.' Yes, I am aware that we read Black Beauty *four months ago and have since carried on to study* My Friend Flicka *(twee, forgettable),* The Horse Whisperer *(patronising, sentimental) and* Seabiscuit *(actually not bad, although it is a stupid name for a horse).*

Lastly, I am not 'sulking' because nobody voted for my suggestion. I am sure Mr Morpurgo will do fine without our custom. I was merely quiet that day because I ate some bad acorns.

No matter what you say, I am looking forward to our next meeting, where I will certainly 'shut up and let somebody else get a word in.' No doubt that 'somebody' will be you.

Your friend in literature,

Marengo

* This was probably an attempted cure for his haemorrhoids. It sounds like a bad idea, doesn't it?

back for months. This is not a euphemism. Though if it were a euphemism, it would still be accurate.

Tell me what is happening in Paris. I never thought I would miss the Tuileries, and, in fact, I don't.

Eternally yours,

Marengo

Dear M,

Don't worry about your Mr Napoleon. He is probably just so depressed that he will ride anything with hooves. It doesn't mean anything.

He can't be acting weirder than Wellington. I think they are both going crazy because they want closure, because they didn't get it in the war, because Napoleon threw in the towel without a final climactic battle. And now Wellington has won and Napoleon is in exile, and so they will never fight each other, so no closure for them.

Wellington worries me, actually. He isn't even speaking to his servants now. He communicates via little notes passed on by Holman, his valet. Holman, would you believe, looks like Napoleon.

I am surprised, given all the rest of it, that Wellington hasn't sent for you to ride. I made that as a joke, but now I think about it, I am literally surprised by this fact. That would be amazing, wouldn't it! We would both be here in gay Paree! It would be like a minibreak but we wouldn't have to go home. In fact, I've suddenly realised that must be what it is like for

Parisians all the time. Wow. They must be knackered.

Horses, horses everywhere, but they're mostly French and tetchy.

Love, nut-deprived hoofprint, they still haven't bloody arrived,

C

Dear Copenhagen,

Now you mention it, I too wonder why Wellington has not sent for me. Of course, I would sooner die than surrender. What humiliation it would be, to be paraded in chains through the streets of Paris, the crowd jeering and throwing ordures. But I would keep my head high, neither hearing nor seeing them, steadfast to the last. Afterwards, perhaps, a few loyal Republicans would risk their lives to rub salve where the chains had chafed. Brave Marengo, they would say, you will always be a hero to us. Yes, the more I think on it, the more it does seem like an oversight.

A gypsy horse came by my stable last night. Of course I set no store by hoofreading,* but she said

* Traditional gypsy hoofreading has a lot more in common with human Tarot than it does with palmistry. Each of the hooves represents one of four suits, which are named for parts of the bridle (Nosebands, Throat-lashes, Reins, Bits). Markings on parts of the hoof may represent pips or faces, each of which have meanings. The King of Bits represents the imminent arrival of a significant message, for example,

I had interesting fetlocks, so I let her have her way. She said she could see nothing in my future except for a love affair. I presume this means you. And she said that my war line has ended, and so the war in Europe is definitely over, so there will be no final climactic battle for any of us. I have finished that chapter in my book – literally; did I mention I have begun writing a memoir? Nothing significant yet, just a few preliminary scribbles about my life with the greatest general of the age. I can send you the first few hundred pages if you like.*

All of my worst fears have come to pass, and yet, *incroyablement*, life seems not so very bleak. I begin, I think, to enjoy retirement. With age comes resignation, perhaps, and putting these modest memories in writing helps.

But also, I have begun to receive letters from a most lively and intelligent horse, also late of the Napoleonic campaign, although in a far less prestigious role than mine. His name is Marseillaise but he likes to be called Marcy, and he is a handsome bay, standing seventeen

---

and the Eight of Reins an inconvenient change in the weather. Marengo's interrupted war line would be indicated by a cluster of low pips on the Throat-lash hoof (left fore).

* No trace of Marengo's memoir has been found, although there is a hint that it may have survived at least until the early twentieth century, as it is recorded that a First World War Belgian pack mule called Suchet died of deep vein thrombosis in all four legs after trying to read the whole of an unnamed Napoleonic horse's autobiography in one go.

hands and two inches high, taller I think even than you, Copenhagen!*

He is a most interesting fellow. We have a true companionship of the mind and we discuss ideas intensely, sometimes sending several letters a day. He is tormented by the notion that there is no such thing as a *bellum iustum* (which I do not need to translate for you as a just war) and for all that I quote him the relevant passages of Cicero and Aquinas, he says that any notion of just war is relativistic and contradicts theories of universal philosophy.

But I do not wish to bore you. How goes the search for your nuts? It saddens me to think of you without your favourite delicacy to amuse you.

Please write again soon,

Marengo

Dear Marengo,

Thank you for your letter, it really cheered me up, especially the bit about my nuts. I'm really stressed about them. They remind me of Kent where I grew up and they are the only thing which keeps my coat in decent condition. It's the selenium.

Of course, I wouldn't dream of passing on gossip, because you are so above it, so I won't tell you that now

* Copenhagen might have liked to give Marengo the impression that he was a tall horse, but he was in fact only 15 hands high, barely more than a pony himself.

Wellington is sleeping with Napoleon's other mistress Mademoiselle George. She is a bit more of a slapper, and she said within earshot of her second-favourite afternoon trotting hack that Wellington was '*beaucoup le plus fort*' whatever that means.

I am glad that you have a new pen friend. He does sound like everything you might want in a friend. You probably don't even need me now! Joke. There are lots of horses here but I am quite lonely.

Love,

Copenhagen

Dear Copenhagen,

It is not 'gossip' if one is merely discussing facts which are true. I am not familiar with the term 'slapper' but I can imagine its meaning, if it means the kind of female who would react with enthusiasm and not revulsion when a man – Mr Napoleon, say – puts forty thousand francs down the front of her bodice.* Also, you asked me for the translation of '*beaucoup le plus fort*' – *fort* can mean stronger or louder, and so I conclude that in the context of lovemaking, Wellington makes a lot of pointless noise.

Your letter reaches me most elated. I never dreamed I would enjoy retirement so much. I feel like a much younger horse – what a shame you are so far away! That is just my little joke. But I was surprised to detect

* It was a special sort of bodice.

a note of jealousy in what you say about Marcy. Please put your fears at rest. After all, I have never been jealous of your many companions, and was it not you yourself who encouraged me to make a new friend? I promise you, what passes between Marcy and myself is purely platonic. Indeed we are both great admirers of Plato. Sometimes Marcy teases me by calling me Aristophanes, because I am prone to hiccups! How you would laugh if you were here. And imagine this! Marcy is being transferred to my field! It is completely coincidental, the stable in which he was living burned down. He was the only survivor, poor horse. I cannot wait for him to arrive.

In the meantime I am transfixed by the quest for your elusive nuts. Have they reached La Manche yet? (I cannot bring myself to defile that beautiful strip of water with the name 'English Channel'.)

With love, and reassurances,

Marengo

Dear Marengo,

READ THIS LETTER ALONE!

I promise you I am not being jealous and paranoid but I have asked every horse in Paris what Marcy is like. When I asked Escargot out of Garlic Butter by Crusty Artisinal Baguette, he totally wigged out. Apparently, Escargot was the horse originally chosen to join you in your field, but the night before he was mysteriously kicked in the fetlock by a very tall bay horse in a mask. The next day, all his potential replacements apart from Marcy were killed in a mysterious fire!

And listen to this: according to Escargot, Marcy's last two lovers were Toreador, an anonymous sort of horse Napoleon used for parades when he was stuck in Madrid for a few weeks once, and Herodot, the famous stud stallion from Ivenack, who Napoleon sent a squadron of soldiers to capture while he occupied Mecklenburg.* Can you see a pattern? Those other two horses are now dead.

I am going crazy with worry. I am going to find a way to get out there to protect you, even though apparently my cobnuts are finally on their way. Cobnuts are amazing.

I am coming, somehow,

Hasty hoofprint,

Copenhagen

COPENHAGEN STOP MARENGO HERE STOP EXCEPT NOT HERE STOP HOLD YOUR HORSES STOP MARCY HAS ARRIVED AND WE ARE ON THE MOVE STOP DO NOT COME REPEAT DO NOT COME STOP YOU MAY BE KILLED STOP NOT BY MARCY HE IS GREAT STOP BUT BY NAPOLEON EXCLAMATION MARK HE HAS ESCAPED FROM ELBA ANOTHER EXCLAMATION MARK THE WAR IS BACK ON THIRD EXCLAMATION

* It is said that all horses have a bit of Herodot in them. This is pretty much true.

MARK I SUPPOSE THE MORAL OF THIS STORY IS NEVER LISTEN TO GYPSY HORSES STOP NEW PARAGRAPH ANY NEWS OF YOUR NUTS QUESTION MARK *JE T* APOSTROPHE *AIME* STOP MARENGO*

And there the letters end. It is rumoured that there are other packets in the private collection of a Danish chewing gum magnate, secreted into the velvet backing behind the fish knives of the Officers' Second Best Dining Service of the Coldstream Guards† and in various other places, but until new funding is secured from the Comedy Commissioning Department at Radio 4, who are practically the only people still financing original historical research, it is impossible to take this further. Maybe that funding will eventually emerge. We can but hope.

* Funnyman Scott Newnham asks, 'Will Marengo and Copenhagen ever meet and ask each other why the long face?' We would like to know this ourselves. In the meantime, Marengo comments, 'I do not understand this question. All horses have long faces. Mine is actually quite average.'

† For some reason people always buy sets of fish knives on *Bargain Hunt*, as if they have never watched the programme and therefore don't know that no one wants to buy fish knives. It drives us crazy. The only worse thing is when people buy those little nursery chairs.

APPENDIX A

These letters were sent to us by an anonymous Latvian. Why would an anonymous Latvian send them to us? We don't know.

Dear Copenhagen,

It is Lady Catherine out of whom you are out of, i.e. your mother. It is some time since we spoke, but I bumped into John Bull, by whom you are by, i.e. your father, the other day and he mentioned that he has three thousand foals.

I have only eight, things being what they are, biologically.

You are now two and I think it is time to consider The Future. I have asked around, and I do not think anyone could accuse me of interfering when I say that there are several extremely nice fillies and mares in your regiment. Eugenica out of Mad Scientist by

Professor Brainiac is the child of two doctors, and Red Tape out of Brief Encounter by Billable Hours is from a legal family. Horse law is unbelievably complicated.

Anyway, those are just two of your many options.

Dreaming of the clip-clop of tiny hooves!

*Lady Catherine (Mum)**

Dear Mum (Lady Catherine),

It was very nice to hear from you after all these years (two). I am very well thank you.

It is also very kind of you to tell me about Eugenica and Red Tape. I am sure they are very nice fillies. I cannot promise that anything will happen with either of them but please do not think there is a suspicious reason for this. The reason is not suspicious, it's just that I cannot think of what it is exactly and I am very busy with learning how to be a warhorse. Some guy is constantly creeping up next to me and shooting a gun to see if I jump. It's really irritating.

I have a question. What would you think if I were to fall in love with a French horse. I'm just joking,

* Canadian archivomaniac Nancy Johnston writes: 'I understand from archival sources online that Marengo was born in Egypt and lived there until he was six years old. Have you discovered any correspondence, translated from Arabic, from Marengo to his family, his sire or mare, back in Egypt? Does he describe those early years or is it wrapped in mystery?' Wrapped in mystery. For now.

obviously, but what would you feel about it, really? Even though it is a joke?

Also, can I just check that the main thing you want is for me to be happy and that foals are just an extension of that, not the be all and end all? I am sure that must be it, but I am just checking.

Love.

Copenhagen

Dear Copenhagen,

What an amusing horse you are!

I particularly enjoyed your joke about fancying a French horse. We both know it would kill me if that happened and your dear father too, who I got to know very well indeed during the fifteen minutes we were together and then the five minutes we saw each other for the other week. After all, his name is John Bull! Anyway, everyone knows that French horses are all trollops who will stop at nothing and they SAY they eat nothing but chestnuts and cream all day it is just a miracle about their size zero withers, but we all know that behind all their stalls it STINKS of SICK. Also, it is very funny what you say about foals. OF COURSE it is only foals that count. That is what sexual attraction is for. The rutting is marvellous and you can't help yourself and you feel like a real horse for the first time in your life, but for companionship and conversation, you will probably be just as well with horses of your own sex even. You will learn this when you are older and less randy.

Beget, beget, beget,

Mum

Dear Mum,

I am not saying that I fancy a French horse, but I worry that some of the things you said about French horses might have accidentally made you appear as if you are a terrible old bigot. For a first thing, horses literally cannot vomit, so the thing you said about French horses doing that to stay thin is not true. In fact, French horses have real trouble with their weight sometimes, which just goes to show how much you know, and I don't mind if they are a little cuddly anyway, which goes to show how much you know about that as well. Not that it is relevant in this case, anyway.

I am not being disrespectful to point the above things out, just saying that it is not cool to be a bigot about race. Or anything else. I am sure that you are a tolerant horse deep down, aren't you?

I must go now because we are in the Peninsular and I have to carry Wellington to some or other battle as usual.

Dutifully yours,

Copenhagen

Dear Copenhagen (Wellington's horse),

I've never written a letter like this before. You probably get hundreds of them and this one might never arrive anyway, because of the wars smiley face, but I would never forgive myself if I didn't send it and so here it is. I have seen pictures of you. You are not literally an oil painting but you are literally a sketch in various penny papers and that's not nothing.* I don't know how you could look so amazing with that beaky Wellington on your back.

My name is Ballerina out of Beautiful Deb by Lord of the Manor. As you may remember, Beautiful Deb is your aunt and she has been talking with your dam, Lady Catherine.

I know, I know! Mothers can be so annoying, and I suppose by following this up, I am being annoying too! Please forgive me, I am not normally like this, I promise!

Anyway, Lady C says that you are shy and are having trouble meeting the right filly. I am shy too! I am the favoured riding hack of Amelia, the second wife of Baron Tightgrumble, who is a parvenu who made a fortune out of jute and who is thirty years too early to be the antagonist in a Dickens novel, but you get the

* Art-hater Victoria Parkinson comments, 'Writing whole letters definitely puts the horses who can paint pictures to shame.' In fact, Marengo fancied himself a rather proficient dauber. Early in their relationship, he sent Copenhagen a portrait, saying, 'Now you too are literally an oil painting.' Copenhagen begged to differ.

idea. Lady Tightgrumble is much younger and very beautiful.

Well, I have probably gone on long enough, and I am sure you are very busy with the war. Don't worry that you are shy. Shy horses of the world unite, I say!

Tentatively!

Ballerina

Dear Ballerina,

Thank you for your nice letter. You have nice hoof-writing. What you said about looking nice was very nice. It was nice to get your letter.

I think the first thing to say is that you are right that our dams are annoying. The second thing is that my mother doesn't know me as well as she thinks she knows me. I don't mean anything rude when I say this, but we are almost certainly not as made for each other as she thinks.

Thank you for your nice regard,

Copenhagen

Dear Copenhagen,

Thank you for your fast and kind reply.

I completely understand. No problem. I will understand if you don't even reply to this. I just wanted to say that I am also not what my dam thinks!

In fact, I feel embarrassed that I let myself write to you pretending to be that quiet, shy horse. I suppose it is because, well, I think probably it is that I am incredibly bored here in the country and was trying to be the horse I thought you might want me to be.

Amelia Tightgrumble frequently talks to me about this subject. She says that Lord Tightgrumble has imprisoned her like a pretty songbird, that she is fenced away from society with nothing to employ her, nothing to strive for. She says that some day the dam will break and the earth will be stained with the blood of men like her husband (she means the kind of dam which holds back a river not the kind which begets a foal).

I totally connect with this. I am not a show pony, but I am stuck here with no outlet for my energy, no outlet of any kind. My only fellow equine is an ancient Shire horse with a rural accent so thick it took me months to realise he is a bit dim and only ever talks about wurzels and prize fighting.

I am in the prime of my life! I feel almost ashamed to admit it, but sometimes when my mistress is riding on me, I let my mind wander and imagine the thudding weight is a different kind of thing altogether. Often I emerge from my reverie to hear her giving little moans and yelps which I take to mean she has noticed my inattention and is irritated.

So, let us start our correspondence again, shall we, as two less orthodox horses than our dams imagine, and let us see where that takes us. I will begin:

My name is Ballerina, and I believe in the rights of

the individual horse. I believe that however much we are bred to the bridle, our minds must always be free. Under the name 'Free Radical' I contribute regular pieces on the use of violence (read 'Buck up!') to *I am an Animal.* I am also standing for local elections as a libertarian anarchist.

Relieved to be writing like a grown-up,

Ballerina

Dear Ballerina,

That was a very interesting letter. I think that you sound super, but— What I mean is, now that I know that you are not shy and everything, and you are a modern filly (or is mare the more appropriate term?) I can explain honestly what I meant when I said my dam doesn't really know me.

I am sorry to say that I am a gay horse. Well, I am not sorry, it is bloody brilliant, but I hope you don't feel that I was a horse's arse for not saying this straight away. It's just that it is easier for me if my dam does not find out!

On the subject of animal rights, I am forward thinking, because I am gay. I will understand if you do not want to write back to me now, but if you do, I will happily continue with this correspondence.

I like the way you write to me as if I am an intellectual equal. Some horses, however much I love them, do not.

Best regard, firm hoofprint,

Copenhagen

Dear Copenhagen,

I am proud that you chose to come out to me! What I have to say to you is this: YOU MUST BE PROUD TOO! Do not be scared of telling your mother, even though my mum says she is a terrible nightmare. It's not as if you will probably ever see her again, even if you do not get hit by a cannonball.

I would be extremely happy to be your friend.

In friendship,

Ballerina

Dear Ballerina,

You're bloody right! I'll bloody tell her. Straightforward, clear, grasp the nettle!

Thank you,

Copenhagen

Dear Mum,

I have something extremely important to tell you, and I must do it as clearly as I can.

Imagine there is a squirrel called Berlin and he –

No. Take that back, imagine a pony called Oslo. Have you done that? He is just any old pony, except he's not that old, he's young and he's very big for a pony. OK, a horse called Oslo. This is just a story remember.

Now imagine that— Wait, you have registered that this horse is male? That is important.

Right – Oh, I keep saying 'he' so you knew it was male. He was male. I am getting in a muddle. Let's start again.

Imagine a ~~squirrel~~ horse called Oslo (male). He is going for a walk. He is in a field full of other ~~squirrels~~ horses of all different shapes, sizes and genders. He is thinking which of these horses he would like to be with for a chat and to share his nuts with.

He meets a ~~squirrel bloody hell horse oh my horsey god~~ mare called Pear of Dawn who comes over to talk to him and keeps nibbling at his hocks. He finds he does not want to share his nuts with her. Even when a very nice ~~squi~~ filly called Dancer comes over to him because her mother tells her to, it just ends up that Dancer and Oslo become best friends not nut-sharers.

Then Oslo meets, quite by chance, a ~~horse pony squirrel~~ pony called À la King and deep in his soul he feels that this horse is his soul mate.

Do you understand now?

Your affectionate son,

Oslo Copenhagen

Copenhagen,

'*À la King*'!! Are you saying you have fallen in love with a French horse? I knew it! I wish you were gay!

In horror,

Mum

Dear Mum,

Sorry, I see that I forgot to mention that À la King was a male horse. That was the point of the story and I missed it out because I got muddled.

Gaily (hint),

Copenhagen

Dear Copenhagen,

My lovely boy, I understand. Probably two hundred of John Bull's three thousand foals are openly gay so this is hardly a surprise to me. I am just glad about the other thing. If you were in love with a French horse I would go berserk. They are enemy barbarians and they smell of garlic and I hate them and everything about them. The thought of you and a French horse made me want to vomit which, as you correctly pointed out, horses can't do.

I don't mind about the foals, not really. They were only an excuse for making contact after so long. The main reason was that I was bursting with pride that you had become not just a warhorse but our main warhorse in this war to end wars against the disgusting, horrible French. Though you could maybe stand at stud just a few times, just to make me happy if you care about that. No pressure. Just so there will be more future warhorses to fight against the horrible French, hopeful wink.

Love,

Mum

Dear Ballerina,

I have told my mother I am gay. I didn't tell her – I told her I was gay. Let's just leave it at that.

Copenhagen

BIBLIOGRAPHICAL ESSAY

The criminal (dare we say racist) neglect of non-human actors across almost every historical context is only slowly being addressed by the present generation of academics. Archives such as the British Museum's Fort William warehouse complex, The Smithsonian's Library of Uncatalogued Animal Materials (colloquially 'Animal Farm') and the Tashkent Bureau of Industry's Avian Literature Depository are obvious places to start, but they are only the tip of the horseberg. We recommend *Where the Wild Things Are: A Guide to Global Archives for the Bestially Inclined* (2004) by S. R. Stares as a sensible place to start.

Packet One

With respect to Copenhagen's first contact with Marengo, and Thunderclap's subsequent correspondence with Copenhagen, we drew heavily for further understanding on S. R. Stares's definitive *Battlemaniacs: Horses, War and Fan Culture* (2007). A precis of the book's main argument is published as 'Bloody Hell: Worshipping Warhorses' in *Loaded* magazine, June 2005. The 'man' part of 'Battlemaniacs' is a pun on 'mane'. Say it out loud if you didn't get it.

If you want to know all about the ancestry of racehorses, and some people do though we really don't know why, you should probably read the horse ancestry pages of *Who's Who*, which publishes them for Who's Who knows what reason. They are incredibly boring. It's just the same few sires and dams over and over again and by the end you're surprised that most of these horses don't have five legs.

With respect to Marengo's frequent and subtle wordplay, and his submerged references to the classics of equine literature ('The pasture of fame is a lonely one' and so on), we can make no more sensible recommendation than that you dive in at the deep end and immerse yourself in the plays of Horsey McGorsey, particularly the comedies (we have a soft spot for *The Mare Whom Loved a Sailor* but everyone has his or her favourite), in Red Mountain's *Lessons and Fables* and in the epic poetry of the Mongolian School. If you don't do this, you will never understand the half of what is going on. If you need a hand-holding overview, we recommend *By Horses, for Everyone: An Equine Literature Primer* (2001) by S. R. Stares.

Napoleon really did shoot out Masséna's eye. As S. R. Stares explains in 'Kingdom of the Blind:

Cyclopian Generals Through the Ages,' in the spring 2000 issue of *Monocle*, he was not the first and nor will he be the last. It is curious that Marengo never mentions Marshall Kutuzov, the one-eyed defender of Moscow against Napoleon. Possibly it is because Marengo was rather 'one-eyed' in his view of the war. For more on this particular metaphor, and on the comparative psychologies of monocularity and binocularity, consider 'Window to the Soul, How the World Sees the One-Eyed Man and How the One-Eyed Man Sees it Back' (S. R. Stares, *Punch*, 15 January, 1994).

Packet Two

On the training of warhorses, no library is incomplete without not having Dr S. R. Stares's incredibly boring overview *On the Training of Warhorses* (1987). However much you think you are interested in the subject, you are not interested enough in it to read this book.

On the tactics of Wellington, every English schoolgirl has giggled her way through *He's Behind You! Wellington and 101 Uses for Ridges (or One Use 101 Times!)* (S. R. Stares, 1982). The great bit is that the French NEVER realise, even when behind the ridge is the only place an army could be, unless someone had turned up to fight without an army, which Wellington never did. People are always trying to change things for the sake of it. Wellington wasn't like that. If something worked, he carried on doing it until someone caught on. No one ever did.

There is nothing new under the sun, and horses have been writing dirty letters to each other since Bucephalus, if not before. There are dozens of collections of these, none of which your mother would want you to read, which is why you probably already have. More interesting than any of the actual rude letters is S. R. Stares's incisive essay 'The Horse Has Bolted: Democratising Equine Pan-Sexuality', first published as part of *Unmuzzled: Subversion and Perversion Beneath the Saddle* (1988, ed. S. R. Stares et al). Under no circumstances read *Ride Me, Cowboy* (1999) a one-off experiment from Mills & Boon. The author, S. R. Stares, must have been drunk.

The psychology of foaling is little understood, but horses have always had foals so they must see something in it. In 'Spock and the Horse: the Great Foalcare Debate' in *Pony* (Autumn, 1990), S. R. Stares makes a brave attempt to understand the issue, but she doesn't really.

Many have wondered how the French soldiers made their knackered old steeds palatable on the tundra. The French have a way about them. All we know about the subject we learnt from *I Could Eat a Horse: History, Culture and Recipes* (S. R. Stares, 1987). In it, Stares points out that there is no intrinsic difference between eating horses and eating pigs, cows and so on. She is right. They are all murder.

Packet Three

Marengo's first letter in this packet drives at the heart of one of the most vexed of all animalological issues: do animals tell jokes? In *I Laughed Myself Horse: A Comprehensive Lexicon of Cavalry Puns and Wordplay* (1990) S. R. Stares is very unclear on the issue. It's not a good book but it's the best there is, and it's a good size for eating your supper off in front of the telly.

The black dog image is unpacked with supreme clarity by S. R. Stares in 'Don't Blame Me! The Appalling History of an Appalling Image' (*Puppies and Puppymen*, January 2004), for which the author was awarded the Prix Goncourt and the Freedom of the Canary Islands. A broader analysis of animals appearing in human images will shortly appear in *Happy as a Lark, Fat as a Puffin: Why Some Bestial Images Persist Where Others are Lost* (S. R. Stares, 2012). We thank the author for sending us an uncorrected proof of this work. It's absolutely hilarious.

On the subject of Black Bob Craufurd, if we can be excused the digression, we feel we simply must recommend *Black Bob Craufurd: The Life of Black Bob Craufurd*. This epic tome, published in three volumes last year, is the life's work of S. R. Stares and marks the triumphant culmination of thirty painstaking years of archival research. It transforms absolutely everything you think about Craufurd, in the likely event that you start off not knowing anything about him. You certainly don't end up that way.

The debate between Marengo and Copenhagen

with respect to French idealism and Anglo-Saxon pragmatism recapitulates the endless haggling of those torn between the continental and analytical schools of philosophy. It's hard stuff to get your head around but it's worth trying, if only so that you can get in with the Melvyn Braggs of this world. *The Total Moron's Guide to Talking about the Continental–Analytic Split for Time-Poor Dinner Party Guests* (S. R. Stares, 2000) is incredibly reductive but it will give you a veneer of learning and if you think anybody has much more than that you are sorely mistaken. Even Melvyn Bragg.

Copenhagen accidentally wanders into one of the thorniest minefields in nineteenth century battleology, and maybe in all battleology, when he blithely repeats the old myth that Wellington lost 4,568 lives entering Toulouse. This figure, of course, only refers to dead soldiers. To be fair, Copenhagen says 'men' where Wellington in his diary wrote 'lives' but even then this is to denigrate the several hundred additional male camp followers – blacksmiths, servants, pastry chefs and so on – who were killed. And when one thinks of Wellington's 'lives' one's heart rages at the thought of the tens of thousands of seamstresses, laundry maids, prostitutes, horses, chickens, sheep, pigs and others who breathed their last during that fateful week. Almost any conflict, we suppose, tells this same story, but the Toulouse campaign is the setting for *4,568 Be Damned*, probably the most minutely-observed and heartbreaking of all Segolene the Cat's many novels.

Buy the 1994 Penguin Classic edition, published by real penguins, with an introduction by S. R. Stares.

Packet Four

Copenhagen's concern for his lover's mental state was very reasonable, under the circumstances. In 'After the War is Over: Stress and Other Post-Conflict Issues as they Pertain to Retired Warhorses' (*Annals of Animal Psychology*, Autumn 2007) S. R. Stares presents compelling evidence that 80 per cent of all nineteenth-century warhorses suffered some form of mental change after leaving active duty, usually euphoria at not being shot at.

Copenhagen and Marengo both misunderstand the vicious interplay of gift and counter-gift which followed Wellington's 'tactless' appointment as ambassador to France. This was a calculated insult, as were the gifts with which the French responded. They knew very well that Wellington hated vases. This celebrated passage of passive-aggressive diplomacy was described by S. R. Stares in 'Another Bloody Vase: Calculating Insults in the Post-Napoleonic Context', which is the only chapter worth reading in *The Symbology of Offensive Present-Giving* (2006, ed. S. R. Stares). Robert should know, he got the book from his girlfriend last Christmas. Ex-girlfriend.

Of the later career of Holman, Wellington's valet, too much is known if anything. Once he realised that he had been hired on the basis of his physical resemblance to the French Emperor, he left service and started hiring himself out at parties. On seeing him at the Marquess of Cranberry Ball in early 1816, several society ladies fainted clean away from shock. The Cranberry Ball was very saucy and Holman was naked, which might have had something to do with it. Holman later formed an agency, Holman's, which still hires out lookalikes to idiots. His story was told in the 1996 National Theatre production *I am not Napoleon*, for which the author, S. R. Stares, won an Olivier Award.

With respect to Marengo's autobiography (still undiscovered), we are sorry to say that all equine memoirs are too long. They don't know what to leave out. If you want to see what we mean, read the personal story of Caligula's horse, Incitatus, in *The Day I Became a God* (1997, part of series 'From the Horse's Mouth', general editor S. R. Stares). He forgets that, in the end, no one is really that interested.

Marseilleise or 'Marcy' has caused us enormous headaches. No horse of that name appears in the official record. From the information collected by Copenhagen, we are tentatively willing to suggest, finally, that he might be the almost mythical 'Tack the Nipper', who left such a trail of destruction in Napoleonic stables between 1810 and 1815. The endless stream of books by half-baked Nipperologists is enough to make you want to run for the hills, and we know that raising this issue will overshadow every other scholarly claim we have made, but 'Marcy' was in the right places at the right times; he was clearly unstable; and he appears to have been conveniently close to an unfortunate number of 'accidents'. As to his real name, we cannot be completely certain. We prefer to agree with the doyenne of Nipperologists, S. R. Stares, who remarked at the end of *Chasing Shadows, a Nipperological Life* (2010) that the Nipper was 'just some horse. Does it really matter which one?'

# ACKNOWLEDGEMENTS

This book would not have existed without the BBC Radio 4 series of the same name. Huge thanks to our producer Gareth Edwards, director Steven Canny, production team Jill Abram, Lucy Meggeson and Toby Tilling, and of course the brilliant actors who brought the story to life: Stephen Fry, Daniel Rigby and Tamsin Greig.

Special thanks also to the on-stage Copenhagens John Finnemore and Benet Brandreth, as well as all at Tall Tales and the Good Ship in Kilburn, where *Warhorses of Letters* was first performed. (Robbie was Marengo.)

In researching Copenhagen and Marengo's story we leaned heavily on *Wellington and Napoleon* by Andrew Roberts and *Marengo: The Myth of Napoleon's Horse* by Jill Hamilton, not to mention everything that comes up when you do a search for the word 'Horse' in the British Library. We'd also like to thank Wikipedia and everybody on the Internet.

ACKNOWLEDGEMENTS

It's been fantastic being part of the birth of Unbound. Thanks to everyone there, especially John Mitchinson, Dan Kieran, Xander Cansell and Justin Pollard, and Matt Railton at Colman Getty.

As ever, thanks to our agents: David Godwin and the DGA team, and Louise Greenberg.

And finally, thanks and apologies to our families and friends who have had to put up with a lot of bad horse puns.

SUBSCRIBERS

Mat Ablewhite
Denise Albury
Naomi Alderman
John Allum
Simon Amos
Lesley Kay Ansari
Nadia Erin Ansari
Sophia Parvin Ansari
Helen Arney
Jane Arundel
Charlotte Austin
Nicki Averill
Jarrad Ayling
Karen Banno
David Barke
Cynthia Barlow Marrs
Cat Barton
Andrew Baxter

SUBSCRIBERS

Kenny Beer
Caroline Beven
Liz Bickerdike
Amanda Borton
Audrey Bowden
Corrina Bower
Ade Bradley
Karen Bradshaw
Benet Brandreth
Jutta Brendemuehl
Nikki Brennan
Lesley Brinklow
Astra Bryant
Clifford Bryant
Elizabeth Bullock
David Callier
Lisa Campbell
Helen Campbell-Woodrup
Sheila Cannon
Jill Cansell
Xander Cansell
Ann Carman
Alison Carpenter
Will Chew
Nick Chouksey
Laura Clark
Martin Clarke
Ady Coles
Lisa Pearce Collins
Sophia Connor

SUBSCRIBERS

Paul Cooper
Simon Cornwell
Ed Corry
Maggie Cox
Alex & Susan Crookston
Heather Culpin
Ali Davies
Jo Davison
Amanda Dawson
Cindy Dechief
Flora Dennis
Sofie Derke
Stuart Dickson
Karen Dietz
Brendan Dixon
Diane Doerfler
Liam Doherty
Sarah Donovan
Rachael Duffy
Peg Duthie
Richard Eggleston
Jeanne Essex
Jennifer Faulkner
Rose Fenge
James Ferrero
John Finnemore
Alex Fitter
Nicholas Fooks
Robert Fouldes
Isobel Frankish

SUBSCRIBERS

A. J. Almeida Freixieiro
James French
Marc Fresko
Angelina Fryer
Vivien Gardner
Lucy Gaunt
Sophie Goldsworthy
Jo Gostling
Neil Graham
Lesley Grant
John Joseph Henry Green
Louise Greenberg
Mike Griffiths
Jean Gunstone
Daniel Hallifield
Friederike Hamann
Pernille Sybrandt Hansen
Deb Harrington
Jenny Harris
Shelley Harris
Graham Hassell
Dave Hawkins
Tory Heazell
Joanna Hepworth
Catherine Heywood
Bina & Buster Higgins
Jane Elizabeth Higgins
Jennifer Hills
Maggie Hingston
Joanne Hodgson

SUBSCRIBERS

Neil Hodgson
Rachel Holdsworth
Amber Hollingworth-Hoegg
Andy Hollyhead
Emily Hopkins
Rosie Hopkins
Kate Hughes
Holly Huish
Ken Hunnisett
Alistair Huston
Sarah Hyde
Claire Innes
Rivka Isaacson
Johari Ismail
Paul Jackson
Michael Jardine
Karolien Jaspers
Leonie Jennings
Sam Jennings
Titus Jennings
Dan Leinir Turthra Jensen
Adam Johansen
Ashley John
David Johnson
Dee Johnson
Nancy Johnston
Rhona Johnstone
Conal Jones
Hannah Jones
Deborah Jones-Davis

SUBSCRIBERS

Daniel Jordan
Henning Michael Just
Milan Juza
Susanne Kahle
Philip Marcel Karré
Jonathan Kaufman
Noel Keane
Susanna Keeley
Sarah Keeling
Charlotte Keep
Gillian Kern
Audrey Keszek
Dan Kieran
Ellie King
Simon King
Amy Kingswell
Olivia Knibbs
Annette Knight
Anne Kupschus
Pierre L'Allier
Andreas Lammers
Lang
Kerstin Langdon
Belinda Ledgerton
Ian Leslie
Elizabeth Leven
Claire Lickman
Holly Linklater
Kim Locke
Katherine Lockwood

SUBSCRIBERS

Sarah Longair
Alex Lovell-Troy
Stuart Lowbridge
David Ludlow
Lisa Lyons
Jen Malicka
Philippa Manasseh
Stephanie Mantell
Shuna Marr
Anne Marte Hvalby
Simon Maylott
Sophie McAllister
Emma McClain
Joe McCormack
Rachael McKelvey
Palma McKeown
Drew McMillan
Tom McPhillips
Caroline Meier
Ingo Friedrich Meyer
Colin Midson
Sophie Milton
Daniel Mitchell
John Mitchinson
Tom Moody-Stuart
Ned Morrell
Anna Moss
Jennifer Moss
Liane Mount
Asya Muchnick

SUBSCRIBERS

Michelle Murtagh
Stuart Nathan
Eunice Newbury
Scott James William Newnham
Harry Newton
Meridel Newton
Al Nicholson
Elizabeth Nicholson
Daithí Ó Crualaoich
Joe O'Neill
Ruth 'Champion' O'Shea
Gabriela Oliveira
Louise Paddock
Ann Park
Victoria Parkinson
Susannah Pearse
Lisa Pearson
Darren Pegram
Elizabeth Pelmore
Bella Pender
Lucy Pepper
Susan Perry
Pete & Charlie
Alison Phillips
Christylle & Nicholas Phillips
Jeremy & Ruth Pickard
Tom Piercy
Jennifer Ploszek
Justin Pollard
Alexander Polson
Andy Porter

SUBSCRIBERS

Keith Poulton
Rachel Poulton
Denise Price
Kieran Prout
Lisa Ravenscroft
Lizzie Read
Amanda Redhead
Adina Reeve
Mark Richards
Emma Rigby
Jo Rodgers
Al Roots
Laura & Emma Rouffiac
Thorsten Ruffle-Brandt
Lisa Rull
Alison Rutter
Alexandra Scannell
Aïsha Schofield
Robyn Scott
Paul Scullion
Matthew Searle
Valerie Selby
Lynette Sherburne
Ben Simmonite
Heather Simmonite
Kate Sinar
Kim Sirag
Claire Slade
Jennifer Smith
Christie Snyder
Emma Southerington

SUBSCRIBERS

Nick Speller
Kassia St Clair
Helen Stables
Sally Stares
Joy Stephenson
Rebecca Strickland
Perdita Swift
Laura Sykes
Alan Taylor
Christine Teo
Chloe Thomas
Laura Thompson
Jon Thrower
Ross Tregaskis
Philip Trembath
Jan Van Hooijdonk
Richard Vessey
Matija Vidmar
Brenda Viret
Sophie von Maltzahn
Hedda Vormeland
Lotte Wakeham
Simon Wall
Hui Chang Wang
Ellie Warren
Stan C. Waterman
Laura Watson
Matt Watson
Geraldine A. Watterson
Fiona Wenn

SUBSCRIBERS

Alison West
Jane Whittaker
Janine Whittaker
Rebecca Wickens
Andrew Wiggins
Roger Wilcock
Bruce Williams
Aaron Wilson
Gerald Wilson
Simon Wilson
Rebecca Wober
Ian Wolf
Steve Woodward
Tim Worwood
Alan Wright
Linda Wylie
Takako Yamamura
Simon York
@cybrum

A NOTE ON THE TYPEFACES

The body text is set in Ehrhardt, a typeface developed in 1937 by Stanley Morison while at the Monotype Corporation. Morison was responsible for making modern versions of many antique faces, including Bembo and Baskerville, and designed the now ubiquitous Times New Roman. The creator of the original Ehrhardt typeface is unknown but it is named after the late seventeenth-century Ehrhardt foundry in Leipzig, and is similar to some Dutch typefaces of that period produced by the Amsterdam printer Anton Janson. The typographical historian Robin Nicholas believes Ehrhardt was Morison's take on Janson, 'made a little heavier and narrower to give improved legibility and economy'.

The headings are set in Bauer Bodoni, a version of the famous eighteenth-century typeface that was re-drawn in 1926. Giambattista Bodoni (1740–1813) was known as 'the king of typographers and the typographer of kings', because of his well-heeled clientele. He personally designed and engraved 298 typefaces in his lifetime and when he died a red scar caused by the bar of his printing press was found across his chest. William Morris believed Bodoni was the 'most illegible type that was ever cut . . . owing to the clumsy thickening and vulgar thinning of the line'.

UXX